Susanne Pocai

Das deutsche und das russische Sonderbewusstsein

Parallelgeschichtliche Studien zur Geschichtsphilosophie Oswald Spenglers und Nikolaj Berdjaevs

STUDIEN ZUR
IDEEN-, KULTUR- UND ZEITGESCHICHTE

herausgegeben von
Gunter Dehnert, John Andreas Fuchs und Leonid Luks (Geschäftsführender Herausgeber)

ISSN 2199-8949

Susanne Pocai

DAS DEUTSCHE UND DAS RUSSISCHE SONDERBEWUSSTSEIN

Parallelgeschichtliche Studien zur Geschichtsphilosophie
Oswald Spenglers und Nikolaj Berdjaevs

ibidem-Verlag
Stuttgart

Bibliografische Information der Deutschen Nationalbibliothek
Die Deutsche Nationalbibliothek verzeichnet diese Publikation in der Deutschen Nationalbibliografie; detaillierte bibliografische Daten sind im Internet über http://dnb.d-nb.de abrufbar.

Bibliographic information published by the Deutsche Nationalbibliothek
Die Deutsche Nationalbibliothek lists this publication in the Deutsche Nationalbibliografie; detailed bibliographic data are available in the Internet at http://dnb.d-nb.de.

Coverabbildung: *Snowstorm* von J.M.W. Turner, 1842. Öl auf Leinwand.
Quelle: Wikimedia Commons. Gemeinfrei.

D 188

∞

Gedruckt auf alterungsbeständigem, säurefreiem Papier
Printed on acid-free paper

ISSN: 2199-8949

ISBN-13: 978-3-8382-0921-0

© *ibidem*-Verlag
Stuttgart 2016

Vorwort

Die vorliegende Arbeit wurde vom Fachbereich Geschichts- und Kulturwissenschaften der Freien Universität Berlin im Sommersemester 2013 als Dissertation angenommen. Ihre Fertigstellung verdankt sich der endlosen Geduld meines Mannes Marcello, meiner Töchter Chiara und Lelia und – nicht zuletzt! – meines Doktorvaters Wolfgang Wippermann.

Berlin, im August 2015   Susanne Pocai

Für Otto

Inhalt

Einleitung

Als Heiner Müller in einem Interview zur Jahreswende 1989/90 nach dem Potential der historischen Veränderungen in der DDR gefragt wurde, antwortete er: „Die DDR kann nur existieren, wenn sie etwas anderes, Eigenständiges ist. Sie muß ihre Struktur aus den eigenen Reserven heraus revolutionär verändern, sonst würde sie an die Bundesrepublik zurückfallen."[1]

Für Müller, der mit Ernst Jünger befreundet war und Oswald Spengler in provokanter Nonchalance als seinen Gewährsmann zitierte, repräsentierte die DDR eine vermeintlich gewachsene, autochthone, widerständige Kultur, die viel weniger kulturell „überfremdet" und amerikanisiert sei als die Bundesrepublik und die dank ihrer besonderen Disposition gegen das ökonomistische Gesellschaftssystem des ‚Westens' immun sei.[2] Müllers Hoffnungen auf die „Alternative" DDR sollten sich bekanntlich nicht erfüllen[3] – der enttäuschte Autor begann daraufhin seinen Blick gen Osten zu richten und seinem alten Thema, dem ‚asiatischen' Russland, neue Aufmerksamkeit zu widmen.[4] Jener angeblich asiatische Charakter Russlands enthielt für Müller die „Chance der Unterentwicklung"

---

1   Müller, Heiner: „‚Dem Terrorismus die Utopie entreißen'. Heiner Müller im Gespräch mit Frank Raddatz. Vierte Folge: Alternative DDR", in: *Transatlantik* 01, 1990, S. 25–29, S. 25.
2   Müller, Heiner: *Gesammelte Irrtümer. Interviews und Gespräche*. Frankfurt/Main 1986, S. 172f; Müller, Heiner: „‚Was wird aus dem größeren Deutschland?' Fragen von Alexander Weigel", in: *Sinn und Form* 04, 1991, S. 666–669, S. 667. Zu Müllers affirmativem Verhältnis zur Neuen Rechten s. Herzinger, Richard: „Geisterbeschwörungen im deutschen Augenblick. Heiner Müllers Antiwestlertum und die Neue Rechte", in: *Sprache und Literatur in Wissenschaft und Unterricht* 72, 1993, S. 73–85.
3   Müller, Heiner: „Die Reflexion ist am Ende, die Zukunft gehört der Kunst", in: Müller, Heiner: *„Jenseits der Nation". Heiner Müller im Interview mit Frank M. Raddatz*. Berlin 1991, S. 89 –101, S. 99.
4   Vgl. u. a. ein Gedicht von 1979: „NACHTZUG BERLINFRIEDRICHSTRASSE FRANKFURTMAIN / Nach der Fahrt durch die lichtlose Heimat der Haß auf die Lampen. / Daß die Leiche so bunt ist! ICH BIN DER TOD KOMM AUS ASIEN". Müller, Heiner: *Gedichte. 1949–89*. Berlin/Köln 1992, S. 81.

und schien – nachdem von Europa in seinen Augen nichts mehr zu erwarten war – die letzte Rettung im Angesicht des „kulturellen Imperialismus" der USA.[5]

Auch im postsowjetischen Russland formierte sich in den neunziger Jahren ein neu-rechtes, neoslavophiles Milieu, dessen heute wohl bekanntester und einflussreichster Wortführer, Aleksandr Dugin, seine eurasischen Theorien mit Anleihen aus der Konservativen Revolution und dem deutschen Nationalbolschewismus absichert.[6] In den Augen Dugins, zwischen 2008 und 2014 Lehrstuhlinhaber an der Soziologischen Fakultät der Moskauer Staatlichen Lomonossov-Universität, befinden sich der Westen und die russischen Liberalen, die „Streitmacht der Hölle", im Krieg gegen Putin und die russisch-orthodoxe Kirche. Während Letztere für Dugin eine „harmonische Allianz" bilden, sei das erklärte Ziel der liberalen Verschwörung die Vernichtung der christlich-orthodoxen Identität der Russen im Zeichen des Antichrist.[7] Nach der russischen Annexion

---

5   Müller, H. „Was wird", S. 670; Müller, Heiner: „Nachricht aus Moskau" (1989), in: Müller, H. *Jenseits*, S. 83–87, S. 85ff; s. auch Müller, Heiner: „'Da trinke ich lieber Benzin zum Frühstück'. Heiner Müller im Gespräch mit Frank Raddatz. Dritte Folge", in: *Transatlantik* 02, 1989, S. 10–14, S. 12; vgl. Müller, Heiner: „'Stirb schneller, Europa'. Heiner Müller im Gespräch mit Frank Raddatz. Zweite Folge", in: *Transatlantik* 01, 1989, S. 9–14, S. 10; Kluge, Alexander / Müller, Heiner: *Ich bin ein Landvermesser. Gespräche. Neue Folge.* Hamburg 1996, S. 18, 46, 116, 122.

6   Siehe hierzu etwa Luks, Leonid: „Eurasien aus neototalitärer Sicht – Zur Renaissance einer Ideologie im heutigen Rußland" (2004), in: Luks, Leonid: *Zwei Gesichter des Totalitarismus. Bolschewismus und Nationalsozialismus im Vergleich.* Köln u. a. 2007, S. 279–295; Umland, Andreas: „Sind Neofaschisten immer marginal? Der postsowjetische russische ‚Neoeurasismus', die vergleichende Rechtsextremismusforschung und der Faschismus nach ‚seiner Epoche'", in: Vogt, Stefan / Herbeck, Ulrich / Kinet, Ruth / Pocai, Susanne / Wiaderny, Bernard: *Ideengeschichte als politische Aufklärung. Festschrift für Wolfgang Wippermann zum 65. Geburtstag.* Berlin 2010, S. 182–199.

7   Dugin, Aleksandr: „Satans Streitmacht greift an. Zu den aktuellen Übergriffen auf die russisch-orthodoxe Kirche in Rußland", url: http://www.youtube.com/watch?v=6drtehg7PZ4 (25.05.2013). Wie groß der Einfluss der Verschwörungsideologie Dugins auf Vladimir Putins „eurasisches Projekt" und seine aggressive Politik gegenüber ehemaligen Sowjetrepubliken wie Georgien oder der Ukraine ist, lässt sich nur erahnen: Putins Rhetorik von der besonderen russischen Kultur und Moral, die sich der Einkreisung durch einen dekadenten, gleichwohl aggressiven ‚Westen' ausgesetzt sieht, und sein „sozialer Konserva-

der Krim im März 2014 sieht Dugin sich seinem großen geopolitischen Ziel näher denn je – der endgültigen Überwindung der „ame-
rikanischen Hegemonie" und der Re-Integration vermeintlich
„künstlicher" Staatengebilde wie der Ukraine, Georgien und Aser-
baidschan in eine eurasische Union.[8]

Müller und Dugin kultivierten beziehungsweise kultivieren eine
für Krisenzeiten typische intellektuelle Haltung, die ich mit ‚Sonderbewusstsein' fassen möchte. Die vorliegende Untersuchung versteht
sich jedoch nicht als Beitrag für oder gegen die oft und lang disku-
tierte Sonderwegsthese.[9] Vielmehr soll in ideengeschichtlicher, kritischer Perspektive ‚Sonderbewusstsein' als Haltung begriffen werden, mit der ein dezidiert deutscher beziehungsweise russischer,
manchmal auch deutsch-russischer Weg in der geistesgeschichtlichen Tradition des 19. und beginnenden 20. Jahrhunderts affirmiert
und propagiert wurde. Oswald Spengler und Nikolaj Berdjaev
schrieben diese Tradition fort, als sie ihre geschichtsphilosophi-

---

tismus" (Snyder) deuten jedoch darauf hin, dass Dugin und Putin von den gleichen ideologischen Grundannahmen ausgehen. Snyder, Timothy: „Rechte
schließen sich zusammen, Putin führt sie an", url: http://www.faz.net/aktuell/
feuilleton/debatten/interview-timothy-snyder-ueber-die-ukraine-12943382.
html (01.06.2014) sowie Snyder, Timothy: „Putins Projekt", url: http://www.
faz.net/aktuell/politik/die-gegenwart/ukraine-putins-projekt-12893812.html?
printPageArticle=true#pageIndex_2 (01.06.2014). Putins sporadisches Bemühen, an die Ideologien anzuknüpfen, die innerhalb der russischen Emigrantenszene seit den 1920er Jahren kursierten, dokumentiert auch die in den Augen
Alexander Yanovs beschämende Überführung der sterblichen Überreste von
Ivan Il'in, dem Hitler-Sympathisanten und „singer of the ‚national dictatorship'",
auf den Ehrenfriedhof des Moskauer Donskoj-Klosters im Jahr 2005. Yanov, Alexander: „Putin and the ‚Russian Idea'", url: http://imrussia.org/
en/society/504-putin-and-the-russian-idea (01.06.2014) sowie Yanov, Alexander: „Conspiracy Against Russia?", url: http://imrussia.org/society/555-
conspiracy-against-russia (01.06.2014).

8   Dugin, Alexander: „The Long Path. An Interview with Alexander Dugin", url:
http://openrevolt.info/2014/05/17/alexander-dugin-interview/ (01.06.2014).

9   Bezogen auf die deutsche Geschichte folge ich hier Jürgen Kocka, für den die
„Vorstellung eines deutschen Sonderwegs" nur dann sinnvoll ist, wenn „es um
die Frage nach den (teilweise weit zurückreichenden) Ursachen, der Geschichte
und der Bedeutung des Nationalsozialismus geht". Kocka, Jürgen: „Deutsche Geschichte vor Hitler: Zur Diskussion über den ‚deutschen Sonderweg'", in: Kocka,
Jürgen: *Geschichte und Aufklärung. Aufsätze.* Göttingen 1989, S. 101–113, S. 109.

schen Konstruktionen und Ideologeme in den kriegs- und krisenge-
schüttelten Jahren zwischen 1905 und 1946 formulierten.

Die vorliegende Arbeit, die sich in ihren Quellen auf das gesamte
zu Lebzeiten und posthum veröffentlichte Œvre Spenglers sowie auf
alle für diesen Zusammenhang wichtigen geschichts- und kulturphi-
losophischen Schriften Berdjaevs stützt, möchte die erste zusam-
menhängende Studie insbesondere zum zivilisationskritischen
Werk Nikolaj Berdjaevs sein.

Vor allem der Zwangszusammenhang aus Prädestination und
Mission, der normative Deutungsanspruch gegenüber dem Verlauf
der Geschichte[10] und das gegenaufklärerische Selbstverständnis,
das die Selbstwahrnehmung als „akademisch randständige[...]" Denker einschließt[11], qualifizieren das Denken Spenglers und Berdjaevs
zur parallelisierenden Betrachtung. Diese soll insbesondere den
manichäischen, instrumentellen Charakter beider Geschichtskonstruktionen und die Gemeinsamkeiten in den geistesgeschichtlichen
Grundlagen und Bezügen zutage treten lassen. Dabei werden die
geschichtsphilosophischen Prämissen Spenglers und Berdjaevs
thematisch in den Kapiteln so gruppiert, dass im Gesamtaufbau der
Arbeit eine deszendierende Bewegung erkennbar wird: Den Anfang
macht ihre Auslegung der mittelalterlichen und frühneuzeitlichen
Vergangenheit Europas: Dieser war in ihren Augen die innere Ver-
fallslogik der europäischen Geschichte bereits eingeschrieben. Auf
sie folgt die Diagnose der Gegenwart, die beide als Todeskampf der
europäischen Kultur wahrnahmen. An diese schließt sich wiederum
die Prognose der Zukunft an, die – im Sinne Spenglers und Berdjaevs – den vermeintlichen Ausweg, die ‚Erlösung' aus dem gegenwärtigen Elend bereithielt. Diesen zentralen Kapiteln werden neben
dem biographischen Hintergrund beider Autoren Erläuterungen zu
den wichtigsten ideengeschichtlichen Begriffen und Traditionslinien
(‚Geschichte', ‚Kultur und Zivilisation') vorangestellt, ohne die das

---

10   Bollenbeck, Georg: *Eine Geschichte der Kulturkritik. Von J. J. Rousseau bis G. An-*
    ders. München 2007, S. 20.
11   Ebd., S. 19.

Verständnis der Denkfiguren Spenglers und Berdjaevs schwierig bliebe.

Kern des von Oswald Spengler und Nikolaj Berdjaev repräsentierten Sonderbewusstseins ist also eine unter Krisenbedingungen formulierte Zivilisationskritik, deren alte wie neue Verfechter[12] ihre antikapitalistische Fundamentalkritik am Westen mit dem Versprechen verbinden, das Rezept für die endgültige Überwindung der allgemeinen europäischen Krise zu kennen. Ganz im Sinne Thomas Meyers berufen sie sich dabei in einer Art „Identitäts-Wahn", mit dem kulturelle Differenzen zu fundamentalen Gegensätzen aufgeladen werden,[13] auf die je spezifischen Eigenschaften der deutschen beziehungsweise russischen Kultur, die diese gegenüber den Versuchungen und Verwerfungen des Westens immunisieren und nach dessen ‚Untergang' die Basis für eine Gesellschaft jenseits sozialer Kämpfe, strategisch motivierter Parteifehden und ökonomistischer Interessen bilden sollen. Trotzdem ist Zivilisationskritik keine oder nicht nur klassische Kapitalismuskritik, denn sie speist sich keineswegs vorrangig aus dem Protest gegen die soziale Ungerechtigkeit des kapitalistischen Systems. Vielmehr entspringt sie einem ästhetizistischen Ekel angesichts der vermeintlichen Traditionsvergessen-

---

12 Neben Müller haben sich insbesondere in den neunziger Jahren Christa Wolf, Volker Braun, Botho Strauß, Peter Handtke und Frank Castorf – auf höchst unterschiedliche Weise – zu Wort gemeldet. Hierzu etwa Doerry, Martin: „Wir brauchen Stahlgewitter", in: *Der Spiegel* 3, 1995, S. 156–157. Ein jüngerer Vertreter der ästhetizistischen Richtung in der Zivilisationskritik ist der Maler Jonathan Meese. Siehe hierzu u. a. Demand, Christian: „Meese schreibt, Suhrkamp druckt", url: http://www.zeit.de/2012/12/Jonathan-Meese-Ausgewaehlte-Schriften/komplettansicht (16.05.2013). Auf russischer Seite finden sich hier etwa Arsenij Gulyga, Autor etlicher Bücher zum deutschen Idealismus, der Publizist Vladimir Kučerenko, der TV-Moderator Maksim Ševčenko und der Fernsehjournalist und Herausgeber der Zeitschrift *Odnako* (*Jedoch*) Michail Leont'ev. Siehe auch Ehlen, Peter: „Deutschland, Rußland und der Okzident: Kontroversen um den ‚eigenen Weg'", in: Luks, Leonid / O'Sullivan, Donal: *Rußland und Deutschland im 19. und 20. Jahrhundert. Zwei „Sonderwege" im Vergleich*, Köln u. a., S. 9–30, S. 27; Umland, Andreas: „Neue rechtsextreme Intellektuellenzirkel in Putins Russland: das Anti-Orange Komitee, der Isborsk-Klub und der Florian-Geyer-Klub", url: http://www.laender-analysen.de/russland/pdf/Russlandanalysen256.pdf (04.05.2013).
13 Meyer, Thomas, *Identitäts-Wahn. Die Politisierung des kulturellen Unterschieds*. Berlin 1997.

heit und sozialen Gleichförmigkeit der modernen Gesellschaft sowie
der intellektuell wie lebenspraktisch oberflächlichen, beliebigen
Existenz ihrer Mitglieder.

Mit Blick auf das von Spengler und Berdjaev thematisierte Verhältnis zwischen Deutschen und Russen soll deutlich werden, dass
Sonderbewusstsein entgegen seiner eigentlichen ‚Intention' keine
unikale Überzeugung oder Einstellung ist, mit der auf bestimmte
historische Ereignisse oder Entwicklungen rekurriert wird, sondern
Ausdruck einer Geschichtsdeutung, mit der die Schwäche oder Un-
terlegenheit der eigenen, als defizitär wahrgenommenen Kultur
wettgemacht wird. Wie die Kompensation dieses Unterlegenheitsge-
fühls im Fall der Geschichtsauslegung Spenglers und Berdjaevs aus-
sah, wie sehr Spengler dabei auf Russland und Berdjaev auf
Deutschland angewiesen war (im Sinne der Legitimation einer vermeintlichen historischen Sonderrolle des je eigenen Volkes), soll ein
Hauptthema dieser Arbeit sein. Die „gegenseitigen Projektionen und
Beauftragungen"[14], die hier eine Rolle spielen, hat Gerd Koenen in
seltener Fülle für die deutsch-russischen Beziehungen in den ersten
vier Jahrzehnts des 20. Jahrhunderts zusammengetragen und ana-
lysiert.

Weiterhin soll Sonderbewusstsein als konstituierendes Element
einer als Geschichtsphilosophie getarnten Krisenideologie verstanden werden, mit der ihre Vertreter ihre politisch-soziale Ohnmacht
kompensierten und in Macht umdeuteten – eine Macht, mit der die
Auslöschung der Kontingenz in der Geschichte vermeintlich gelingen konnte, und damit die ‚Abschaffung' des mit ihr verbundenen
menschlichen Leids. In diesem Sinne sollen Spenglers und Berdjaevs
Geschichtsentwürfe hier als Nachklang der von Dieter Groh so genannten Bewegung „von der Utopie zum Mythos" begriffen werden:
Mythos – als „Resultat der Verzweiflung an der Geschichte" – bedeutet hier das Ersetzen rationaler durch explizit vor- beziehungsweise

---

14   Koenen, Gerd: *Der Russland-Komplex. Die Deutschen und der Osten. 1900–1945.*
      München 2005, S. 16.

irrationale Erklärungsmodelle.[15] Sonderbewusstsein wird in dieser Arbeit also als „falsches Bewusstsein" verstanden und damit der Versuch unternommen, die Elemente von Spenglers und Berdjaevs Geschichtskonstruktionen in ideologiekritischer Perspektive darzustellen und zu bewerten.

Dezidiert kein Vergleichskriterium in dieser Arbeit ist die seit Thomas Mann immer wieder als Tatsache vorgebrachte Behauptung, es existiere zwischen Russen und Deutschen eine Art seelisch-geistiger Verbindung, die Ausdruck (oder Ergebnis, je nach Standpunkt) eines verwandten, das heißt ähnlich kritischen Verhältnisses zu Europa, dem ‚Westen' sei.[16] Selbst Lew Kopelew spricht von einer „unbewußte[n] Verwandtschaft", die es zwischen der völkischen Zivilisationskritik Julius Langbehns und den russischen Slavophilen beziehungsweise Panslavisten gegeben habe.[17] Üblicherweise werden solche Parallelen von Rechtsintellektuellen wie Günter Rohrmoser oder dem erwähnten Dugin gezogen. Rohrmoser, Sozialphilosoph und Kritiker der Frankfurter Schule um Jürgen Habermas, sah in den Umbrüchen, die das postsowjetische Reich in den neunziger Jahren erschütterten, die Chance für einen ökonomischen Liberalismus, der mit einem „geistig-kulturellen Konservatismus" verknüpft werden müsse. Gleichzeitig konstatierte er eine „geheimnisvolle" geistige Verwandtschaft zwischen Russen und Deutschen, die zwischen anderen Völkern so nicht existiere und die sich etwa darin niederschlage, dass beide Nationen sich mehr als andere mit der Frage des „überindividuellen Sinns" in ihrer Geschichte beschäftigt hätten.[18] Rohrmosers als Reaktion auf den Zusammenbruch der

---

15 Groh, Dieter: *Rußland und das Selbstverständnis Europas. Ein Beitrag zur europäischen Geistesgeschichte.* Neuwied/Berlin 1961, S. 266.

16 Mann, Thomas: *Betrachtungen eines Unpolitischen* [1918]. Frankfurt/Main 2001, S. 448f.

17 Kopelew, Lew: „Am Vorabend des großen Krieges", in: Keller, Mechthild: *Russen und Rußland aus deutscher Sicht. 19./20. Jahrhundert: Von der Bismarckzeit bis zum Ersten Weltkrieg.* München 2000, S. 11–107, S. 29f.

18 Rormozer, Gjunter [Rohrmoser, Günter]: „K voprosu o buduščem Rossii [Zur Frage der Zukunft Russlands]", in: Lektorskij, V. A. / Šarov, A. Ja.: *Rossija i Germanija. Opyt filosofskogo dialoga* [Russland und Deutschland. Versuch eines philosophischen Dialogs]. Moskau 1993, S. 5–29, S. 25f.

Nachkriegsordnung entworfene kulturpessimistische Szenarien, die er als Folge eines in Europa herrschenden „libertären wie quasitotalitären Liberalismus"[19] beschrieb, finden bis heute unter ähnlich gestimmten russischen Intellektuellen großen Anklang – nicht zuletzt wegen seines Diktums, „daß die Menschheit auf den Geist und die Kultur Rußlands nicht verzichten"[20] könne.

Jenseits rechtsintellektueller Selbstvergewisserung existiert eine Forschung, die sich im weitesten Sinne dem Russland-Europa-Vergleich[21] und im engeren Sinne dem Russland-Deutschland-Vergleich widmet. Breiten Raum nehmen hier, bezogen auf Letzteren, die Reflexionen zur vergleichenden politischen Geschichte ein,[22] die für den in dieser Arbeit wichtigen Zusammenhang der ideengeschichtlichen Interferenzen zwischen Russen und Deut-

---

19 Rohrmoser, Günter: *Der Ernstfall. Die Krise unserer liberalen Republik.* Frankfurt/Main/Berlin 1994, S. 8.

20 Rohrmoser, Günter: „Die geistige Lage aus deutscher Sicht", in: Stjopin, W.: *Der Ernstfall auch in Rußland. Russische Philosophen diskutieren Günter Rohrmoser.* Bietigheim/Baden 1997, S. 27–39, S. 39. Siehe auch Rohrmoser, Günter / Frenkin, Anatolij: *Neues konservatives Denken als Überlebensimperativ. Ein deutsch-russischer Dialog.* Frankfurt/Main u. a. 1996. Der ehemalige Gorbačev-Berater Frenkin ist politisch inzwischen bei der extremen Rechten gelandet.

21 *Sbornik statej XII meždunarodnoj konferencii „Rossija i Zapad: dialog kul'tur"* [Aufsatzsammlung zur XII. Internationalen Konferenz „Russland und der Westen: Dialog der Kulturen"], 28.–30. November 2007, Moskau 2008; Shlapentokh, Dmitry: *Russia between East and West. Scholary Debates on Eurasianism.* Leiden/Boston 2007; Podvojskij, Denis G.: *Antinomija „Rossija – Zapad" i problema sociokul'turnoj samobytnosti.* Moskau 2005; Diligenskij, German / Tschugrow, Sergej: *Der „Westen" im russischen Bewusstsein.* Köln 2000; Schelting, Alexander von: *Rußland und Europa im russischen Geschichtsdenken. Auf der Suche nach der historischen Identität,* neu hrsg. v. Christiane Uhlig. Ostfildern 1997; Schelting, Alexander von: *Rußland und der Westen im russischen Geschichtsdenken der zweiten Hälfte des 19. Jahrhunderts,* aus dem Nachlaß hrsg. u. bearb. v. Hans-Joachim Torke. Berlin/Wiesbaden 1989; Tschiževskij, Dmitrij / Groh, Dieter: *Europa und Russland. Texte zum Problem des westeuropäischen und russischen Selbstverständnisses.* Darmstadt 1959; Riasanovsky, Nicholas V.: *Russland und der Westen. Die Lehre der Slawophilen. Studie über eine romantische Ideologie.* München 1954.

22 Siehe etwa: Tupolev, Boris M.: *Rossija i Germanija. Rußland und Deutschland,* Bde. 1–4. Moskau 1998–2007; Kühnhardt, Ludger / Tschubarjan, Alexander: *Rußland und Deutschland auf dem Weg zum antitotalitären Konsens.* Baden-Baden 1999; Bočkarev, V. N.: *Rossija i Germanija* [Russland und Deutschland]. Moskau 1914; [Anonymus]: *Rossija i Germanija.* Berlin 1871.

schen jedoch keine große Rolle spielen. Wichtig sind stattdessen die entsprechenden Bände der von Lew Kopelew Mitte der achtziger Jahre begründeten Reihe der „West-Östlichen Spiegelungen", die sich dem Blick auf den je ‚Anderen', der Entstehung und Wirkung von Stereotypen und (Feind-)Bildern verschrieben hat.[23] Den Standard in der Analyse des deutschen Russland-Bildes setzt allerdings nach wie vor Dieter Grohs Dissertation zu *Rußland und das Selbstverständnis Europas*[24], die vor allem für die philosophiegeschichtlichen Aspekte in der vorliegenden Arbeit von Bedeutung ist.

Der Initiative eines der Beiträger zu den „Spiegelungen", Leonid Luks, verdanken sich die steten Veröffentlichungen des an der Katholischen Universität Eichstätt-Ingolstadt angesiedelten Zentralinstituts für Mittel- und Osteuropastudien. Die hier auf Deutsch und Russisch erscheinende interdisziplinäre Zeitschrift *Forum für osteuropäische Ideen- und Zeitgeschichte* trägt wesentlich zur Bekanntmachung der aktuellen, in Deutschland immer noch unterrepräsentierten wissenschaftlichen Diskussion in Russland, Polen und Tschechien bei. Luks' Forschungsinteresse gilt dabei vor allem dem Vergleich der geistesgeschichtlichen Grundlagen von Bolschewismus und Nationalsozialismus.[25]

---

23 Von diesem Konzept sind die neuen Herausgeber inzwischen teilweise abgewichen. Siehe dazu Beate Fieseler über: Eimermacher, Karl / Volpert, Astrid (Hrsg.), unter Mitarbeit von Gennadij Bordjugow: Tauwetter, Eiszeit und gelenkte Dialoge. Russen und Deutsche nach 1945, München 2006. = West-Östliche Spiegelungen. Neue Folge, 3. ISBN: 3-7705-4088-3, in: Jahrbücher für Geschichte Osteuropas. Neue Folge, 57 (2009) H. 4, S. 627–629, url: http://www.dokumente.ios-regensburg.de/JGO/Rez/Fieseler_Eimermacher_Tauwetter.html (20.05.2013).

24 In einer erweiterten Ausgabe: Groh, Dieter: *Rußland im Blick Europas. 300 Jahre historische Perspektiven*. Frankfurt/Main 1988.

25 Luks, Leonid: „'Eurasier' und ‚Konservative Revolution'. Zur antiwestlichen Versuchung in Rußland und in Deutschland", in: Koenen, Gerd / Kopelew, Lew: *Deutschland und die Russische Revolution. 1917–1924*. München 1998, S. 219–239; s. auch Luks, Leonid: *Das Christentum und die totalitären Herausforderungen des 20. Jahrhunderts. Rußland, Deutschland, Italien und Polen im Vergleich*. Köln u. a. 2002; Luks, *Zwei Gesichter*; s. auch Backes, Uwe / Jesse, Eckhard: *Gefährdungen der Freiheit. Extremistische Ideologien im Vergleich* (= Schriften des Hannah-Arendt-Instituts für Totalitarismusforschung, Bd. 29). Göttingen 2006.

Im Unterschied zur wissenschaftlichen Literatur über Nikolaj Berdjaev ist die Zahl der vergleichenden Aufsätze zu Oswald Spengler groß: Spenglers Geschichtsmorphologie wurde mit der Kulturtypenlehre Nikolaj Danilevskijs verglichen[26], mit der Zyklentheorie Pitirim Sorokins[27] und Arnold J. Toynbees[28], der organologischen „Weltgeschichte" Heinrich Rückerts[29], Karl Friedrich Vollgraffs und Ernst von Lasaulxs[30]; in neueren Studien mit der Zivilisationskritik Thomas Manns[31] und zuletzt mit den Geschichtsentwürfen Kurt Breysigs und Walther Rathenaus[32]. Schnittpunkt mit Berdjaev ist die zivilisationskritische und russophile Essayistik Thomas Manns, die Ljudmila Dymerskaja-Tsigelmann mit Berdjaevs Polemiken zur westlichen Demokratie und russischen Revolution verglich.[33] Bis auf Dymerskaja-Tsigelmann und wenige Ausnahmen[34] ist die bisherige,

---

26 Müller, Gert: „Panslawismus und Kulturmorphologie. Zum Werke N. J. Danilevskijs", in: *Saeculum* 3/4, 14, 1963, S. 340–382, hier: S. 340–355.

27 Müller, Gert: „Sorokin und Spengler. Die Kritik Pitirim Sorokins am Werke Oswald Spenglers", in: *Zeitschrift für philosophische Forschung* 19, 1965, S. 110–134.

28 Schischkoff, Georgi: „Spengler und Toynbee", in: Koktanek, Anton Mirko: *Spengler-Studien. Festgabe für Manfred Schröter zum 85. Geburtstag.* München 1965, S. 59–76.

29 Meyer, Hans: „Oswald Spengler und seine Vorläufer", in: *Stimmen der Zeit* 169, 1961/62, S. 33–45.

30 Schoeps, Hans Joachim: *Vorläufer Spenglers. Studien zum Geschichtspessimismus im 19. Jahrhundert.* Leiden 1955 (2. Aufl.).

31 Paramonov, Boris: *Sled. Filosofija, istorija, sovremennost'* [Die Spur: Philosophie, Geschichte, Gegenwart]. Moskau 2001; vgl. dazu, Felix Philipp: „Licht aus dem Osten? Thomas Mann und Oswald Spengler über Rußlands Verhältnis zu Europa", in: *FAZ* v. 07.08.2002, S. N3; Beßlich, Barbara: *Faszination des Verfalls. Thomas Mann und Oswald Spengler.* Berlin 2002.

32 Azzaro, Pierluca: *Deutsche Geschichtsdenker um die Jahrhundertwende und ihr Einfluss in Italien. Kurt Breysig, Walther Rathenau, Oswald Spengler.* Bern u. a. 2005.

33 Dymerskaja-Tsigelmann, Ljudmila: „Thomas Mann und Nikolaj Berdjaev über die geistigen und historischen Ursprünge des Nationalsozialismus und des russischen Kommunismus", in: Luks, *Christentum*, S. 31–60.

34 Die Kritiker Berdjaevs stammten überwiegend aus dem Umkreis der zeitgenössischen russischen Emigration. Ein guter Überblick: Ermičev, Aleksandr A.: *N. A. Berdjaev: pro et contra. Antologija*, kn. 1. St. Petersburg 1994; s. auch Gajdenko, Piama: „The Problem of Freedom in Nicolai Berdjaev's Existential Philosophy", in: *Studies in East European Thought* 46, 1994, S. 153–185.

insgesamt sehr üppige Forschung[35] zu Berdjaev jedoch fast ausnahmslos affirmativ oder lässt seine zivilisationskritische Publizistik nahezu unbeachtet. Dies gilt für die ‚westliche'[36] und die jüngere
russische Literatur gleichermaßen. So setzt Lidija Gaman in ihrer
Replik gegenüber Kritikern der prosowjetischen Phase Berdjaevs
ihr patriotisches Bekenntnis zur sowjetischen Historiographie an
die Stelle von Argumenten.[37] Ebenso eklektisch verfahren Nelli
Motrošilova und Aleksej Peskov.[38] Die analytische Qualität dieser
Untersuchungen zeugt noch immer von der Lücke, die die Tabuisie-
rung vorrevolutionärer beziehungsweise emigrierter russischer
Autoren durch die sowjetische Kulturpolitik hinterlassen hat. Der
von Jutta Scherrer schon 1999 konstatierte „Nachholbedarf an Lektüre"[39] einst geschmähter Autoren ist in Russland nach wie vor
groß.

Das im deutschsprachigen Raum „ungebrochene[...] Publikums-
interesse",[40] das Spenglers *Untergang des Abendlandes* bei dtv im
März 2006 die 17. Auflage bescherte, gilt auch für den russischen
Leser: Der *Untergang* wurde inzwischen mehrfach aufgelegt und ins

---

35 Zur Rezeption Berdjaevs in Deutschland seit 1920 s. Reichelt, Stefan G.: *Nikolaj Berdjaev in Deutschland 1920–1950. Eine rezeptionshistorische Studie*. Leipzig 1999.

36 Hier etwa Spinka, Matthew: *Nicolai Berdyaev. Captive of Freedom*. Philadelphia/Westminster Press 1950; Lowrie, Donald A.: *Rebellious Prophet. A Life of Nicolai Berdyaev*. New York 1960; Anízar, Humberto Encarnación: *Die russische Idee in der Sozialphilosophie N. Berdjajews*. Münster 1978; Slaatté, Howard Alexander: *Personality, Spirit, and Ethics: the Ethics of Nicholas Berdyaev*. New York u. a. 1997; Linde, Fabian: *The Spirit of Revolt. Nikolai Berdiaev's Existential Gnosticism*. Stockholm 2010.

37 Gaman, Lidija A.: *Istoriosofija N. A. Berdjaeva* [Die Historiosophie N. A. Berdjaevs]. Tomsk 2003, S. 4–13, 189–205.

38 Motrošilova, Nelli V.: „Nikolaj Berdjaev i filosofija zapada" [Nikolaj Berdjaev und die Philosophie des Westens], in: Motrošilova, Nelli V.: *Mysliteli Rossii i filosofija zapada* [Russische Denker und die Philosophie des Westens]. Moskau 2006, S. 230–320; Peskov, Aleksej M.: *„Russkaja Ideja" i „Russkaja duša". Očerki russkoj istoriosofii*. Moskau 2007.

39 Scherrer, Jutta: *„Kul'turologija als ideologischer Diskurs"*, in: Kissel, Wolfgang Stephan / Thun, Franziska / Uffelmann, Dirk: *Kultur als Übersetzung. Klaus Städtke zum 65. Geburtstag*. Würzburg 1999, S. 279–292, S. 289.

40 Siehe dazu Ingold, Felix Philipp: „Apokalyptischer Hass. Spengler wird in Russland mit aktuellem Interesse rezipiert", in: *FAZ* v. 07.02.2007, S. N3.

Russische übersetzt[41], ebenso wie *Preußentum und Sozialismus*[42].
Die Vermutung Felix Philipp Ingolds, dass Spenglers „Ablehnung (...)
von Demokratie und Kapitalismus" zu dessen Popularität unter russischen Neoslavophilen und „Traditionalisten" beitrage,[43] dürfte
zutreffend sein. Die augenscheinliche Beliebtheit Spenglers auch in
Deutschland steht allerdings in einigem Gegensatz zu seiner Beachtung in der jüngeren wissenschaftlichen Forschung. Die Wahrnehmung seiner Untergangsprognosen findet hier überwiegend in kritischer Distanz beziehungsweise in rezeptions- und vergleichs-
geschichtlicher Perspektive statt[44] – auch wenn es immer wieder
Autoren gibt, die den Wahrheitsgehalt von Spenglers ‚Prophezeiun-
gen' beweisen wollen.[45]

Der in dieser Arbeit unternommene Versuch einer parallelisierenden Betrachtung soll in der Forschung bisher unterbelichtete
Aspekte im Denken Oswald Spenglers und Nikolaj Berdjaevs zu Tage fördern. Darüber hinaus spiegelt diese Perspektive auch die Arbeitsweise Spenglers und Berdjaevs wider: Neben der sogenannten
großen Parallele (der Parallelisierung des ‚Untergangs' des Römischen Reiches mit dem vermeintlichen Verfall des gegenwärtigen
Europas) galt ihnen der Vergleich mit dem Westen, dem ‚Anderen',
als wesentliche Methode ihrer Darstellung des bisherigen wie künftigen europäischen Geschichtsverlaufs.

---

41 Ebd.
42 Špengler, Osval'd: *Prussačestvo i socializm*. Moskau 2002.
43 Ingold, „Apokalyptischer Hass", S. N3.
44 Zuletzt: Merlio, Gilbert / Meyer, Daniel: *Spengler ohne Ende. Ein Rezeptionsphä-
    nomen im internationalen Kontext*. Frankfurt/Main 2014; Henkel, Markus: *Nati-
    onalkonservative Politik und mediale Repräsentation. Oswald Spenglers politische
    Philosophie im Netzwerk der Oligarchen (1910–1925)*. Baden-Baden 2012;
    Gangl, Manfred / Merlio, Gilbert / Ophälders, Markus: *Spengler – Ein Denker der
    Zeitenwende*. Frankfurt/Main 2009; Zumbini, Massimo Ferrari: *Untergänge und
    Morgenröten. Nietzsche – Spengler – Antisemitismus*. Würzburg 1999; Demandt,
    Alexander / Farrenkopf, John: *Der Fall Spengler. Eine kritische Bilanz*. Köln u. a.
    1994.
45 So etwa zuletzt: Krebs, Wolfgang: *Die imperiale Endzeit. Oswald Spengler und die
    Zukunft der abendländischen Zivilisation*. Berlin 2008;   Osmančević, Samir:
    Oswald Spengler und das Ende der Geschichte. Wien 2007.

1 Biographische und begriffliche Voraussetzungen

1.1 Oswald Spengler und die Identitätskrise des deutschen Bürgertums

Ich habe schon als Kind immer die Idee in mir getragen, ich müßte eine Art Messias werden. Eine neue Sonnenreligion stiften, ein neues Weltreich, ein Zauberland, ein neues Deutschland, eine neue Weltanschauung – das war zu 9/10 der Inhalt meiner Träume. [46]

Oswald Spenglers Selbstverständnis war von zwei sich scheinbar widersprechenden Eigenschaften geprägt: einem großen Sendungsbewusstsein und dem mal kokett, mal wirklich verzweifelt geäußerten Gefühl existentiell empfundener Einsamkeit. „ [I]ch stelle mich mir selbst wie ein verlorenes Atom in einer ungeheuren fremdartigen Weltmasse vor",[47] gestand er in seinen autobiographischen Notizen.

Die Stilisierung der eigenen Person zum einsamen Unverstandenen, von der vor allem private Briefe und Aufzeichnungen während des Ersten Weltkrieges zeugen, übertrug Spengler auf Deutschlands Stellung in der Welt: „[D]ies Land" sei „immer gehaßt worden" und habe „*nie*, niemals einen Freund besessen".[48] Seine Überidentifikation mit dem ‚Schicksal' des deutschen Volkes und dessen politischen Verstrickungen führte bei Spengler geradezu zu körperlichen Symptomen. So heißt es in *Eis heauton*: „Ich empfinde die meisten großen Weltereignisse – den Krieg z. B. – als persönliche Schuld. Wie kommt das? Ich gehe in entsetzlicher Verzweiflung herum, wie ein

---

46 Owald Spengler in *Eis heauton*, seinen zwischen 1913 und 1919 entstandenen autobiographischen Notizen, zit. nach Boterman, Frits: *Oswald Spengler und sein „Untergang des Abendlandes"*. Köln 2000, S. 24.

47 Spengler, *Eis heauton*, zit. nach ebd., S. 25 (Anm. 65).

48 Spengler, Oswald: *Briefe. 1913–1936*, hrsg. v. Anton Mirko Koktanek. München 1963, S. 42.

Missetäter, der dafür Strafe verdient."[49] Psychosozial ließe sich diese Selbstbeschreibung als nervös-übersteigerte Kompensation der eigenen politischen wie sozialen Bedeutungslosigkeit interpretieren – und dies vor dem oft beschriebenen Hintergrund der „obrigkeitsstaatlichen Kontinuität" der deutschen Politik und einer stark fragmentierten bürgerlichen Sozialstruktur in Deutschland.[50] Das Bildungsbürgertum hatte hier im Zuge eines reflexiven Modernisierungsprozesses seit dem letzten Drittel des 19. Jahrhunderts allmählich seine soziale und kulturelle Führungsrolle eingebüßt, gerade auch im Angesicht eines immer selbstbewusster formulierten „technokratischen Anspruch[s] der industriellen Revolution" auf „moderne Bildung"[51] (im Gegensatz zum neuhumanistischen Bildungsideal[52]) und einer generellen Demokratisierung der Kultur.

> „Die Abwertung humanistischer Bildung und dementsprechend der Universitäten und Gymnasien stand in Korrelation zur Aufwertung naturwissenschaftlich-technischen Wissens wie zum Aufschwung der Technischen Hochschulen und Realschulen. Das alte akademische Bildungsbürgertum, das sich seit Fichtes Zeiten als geistige Führungsschicht der Nation verstand, sah sich inzwischen nicht nur von Industriekapitänen und Verbandsführern überflügelt, sondern zusehends auch von Ingenieuren und Technikern."[53]

---

49   Spengler, *Eis heauton* 75, zit. nach Koktanek, Anton Mirko: *Oswald Spengler in seiner Zeit.* München 1968, S. 211.

50   Siehe dazu Nipperdey, Thomas: *Nachdenken über die deutsche Geschichte.* Stuttgart 1987; Kocka, Jürgen: „Bildungsbürgertum – Gesellschaftliche Formation oder Historikerkonstrukt?", in: Kocka, Jürgen: *Bildungsbürgertum im 19. Jahrhundert,* Teil IV: Politischer Einfluß und gesellschaftliche Formation. Stuttgart 1989, S. 9–20.

51   Naumann, Michael: „Bildung und Gehorsam. Zur ästhetischen Ideologie des Bildungsbürgertums", in: Vondung, Klaus: *Das wilhelminische Bildungsbürgertum. Zur Sozialgeschichte seiner Ideen.* Göttingen 1976, S. 34–52.

52   Eine sehr gute Zusammenfassung bei: Gimmel, Jürgen: *Die politische Organisation kulturellen Ressentiments. Der „Kampfbund für deutsche Kultur" und das bildungsbürgerliche Unbehagen an der Moderne.* Münster 2001, hier vor allem Kapitel 4 bis 6.

53   Vondung, Klaus: „Zur Lage der Gebildeten in der wilhelminischen Zeit", in: Vondung, *Bildungsbürgertum,* S. 20–33, S. 30; s. auch Wehler, Hans Ulrich: „Deutsches Bildungsbürgertum in vergleichender Perspektive – Elemente eines ‚Sonderwegs'"?, in: Kocka, *Bildungsbürgertum,* S. 215–237, S. 220f; Mommsen, Hans: „Die Auflösung des Bürgertums seit dem späten 19. Jahrhundert", in: Mommsen, Hans: *Der Nationalsozialismus und die deutsche Gesellschaft. Ausgewähl-*

Die steigende Zahl und der wachsende gesellschaftliche Einfluss lohnabhängiger Geistesarbeiter – Journalisten, „Literaten"[54], Verwaltungs- und Büroangestellte – drohten das alte Bildungsbürgertum zu absorbieren. Unter dem Eindruck dieser Entwicklung und angesichts der generellen Erfahrung großstädtischer Vereinzelung schien auch der am neuhumanistischen Bildungsideal orientierte Begriff von Individualität seine Bedeutung zu verlieren. So etwa nahm es Georg Simmel zu Beginn des 20. Jahrhunderts wahr, als er den Anspruch des modernen Individuums beschrieb, „die Selbständigkeit und Eigenart seines Daseins gegen die Übermächte der Gesellschaft" zu bewahren, um nicht „in einem gesellschaftlich-technischen Mechanismus nivelliert und verbraucht zu werden." Für Simmel setzte sich das großstädtische Leben „mehr und mehr aus [...] unpersönlichen Inhalten und Darbietungen zusammen, die die eigentlich persönlichen Färbungen und Unvergleichlichkeiten verdrängen wollen".[55]

Angesichts seiner „kulturelle[n] Enteignung"[56] fand das bildungsbürgerliche Selbstwertgefühl ausgleichende Stabilisierung auf ökonomisch-technischem Sektor, dessen Erfolge als nationale stilisiert und als Produkt deutscher Bildung und Kultur interpretiert werden konnten. Der damit eng verknüpften Affinität zu Imperia-

---

te *Aufsätze*. Zum 60. Geburtstag hrsg. v. Lutz Niethammer / Bernd Weisbrod. Reinbek b. Hamburg 1991, S. 11–38, S. 12, 21f; Breuer, Stefan: *Anatomie der konservativen Revolution*. Darmstadt 1993, S. 16–21. Siehe auch Hübinger, Gangolf / Mommsen, Wolfgang J.: *Intellektuelle im Deutschen Kaiserreich*. Frankfurt/Main 1993; Myers, Perry: *The Double-Edged Sword. The Cult of* Bildung*, Its Downfall and Reconstitution in Fin-de-Siècle Germany (Rudolf Steiner and Max Weber)*. Oxford u. a. 2004. Der Verlust der „kulturellen Hegemonie" des Bildungsbürgertums spiegelte sich auch in dessen schwindender „Definitionsmacht" über die Künste und deren zunehmender „Entbürgerlichung". Siehe „Einleitung", in: Bollenbeck, Georg / Köster, Werner: *Kulturelle Enteignung – Die Moderne als Bedrohung. Kulturelle Moderne und bildungsbürgerliche Semantik*. Wiesbaden 2003, S. 7–20.

54 Hübinger, Gangolf: „,Journalist' und ,Literat'. Vom Bildungsbürger zum Intellektuellen", in: Hübinger / Mommsen, *Intellektuelle*, S. 95–110.

55 Simmel, Georg: „Die Großstädte und das Geistesleben" (1903), in: Simmel, Georg: *Das Individuum und die Freiheit. Essais*. Berlin 1957, S. 192–204, S. 192, 203.

56 Langewiesche, Dieter: „Bildungsbürgertum und Liberalismus", in: Kocka, *Bildungsbürgertum*, S. 112; Breuer, *Anatomie*, S. 17.

lismus und ‚Weltpolitik' lag neben der ökonomischen vor allem eine nationalistische beziehungsweise kulturimperialistische Motivation zugrunde. Danach war der „liberale Imperialismus" davon über- zeugt, „daß in der kommenden Periode der Weltgeschichte nur die- jenigen Nationen, die sich zu Weltreichen erweiterten, noch eine selbständige Stellung würden behaupten können".[57] Das kulturim- perialistische Moment basierte dabei auf der schlichten Annahme, dass eine solche Zukunft nur deutsch sein könne.

Der bildungsbürgerliche Wille zur Weltpolitik kann außerdem als Ausdruck der Suche nach einem gemeinsamen, alle Gesell- schaftsschichten integrierenden Handlungsrezept und der Furcht vor den sozialpolitischen Forderungen des vierten Standes verstan- den werden.[58] Auch die ‚Aristokratisierung' des deutschen Bürger- tums – die große Bereitschaft seiner einflussreichsten Teile also, ihre gesellschaftlichen Ideale an denen des Adels zu orientieren und gegebenenfalls in diesen aufzusteigen – wird in der Forschung als Reaktion auf das als sozial und politisch bedrohlich empfundene Anwachsen von Arbeiterschaft und Sozialdemokratie angesehen. Allerdings verspielte das Bürgertum mit seiner mehrheitlich antiso- zialistischen Ausrichtung die „Chance, die Arbeiterschaft durch an- gemessene Mitvertretung ihrer Interessen von Anfang an in das ei- gene Lager zu ziehen".[59] Um die Interessengegensätze nicht eskalie- ren zu lassen, schien es stattdessen ratsam, die Arbeiterschaft für die aggressive Flotten- und Kolonialpolitik zu gewinnen – etwa über den „Deutschen Flottenverein" oder den „Alldeutschen Verband" – und gegen die Sozialdemokratie auszuspielen. Die Bereitschaft zu aggressiver Imperialpolitik wurde dabei flankiert von der sozial- darwinistischen Vorstellung einer historisch-kulturellen Missions- aufgabe der Deutschen, die zum Zwecke der Selbsterhaltung als

---

57   Mommsen, Wolfgang J.: „Wandlungen der liberalen Idee im Zeitalter des Impe- rialismus", in: Mommsen, Wolfgang J.: *Der europäische Imperialismus. Aufsätze und Abhandlungen.* Göttingen 1979, S. 167–205, S. 195.

58   Ebd., S. 194–199; Wehler, „Deutsches Bildungsbürgertum", S. 233ff; Hampe, Peter: „Sozioökonomische und psychische Hintergründe der bildungsbürgerli- chen Imperialbegeisterung", in: Vondung, *Bildungsbürgertum*, S. 70ff.

59   Mommsen, W., „Wandlungen", S. 179, s. auch S. 178.

„auserwählte Edelrasse" auf der politischen Bühne den „Kampf ums Dasein" gegen die anderen Völker aufzunehmen hätten.[60]

Diese grob skizzierten Phänomene – die zunehmende Affinität des Bildungsbürgertums zu Naturwissenschaft und Technik, seine Imperialbegeisterung mit ihren nationalistischen und kulturimperialistischen Komponenten, seine Skepsis und Furcht angesichts der sozialen und politischen Forderungen des vierten Standes, seine Aristokratisierungsbestrebungen, sein Sozialdarwinismus und sein fortgesetzter Anspruch auf geistige Vorherrschaft – sind auch für Spenglers Selbst- und Weltbild konstituierend und eng mit seinem Drang nach Neudefinierung eines kulturellen und moralischen Führungsanspruches jenseits des alten bildungsbürgerlichen Ideals verknüpft. Sein bildungsbürgerliches Selbstverständnis, das Spengler seit frühester Jugend kultivierte, ließ ihn seine kleinbürgerliche Herkunft umso schmerzlicher empfinden. Die Ansprüche seiner Eltern an die richtige Berufswahl und ihre Demütigungen, die die literarischen Neigungen des Jungen betrafen, konnte er zeitlebens nicht verwinden. Sein Vater war Oberpostsekretär, am bürgerlichen Leistungsethos orientiert, seine Mutter eine depressive, labile Frau, die aus einer Künstlerfamilie stammte und im Vergleich zu ihren erfolgreichen Schwestern wegen ihrer körperlichen Schwäche immer abseits stand. In *Eis heauton* heißt es: „Meine Eltern beide unliterarisch, nie den Bücherschrank geöffnet, kein Buch gekauft. Mutter las Journale. Vater überhaupt nicht. [...] Haß gegen alle Erholung: Bücher vor allem. ,Du hast keine Zeit solche zu lesen'." Und: „Mein Vater war zu eng, um das zu verstehen. Er tadelte unaufhörlich, wo er mich über der Zeitung oder über Büchern fand, die nicht unmittelbar der Schule dienten."[61] Später wird Spengler die geistfeindliche Atmosphäre seines Elternhauses reproduzieren – mit seiner Selbstverachtung, die sich in späteren Jahren zu Selbstmordgedan-

---

60 Vondung, „Zur Lage", S. 31ff; Hampe, „Hintergründe", S. 71, 77ff; Wehler, „Deutsches Bildungsbürgertum", S. 233ff.
61 Zit. nach Boterman, *Spengler*, S. 18, 21 (Anm. 37), 22.

ken steigern sollte[62], mit der Verachtung der eigenen literarischen Produktion und vor allem mit dem glühenden Hass auf die Künstler und Literaten seiner Zeit. Das grundsätzlich Hybride seiner Existenz hat Massimo Zumbini pointiert zusammengefasst, indem er Spengler als „dekadente[n] Künstler, – aber mit Pickelhaube" charakterisierte.[63]

Um den väterlichen Ansprüchen zu genügen, schrieb sich Spengler 1899 für die Fächer Mathematik, Biologie und Naturkunde an der Universität Halle ein. Unmittelbar nach dem Tod des Vaters 1901 brach er sein Studium ab – zu groß wurde die Abneigung gegenüber den Naturwissenschaften und der herrschenden positivistischen Richtung. Zur Fortsetzung seiner Studien ging Spengler erst nach München, dann nach Berlin. Dass er sein Studium letztlich doch im bildungsbürgerlichen Sinne betrieb, „der weit mehr als den Erwerb von bloßem Fachwissen für berufliche Zwecke einschloß",[64] bewies Spengler, indem er 1904 *über den energetischen Grundgedanken* der Heraklitischen Philosophie promoviert wurde. Nach seinem „Staatsexamen, das ihm die Lehrbefugnis für die Fächer Zoologie, Botanik, Naturkunde, Chemie, Mineralogie und Mathematik eintrug", wählte er mit „großem Widersinn" den Lehrberuf und erhielt 1908 eine Stelle als Lehrer in Hamburg, wo er bis 1911 an zwei Gymnasien unterrichtete.[65]

Auch für Spengler sollte die Erfahrung des Verlustes „kultureller Generalkompetenz"[66] und individueller Einmaligkeit im Zeitalter der Massenkultur prägend für die Ausformung seiner Persönlichkeit und seiner künftigen politischen Ansichten werden. Doch obwohl

---

62 Vollnhals, Clemens: „Oswald Spengler und der Nationalsozialismus. Das Dilemma eines konservativen Revolutionärs", in: *Jahrbuch des Instituts für Deutsche Geschichte* (Univ. Tel-Aviv), 13, 1984, S. 263–303, S. 267; s. auch Boterman, *Spengler*, S. 16f, 26 (Anm. 74).

63 Zumbini, Massimo Ferrari: „Macht und Dekadenz. Der ‚Streit um Spengler' und die Frage nach den Quellen des ‚Untergangs des Abendlandes'", in: Demandt / Farrenkopf, *Der Fall Spengler*, S. 87.

64 Breuer, *Anatomie*, S. 30; vgl. Koktanek, *Spengler*, S. 62; Boterman, *Spengler*, S. 26ff.

65 Boterman, *Spengler*, S. 28.

66 Breuer, *Anatomie*, S. 20.

die großstädtischen Begleiterscheinungen des technischen Zeitalters bei Spengler nur Ekel und Selbstmitleid aufkommen ließen, sah er die Anforderungen und Veränderungen, die jenes Zeitalter mit sich brachte, doch als nationale und persönliche Herausforderung an, der er sich mit grimmigem Ernst stellte. Dies gilt in besonderem Maße für seine früh erwachte Imperialbegeisterung, die bei ihm eng mit dem Faszinosum der Technik, als kultureller Haupterrungenschaft der „faustischen" Zivilisation, verknüpft war.[67] Spenglers imperialistische Neigungen deuteten sich bereits in seiner spätpubertären Phase in der spielerischen Errichtung des Weltreiches „Afrikasien" unter deutscher Hegemonie an. Sie erfuhren eine letzte Steigerung in seiner ästhetisierenden Verherrlichung alles Kriegerisch-Soldatischen und seiner Stilisierung des Weltkrieges zur Zeitenwende, mit der sich die Heraufkunft eines „germanischen Abendlandes" ankündigte. So ist der im April 1918 erschienene, ungeheuer erfolgreiche erste Band seines Hauptwerkes *Der Untergang des Abendlandes* als Beitrag des Zuschauers Spengler zum Ersten Weltkrieg anzusehen: „Ich habe nur den Wunsch beizufügen, daß dies Buch neben den militärischen Leistungen Deutschlands nicht ganz unwürdig dastehen möge."[68] Der 1922 erschienene zweite Band des *Untergangs* konnte schon nicht mehr an den Erfolg des ersten anknüpfen, und alle folgenden, kleineren Schriften Spenglers schienen nur mehr Exemplifikationen des Grundthemas. Dies trifft vor allem auf die 1931 veröffentlichte, wie so viele spätere Arbeiten Spenglers aus einem Vortrag hervorgegangene Schrift *Der Mensch und die Technik* zu, welche von Spengler als „komprimierte Selbstauslegung"[69], als Prolegomenon des Hauptwerkes verfasst wurde.

Doch zurück ins Jahr 1918: *Der Untergang des Abendlandes* stellt den ambitionierten universalgeschichtlichen Versuch dar, „Ge-

---

67 Spengler, Oswald: *Der Mensch und die Technik. Beitrag zu einer Philosophie des Lebens*. München 1931.

68 Spengler, Oswald: *Der Untergang des Abendlandes. Umrisse einer Morphologie der Weltgeschichte*. München 1993 (11. Aufl.), S. XI (aus dem Vorwort vom Dezember 1917).

69 Naeher, Jürgen: *Oswald Spengler mit Selbstzeugnissen und Bilddokumenten*. Reinbek b. Hamburg 1984, S. 113.

schichte vorauszubestimmen",[70] indem er nach einer allen vergangenen und gegenwärtigen Kulturen gemeinsamen Gesetzmäßigkeit in der Entwicklung fragt. Spengler beantwortete diese Frage mit der Behauptung, dass alle Kulturen dem organisch-biologischen Rhythmus von Geburt, Reife, Verwelken und Tod unterlägen. „Vollendung und Ausgang" einer jeden Kultur würden durch ihren Übergang in das Stadium der „Zivilisation" markiert, und in diesem Stadium befindet sich laut Spengler das gegenwärtige Europa. „Ich lehre hier den *Imperialismus* [...] Imperialismus ist reine Zivilisation. In dieser Erscheinungsform liegt unwiderruflich das Schicksal des Abendlandes."[71] Die den Imperialismus repräsentierende „Regierungsart" wird – mit Spengler – der „Cäsarismus" sein:

> „Und deshalb sind alle Institutionen, sie mögen noch so peinlich aufrecht erhalten werden, von nun an ohne Sinn und Gewicht. Bedeutung hat nur die ganz persönliche Gewalt, welche der Cäsar oder an seiner Stelle irgend jemand durch seine Fähigkeiten ausübt. [...]
>
> In Gestalt der Demokratie hatte das Geld triumphiert. Es gab eine Zeit, wo es allein oder fast allein Politik machte. Aber sobald es die alten Ordnungen der Kultur zerstört hat, taucht aus dem Chaos eine neue, übermächtige, bis in den Urgrund des Werdens hinabreichende Größe empor: die Menschen von cäsarischem Schlage. An ihnen geht die Allmacht des Geldes zugrunde. *Die Kaiserzeit bedeutet, und zwar in jeder Kultur, das Ende der Politik von Geist und Geld.* Die Mächte des Blutes, die urwüchsigen Triebe alles Lebens, die ungebrochne körperliche Kraft treten ihre alte Herrschaft wieder an. Die Rasse bricht rein und unwiderstehlich hervor: der Erfolg des Stärksten und der Rest als Beute. Sie ergreift das Weltregiment, und das Reich der Bücher und Probleme erstarrt oder versinkt in Vergessenheit."[72]

Auch wenn sich Spengler erst in der überarbeiteten Fassung von 1923 zum entscheidenden Einfluss Goethes und Nietzsches auf seine Kulturmorphologie bekannte, so besteht wohl kein Zweifel, dass der Einfluss Nietzsches auf den *Untergang des Abendlandes* gewaltig war, vor allem, was die Schlüsselbegriffe „Dekadenz" und den „Willen zur Macht" betrifft. Nicht zuletzt wegen des großen Erfolges des

---

70   UdA, S. 3.
71   Ebd., S. 51, 144.
72   Ebd., S. 1101f.

Untergangs des Abendlandes wurde Spengler 1919 der Ehrenpreis des Nietzsche-Archivs verliehen, wo er 1924 den Vortrag *Nietzsche und sein Jahrhundert* zum 80. Geburtstag seines Idols hielt.[73]

Mit Nietzsche teilte Spengler den Ekel an der Gegenwart und das Selbstverständnis als Aristokrat und Prophet, als Angehöriger einer Begabtenelite, der von einer unüberbrückbaren Ungleichheit zwischen den vermeintlich höheren und den ‚gewöhnlichen' Menschen überzeugt war. Die verachtete bürgerlich-egalitäre Ordnung, ihr Verfall und ihre notwendige Überwindung waren deshalb vorrangiger Gegenstand ihrer Geschichtsphilosophie. Der Hochmut gegenüber der Massengesellschaft sollte Spengler später – wie im Übrigen auch Berdjaev – für die faschistische Idee empfänglich machen, jedoch gleichzeitig zu seiner Ablehnung des Faschismus als ‚Realfaschismus' führen, da dieser in seinen Augen zur „Pöbelherrschaft"[74] pervertierte.

Während der Kriegsjahre hin- und hergerissen zwischen der „Gewißheit des Sieges" und der „Leidenschaft", lieber zu „sterben als in einem erniedrigten Deutschland zu leben",[75] hoffte Spengler darauf, dass dieser Krieg „nicht der letzte" sei, „den wir erleben werden",[76] und dass der Imperialismus der „politische[...] Stil einer ferneren, abendländischen, germanischen, insbesondere deutschen Zukunft" sein werde.[77] Obwohl sich Spenglers Kriegsbegeisterung aufgrund seines Alters und Gesundheitszustandes nicht über seine Zugehörigkeit zur Frontgeneration – zu der die meisten der jüngeren Konservativen Revolutionäre zu rechnen sind – stiftet, haben die Ereignisse zwischen 1914 und 1918 bleibende Spuren in Inhalt und Stil seines Werkes hinterlassen. Spengler berauschte sich zwar,

---

73   Spengler, Oswald: „Nietzsche und sein Jahrhundert", in: Spengler, Oswald: *Reden und Aufsätze*. München 1937, S. 110–124, S. 115f, 120f; Spengler, *Briefe*, S. 46, 54, 57; Farrenkopf, John: „Nietzsche, Spengler, and the Politics of Cultural Despair", in: *Interpretation* 20/2, 1992/93, S. 165–185, S. 166; s. auch Zumbini, *Untergänge*; Koktanek, *Spengler*, S. 53; Naeher, Spengler, S. 85.

74   Spengler, Oswald: *Jahre der Entscheidung. Erster Teil: Deutschland und die weltgeschichtliche Entwicklung*. München 1933, S. 139.

75   Spengler, *Eis heauton* 21, zit. nach Naeher, *Spengler*, S. 51.

76   Brief an Hans Klöres v. 7. September 1915, in: Spengler, *Briefe*, S. 47.

77   UdA, S. 51.

im Gegensatz zu Ernst Jünger oder Arthur Moeller van den Bruck, weniger an der Apokalyptik des Krieges als vielmehr an der scheinbar kalt berechenbaren Unvermeidlichkeit des Faktischen. Jedoch auch seine Kriegsdeutungen wollten den Sinn bestimmen, „den der Krieg der deutschen Gesellschaft vermitteln konnte und sollte": Mit der Mehrheit des Bildungsbürgertums im Allgemeinen und der Konservativen Revolutionäre im Besonderen teilte er die Hoffnung, der Krieg werde als neuer „gesellschaftlicher Integrationsfaktor"[78] im Sinne der gemeinsamen Errichtung eines künftigen „Imperium Germanicum" wirken und damit langfristig die „gesellschaftliche Rekonstitution" des eigenen Standes vorantreiben. Gleichzeitig versuchte sich Spengler – vor allem in der Hochphase der patriotischen Begeisterung – auf kriegstaktischem und kriegstechnischem Gebiet zu profilieren: In den Briefen an seinen früheren Kollegen Hans Klöres sinnierte er über mögliche Frontbewegungen, künftige Eroberungen und politische Bündnisse.[79]

Hier wie in allen Schriften seines schmalen Œuvre fällt eine sich mit den Jahren steigernde gewalttätige Metaphorik auf, die in einem merkwürdigen Kontrast zu Spenglers überangepasster bürgerlicher Existenz steht. Diesen Eindruck gab im Übrigen auch Nikolaj Berdjaev in seiner Autobiographie wieder, als er über die erste und einzige Begegnung mit Spengler notierte: „In Berlin hatte ich einmal auch eine Begegnung mit Spengler; doch hat diese Begegnung keinen großen Eindruck hinterlassen. Sein Äußeres erschien mir gar zu bürgerlich."[80]

Spenglers geistesaristokratische Ambitionen hatten ihre Wurzeln in seiner Grundüberzeugung von der Existenz „z w e i[e r] A r t e n   v o n   M e n s c h e n", der „von Natur Befehlende[n] und

---

78   Vondung, „Deutsche Apokalypse 1914", in: Vondung, *Bildungsbürgertum*, S. 153–171, S. 162.

79   Ebd., S. 153–171; Breuer, *Anatomie*, S. 37ff; Spengler, *Briefe*, S. 31ff, 41–49, 52, 54, 57, 97.

80   Berdjajew, Nikolai: *Selbsterkenntnis. Versuch einer philosophischen Autobiographie*. Darmstadt/Genf 1953, S. 280. (Im Sinne der nicht russischsprachigen Leserschaft wird im Weiteren, wann immer es möglich ist, aus den deutschen Übersetzungen der Schriften Nikolaj Berdjaevs zitiert.)

Gehorchende[n]". Ausgestattet mit dem „physiognomischen Takt" des Menschen- und „Lebenskenner[s]" wähnte er sich über den Frontlinien, die er selbst entwarf – zwischen den von ihm verachteten „Literaten und Ästheten heutiger Großstädte, welche die Anfertigung eines Romans für wichtiger halten als die Konstruktion eines Flugzeugmotors", den „Massen ausführender Hände", den „Geführte[n]", und den eigentlichen „Führern [...] d e s L e b e n s", zu denen für ihn auch die zu wenig gewürdigte „Gestalt" des Ingenieurs, des „wissende[n] Priester[s] der Maschine" zählte. Als ein Mann aus der „Denkerstube", den das Papier oft genug „anekelt", sympathisierte Spengler mit dem Ingenieur, dem „Organisator und Verwalter" der Maschinenwelt, den er für ebenso unverstanden und unterschätzt hielt wie sich selbst. Indem er dessen „Führerarbeit" vor allem als Gedankenarbeit qualifizierte, zog er ihn schließlich auf seine Seite.[81] Tatsächlich waren Spenglers politischer Ehrgeiz ebenso wie seine privaten Beziehungen vom werbenden Bemühen um die technische Intelligenz geprägt: Zu seinen engen Freunden zählte unter anderen der Industrielle Paul Reusch, über den Spengler zu zahlreichen weiteren „Wirtschaftsführern" in nähere Beziehung trat.[82]

Spenglers Definition des „physiognomischen Taktes" lässt erahnen, auf welcher Ebene er seine Restitutionsansprüche auf geistige Führung am liebsten verwirklicht sehen wollte. „Physiognomischen Takt" besitze jeder Mensch, heißt es in *Pessimismus?* (1921).

> „Hier ist aber eine sehr hohe Form dieses Taktes gemeint, eine unbewußte Methode, nicht das alltägliche Leben, sondern den Gang der Welt instinktiv zu durchschauen, die wenige Menschen wirklich beherrschen. Es ist die, in welcher der geborene Staatsmann und der echte Historiker trotz allen Gegensatzes von Praxis und Theorie übereinstimmen."[83]

---

81 UdA, S. 675, 1190ff; Spengler, *Briefe*, S. 44, 46; vgl. Struve, Walter: *Elites against Democracy. Leadership Ideals in Bourgeois Political Thought in Germany, 1890–1933*. Princeton, New Jersey 1973, S. 238–243.

82 Koktanek, *Spengler*, S. 282.

83 Spengler, Oswald: „Pessimismus?", in: Spengler, *Reden und Aufsätze*, S. 63–79, S. 67.

Mit dem „echte[n] Historiker" ist hier gewiss nicht die „hilflose und lächerliche Erscheinung" des „abstrakte[n] Gelehrte[n]" gemeint, sondern der „Geschichtskenner" vom Schlage Spenglers, dem es nicht um Wahrheit, sondern um Tatsachen, nicht um „Systematik", sondern um „innere Ordnung" gehe.[84]

Spengler, der sich 1911, ein Jahr nach dem Tod seiner Mutter vom Schuldienst beurlauben ließ und zu Beginn des Jahres 1912 rechtsgültig aus dem Schuldienst ausschied, hat als Privatgelehrter vielfach versucht, sich den verschiedenen Staatsmännern als „Geschichtskenner" anzudienen. Seine Bemühungen reichen von zwei unvollendet gebliebenen Denkschriften an Wilhelm II. beziehungsweise den deutschen Adel (entstanden zwischen 1911 und 1917), über Gespräche mit den Generalen von Seeckt und Ludendorff 1923 sowie zahlreiche Kontakte zu Politikern und Industriellen vorwiegend aus dem rechtskonservativen Lager bis zu einem Treffen mit Hitler 1933[85], dem er im August desselben Jahres ein Exemplar seiner *Jahre der Entscheidung* in der Hoffnung zusandte, gelegentlich dessen „Urteil über diese Fragen" entgegennehmen zu dürfen.[86] Neun Jahre zuvor hatte Spengler die deutsche Jugend zur Selbsterziehung zum „M a t e r i a l   f ü r   g r o ß e   F ü h r e r   [...] in stolzer Entsagung, zu unpersönlicher Aufopferung" aufgerufen.[87]

Anknüpfend an die sogenannten Ideen von 1914 erschien 1919 Spenglers „bedeutende[s] Buch"[88] *Preußentum und Sozialismus*. Es

---

84   Ebd., S. 67f; UdA, S. 127–139; MuT, S. 5f.
85   Koktanek, *Spengler*, S. 288ff, 296, 439ff; Naeher, *Spengler*, S. 84–99; Felken, Detlef: *Oswald Spengler. Konservativer Denker zwischen Kaiserreich und Diktatur*. München 1988, S. 134–156. Wegen seiner Kontakte zu zahlreichen Großindustriellen wurde Spengler in den „eher sozialrevolutionären Kreisen der Konservativen Revolution [...] als Vertreter der ‚schwerindustriellen Oligarchie' angegriffen." Vollnhals, „Spengler und der Nationalsozialismus", S. 270.
86   Spengler, *Briefe*, S. 699.
87   Spengler, Oswald: „Politische Pflichten der deutschen Jugend" (1924), in: Spengler, Oswald: *Politische Schriften*. München 1933, S. 127–156, S. 155.
88   So wird Spenglers Kampfschrift von Berdjaev in seinem Buch *Die Weltanschauung Dostojewskijs* (1923) genannt (Berdjajew, N.: *Die Weltanschauung Dostojewskijs*. München 1925, S. 8). Im russischen Original ist – etwas despektierlicher – von Spenglers „interessantem Büchlein" die Rede (Berdjaev, Nikolaj: „Mirosozercanie Dostoevskogo", in: Berdjaev, Nikolaj: *Filosofija tvorčestva, kul'tury i iskusstva* [Philosophie des Schaffens, der Kultur und der Kunst], Bd. 2,

ist Spenglers Kampfansage an die „sinnloseste Tat der deutschen Geschichte" – die Weimarer Republik, der die Revolution der „Gemeinheit" mit dem „Literatengeschmeiß an der Spitze" vorangegangen sei.[89] Obwohl Spenglers politische Aktivitäten und Kontakte in jenen Jahren zwischen 1919 und 1924 beeindruckend zahlreich waren, blieb sein tatsächlicher Einfluss – trotz des zeitweise beharrlich verfolgten Wunsches, für das „'Imperium Germanicum' der Zukunft" „viel tun zu können"[90] – gering. Die relative Erfolglosigkeit des politischen Engagements und der Bemühungen Spenglers um die Schaffung eines rechtskonservativen Pressekartells steht dabei in bemerkenswertem Missverhältnis zu seiner übersteigerten Selbsteinschätzung – vor allem hinsichtlich seiner Rolle während des Hitler-Putsches 1923 und im Zusammenhang mit den Direktoriumsplänen um den Chef der Heeresleitung, Hans von Seeckt. Das von Friedrich Minoux, dem Generaldirektor bei Hugo Stinnes entwickelte Regierungsprogramm für die Zeit nach dem erhofften Sturz Gustav Stresemanns sah wohl auch die Teilnahme Spenglers an diesem Direktorium aus Fachleuten vor – in der Funktion des Wissenschafts- oder Kulturministers. So heißt es in *Neubau des Deutschen Reiches* (erschienen 1924): „Es kann nicht meine Absicht sein, an dieser Stelle den Entwurf eines künftigen Erziehungswesens vorzulegen. Ich hoffe, das später einmal gründlich tun zu können und dann vielleicht nicht ohne praktischen Anlaß."[91] Die Hoffnungen Spenglers auf die Absetzung des Reichskanzlers und die Beendigung der „par-

---

hrsg. v. Renata Gal'ceva. Moskau 1994, S. 7–150, S. 14). Die deutsche Übersetzung von *Mirosozercanie Dostoevskogo* durch Wolfgang E. Groeger und deren Veröffentlichung bei Beck kamen durch die Vermittlung Spenglers zustande. Siehe dazu: *Der Briefwechsel zwischen Oswald Spengler und Wolfgang E. Groeger über russische Literatur, Zeitgeschichte und soziale Fragen*, hrsg. v. Xenia Werner. Hamburg 1987.

89 Spengler, Oswald: „Preußentum und Sozialismus", in: Spengler, *Politische Schriften*, S. 1–105, S. 9; s. Vollnhals, „Spengler und der Nationalsozialismus", S. 269.

90 Spengler, *Briefe*, S. 44.

91 Spengler, Oswald: „Neubau des Deutschen Reiches", in: Spengler, *Politische Schriften*, S. 185–296, S. 227; vgl. Spengler, *Briefe*, S. 44, 279f, 424; Felken, *Spengler*, S. 140f, 144, 148; Struve, *Elites*, S. 243; Koktanek, *Spengler*, S. 288–292, 296–306.

lamentarischen Wurstelei", denen er noch im Oktober 1923 in einem Brief an Stresemann selbstbewusst und mit drohendem Unterton Ausdruck verliehen hatte, wurden im November desselben Jahres durch den Hitler-Putsch und seine Folgen jäh enttäuscht.[92]

Die Selbststilisierung Spenglers zum „bedeutenden Menschen"[93] und *homo politicus* mit Führungsqualitäten wirkt vor dem Hintergrund von *Eis heauton* (1913/19) wie ein verzweifelter Versuch, der familiären und sozialen Bedingtheit seiner Existenz zu entfliehen. Diese erschien Spengler in Kindheit und Jugend als „jammervoll[...]" und „freudlos[...]", niemanden habe er gekannt, vor dem er Achtung hätte empfinden können. Auch seine Orientierung am „geheimen Erzieher" Nietzsche konnte ihn nicht über die Einsicht hinwegtrösten, in einer Zeit zu leben, „wo ausschließlich Tröpfe, Lumpen oder Narren Literatur machten".[94] Dem stillen, angepassten Dasein des Bürgers, das ihm seine Eltern von Anbeginn seiner Existenz aufnötigten, entfloh der junge Spengler, indem er sich eine Parallelwelt schuf, die er wie ein Cäsar regierte. „Er entwarf fiktive Reiche namens *Inselreich*, *Afrikasien* und *Großdeutschland*, in denen statt Schwäche, Feigheit und Lügen Macht, Heldentum und Tapferkeit den Ton angaben."[95] Die Orientierung an der heroischen Lebensauffassung seiner fiktiven, omnipotenten Helden vergrößerte die beinahe autistische Isolation des Heranwachsenden noch mehr. Gemessen an der Größe seiner Märchenreiche und des „Heldentums" seiner Protagonisten musste sich die Wirklichkeit mit ihren Bewohnern ärmlich und trostlos ausnehmen.

Die Kränkungen seiner Kindheit und Jugend sowie der daraus resultierende Rückzug in eine Innenwelt, die ihre Berechtigung und Nahrung aus der scharfen Abgrenzung zur feindlichen Außenwelt erhielt und zur eigentlichen, ,besseren' Realität wurde, formten all-

---

92   Felken, *Spengler*, S. 146f; Koktanek, *Spengler*, S. 297ff; vgl. Spengler, *Briefe*, S. 260, 271–274, 281–285.
93   UdA, S. 180f.
94   Spengler, *Eis heauton* 26/27, zit. nach Naeher, *Spengler*, S. 8, 10f.
95   Boterman, *Spengler*, S. 21f.

mählich einen Charakter, zu dessen Haupttugenden das Gefühl permanenter Lebensangst und gleichzeitig eine maßlose, narzisstische Selbstüberschätzung zählten. Zeitlebens sollte Spengler zwischen diesen beiden Polen changieren. So verachtete er als ‚Aristokrat' und ‚Kulturmensch' „diese[...] ekelerregende[...] Zeit" und die „Menschen, mit denen man notgedrungen verkehrt, auf deren Niveau man sich hinabbegeben muß [...]".[96] Gleichzeitig flößte ihm jene Realität, in der das „anspruchslose Volk" zu Hause war, eine sich mit den Jahren krankhaft steigernde Furcht ein, die ihn seit seiner Kindheit verfolgte: „[E]s ist ein Gefühl, das alles, alles beherrscht hat: Angst. Angst vor der Zukunft, Angst vor Verwandten, Angst vor Menschen, vor Schlaf, vor Behörden, vor Gewitter, vor Krieg, Angst, Angst."[97] – Auf dem Boden dieser Angst und der Passivität des Zuschauers, die er nur kurzzeitig durch hektische politische Aktivität überwinden konnte, gedieh auch Spenglers Ekel vor der großstädtischen ‚Dekadenz', der sich vor allem gegen die „Untermenschen der Großstädte" entlud und als Ergänzung und Spielart seines antiintellektuellen Ressentiments anzusehen ist.[98] Dieser „antiurbane Affekt"[99], der im Übrigen großen Einfluss auf Spenglers Konzeption einer *Morphologie der Weltgeschichte* hatte[100], ist darüber hinaus Ausdruck seines an Menschen und Staaten durchexerzierten Sozialdarwinismus. Ganz dem eugenischen Denken seiner Zeit verpflichtet, maß sich die Bedeutung des einzelnen Menschen für Spengler an dessen Zugehörigkeit zur „starken Rasse" einer Nation, die im „weißen" Europa von Atomisierung und Verfall bedroht sei. Zu einer starken Rasse – über die vor allem das „Barbarentum" verfüge, zu dem Spengler auch die „Russen" zählte – gehöre „nicht nur eine unerschöpfliche Geburtenzahl, sondern auch eine harte A u s l e s e

---

96 Spengler, *Eis heauton* 62, 100, zit. nach Vollnhals, „Spengler und der Nationalsozialismus", S. 267; Spengler, *Briefe*, S. 29.

97 Spengler, *Eis heauton* 78, zit. nach Felken, *Spengler*, S. 29; s. auch Naeher, *Spengler*, S. 7–11.

98 UdA, S. 673–684; Spengler, *Briefe*, S. 29f, 38f, 48, 50; MuT, S. 51; JdE, S. 158f, 161f; vgl. Breuer, *Anatomie*, S. 27.

99 Breuer, *Anatomie*, S. 27.

100 Siehe Bergmann, Klaus: *Agrarromantik und Großstadtfeindschaft*. Meisenheim am Glan 1970, S. 179–193.

durch die Widerstände des Lebens, Unglück, Krankheit und Krieg."
Dagegen verlängere die Medizin des Westens jedes Leben, „ob es
lebenswert ist oder nicht", und steigere auf diese Weise den „Rasseverfall" der gesamten Nation. Innerhalb Europas habe sich allein
Deutschland einen „Schatz von tüchtigem Blut" bewahrt: Mit dem
von der Konservativen Revolution häufig bemühten Topos vom
‚jungen Volk', das vom „Wirbel vergangener Geschichte" weitgehend
verschont geblieben sei, begründete Spengler die „große[n] Möglichkeiten", die „in der germanischen Rasse, der willensstärksten,
die es je gegeben hat", schliefen.[101]

Zu dem Zeitpunkt, als Spengler diese noch von „dynamische[m]
Aktionismus"[102] durchdrungenen Zeilen schrieb, hatte bereits eine
letzte Periode der Vereinsamung und Verbitterung begonnen. Trotz
der Anfeindungen durch die „nationale Presse", die das Erscheinen
seiner letzten, enorm erfolgreichen Kampfschrift *Jahre der Entscheidung* (1933) begleiteten, versuchte Spengler sich sowohl Goebbels
als auch Hitler noch einmal anzudienen. Nach dem einzigen bezeugten Gespräch mit Hitler im Juli 1933 zeigte sich Spengler sehr „ver-
gnügt und befriedigt", wie seine Schwester notierte. „Signor [Speng-
ler – S. P.] über Hitler: Nicht bedeutend – aber er will was und er tut
was und man kann ihm was sagen."[103]Auch seine neuerliche Absage
an Goebbels im Oktober 1933, nachdem dieser ihn zu einer offiziellen Stellungnahme anlässlich der Volksabstimmung über den Aus-
tritt Deutschlands aus dem Völkerbund aufgefordert hatte, zeugt
von Spenglers Überschätzung der Bedeutung seiner Person für die
Nationalsozialisten: „Ich füge die Bitte hinzu, Sie einmal persönlich
sprechen zu können [...] Ich hätte Ihnen verschiedenes mitzuteilen
und vielleicht einige Vorschläge zu machen."[104] Goebbels reagierte

---

101 JdE, S. 157–165. Zum Einfluss Darwins und Haeckels auf Spengler vgl. Kok-
     tanek, *Spengler*, S. 50, 55f, 62f, 66, 98f, 404; s. auch Vollnhals, „Spengler und der
     Nationalsozialismus", S. 272–281.
102 Vollnhals, „Spengler und der Nationalsozialismus", S. 272.
103 Tagebuchaufzeichnung Hilde Kornhardt, zit. nach Koktanek, *Spengler*, S. 441.
104 Spengler an Joseph Goebbels am 3. November 1933, in: Spengler, *Briefe*, S. 710f.
     Bereits im März 1933 hatte sich Goebbels erfolglos um Spengler bemüht; dieser

mit Schweigen und der Intensivierung der bereits laufenden Pressekampagne gegen Spenglers *Jahre der Entscheidung*. Ein letztes Mal versuchte Spengler im Dezember 1933 zu Hitler vorzudringen – erfolglos.[105] Diese Missachtung durch die regierenden Nationalsozialisten machte das Maß an Kränkungen, von denen Spenglers hybride Persönlichkeit keine einzige vergaß, endgültig voll: Nach dem sogenannten Röhm-Putsch, dem mehrere seiner Bekannten und Freunde (unter ihnen Gustav von Kahr und Gregor Strasser) zum Opfer fielen, zog sich Spengler endgültig ins Privatleben zurück.[106] Seine Ablehnung der nationalsozialistischen Ideologie beruhte allerdings nicht auf zu vernachlässigenden weltanschaulichen Differenzen[107], sondern auf der Zurückweisung seines Wunsches durch die NS-Führung, als im Hintergrund agierender Ratgeber zu wirken. Dominierte in Spenglers Haltung zum Nationalsozialismus bis 1934 vor allem wohlwollende Herablassung, begann er diesem nun vorzuwerfen, dass „eine echte große Idee von einer dummen, plumben, ehrlosen Partei in den Schmutz gezogen" und an seinen „Gedanken schmarotzt" worden sei.[108] „Ernst Bloch traf den springenden Punkt, als er über die *Jahre der Entscheidung* urteilte, sie seien fast die Absage ans Hitlertum, doch nur weil Spengler dem Demagogen die Bestie nicht glaube und dem großen Maul des Massenjubels nicht das aristokratische Gebiß."[109] Spenglers Kritik am ‚Dritten Reich', deren Herren ihm zu „sentimental" waren und denen er einen zu gering entwickelten Machtwillen und Beuteinstinkt vorwarf, beruhte also

---

sollte eine „Rundfunkrede zum Staatsakt von Potsdam" halten. Vollnhals, „Spengler und der Nationalsozialismus", S. 283f; Koktanek, *Spengler*, S. 438.

105 Koktanek, *Spengler*, S. 456f; Boterman, *Spengler*, S. 405f.

106 Spengler, *Briefe*, S. 710f; s. Koktanek, *Spengler*, S. 446–450; Vollnhals, „Spengler und der Nationalsozialismus", S. 284–293.

107 Vollnhals, „Spengler und der Nationalsozialismus", S. 287–291.

108 Aus Spenglers nach 1933 entstandenen Vorarbeiten zum zweiten Teil der *Jahre der Entscheidung* unter dem Titel *Deutschland in Gefahr 2*, zit. nach ebd., S. 298; Boterman, *Spengler*, S. 418.

109 Vollnhals, „Spengler und der Nationalsozialismus", S. 296.

„ideologisch auf einer gewissermaßen *ultrafaschistischen* Position. Die Phantasmagorie eines omnipotenten Cäsaren, die Spenglers politisches Denken so grundlegend prägte, ließ die NS-Diktatur als noch zu demokratisch, sozialistisch und pazifistisch erscheinen. [...] Den manipulativen Teil der NS-Propaganda, den Appell an Konsens, Volksgemeinschaft und Frieden nahm Spengler beim Wort, während er den Antikommunismus, den Antisemitismus und die Forderung nach dem totalen Staat als reine Demagogie betrachtete."[110]

Spenglers „grandiose Fehleinschätzung" (Vollnhals) des Nationalsozialismus offenbarte den Anachronismus seiner privaten und politischen Existenz. Der Versuch, seinem geistesaristokratischen Selbstbild das eines politisch einflussreichen Denkers an die Seite zu stellen, war restlos gescheitert. Die Verwirklichung seines Anspruchs auf Geistesherrschaft im Massenzeitalter blieb Spengler somit versagt. Zurückgezogen lebend beschäftigte er sich in seinen letzten Lebensjahren mit Themen der Vor- und Frühgeschichte und verfasste Aufsätze wie *Der Streitwagen und seine Bedeutung für den Gang der Weltgeschichte* (1934). So kehrte er am Ende seines Lebens gewissermaßen an dessen Anfang zurück: Nach all den aggressiven, chauvinistischen Gesten, den politischen Allüren und hochfliegenden Plänen starb Spengler vereinsamt und nahezu vergessen am 7. Mai 1936 in seiner Münchner Wohnung an einem Herzschlag.

---

110 Ebd., S. 297.

1.2   Nikolaj Berdjaev und der europäisierte russische Adel: Zwischen Standesbewusstsein und ‚Reue'

Meiner Abstammung nach gehöre ich zur Aristokratie. Das ist wahrscheinlich kein Zufall und hat meiner seelischen Formation das Gepräge gegeben. Meine Eltern gehörten der „vornehmen" Welt an, nicht einfach der Adelsgesellschaft. Bei uns zu Hause wurde meist französisch gesprochen. Meine Eltern hatten hohe aristokratische Verbindungen [...] Diese Verbindungen waren zum Teil verwandtschaftlicher Art, zum Teil ergaben sie sich aus der Zugehörigkeit meines Vaters zum Chevalier-Garde-Regiment.[111]

Obwohl er den äußeren Prinzipien seines Standes stets skeptisch gegenüberstand,[112] blieb Nikolaj Berdjaev in seinem Selbstverständnis zeitlebens ein typischer Angehöriger des klassischen russischen Landadels. Seit der Abschaffung der adligen Dienstpflicht durch Peter III. (1762) genoss dieser Stand im Rahmen der Möglichkeiten, die ein autokratischer Staat zu bieten hatte, vollkommene persönliche Freiheit, die jedoch durch die Absenz jeglicher politischer Einflussnahme geschmälert wurde.[113] Die bis 1905 anhaltende Erstarrung des russischen politischen Systems und die kompromisslose Härte, mit der gegen Kritiker und Gegner des autokratischen Staates vorgegangen wurde, hatten einen verheerenden Einfluss auf die Mentalität insbesondere der russischen Oberschicht. So ergab sich ein großer Teil des wohlhabenden Adels dem Müßiggang und luxuriösem Zeitvertreib, der mitunter von unsystematischen philosophischen und wissenschaftlichen Studien unterbrochen wurde.[114] Der zum Teil ausschweifende Lebensstil und die über das

---

111 Berdiajew, *Selbsterkenntnis*, S. 16.
112 Lowrie, *Rebellious Prophet*, S. 36; Berdiajew, *Selbsterkenntnis*, ebenda, S. 45.
113 Emmons, Terence: *The Russian Landed Gentry and the Peasant Emancipation of 1861*. Cambridge 1986, S. 10–14; Blum, Jerome: *Lord and Peasant in Russia from the Ninth to Nineteenth Century*. Princeton 1961, S. 352f.
114 Kritiker am ‚Herrengehabe' (*barstvo*) und an der verbreiteten ‚adligen Faulheit' fanden sich auch in den eigenen Reihen, etwa bei dem Slavophilen Jurij Samarin, der aktiv an der Bauernbefreiung mitwirkte. Cimbaev, Nikolaj I.: *Slavjanofil'stvo. Iz istorii russkoj obščestvenno-političeskoj mysli XIX veka* [Slavophilentum. Zur Geschichte des russischen sozial-politischen Denkens des 19. Jahr-

Privileg europäischer Bildung möglich gewordene Rezeption liberaler und radikaler gesellschaftspolitischer Theorien ließen bei vielen russischen Adligen angesichts des weitverbreiteten Elends der bäuerlichen Bevölkerung die Vorstellung entstehen, zu den „überflüssigen Menschen"[115] zu gehören. Der Typ des reumütigen Adligen – europäisch gebildet, kritisch in politischen Fragen, skeptisch in religiösen Angelegenheiten und in Bezug auf das eigene kirchliche Bekenntnis, erfüllt vom Schuld- und Pflichtgefühl gegenüber den leibeigenen Bauern[116] – war als vor allem in den Romanen Ivan Turgenevs zu vollendeter Darstellung gelangter Topos des 19. Jahrhunderts noch zu Lebzeiten Berdjaevs im öffentlichen Bewusstsein präsent. Großen Einfluss in dieser Frage genoss auch Petr Lavrov, der Theoretiker des *narodničestvo*: In seinen 1870 als Buch veröffentlichten *Historischen Briefen* leitete Lavrov die moralische Verantwortung der „civilisierten Minderheit" aus der historischen Tatsache ab, dass deren Leben, Genuss und Muße „durch das Blut, das Elend und die Arbeit von Millionen Menschen erkauft" seien. Der „entwickelte" Mensch sei deshalb verpflichtet, das vergangene wie das gegenwärtige und künftige „Uebel" zu lindern.[117]

Als Hauptursache für die Entfremdung der russischen Oberschicht vom ‚Volk', seinen Gewohnheiten und religiösen Überzeugungen, galt – vor allem unter slavophilen Kritikern – die seit Peter dem Großen anhaltende Europäisierung des Adels. Der ‚protoslavophile' Historiker Nikolaj Karamzin charakterisierte in seiner *Denkschrift über das alte und neue Russland* (1811) Peter I. als „un-

hunderts]. Moskau 1986, S. 200; Nol'de, Boris: *Jurij Samarin i ego vremja* [Jurij Samarin und seine Zeit]. Paris 1926, S. 119, 177f.

115 „*Lišnie ljudi*" – s. *Slovar' sovremennogo russkogo literaturnogo jazyka* [Wörterbuch der modernen russischen Literatursprache], Bd. 6, hrsg. v. d. Akademie der Wissenschaften der UdSSR. Moskau/Leningrad 1957, S. 357.

116 Seit Aleksandr Radiščev und Nikolaj Novikov war das Wissen um die Kalamität der Leibeigenschaft als eine Art ‚moralische Tradition' innerhalb des russischen Adels lebendig; sie führt über die Slavophilen und Westler bis zu Petr Lavrov und Lev Tolstoj. Stupperich, Robert: *Jurij Samarin und die Anfänge der Bauernbefreiung in Rußland*. Wiesbaden 1969, S. 75f; Cimbaev, *Slavjanofil'stvo*, S. 167; Emmons, *Landed Gentry*, S. 33–37; Gitermann, Valentin: *Geschichte Rußlands*, Bd. 3. Hamburg 1949, S. 101, 228f.

117 Lawrow, Peter: *Historische Briefe*. Berlin/Bern 1901, S. 107ff.

sterblichen Herrscher", dessen Ziel „nicht nur die Neubegründung Rußlands, sondern auch die vollständige Aneignung europäischer Sitten und Gebräuche" gewesen sei.

> „Laßt uns über die persönlichen Untugenden schweigen; aber die Leidenschaft für Gebräuche, die für uns neu sind, überschritt bei ihm die Grenzen des gesunden Verstandes. [...] Indem alte Gebräuche ausgemerzt wurden, indem sie als lächerlich, dumm hingestellt wurden, indem er Ausländisches lobte und einführte, erniedrigte der Herrscher Rußlands die Russen in ihrem eigenen Herzen. Führt denn die Selbstverachtung einen Menschen und Bürger zu großen Taten?"[118]

Noch 1909 beklagte der Schriftsteller und Publizist Michail Geršenzon an den Petrinischen Reformen, dass diese der russischen Intelligencija „Ideen" aufgezwungen hätten, für die sie „emotional" noch nicht bereit gewesen sei: „Das Bewußtsein hat bei uns, was die Masse der Intelligencija angeht, die Werte, nach denen es lebt, nicht selber erarbeitet und sie Schritt für Schritt einer Umwertung unterzogen, wie das im Westen der Fall war. Deshalb gab es bei uns nicht einmal die Anfänge einer eigenen, nationalen Evolution des Denkens."[119] Tatsächlich hatte die bedingungslose Unterwerfung unter den europäischen, das heißt vor allem französischen Lebensstil (was gerade im 18. Jahrhundert nicht nur ein russisches Phänomen war) innerhalb des russischen Adels zum Teil groteske Züge angenommen: So lernte der slavophile Politiker, Publizist und Historiker Jurij Samarin – ein eifriger Propagandist der geistigen und politischen Überlegenheit Russlands über den ‚faulenden' Westen – erst im Erwachsenenalter richtig Russisch, wobei er dessen schriftliche Form zeitlebens nicht perfekt beherrschte.

---

118 Zit. nach Golczewski, Frank / Pickhan, Gertrud: *Russischer Nationalismus. Die russische Idee im 19. und 20. Jahrhundert. Darstellung und Texte.* Göttingen 1998, S. 128.
119 Geršenzon, Michail: „Schöpferische Selbsterkenntnis", in: *Vechi. Wegzeichen. Zur Krise der russischen Intelligenz,* eingel. u. übers. v. Karl Schlögel. Frankfurt/Main 1990, S. 140–175, S. 155.

Die Rezeption aufklärerischer Ideen im Zuge der Französischen Revolution hatte in adligen Kreisen zu einer schärferen Wahrnehmung der defizitären russischen Wirklichkeit geführt. Spätestens unter dem Eindruck des ,Vaterländischen Krieges' gegen Napoleon und des Einmarsches des ,Befreierzaren' Alexander I. in Paris 1813 wurde vielen jungen Offizieren, unter ihnen etliche der künftigen Dekabristen, die Rückständigkeit der politischen und sozialen Ordnung Russlands – im Vergleich zu den ,befreiten' europäischen Nationen – bewusst. In diesem Sinne musste die 1815 erfolgte Proklamation einer Verfassung für das neue „Königtum Polen" (die als die liberalste in Europa galt) unter russischer Oberherrschaft von politisierten Adligen als demütigend empfunden werden. So gründete der Dekabristen-Aufstand 1825 auf den enttäuschten Hoffnungen, die in dieser Hinsicht an den Reformwillen Alexanders I. geknüpft worden waren.[120]

Der große europäische Einfluss beschränkte sich allerdings nicht nur auf Sprache, Moden und politische Theorien:

„Eine Besonderheit des russischen Adels lag ohne Zweifel in seiner ethnischen Vielfalt. Nicht nur die Oberschicht der unterworfenen Nationalitäten, sondern auch die große Zahl zugereister Edelleute aus Westeuropa konnte im 18. Jahrhundert in Staat und Gesellschaft integriert werden. Rußland brauchte die höhere administrative und militärische Qualifikation, die bei den Fremden in aller Regel vorhanden war. Dabei wurden die Rechte und Privilegien der jeweiligen Oberschicht anerkannt und die nichtrussischen Eliten [auch die nichtadligen – S. P.] zu einem großen Teil in den Adel des Russischen Reiches kooptiert."[121]

---

120 Raeff, Marc: *The Decembrist Movement.* New Jersey 1966, S. 19–23; Lemberg, Hans: *Die nationale Gedankenwelt der Dekabristen.* Köln/Graz 1963, S. 88; Mazour, Anatole G.: *The First Russian Revolution 1825. The Decembrist Movement. Its Origins, Development und Significance.* Stanford 1937, S. 66–85; Pypin, A. N.: *Die geistigen Bewegungen in Rußland in der ersten Hälfte des XIX. Jahrhunderts,* Bd. 1: Die russische Gesellschaft unter Alexander I. Berlin 1894, S. 485–490; Jakuškin, V. E.: „Matvej Ivanovič Murav'ev-Apostol", in: *Russkaja Starina* 7/51, 1886, S. 151–170, S. 154, 159ff.

121 Grenzer, Andreas: *Adel und Landbesitz im ausgehenden Zarenreich. Der russische Landadel zwischen Selbstbehauptung und Anpassung nach Aufhebung der Leibeigenschaft.* Stuttgart 1995, S. 23f.

Diese Internationalität und relative soziale Flexibilität trugen sicher nicht dazu bei, die Kluft, die den Adel von den übrigen Klassen trennte, zu verringern. In ökonomischer Hinsicht blieben trotz steuerlicher Privilegien, Begünstigungen bei der Kreditaufnahme sowie Einnahmen aus Pachtverträgen vor allem im Zuge der sogenannten Befreiung der Leibeigenen im Jahre 1861 – die dem Adel im Übrigen stattliche Abfindungen einbrachte – ein ruinöser Lebensstil und der Mangel jeglichen Erwerbssinns für den Großteil des ländlichen Adels bestimmend.[122] Zwar lässt sich die These vom steten Niedergang des russischen Adels nicht halten, ebenso wenig gilt jedoch die Gegenbehauptung, nach der sich die Oberschicht erfolgreich den neuen sozialen und ökonomischen Verhältnissen im Zuge der Aufhebung der Leibeigenschaft anpassen konnte.[123]

Die eben skizzierten Phänomene – die politische Ohnmacht, das Privileg europäischer Bildung, die Rezeption sozialpolitischer Ideen aus dem ‚Westen', das Gefühl von Verantwortung gegenüber den Bauern, dem ‚Volk', die prekäre Mischung aus mangelndem Erwerbssinn und ökonomisch ruinösem Lebensstil sowie der Zustand schöpferischer Langeweile, in dem philosophisch-wissenschaftlichen Studien nachgegangen wurde – waren konstituierend für die Mentalität des russischen *pomeščik* im Allgemeinen und das Welt- und Selbstverständnis Berdjaevs im Besonderen. Und obwohl die Unterschiede in Herkunft und sozialem Rang zwischen Spengler und Berdjaev größer nicht sein konnten, hatten beide eines gemeinsam: den Anspruch auf geistige Führung jenseits der – ohnehin verweigerten – Möglichkeit politischer Einflussnahme.

Berdjaevs Vater kann als typischer Vertreter seines Standes angesehen werden: Nachdem er ein Jahr – das zeitliche Minimum, das zur Erlangung des Offiziersgrades notwendig war – im Gardekavallerieregiment absolviert hatte, zog er sich auf das Familiengut Obuchovo zurück, das er innerhalb weniger Jahre herunterbrachte

122 Gitermann, *Geschichte Rußlands*, S. 193–211; Mazour, Anatole G.: „Economic Decline of Landlordism in Russia", in: *Historian* 8, 1945/46, S. 156–162.
123 Grenzer, *Adel*, S. 209–213.

und schließlich verkaufen musste. Allein die Einnahmen aus einem unveräußerlichen Gut in Westpolen retteten die Familie vor dem vollständigen Bankrott. Berdjaevs Mutter entstammte der Familie der Choiseuls, die 1793 aus Frankreich nach Russland emigrieren musste. Ihre Kindheit und Jugend verbrachte sie in Paris; sie sprach ausschließlich Französisch und „schrieb zeitlebens kein gutes Russisch".[124] Obwohl ihm die „aristokratische Welt" bereits als Kind widerstrebte, musste Berdjaev den adligen Konventionen Genüge tun und der Familientradition folgend als Dreizehnjähriger dem Kiever Kadettencorps beitreten. Doch anstatt seine Ausbildung wie vorgesehen im Petersburger Pagencorps fortzusetzen, bereitete sich Berdjaev auf das Abitur vor, das er 1894 extern ablegte. Gegen den Willen seiner Eltern schrieb er sich an der naturwissenschaftlichen Fakultät der Kiever Universität ein, um innerhalb eines Jahres an den juristischen Fachbereich zu wechseln.[125]

Kiev war am Ausgang des 19. Jahrhunderts das Zentrum der sozialdemokratischen Bewegung. Das marxistische Universitätsmilieu übte auf den ‚reumütigen Adligen'[126] Berdjaev eine starke Anziehungskraft aus. Am Marxismus faszinierten ihn die Versprechen gewaltiger sozialer Umwälzungen, die Forderungen nach sozialer Gerechtigkeit und der Verbesserung der Lage der arbeitenden Massen. Mit vierundzwanzig wurde Berdjaev deshalb Mitglied des Kiever „Kampfbundes für die Befreiung der Arbeiterklasse". Später – nach seiner Abkehr vom Marxismus und mit seiner Hinwendung zum „neuen religiösen Bewusstsein" – wird er den Marxismus nur

---

124 Lowrie, *Rebellious Prophet*, S.14–18; s. auch Vadimov, Aleksandr: *Žizn Berdjaeva. Rossija* [Das Leben Berdjaevs. Russland]. Berkeley 1993, S. 14f.

125 Dmitrieva, Nadežda K.: *Filosof svobodnogo ducha. Nikolaj Berdjaev. Žizn i tvorčestvo* [Der Philosoph des freien Geistes. Nikolaj Berdjaev. Leben und Werk]. Moskau 1993, S. 10.

126 „Berdyaev says he belonged to the 'repentant nobility' [...] Just how he qualified for this classification Berdyaev does not say; he never owned any property in Russia [...]; yet for the first forty years of his life he lived on the income from property still held by his father." Lowrie, *Rebellious Prophet*, S. 37. Lowrie verengt den Begriff des „reumütigen Adligen" auf seine soziale Komponente; er ist jedoch vielmehr ein Topos der russischen Literatur- und Geistesgeschichte, der für das Bewusstsein moralisch-sittlichen Ungenügens steht.

noch als ökonomische Theorie, wenngleich mit moralischem Anspruch, gelten lassen und behaupten, ihn niemals mit dem „Materialismus" verbunden zu haben.[127]

Bereits mit kritischer Distanz zum Marxismus verfasste Berdjaev sein erstes Buch: *Der Subjektivismus und Individualismus in der Gesellschaftsphilosophie* (1901). Mit seinem Aufsatz *Das ethische Problem im Lichte des philosophischen Idealismus*, der innerhalb des Sammelbandes *Probleme des Idealismus* (1902) erschien, bekannte sich Berdjaev schließlich zum „Idealismus": „Die Ethik [...] ist autonom, sie ist nicht von der Wissenschaft, von der Erkenntnis des Seins abhängig".[128]

Allein Berdjaevs Einschätzung der sozialen Frage wird zeitlebens sozialrevolutionär konnotiert bleiben. Gegenüber Semen Frank, mit dem ihn ansonsten viele weltanschauliche Gemeinsamkeiten verbanden, verteidigte er noch 1939 die soziale Frage als „Frage elementarer Gerechtigkeit und Wahrheit": Sie sei keine „Frage der Brüderlichkeit [...], der auf Liebe und Opfer gründenden Beziehungen unter den Menschen". Und:

> „Die Befreiung der arbeitenden Klassen aus der Unterdrückung, der Kampf für eine menschenwürdige Existenz ist genau solch ein Prozess wie die Befreiung von der Sklaverei und der Leibeigenschaft. Für die Abschaffung der Leibeigenschaft durfte man nicht auf das Anwachsen christlicher Tugenden warten, sondern notwendig war ein zwangsweise verhängter sozialer Akt, der die Struktur der Gesellschaft verändert."[129]

Berdjaevs aristokratische, antibürgerliche Attitüde, die er sowohl im persönlichen Umgang (man denke an seine Beschreibung Spenglers) als auch in seinen Schriften pflegte, steht dabei nur im scheinbaren Widerspruch zu seinen „sozialen Passionen" (Lowrie): Es ist dasselbe Mitleid und dieselbe väterliche Fürsorge, die der reuige Adlige seinen Leibeigenen entgegenbringt – in der Überzeugung, als

---

127 Dmitrieva, *Filosof*, S. 10, 23, 78f.
128 Zit. nach ebd., S. 18.
129 Berdjaev, *Christianskaja sovest' i social'nyj stroj (Otvet S. L. Franku)* (1939) [Das christliche Gewissen und die soziale Ordnung (Antwort an S. L. Frank)], zit. nach ebd., S. 166.

Angehöriger einer ‚höheren Kultur' gegenüber den unterprivilegierten Bauern in der Pflicht zu sein. Laut Lowrie pflegte Berdjaev in diesem Zusammenhang Andrej Versilov, den Helden aus Dostoevskijs *Jüngling*, zu zitieren: „Über die Jahrhunderte hat sich in Russland eine beispiellose, höhere Kultur entwickelt, die man nirgends in der Welt findet ... Sie beinhaltet die Zukunft Russlands. Wahrscheinlich gibt es nur tausend von uns ... aber ganz Russland lebte bis zum jetzigen Zeitpunkt, um diese Tausend hervorzubringen."[130]

Unter den Kiever Sozialdemokraten nahm der junge Berdjaev die Position eines „geistigen Führers"[131] ein: Nach der deutschsprachigen Veröffentlichung seines Artikels *F. A. Lange und die kritische Philosophie in ihrem Verhältnis zum Sozialismus* (*Neue Zeit*, 1899) wurde Karl Kautsky auf Berdjaev aufmerksam, den er für einen Hoffnungsträger in Bezug auf die weitere Entwicklung der russischen marxistischen Theorie hielt. Berdjaevs marxistische Karriere und sein Studium wurden jedoch jäh unterbrochen, als er wegen regierungsfeindlicher Aktivitäten am 22. März 1900 zu drei Jahren Verbannung verurteilt wurde: Im Auftrag des „Kampfbundes" hatte er gemeinsam mit seinem Bruder mehrere Male illegale Literatur aus dem Ausland nach Russland geschmuggelt. „Gerade um jene Zeit setzte meine innere Wandlung ein [...]. Auch die russischen Symbolisten habe ich damals gelesen. Das alles entfernte mich vom revolutionären marxistischen Milieu, mit dem ich übrigens nie verschmolzen war."[132]

Nach dem vorzeitigen Ende der Verbannung kehrte Berdjaev 1903 nach Kiev zurück und zog schließlich Ende 1904 nach Petersburg, um eine Stelle als Redakteur der Zeitschrift *Novyj put'* (*Neuer Weg*, seit 1905 *Voprosy Žizni*, *Lebensfragen*) anzutreten. Der Redaktion gehörten der Schriftsteller und Literaturkritiker Dmitrij Merežkovskij, seine Frau, die Dichterin Zinaida Gippius und weitere Vertreter der bis zu diesem Zeitpunkt vor allem literarischen Strö-

---

130 Zit. nach Lowrie, *Rebellious Prophet*, S. 186.
131 Dmitrieva, *Filosof*, S. 11.
132 Berdiajew, *Selbsterkenntnis*, S. 136f.

mung des „neuen religiösen Bewusstseins" an. [133] Durch den Zuzug der legalen Marxisten (Berdjaev und Sergej Bulgakov) erfuhren die journalistischen Themen eine Politisierung, die zu hitzigen Diskussionen Anlass gab.

Während seiner Petersburger Zeit durchlebte Berdjaev weiterhin jene geistige Krise, die er als seine allmähliche „Befreiung vom Marxismus" beschrieb. Auf den Seiten des *Neuen Weges* polemisierte er gegen die russischen Schüler des „großen Deutschen", denen er am Vorabend der Februarrevolution den Verrat an den geistigen und kulturellen Werten der russischen Gesellschaft zugunsten „politisch-utilitaristischer Werte" vorwarf.[134] Berdjaevs Kritik an der revolutionären Intelligencija und – nach den Ereignissen von 1905 – an der Revolution überhaupt,[135] sollte neben seiner Zivilisationskritik zum Hauptthema seines publizistischen Werkes werden. Seinen ersten programmatischen Aufsatz zu diesem Thema veröffentlichte Berdjaev in dem berühmten Sammelband *Vechi* (*Wegzeichen*, 1909). Diese Generalabrechnung mit der russischen Intelligencija zu einem Zeitpunkt, an dem die Enttäuschung über die Zustände der postrevolutionären russischen Gesellschaft groß war,[136] kam einer Selbst-

---

133 Die literarisch-philosophische Strömung des sog. „neuen religiösen Bewusstseins", dessen Grundgedanken auf den seit 1901 stattfindenden Sitzungen der Religiös-philosophischen Gesellschaft formuliert wurden, beanspruchte nichts weniger als die Schaffung einer neuen, an den Ideen Vladimir Solov'evs und Fedor Dostoevskijs orientierten Religion, die als Voraussetzung für den Umbau der russischen Kultur und Gesellschaft angesehen wurde. Das „neue religiöse Bewusstsein" ist Teil jener tiefgreifenden künstlerischen Revolution am Ende des 19. Jahrhunderts, die man als das Silberne Zeitalter der russischen Kultur bezeichnet und die vor allem aus einer Gegenbewegung zum Realismus-Diktat der kritischen Intelligencija seit Vissarion Belinskij entstanden war. Dmitrieva, *Filosof*, S. 20ff. Stökl, Günther: *Russische Geschichte. Von den Anfängen bis zur Gegenwart.* Stuttgart 1990 (5. Aufl.), S. 620–626. Berdjaev, Nikolaj: „O novom religioznom soznanii" (1905) [Über das neue religiöse Bewusstsein], in: Berdjaev, Nikolaj: *O russkich klassikach* [Über die russischen Klassiker], hrsg. v. A. S. Grišin. Moskau 1993, S. 224–253.

134 Berdjaev, Nikolaj: „Dnevnik publicista" [Tagebuch eines Publizisten], in: *Voprosy Žizni* [Lebensfragen], 4/5, 1905, zit. nach Dmitrieva, *Filosof*, S. 23.

135 Siehe Berdjaev, Nikolaj: „Revoljucija i kul'tura" (1905) [Revolution und Kultur], in: Berdjaev, *O russkich klassikach*, S. 253–259.

136 Die Welle von Aufständen, Streiks und terroristischen Attentaten, die 1905 über das Russische Reich hinwegrollte, sowie die liberalen Forderungen nach

anzeige ihrer Autoren gleich. Schließlich gehörten sie selbst zur geistigen ‚Oberschicht' Russlands: Petr Struve war der Verfasser des ersten Parteiprogramms der russischen Sozialdemokratie, Sergej Bulgakov eine Zeitlang Duma-Abgeordneter und Aleksandr Izgoev ein führender Publizist der liberalen Presse. Nicht zuletzt dieser Umstand machte die *Wegzeichen* in den Augen vieler russischer Intellektueller zum „reaktionärsten Buch der letzten Jahre".[137] Berdjaevs *Wegzeichen*-Beitrag *Filosofskaja istina i intelligentskaja pravda* (*Die Wahrheit der Philosophie und die Wahrheit der Intelligencija*) zeugt noch vom Kampf seiner Ablösung vom Marxismus. Sein Vorwurf lautet, die revolutionäre Intelligencija habe den ökonomischen Materialismus im Allgemeinen und die „objektiven Bedingungen der Entwicklung Rußlands" im Konkreten bewusst fehlinterpretiert, um im Sinne ihres „Klassensubjektivismus", der Mystifizierung der „proletarischen Klasse", „ein abstraktes Maximalziel für das Proletariat" durchzusetzen, das heißt dem „sozialistischen Endziel" unabhängig von den sozialen und ökonomischen Bedingungen in Russland näherzukommen. Berdjaev verallgemeinert diesen Vorwurf, indem er ihn auf das Verhältnis der Intelligencija zur Philosophie insgesamt projiziert. Abgesehen von ihrem „Hang zu Neuigkeiten, zu den letzten europäischen Geistesströmungen [...], ohne daß diese wirklich angeeignet worden wären", habe die Intelligencija eine Obsession entwickelt, „philosophische Lehren und Wahrheiten" allein

---

einem konstitutionellen Regierungssystem mündeten schließlich in einen „Scheinkonstitutionalismus" (Max Weber), der nach wie vor die Züge autokratischer Willkür trug. Was blieb, waren die Erfahrung der Fehlbarkeit und Schwäche der Staatsmacht und eine bisher nicht gekannte Politisierung breiter Schichten der russischen Gesellschaft. „Tag für Tag schossen neue Vereinigungen aus dem Boden – ob von Lehrern, Architekten oder Kämpfern gegen den Alkoholismus. Die Zensur war faktisch außer Kraft gesetzt, und wo es sie noch gab, da war keine Autorität, die ihr hätte Gewicht verleihen können. Erstmals konnten sich Parteien legal und nicht bloß im Untergrund bilden. Das Rußland des Jahres 1905 war ein Land der freien Presse und der unbeschränkten Gedankenfreiheit." Schlögel, Karl: „Russische Wegzeichen" [Einleitung], in: *Vechi*, S. 5–44, S. 15f. Weber, Max: „Russlands Übergang zum Scheinkonstitutionalismus", in: Weber, Max: *Gesammelte politische Schriften*, hrsg. v. Johannes Winckelmann. Tübingen 1988 (5. Aufl.), S. 69–111.

137 Schlögel, „Wegzeichen", S. 6–12.

am „Maßstab politischer Zweckmäßigkeit zu messen", ob diese also mit der „Idee des Sozialismus" vereinbar seien oder nicht.

> „In diesem merkwürdigen Umgang mit der Philosophie drückte sich natür-
> lich unsere ganze kulturelle Rückständigkeit, eine primitive Undifferenziert-
> heit, ein schwaches Bewußtsein vom absoluten Wert der Wahrheit und un-
> ser fehlerhaftes moralisches Urteil aus. Die ganze russische Geschichte zeigt
> die schwache Ausbildung selbständiger abstrakter Interessen. [...] *Die Liebe*
> *zur gleichmachenden Gerechtigkeit, zum Wohl der Gesellschaft und zum Wohl*
> *des Volkes hat die Liebe zur Wahrheit paralysiert* [...] Die moralische Prämisse
> der Intelligencija faßt sich in die Formel zusammen: Mag die Wahrheit ruhig
> untergehen, wenn nur davon das Volk glücklich und das Leben besser wird;
> nieder mit der Wahrheit, wenn sie dem geheiligten Ruf ‚Nieder mit der
> Selbstherrschaft' im Wege steht."[138]

Noch während seiner Arbeiten zur Kritik an der psychologischen und moralischen Disposition der russischen Intelligencija begann sich Berdjaev mit einem weiteren Lebensthema zu beschäftigen – mit dem Denken der russischen Gegenaufklärung, den Propagandisten der sogenannten Russischen Idee: 1905 erschien sein großer Artikel über den ‚russischen Nietzsche' Konstantin Leont'ev, dessen Werk vom Hass auf alles Bürgerlich-Mediokre und vom ästhetizistischen Kult des Willens zu Macht und Gewalt gezeichnet war.[139] Wie Leont'ev und zusätzlich inspiriert durch den Nihilismus Friedrich Nietzsches brachte auch Berdjaev in immer wieder neuen Varianten seinen Hass auf den Westen zum Ausdruck – den „heilige[n] Hass gegen die erniedrigende Lüge des Humanismus", auf die „bourgeoise" Zivilisation des Westens, des „industrial-kapitalistische[n] System[s]", auf die „mechanische Gleichheit" des demokratischen Re-

---

138 Berdjaev, Nikolaj: „Die Wahrheit der Philosophie und die Wahrheit der Intelli-
    gencija", in: *Vechi*, S. 51–79, S. 51f, 58f, 60, 66f.
139 Berdjaev, Nikolaj: „K. Leont'ev – Filosof reakcionnoj romantiki" (1905) [*K. Le-*
    ont'ev – Philosoph der reaktionären Romantik], in: Berdjaev, Nikolaj: *Sub specie*
    aeternitatis. Opyty filosofskie, social'nye i literaturnye (1900–1906) [Philosophi-
    sche, soziale und literarische Versuche]. St. Petersburg 1907, S. 305–333. Be-
    reits im Ausland erschien dann das Buch *Konstantin Leont'ev. Očerk iz istorii*
    russkoj religioznoj mysli [Konstantin Leont'ev. Abriss einer Geschichte des rus-
    sischen religiösen Denkens]. Paris 1926.

gierungssystems.[140] Kehrseite seiner Verachtung für ein Zeitalter, in dem „die Massen die Geschichte [...] in ihre Gewalt bringen" und dem „Prinzip der Quantität" zum Sieg verhelfen, ist Berdjaevs Hypostasierung des russischen Volkes zu einem mit metaphysischen Attributen ausgestatteten ‚Körper'. Diese durchzieht sein gesamtes publizistisches Werk und diente ihm als Chiffre, mit der er sämtliche Äußerungen der russischen Geschichte, ihre Höhepunkte und Katastrophen zu erklären suchte.[141]

1912 erschien Berdjaevs Monographie über den Urvater des Slavophilentums: Aleksej Chomjakov, dessen Idee der *sobornost'* er teilte. Diese in Berdjaevs Augen „rein russisch[e]" Idee meint ins Politische übersetzt die Einheit und harmonisch-gemeinschaftliche Existenz von Staat, Volk und Kirche jenseits „äußere[r] Garantien".[142] Bereits in der Emigration folgte *Mirosozercanije Dostoevskogo* (*Die Weltanschauung Dostoevskijs,* 1923), die laut Berdjaev das Rüstzeug für die Überwindung jener „Krise" bereithielt, in der sich die europäischen Gesellschaften nach dem Krieg befanden. Vor allem Berdjaevs Vorstellung vom russischen Volk und von dessen messianisch-eschatologischen Eigenschaften, dessen

140 Berdiajew, Nikolaj: *Der Sinn des Schaffens. Versuch einer Rechtfertigung des Menschen.* Tübingen 1927, S. 89f; Berdjaev, Nikolaj: „Demokratija i meščanstvo" (1906) [Demokratie und Spießertum], in: Berdjaev, *Sub specie aeternitatis,* S. 412–418; Berdiajew, Nicolai: *Der Sinn der Geschichte. Versuch einer Philosophie des Menschengeschickes.* Tübingen 1950 (erstmals erschienen 1923), S. 321; Berdjaev, Nikolaj: „Filosofija neravenstva. Pis'ma k nedrugam po social'noj filosofii" (1923, verfasst 1918) [Eine Philosophie der Ungleichheit. Briefe an die Widersacher in der Sozialphilosophie], in: Berdjaev, Nikolaj: *Sobranie sočinenij* [Gesammelte Werke], Bd. 4: Duchovnye osnovy russkoj revoljucii (1917–1918)/Filosofija neravenstva [Die geistigen Grundlagen der russischen Revolution/Eine Philosophie der Ungleichheit]. Paris 1990, S. 251–596, S. 447f; Berdjaev, Nikolaj: *Die russische Idee. Grundprobleme des russischen Denkens im 19. Jahrhundert und zu Beginn des 20. Jahrhunderts.* Sankt Augustin 1983 (erstmals erschienen 1946), S. 80f.
141 Berdjajew, Nikolaj: „Die Krise des Intellektuellen und die Mission der Intelligenz" (1938), in: Berdjajew, Nikolaj: *Fortschritt Wandel Wiederkehr* [Anthologie]. Zürich 1978, S. 51–61, S. 53f; Berdiajew, Nikolai: *Sinn und Schicksal des russischen Kommunismus. Ein Beitrag zur Psychologie und Soziologie des russischen Kommunismus* [russ. *Istoki i smysl russkogo kommunizma*]. Luzern 1937, S. 31f; RI, S. 29ff.
142 RI, S. 67; Berdjajew, Nikolaj: *Aleksej Stepanovič Chomjakov.* Moskau 2005.

Vermittlerrolle zwischen West und Ost und dessen religiöser Bestimmung war klar an Dostoevskij orientiert: Dieser hatte allein das russische Volk für fähig gehalten, die „europäischen Widersprüche in sich endgültig zu versöhnen".[143]

Berdjaevs Einzeldarstellungen über Leont'ev, Chomjakov und Dostoevskij mündeten in seine Gesamtschau *Russkaja ideja* (*Die russische Idee*), die zwei Jahre vor seinem Tod erschien und zu einer letzten Apologie des zivilisationskritischen, antiwestlichen Denkens in Russland werden sollte.

Die Februarrevolution von 1917 empfand Berdjaev nicht ohne Wehmut als „Sturz des heiligen russischen Reiches"[144], „der dem Fall Roms und Byzanz gleichkommt."[145] Seine anfangs positive Bewertung der „kürzesten, unblutigsten und reibungslosesten Revolution" wich – angesichts der gewalttätigen Vorboten des Oktoberumsturzes – einer allmählichen Skepsis. Zwar hielt er die darauffolgende bolschewistische Revolution für „unvermeidlich und gerechtfertigt", doch habe sie die „Freiheit" vernichtet und den „extremen und der Kultur und dem ‚Geiste' feindlichen Elemente[n]" zum Durchbruch verholfen.[146] In programmatischer Opposition zur herrschenden Ideologie verfocht er in jenen Jahren einen dezidierten, aristokratischen Antiegalitarismus: Mit Blick auf den Sozialismus und dessen „Axiom, dass soziale Ungleichheit schlecht ist", hielt Berdjaev es für unbewiesen, „warum Gleichheit auf niedrigem Niveau mora-

143 Dostojewski, F. M.: *Tagebuch eines Schriftstellers*. München/Zürich 1992, S. 387, 505.

144 Berdjajew, *Selbsterkenntnis*, S. 252. Im russischen Original ist nicht von „Sturz", sondern von „zakat" – „Untergang" – die Rede. Vgl. Berdjaev, Nikolaj: *Samopoznanie*. Moskau/Char'kov 1999, S. 473.

145 Zit. nach Dmitrieva, *Filosof*, S. 47.

146 Ebd.; Berdjajew, *Selbsterkenntnis*, S. 251. 1918 meldeten sich noch einmal die *Wegzeichen*-Autoren mit einem neuen Sammelband (*De profundis*) zu Wort. Zu einer Drucklegung kam es zwar noch 1921, die Auflage wurde jedoch unmittelbar danach konfisziert. Berdjaev, Nikolaj: „Duchi russkoj revoljucii" [Die Geister der russischen Revolution], in: *Iz glubiny. Sbornik statej o russkoj revoljucii* [De profundis. Eine Artikelsammlung über die russische Revolution]. Paris 1967 (2. Aufl.), S. 71–106; dt.: Berdjaev, Nikolaj: *Die Geister der russischen Revolution*. Salzburg 1972.

lisch höher steht als Ungleichheit". Tatsächlich sei Letztere die „Voraussetzung für die Entwicklung von Kultur", während „die erzwun-
gene Gleichheit zwischen einem groben, unkultivierten Menschen
und einem feinsinnigen Menschen von hoher Kultur" nur den Hass
fördere.[147]

Den Elitenwandel, der nach der Konsolidierung des sowjetischen
Systems einsetzte, beschrieb Berdjaev aus der räumlichen und zeit-
lichen Distanz des Pariser Exils 1928: Jene „Volksschichten", die der
Revolution ihren Aufstieg verdankten, würden einem neuen psychologischen Typ angehören. Dieser „neue Menschentyp" verfüge über
„ungeheure Energie und Machtwillen [...], über eine kulturelle Vul-
garität, über elementare Kraft." Die Revolution habe die Voraussetzung für diese „neue Volksintelligenz" geschaffen. Dieser „Halbintel-
ligenz" seien

> „sowohl die alte romantisch-revolutionäre Intelligencija als auch unser alter
> verfeinert-kultivierter Stand fremd [...]. Das Auftauchen dieser neuen Volks-
> schicht, die eine bestimmende Rolle im staatlichen und wirtschaftlichen
> Aufbau Russlands spielen wird, bedeutet die Unterbrechung der kulturellen
> Tradition und die Barbarisierung der russischen Kultur".[148]

Später versuchte Berdjaev die russische und die nationalsozialistische ‚Revolution' gleichzusetzen, indem er sie als vom Schicksal ge-
leitete Ereignisse jenseits des bewussten Handelns ihrer Akteure
charakterisierte.[149] Diesen Akteuren schrieb er einander ähnelnde
Eigenschaften zu: Der neue, aus dem Krieg hervorgegangene „anthropologische Typ", der auch den bolschewistischen Kader stelle, sei
ebenso militarisiert wie der „faschistische Typ". Dabei sei die Entstehung des Faschismus nur durch den russischen Kommunismus

---

147 FN, S. 483f, 491.
148 Berdjaev, Nikolaj: „Russkaja religioznaja mysl' i revoljucija" [Das russische religiöse Denken und die Revolution], in: *Versty* [Wersten] 3, 1928, zit. nach Dmitrieva, *Filosof*, S. 49. Für Berdjaev war Trockij ein solcher „Revolutionär alten
Typs", der insofern kein „typischer Kommunist" gewesen sei, als er die „Mystik
des Kollektivs" nicht verstanden habe und immer an die Bedeutung von „individueller Initiative" und „individueller Meinung" geglaubt habe. Berdjaevs Re-
zension zu Trockijs Autobiographie (1931), zit. nach ebd., S. 75.
149 Berdjajew, *Selbsterkenntnis*, S. 251f.

und den Schrecken, den dieser in Europa verbreitet habe, möglich geworden. Eine Zeitlang, um die Mitte der zwanziger Jahre, sollte Berdjaevs Vergleich beider ‚Totalitarismen' zu Gunsten der italienischen Faschisten ausfallen.[150] Mitte der dreißiger Jahre dann beschrieb er den Stalinismus als Kommunismus in der „Periode des Aufbaus", der sich unmerklich in „eine Art von russischem Faschismus"[151] mit Stalin als vollendetem Typus des „Führer-Diktators"[152] an der Spitze verwandelt habe.

Die russische Revolution war für Berdjaev die Ausgeburt eines Krieges, von dem er sich die Klärung der Frage erhoffte, welchen „Platz in der Welt" Russland künftig einnehmen werde.[153] Erst aus der Distanz von beinahe drei Jahrzehnten entschuldigte er sich – mit Blick auf seine familiäre Tradition – für seine Kriegsbegeisterung und seine zu Beginn des Jahres 1918 verfasste Schmähschrift *Filosofija neravenstva* (*Eine Philosophie der Ungleichheit*), in der er den „Bankrott" des russischen Volkes erklärte[154]: Die russische Revolution

> „ist eine Episode des Weltkrieges. Und diese Revolution hat für das russische Volk vor allem die eine traurige und erniedrigende Bedeutung: das russische

---

150 Ebd., S. 256ff; Berdjajew, Nikolaus: *Das neue Mittelalter. Betrachtungen über das Schicksal Rußlands und Europas.* Darmstadt 1927 (russ. 1924), S. 78.

151 Berdiajew, *Sinn und Schicksal*, S. 154.

152 Hier zitiert nach dem russischen Text: Berdjaev, Nikolaj: *Istoki i smysl russkogo kommunizma.* Moskau 1990, S. 103. In der deutschen Fassung ist verkürzt vom „Typus eines Diktators" die Rede, wodurch der von Berdjaev markierte Unterschied zwischen Leninismus und Stalinismus verwischt wird. Darüber hinaus taucht der Satz aus der englischen Originalausgabe: „Leninism is not, of course, fascism, but Stalinism is already very near fascism" (S. 125), in der deutschen Ausgabe nicht auf, wohl aber in der russischen. Berdyaev, Nicolas: *The Origin of Russian Communism.* Ann Arbor 1964 (3. Aufl.); Berdiajew, *Sinn und Schicksal*, S. 133; Berdjaev, *Istoki i smysl*, S. 103.

153 Berdjaev, Nikolaj: „Duša Rossii" [Die Seele Russlands], in: Berdjaev, Nikolaj: *Sud'ba Rossii. Opyty po psichologii vojny i nacional'nosti* (1918) [Das Schicksal Russlands. Studien zur Psychologie von Krieg und Nationalität]. Moskau 1990, S. 1–29, S. 1.

154 Berdjajew, *Selbsterkenntnis*, S. 255f.

Volk hat die große Prüfung des Krieges nicht bestanden. [...] Sein Ehrgefühl erwies sich als schwach entwickelt."[155]

Immer wieder und vor allem in der Emigration seit 1922 sollte Berdjaev zum Thema der Revolution zurückkehren. Mit diesem verbunden waren zentrale Fragestellungen seines publizistischen Werkes: die geschichtliche Rolle der russischen revolutionären Intelligencija, die den Marxismus zu einer „messianischen", „totalitären" religiösen Idee gemacht habe,[156] der Gegensatz von ‚Volk' und ‚Masse', der Konflikt zwischen (politischer) Gleichheit und aristokratischem Selbstverständnis, seine Behauptung eines gesamteuropäischen Kulturverfalls, den er mit dem ‚Untergang' des Römischen Reiches gleichsetzte, der traditionelle Russland-Europa-Gegensatz.

Unter Berdjaevs Mitwirkung kam es 1918 zur Gründung der „Freien Akademie geistiger Kultur" in Moskau, die unter seinem Vorsitz bis zu ihrer Auflösung 1922 einer der wenigen Orte blieb, an dem Diskussionen und freier Meinungsaustausch jenseits staatlicher Restriktionen möglich waren. 1920 ernannte der Fakultätsrat der Moskauer Staatlichen Universität Berdjaev zum Professor. Seine öffentlichen Vorträge an der „Freien Akademie" und seine Universitätsvorlesungen zu geschichtsphilosophischen Themen – die er erstmals in *Smysl tvorčestva* (*Der Sinn des Schaffens*, 1916) skizziert hatte – bildeten die Grundlage späterer Veröffentlichungen (*Die Weltanschauung Dostoevskijs*, *Der Sinn der Geschichte*, *Das Neue Mittelalter*).[157] Hier formulierte Berdjaev zum ersten Mal seine zyklische „Geschichtsmetaphysik": seine Ablehnung der „positiven Fortschrittslehren", seine These vom Niedergang der europäischen Kultur, der mit der Selbstvergottung des Menschen in Renaissance und Reformation begonnen habe, seine Prophezeiung eines neuen Zeit-

---

155 FN, S. 268; s. auch Berdjaev, Nikolaj: „Mirovaja opasnost'" [Weltgefahr], in: Berdjaev, *Sud'ba Rossii*, S. I–V, S. III.

156 NMA, S. 22; Berdiajew, *Sinn und Schicksal*, S. 33, 54, 114f. Hier und passim sei wegen der verkürzten Übersetzung ins Deutsche auch auf den russischen Text verwiesen: Berdjaev, *Istoki i smysl*, S. 24, 40, 88.

157 Berdjajew, *Selbsterkenntnis*, S. 241f, 261ff, 266; Dmitrieva, *Filosof*, S. 52ff.

alters, das von der Auflösung sämtlicher juristischer und politischer Formen zu Gunsten „realer Macht" geprägt sein werde.[158]

Mit Letzterem wiederholte Berdjaev eine zentrale These Spenglers, dessen organizistisches Geschichtsbild er zum Teil bis in die Formulierungen übernahm.[159] Tatsächlich war der Einfluss des *Untergangs des Abendlandes* auf Berdjaevs Geschichtsphilosophie enorm und nachhaltig: Noch vor der offiziellen Übersetzung des ersten Bandes ins Russische (1923) machte er das Moskauer Publikum in Vorträgen im Winter 1921/22 mit den Thesen Spenglers bekannt. 1922 erschien dann der Band *Osval'd Špengler i zakat Evropy* (*Oswald Spengler und der Untergang Europas*), eine Sammlung mit Aufsätzen von Berdjaev, Jakov Bukšpan, Fedor Stepun und Semen Frank.[160] Die Auflage von mindestens 10.000 Exemplaren[161] wurde von den Autoren eigenhändig in Petrograder und Moskauer Verlagsbuchhandlungen mit verteilt und war rasch vergriffen.

Um seine übergroße Affinität zu Spenglers Geschichtsprophetie und seiner Rhetorik zu bemänteln, versah Berdjaev alle expliziten wie indirekten Verweise mit der Anmerkung, dass Spenglers Thesen dem russischen Denken schon lange vertraut seien:

> „Spengler hat die Zivilisation als das Verhängnis jeglicher Kultur anerkannt. Die Zivilisation endet ja auch mit dem Tode. Dieses Thema ist nicht neu; wir kennen es schon lange. Dieses Thema lag besonders nahe dem russischen Denken, der russischen Geschichtsphilosophie. Die allerbedeutendsten russischen Denker haben schon längst den Unterschied zwischen dem Typus

---

158 SdG, S. 207–212, 277ff; NMA, S. 30f.

159 Etwa in SdG, S. 309, 313.

160 Berdjaev, N. A. / Bukšpan, Ja. M. / Stepun, F. A. / Frank, S. L.: *Osval'd Špengler i zakat Evropy* [Oswald Spengler und der Untergang Europas]. Moskau 1922. Laut Berdjaev sei das Interesse an seinem Spengler-Vortrag so groß gewesen, dass sich die Besucher bis auf die Straße drängten. Berdjajew, *Selbsterkenntnis*, S. 267. Siehe auch den Brief Fedor Stepuns vom 16. Dezember 1933 an Spengler, in: Spengler, *Briefe*, S. 717. Zur russischen und sowjetischen Rezeption Spenglers s. auch Time, Galina A.: „Mif o ‚zakate Evropy' v mirovozzrenčeskoj samoidentifikacii Rossii načala 1920-ch godov" [Der Mythos vom „Untergang Europas" in der weltanschaulichen Selbstidentifikation Russlands zu Beginn der 1920er Jahre], in: *Voprosy Filosofii* 6, 2002, S. 149–162.

161 Hufen beziffert die Auflage mit der hohen Zahl von 20.000, während im Band selbst von 10.000 die Rede ist. Hufen, Christian: *Fedor Stepun. Ein politischer Intellektueller aus Rußland in Europa. Die Jahre 1884–1945*. Berlin 2001, S. 95.

der Kultur und dem Typus der Zivilisation erkannt und brachten dieses Thema in Zusammenhang mit den Wechselbeziehungen Rußlands und Europas."[162]

Nicht zuletzt aufgrund der ‚unzeitgemäßen' Themen seiner Vorträge und Vorlesungen wurde Berdjaev zweimal von der ČK beziehungsweise der GPU verhaftet und das erste Mal 1920 durch Feliks Dzeržinskij persönlich verhört. Die zweite Verhaftung fiel in den Sommer 1922. Zwanzig Tage später wurde Berdjaev auf „Beschluss der Staatlichen Politischen Verwaltung (GPU)" gemeinsam mit anderen „konterrevolutionären Elementen aus dem Milieu der Professoren, Ärzte, Agronomen [und] Literaten" des Landes verwiesen.[163] Berdjaev entschied sich für Berlin, dem damaligen Zentrum der russischen Emigration, wo einige seiner Schriften auf Deutsch erscheinen sollten (*Der Sinn der Geschichte, Das Neue Mittelalter*). 1924 siedelte er nach Paris über, wo zwischen 1927 und 1947 mehrere religionsphilosophische Arbeiten entstanden. 1937 kehrte er mit *The Origin of Russian Communism*[164] noch einmal zum Thema der Revolution und des russischen Kommunismus zurück. Letzterer sei durch die „Struktur der russischen Seele" determiniert, die sich wiederum ihre „rein religiöse Gestalt" bis in die heutige Zeit und bis in den russischen Kommunismus und Nihilismus hinein bewahrt habe. Darüber hinaus habe sich ein gewisses „natürliches Element" innerhalb der „Seele" des russischen Volkes erhalten, das mit der „Grenzenlosigkeit der russischen Ebene" in Zusammenhang stehe – ein Motiv, das sich auch bei Spengler findet.[165]

In dieser späten Schrift deutet sich bereits jenes milder werdende Urteil über die Sowjetmacht, den sowjetischen Staat und seine

---

162 SdG, S. 307. Siehe auch Berdjajew, *Weltanschauung Dostojewskijs*, S. 157; Berdjaev, Nikolaj: „Predsmertnye mysli Fausta" [Fausts Gedanken vor dem Tod], in: *Osval'd Špengler i zakat evropy*, S. 55–72, S. 72.

163 Dmitrieva, *Filosof*, S. 53, 66f; s. auch Berdjajew, *Selbsterkenntnis*, S. 268–271.

164 *Sinn und Schicksal des russischen Kommunismus* erschien zuerst auf Englisch und im selben Jahr auf Deutsch. Die russische Ausgabe *Istoki i smysl russkogo kommunizma* kam erstmals 1955 in Paris heraus.

165 Berdiajew, *Sinn und Schicksal*, S. 10. Berdjaev selbst verweist auf Stepun, Fedor: *Das Antlitz Rußlands und das Gesicht der Revolution*. Bern/Leipzig 1934; UdA, S. 258, 394f.

Repräsentanten an. Zwar lehnte Berdjaev das Regime in ideologischer Hinsicht weiterhin ab, er müsse jedoch anerkennen, schreibt er, dass es im Augenblick die einzige Kraft sei, die die Verteidigung Russlands vor den ihm drohenden Gefahren organisieren könne.[166] Mit seiner Mitgliedschaft im „Bund der sowjetischen Patrioten"[167], einer 1943 im okkupierten Paris gegründeten Organisation, dokumentierte Berdjaev – unter dem Eindruck des deutschen Überfalls auf die Sowjetunion – offen seine nunmehr prosowjetische Haltung, der er mit einem Vortrag zum Thema *Russkaja i germanskaja ideja* (*Die russische und die germanische Idee*, 1945)[168] Nachdruck verlieh: Obwohl die Revolution den russischen Staat nicht abgeschafft, sondern sogar gestärkt habe, trage der sowjetische Staat die „soziale Idee" in sich, sei er auf der „Suche nach der sozialen Wahrheit". Erstmals seit der Zeit des rechtgläubigen Zartums würden sich „staatliche und messianische Motive" vereinigen. Daher rühre die Macht Russlands und der Schrecken, den es vor allem im Europa der Vorkriegszeit hervorgerufen habe. „Faschismus und Hitlerismus" in ihrem Versuch, „nationale und soziale Elemente" zu verbinden, beschrieb er nun als matte Nachahmer und Widersacher des „russischen Messianismus". Unter den widrigen Bedingungen der letzten Jahrzehnte habe Russland die „Idee des Friedens und der Brüderlichkeit der Völker" bewahrt; seine Ziele seien in Wahrheit pazifistische, nur die Mittel seien kriegerische.[169]

Gegen den Widerstand vieler russischer Emigranten blieb Berdjaev auch nach dem Krieg bei seiner prosowjetischen, wenngleich nicht kritiklosen Haltung und unterhielt gute Kontakte zur sowjeti-

---

166 Berdjaev, *Istoki i smysl*, S. 120 bzw. Berdiajew, *Sinn und Schicksal*, S. 154; Dmitrieva, *Filosof*, S. 108f.

167 Dmitrieva, *Filosof*, S. 109.

168 Das Motiv vom Antagonismus zwischen „russischer" und „germanischer Idee" findet sich bereits in der während des Ersten Weltkrieges entstandenen Artikelsammlung *Das Schicksal Russlands*, z. B. in „Religija germanizma" [Die Religion des Germanismus], in: Berdjaev, *Sud'ba Rossii*, S. 167–174, und später in *Die russische Idee* (S. 229ff).

169 Berdjaev in seinem Vortrag im überfüllten Saal des „Bundes der sowjetischen Patrioten", der am 13. Januar 1945 als Artikel in der Zeitschrift *Russkij patriot* (*Der russische Patriot*) erschien. Zit. nach Dmitrieva, *Filosof*, S. 110.

schen Botschaft in Paris. Eine Rückkehr in die alte Heimat, die nach einem Erlass zur Wiederherstellung der sowjetischen Staatsbürgerschaft durch den Obersten Sowjet der UdSSR vom 14. Juni 1946 möglich geworden wäre, lehnte Berdjaev in einem letzten Akt aristokratischer Freiheit dennoch ab.[170] Nur zwölf Monate, nachdem er die Ehrendoktorwürde der Universität Cambridge verliehen bekommen hatte, starb Berdjaev am 25. März 1948 in seinem Haus bei Paris. Die letzte Etappe seines Schaffens war seiner Autobiographie *Samopoznanie* (*Selbsterkenntnis*) gewidmet. Ein letztes Mal verknüpfte Berdjaev aristokratisches Selbstverständnis mit dem sozialen Anspruch des reumütigen Adligen:

> „Trotz des westeuropäischen Einschlags in mir, fühle ich mich als zur russischen Intelligenz, die die Wahrheit suchte, gehörig. Ich habe die Tradition der Slawophilen und der Westler, Tschaadajews und Chomjakows, Herzens und Bjelinskijs, ja selbst Bakunins und Tschernyschewskijs (trotz des Unterschieds in der Weltanschauung), am meisten Dostojewskijs und Tolstojs, Wladimir Ssolowjows und N. Fjodorows als Erbe übernommen. Ich bin ein russischer Denker und Schriftsteller. [...] Außerdem empfinde ich mich als *aristokratischen* Denker, der die Wahrheit des Sozialismus anerkennt."[171]

1.3   Geschichte zu Ende denken

Ächt historischer Sinn ist der prophetische.[172]

‚Geschichte' kann als zentrale Kategorie im Denken Oswald Spenglers und Nikolaj Berdjaevs gelten. Versteht man das Nachdenken über Geschichte als Versuch, „den Sinn geschichtlichen Handelns und Erleidens zu begreifen",[173] so strebten Spengler und Berdjaev gewissermaßen über das Ziel hinaus: Sie wollten Geschichte – in Gestalt der historischen Krisenzeit, in der sie lebten – nicht nur be-

---

170 Dmitrieva, *Filosof*, S. 113f.
171 Berdjajew, *Selbsterkenntnis*, S. 13f (Vorwort).
172 Notiz von Novalis um 1799, in: Novalis. *Schriften. Die Werke Friedrich von Hardenbergs*, Bd. 3: Das philosophische Werk II, hrsg. v. Richard Samuel, Stuttgart u. a. 1983 (3. Aufl.), S. 601.
173 Löwith, Karl: *Weltgeschichte als Heilsgeschehen. Die theologischen Voraussetzungen der Geschichtsphilosophie*. Stuttgart 1953, S. 13.

greifen, sondern an ihr Ende bringen, überwinden. Ihrer Revolte lag die Einsicht in die Unverfügbarkeit des historischen Prozesses zugrunde, die Erkenntnis, dass Geschichte nicht machbar ist, und schon gar nicht auf dem Rücken einer sich selbst ans Ziel tragenden Vernunft. Spengler und Berdjaev müssen deshalb im Sinne Heinz Dieter Kittsteiners als der „heroischen" Moderne zugehörig gelten, „einer Phase, in der intellektuelle Weltdeutungen nicht mehr mit dem Geschichtsverlauf, sondern aggressiv gegen ihn entworfen werden"[174]: Spengler etwa stilisierte das im Ersten Weltkrieg besiegte Deutschland zum „jüngste[n] und letzte[n] Volk"[175] Europas und künftigen imperialistischen Großreich, dessen besonderes Ethos es nur mit dem antiken Römischen Imperium vergleichbar mache. Berdjaev seinerseits deutete das durch Krieg und Terror erschütterte sowjetische Russland in einen Heilsbringer um, mit dessen Vitalität und messianischem Eifer der sterbende Westen es nicht aufnehmen könne. Der Standpunkt, den beide dabei für ihre Geschichtsbetrachtung wählten, war der des Propheten: So erschloss sich für Nikolaj Berdjaev der „Sinn der Geschichte" nur demjenigen, der am „Mysterium des ‚Geschichtlichen'"[176] teilhabe; und Oswald Spengler unternahm im *Untergang des Abendlandes* nichts weniger als den Versuch „Geschichte vorauszubestimmen"[177]. Ihre Geschichtsphilosophie verließ sich dabei auf eine gewissermaßen dreifache Privilegierung: den prophetischen Gestus des Geistesaristokraten, die Stilisierung des eigenen, dezidiert antihistoristischen ‚organischen' Geschichtsmodells zur Ultima Ratio, wodurch dessen diskursive Begründung entfällt, und schließlich die eigentlichen Fixpunkte ihrer geschichtsphilosophischen Bemühungen – Deutschland und Russland, deren Eintritt in die europäische Geschichte so-

---

174 Kaube, Jürgen: „Die Unvernunft in der Geschichte. Vom falschen Gott: Heinz Dieter Kittsteiner verlötet Weltmarkt und Seinsgeschichte", in: *FAZ* v. 24.03.2004, S. L20. Siehe auch Kittsteiner, Heinz Dieter: „Die Form der Geschichte und das Leben der Menschen", in: Gangl/Merlio/Ophälders, *Spengler*, S. 115–128, S. 117.
175 PuS, S. 5, 30.
176 SdG, S. 18–21.
177 UdA, S. 3.

gleich deren Ende einläuten soll. Gegen die „idiographische Genüg-
samkeit"[178] des Historismus formulierten Spengler und Berdjaev
also eine Philosophie, mit der sie erneut eine Synthese geschichtlicher Ereignisse versuchten – indem sie eine in Vergessenheit geratene geschichtsphilosophische Tradition fortschrieben, die Geschichte als einen der Zyklik des Lebens unterworfenen Organismus
begriff.[179] Das Krisenbewusstsein, von dem ihre Schriften dabei getragen waren, begleitete die Geschichtsphilosophie seit ihrem Beginn, seit Turgot und Voltaire ihre Diagnose der Gegenwart mit einer Prognose für die Zukunft verbanden.[180] So hielt denn Berdjaev
die „katastrophischen Momente der Geschichte" zum „Konstruieren
einer Geschichtsphilosophie" für besonders günstig,[181] und auch
Spengler galten „Kriege[...] und politische[...] Katastrophen" als
„Grundstoff unserer Geschichtsschreibung".[182] Berdjaevs und
Spenglers Katastrophenbewusstsein bildete dabei gewissermaßen
die Grundlage ihrer Geschichtsbetrachtung, die sie – im Sinne Grohs
– „auf dem Wege des Historisierens auf die ganze Vergangenheit
und Zukunft" ausdehnten. Die Reflexion auf den eigenen histori-

---

178 Nowak, Kurt: „Die ‚antihistoristische Revolution'. Symptome und Folgen der
   Krise historischer Weltorientierung nach dem Ersten Weltkrieg in Deutschland", in: Renz, Horst / Graf, Friedrich Wilhelm: *Troeltsch-Studien*, Bd. 4: Umstrittene Moderne. Die Zukunft der Neuzeit im Urteil der Epoche Ernst Troeltschs. Gütersloh 1987, S. 133–171, S. 135. Siehe auch Merlio, Gilbert: „Spenglers
   Geschichtsmorphologie im Kontext des Historismus und seiner Krise", in:
   Gangl/Merlio/Ophälders, *Spengler*, S. 129–143, und Burns, Robert M. / Rayment-Pickard, Hugh: *Philosophies of History. From Enlightenment to Postmodernity*. Oxford u. a. 2000, S. 57–97.
179 Siehe hierzu die Exkurse bei Groh, *Rußland Selbstverständnis*, S. 337–342.
180 Kesting, Hanno: *Geschichtsphilosophie und Weltbürgerkrieg. Deutungen der Geschichte von der Französischen Revolution bis zum Ost-West-Konflikt.* Heidelberg
   1959, S. 7. Auch wenn sie eine Gegengründung zu geschichtstheologischen Mo-
   dellen war, kann die Geschichtsphilosophie ihre religiösen, eschatologischen
   Wurzeln nicht verleugnen. Schwaiger, Axel: *Christliche Geschichtsdeutung in der
   Moderne. Eine Untersuchung zum Geschichtsdenken von Juan Donoso Cortés,
   Ernst von Lasaulx und Vladimir Solov'ev in der Zusammenschau christlicher Historiographieentwicklung.* Berlin 2001, S. 22. Siehe auch Zedelmaier, Helmut: *Der
   Anfang der Geschichte. Studien zur Ursprungsdebatte im 18. Jahrhundert.* Hamburg 2003.
181 SdG, S. 21.
182 UdA, S. 197.

schen Standort, die „eigene Befindlichkeit", blieb bei ihnen damit aus.[183]

Der Kataklysmus von Krieg und Revolution führte allerdings auch zur Selbstbefragung des Historismus: In seiner Kritik *Über Spenglers Geschichtsbetrachtung* anlässlich des Erscheinens des zweiten Bandes des *Untergangs des Abendlandes* (1922) beschrieb Friedrich Meinecke die Jahre nach dem Weltkrieg, dem „Zusammenbruch der europäischen Welt", als schwere Krisenzeit, insbesondere für die historischen Wissenschaften. Als Historiker habe man sich dem Vorwurf zu stellen, für die „Katastrophe" – die den von den Geisteswissenschaften beschrittenen Weg einer „übertriebene[n] Arbeitsteilung und Spezialisierung" als Irrweg entlarvt habe – mit verantwortlich zu sein. Das starke Echo auf das Werk des „Synthetikers" Spengler zeuge von dem allgemeinen Bedürfnis einer wissensmüden und lebensdurstigen Öffentlichkeit, „das Leben, das in der geschichtlichen Menschheit steckt, ohne Umwege durch rasche Umarmung" zu gewinnen.[184] Auch Ernst Troeltsch nahm die suggestive Kraft von Spenglers Geschichtsphilosophie wahr,[185] schließlich verhießen ihre Ankündigungen eine durchschaubare und damit beherrschbare Zukunft. Für Troeltsch wurde Geschichtsphilosophie deshalb vor allem in jenen Ländern betrieben, in denen die „konventionelle Erziehung zu historischer Selbstanschauung aus irgendwelchen Gründen in die Brüche geriet", „weitaus am meisten in dem Land der dauernden schweren Schicksale, in Deutschland."[186] Aber auch Russland musste in seinen Augen prädestiniert sein, schließlich hatten hier wie in Deutschland Weltkrieg und Revolution den „Boden unter den Füßen" zum Schwanken gebracht und eine „totale Umwälzung" bedeutet.[187]

183 Groh, *Rußland Selbstverständnis*, S. 304.
184 Meinecke, Friedrich: „Über Spenglers Geschichtsbetrachtung", in: *Wissen und Leben* 16, 1922/23, S. 549–561.
185 Nowak, „antihistoristische Revolution", S. 155f.
186 Troeltsch, Ernst: *Gesammelte Schriften*, Bd. 3: Der Historismus und seine Probleme. Erstes Buch: Das logische Problem der Geschichtsphilosophie. Tübingen 1922, S. 9ff.
187 Troeltsch, *Historismus*, S. 6.

Als typisch für den geschichtsphilosophischen Diskurs im Allgemeinen und die kulturpessimistische Tradition im Besonderen kann
gelten, dass der Verlust der Vorkriegsvergangenheit überwiegend
nicht als „belastende Erfahrung"[188] empfunden wurde, sondern
vielmehr als Befreiung vom Stillstand.[189] Bereits am Ursprung der
Geschichtsphilosophie, am Vorabend der Französischen Revolution,
findet sich diese Vorstellung, wenngleich im fortschrittsoptimisti-
schen Gewand: „Revolutionen und selbst Bürgerkriege stellen sich
dar als die Schwelle zu einer besseren Welt; sie zu propagieren ist
Dienst an der Menschheit, deren Heil die Geschichtsphilosophie im
Auge hat."[190] In diesem Sinne begriffen auch Spengler und Berdjaev
den Bruch der historischen Kontinuität, den Zusammenbruch des
bürgerlichen Lebens in Krieg und Revolution als Untergang einer
verlorenen, bereits fremd gewordenen Vergangenheit und – im Sinne einer Herausforderung oder gerechten Strafe – als Chance: Einer
schwächelnden europäischen Kultur, die das ruhige Leben in der
Vergangenheit allzu sehr schätzte und weder zu Helden- noch zu
Opfertum in der Lage sei, attestierte Berdjaev während des Ersten
Weltkrieges die Zufuhr „barbarischer Energie", mit der „alte Instinkte" geweckt und das Leben „elementarer" geworden sei.[191] Und
nachdem er die gegenwärtige Zeit als eine Epoche identifiziert hatte,
mit der die „neue Geschichte" zu Ende gegangen sei und das *neue
Mittelalter* angehoben habe, empfahl Berdjaev, den Schritt „aus
dem Tag der Geschichte" in die Nacht furchtlos und unverzagt zu
gehen: „Möge das lügnerische und trügerische Licht verlöschen!"[192]
Auch für Spengler war der Weltkrieg „nur die Eröffnung einer Epoche"[193] und mit Blick auf die unmittelbare Nachkriegszeit schrieb er:
„Ich sehe in der zunehmenden Radikalisierung Deutschlands kein

---

188 Lübbe, Hermann: *Geschichtsphilosophie. Verbliebene Funktionen.* Erlangen/Jena
    1993, S. 12–31.
189 Kesting, *Geschichtsphilosophie*, S. 8.
190 Ebd., S. 7.
191 Berdjaev, Nikolaj: „Varvarstvo i upadničestvo" (Dez. 1918) [Barbarentum und
    Dekadenz], in: FTKI, Bd. 1, S. 371–376, S. 373.
192 Berdjajew, Nikolaj: „Das Ende der Renaissance", in: *Die Kreatur* 10/2, 1927, S.
    227–244, S. 243; NMA, S. 13–19.
193 Brief an Hans Klöres v. 12. Juli 1916, in: Spengler, *Briefe*, S. 53.

Unglück. Wir *müssen* hindurch, und wir sind vielleicht die einzigen, die darüber hinaus zu etwas Ordentlichem kommen."[194]

Doch obwohl sie den Niedergang der alten Welt bejahten und Nietzsches „Lust am Vernichten"[195] nacheiferten, standen beide im Bann der ‚untergehenden' europäischen Kultur: Vor allem Berdjaev ließ sich dabei von einem vermeintlich unabhängigen Kulturbegriff leiten, wenn er glaubte, „das nie verlöschende Licht" der „alten, christlichen, europäischen Kultur" durch die kommende Epoche der „Barbarisierung" hindurch tragen zu können.[196] Und auch wenn er angesichts der Anforderungen des technischen Zeitalters „römische Härte" predigte, musste Spengler wiederum gestehen, „ohne Goethe, ohne Shakespeare, ohne die alten Architekturen", ohne die „edle[...] Renaissancekunst" nicht leben zu können.[197]

Konstatiert man den Untergang der alten Welt, rechtfertigt dies die Prognose, das heißt die Erschaffung einer künftigen. Dieser Anspruch trug wesentlich zum intellektuellen Selbstverständnis Spenglers und Berdjaevs bei. Ihr gemeinsamer Nenner war Nietzsches vitalistische Kritik an einer bigott betriebenen Geschichtswissenschaft, die ihre Aufgabe nur im Begreifen und nicht in der Neuschaffung der Wirklichkeit sehe, die nur bewahren wolle, statt zu zeugen und durch ihr historisches „Sezieren" die Wahrheit zerstöre.[198] So sah sich Spengler in der Rolle des streng-klarsichtigen „Geschichts*kenners*"[199], dessen „schöpferische, vorwegnehmende, warnende, *leitende* Kritik" eine Epoche wie die heutige bitter nötig ha-

---

194 Brief an Hans Klöres v. 6. März 1919, in: ebd., S. 123; s. auch UdA, S. 67.
195 Nietzsche, Friedrich: „Ecce Homo" (1888/89), in: Nietzsche. *Werke. Kritische Gesamtausgabe*, hrsg. v. Giorgio Colli/Mazzino Montinari, 6. Abt., Bd. 3, Berlin 1969, S. 253–372, S. 45f, 364 passim.
196 ER 2, S. 241; s. auch Berdjajew, Nikolaj: „Der Futurismus und die Krise der modernen Kunst" (1918), S. 79–89 und Berdjajew, Nikolaj: „Die soziale Krise der Kultur" (1932), S. 91–103, beide in: Berdjajew, *Fortschritt Wandel Wiederkehr*.
197 Spengler, „Pessimismus?", S. 77. Siehe auch Brief an Hans Klöres v. 25. Oktober 1914 und v. 14. Juli 1915, in: Spengler, *Briefe*, S. 29, 44.
198 Nietzsche, Friedrich: „Unzeitgemässe Betrachtungen II: Vom Nutzen und Nachtheil der Historie für das Leben" (1872/74), in: Nietzsche. *Werke. Kritische Gesamtausgabe*, hrsg. v. Giorgio Colli/Mazzino Montinari, 3. Abt., Bd. 1, Berlin/New York 1972, S. 239–330, S. 264, 291–295.
199 Im Original gesperrt.

be.[200] Sein Ideal war Nietzsches „ueberhistorischer Mensch"[201], die „zeitlose[...] Höhe", von der aus er „den Blick auf die historische Formenwelt von Jahrtausenden gerichtet" hält – nur auf diese Weise lasse sich „die große Krisis der Gegenwart begreifen".[202] Spengler berief sich dabei auf die besondere Gabe des „physiognomischen Taktes", die er gegen die „systematische Methode" des „abstrakte[n] Gelehrten alten Stils" aufbot und mit der er den „Gang der Welt instinktiv zu durchschauen" glaubte.[203] „Schicksal" war die Kategorie, die Spengler als Gegenbegriff zum wissenschaftlichen „Erkennen" etablieren wollte. Letzteres sei nicht nur unfähig, den „Schicksalsgedanken" zu begreifen, sondern schlicht hinderlich: „Der Blick für gefühlsmäßige und erlebte Tatsachen erlischt, sobald man analytisch nachdenkt. Schicksal ist ein Wort, dessen Inhalt man *fühlt*."[204] Wenn er betonte, sich „mit vollem Bewußtsein auf die andere Seite gestellt"' zu haben, auf „die des Lebens, nicht des Denkens",[205] so erhob Spengler in Nachahmung Nietzsches das ‚Leben' zum Kriterium einer normativen Beurteilung von Geschichte.[206] Spenglers Geschichtsauffassung bezog ihre Kraft also vorrangig aus der Desavouierung einer rational-analytischen Methode in der Geschichtsschreibung und kam deshalb ohne Beweismittel aus. Mehr noch, die

---

200 JdE, S. VII–VIII. Siehe auch Möller, Horst: „Oswald Spengler – Geschichte im Dienste der Zeitkritik", in: Ludz, Peter Christian: *Spengler heute. Sechs Essays*. München 1980, S. 49–73, S. 50.
201 Nietzsche, „Vom Nutzen und Nachtheil", S. 250f, vgl. S. 326.
202 UdA, S. 47.
203 Spengler, „Pessimismus?", S. 66ff. Spenglers „physiognomischer Takt", mit dem er Geschichte deuten wollte, orientierte sich an der auf Johann Caspar Lavater zurückgehenden „Physiognomik", die Meyers Konversationslexikon Ende der 1880er Jahre als „Kunst" bezeichnete, „aus der Beschaffenheit der äußern Teile des Körpers [...] auf die seelischen Eigenschaften eines Menschen zu schließen." Meyers Konversationslexikon, Bd. 13, Leipzig/Wien 1888/89, S. 39. Den physiognomischen „Seherblick" reklamierten neben Spengler auch Rudolf Kassner, Ernst Jünger und Theodor Lessing für sich. Zur Renaissance der Physiognomik in der Weimarer Republik s. Person, Jutta: *Der pathographische Blick. Physiognomik, Atavismustheorien und Kulturkritik 1870–1930*. Würzburg 2005.
204 Spengler, „Pessimismus?", S. 66; s. UdA, S. 197f. Vgl. Nietzsche, „Vom Nutzen und Nachtheil", S. 290f.
205 Spengler, „Pessimismus?", S. 69.
206 Schnädelbach, Herbert: *Geschichtsphilosophie nach Hegel. Die Probleme des Historismus*. Freiburg/München 1974, S. 77–80.

Beweiskraft seiner Geschichtsphilosophie wurde von ihm radikal subjektiviert: „Je größer der Mensch, um so wahrer die Philosophie". „Im höchsten Falle" könne diese „den ganzen Gehalt einer Zeit erschöpfen, in sich verwirklichen und ihn so, [...] in einer großen Persönlichkeit verkörpert, der ferneren Entwicklung übergeben.[207]

Spenglers physiognomischer Takt orientierte sich an Nietzsches „plastischer Kraft" – als einer Fähigkeit zur Einverleibung und Umbildung des Vergangenen. Diese intuitive Kraft ist es, die in den Augen Nietzsches vor dem „Uebermaass [...] von Historie", vor der „historischen Krankheit" schütze.[208] Indem er sich auf seinen „Takt", seinen „Instinkt" berief, wollte Spengler zum Dramaturgen des historischen Prozesses werden, dessen Darstellung beziehungsweise Arrangement für ihn keine wissenschaftliche, sondern eine ästhetische Aufgabe war. Im Sinne seines Meisters gehörten dazu „eine grosse künstlerische Potenz, ein schaffendes Darüberschweben [...], ein Weiterdichten an gegebenen Typen".[209] Genau diese Befähigung machte sich auch Spengler zu Eigen, wenn er Kultur als geschichtliches „Schauspiel" inszenierte, mit dem Anspruch, „Geschichte schaffen zu wollen".[210] Generell sollte das Moment einer ästhetisch-theatralischen Lust am Schauspiel der Geschichte bei Spengler und Berdjaev nicht gering geschätzt werden: So bekannte sich Spengler in späten Fragmenten zum Inszenatorischen seiner „Weltgeschichte", indem er diese als tragischen Kampf des Menschen gegen die Welt beschrieb: Der „höhere Mensch" habe „das Antlitz der Welt blutig gezeichnet, verstümmelt, zerrissen. Aber es war Größe darin."[211] Desgleichen Berdjaev, auch er begriff Geschichte vor allem

---

207 UdA, S. 58.
208 Nietzsche, „Vom Nutzen und Nachtheil", S. 247, 249, 325–328. Siehe dazu auch Kittsteiner, Heinz-Dieter: *Listen der Vernunft. Motive geschichtsphilosophischen Denkens.* Frankfurt/Main 1998, S. 135–137. Lipperheide, Christian: *Nietzsches Geschichtsstrategien. Die rhetorische Neuorganisation der Geschichte.* Würzburg 1999, S. 70ff.
209 Nietzsche, „Vom Nutzen und Nachtheil", S. 288.
210 UdA, S. 29, 53. Zur Ästhetisierung von Geschichte und ihrer Darstellung bei Spengler s. auch Beßlich, *Faszination*, S. 38ff.
211 Spengler, Oswald: *Frühzeit der Weltgeschichte. Fragmente aus dem Nachlaß,* hrsg. v. Anton Mirko Koktanek. München 1966, S. 9, 20. Die Ästhetisierung ge-

als „tragisches Schicksal" – allerdings in eschatologischer Perspektive: „Das tragische Schicksal wie auch jede Tragödie muß seinen letzten allesentscheidenden Akt haben. In der Tragödie ist die Katharsis unvermeidlich."[212]

Zwar war Berdjaev Spenglers gewalttätige Metaphorik fremd, doch folgte seine Bewertung der (als hässlich und vulgär wahrgenommenen) Massenkultur seiner Zeit ebenfalls ästhetischen Maßstäben. Seine Affinität zu Konstantin Leont'evs hasserfüllter ästhetizistischer Polemik gegen das bürgerliche Europa ist dabei klar zu erkennen. Nicht umsonst verfasste Berdjaev am Beginn seiner zivilisationskritischen Hoch-Zeit eine Monographie über den konservativen Exzentriker, der häufig als ‚russischer Nietzsche' bezeichnet wurde.[213]

Berdjaevs Beschreibung seiner geschichtsphilosophischen Methode lässt – neben dem Eindruck, den die Lektüre der Mystiker Eckart, Jakob Böhme und Angelus Silesius hinterlassen hat – auch den starken Einfluss von Spenglers Verfallstheorie erkennen. (Dieser war in der Entstehungszeit von *Smysl istorii* (*Der Sinn der Geschichte*) – um 1920 – besonders stark; einzelne Formulierungen Spenglers finden sich hier fast wortwörtlich wieder.)

Im Gegensatz zur historischen Wissenschaft, die das „Mysterium des ‚Geschichtlichen'" nicht begriffen habe, beanspruchte Berdjaev ein spezifisches „Empfinden" für das „Geschichtliche", für „die nahende Katastrophe und für das Ende der Welt" – ein Empfinden, bei dem es die in der Geschichtswissenschaft übliche Trennung zwi-

---

schichtlicher Ereignisse ist in Spenglers Werk allgegenwärtig: So lässt ihn eine – von ihm angenommene – ästhetische Gemeinsamkeit zwischen dem antiken Römischen Heer und dem „Typus unsrer feldgrauen Soldaten" darauf schließen, dass es eine „substantielle Verwandtschaft zwischen dem Römischen und dem Deutschen Reich" (Pauen) gebe. Brief an Hans Klöres v. 18. Dezember 1914, in: Spengler, *Briefe*, S. 33. Pauen, Michael: *Pessimismus. Geschichtsphilosophie, Metaphysik und Moderne von Nietzsche bis Spengler*. Berlin 1997, S. 203. Pauen kann zeigen, dass auch viele zeitgenössische Leser den *Untergang* als ästhetisches Ereignis rezipierten. Ebd., S. 203ff.

212 SdG, S. 302.
213 FN, S. 556–574; SdG, S. 307ff. Siehe dazu Ignatov, Assen: „Das russische geschichtsphilosophische Denken. Grundmotive und aktuelle Resonanz", in: *Bericht des BIOst* 5, 1996, S. 3–38, zu Leont'ev S. 28–34.

schen erkennendem Subjekt und zu erkennendem Objekt nicht gebe und das er mit seiner „Berufung für die Philosophie" verband. Letztere sei, so wie er sie betreibe, eben nicht wissenschaftlich, „sondern prophetisch und eschatologisch ihrer Einstellung nach" – eine Eigenschaft, die auch seinem „geistigen Typus" geschuldet sei und ihm geholfen habe, noch vor dem Ersten Weltkrieg, „als noch niemand an ihn dachte", „den Beginn der Katastrophenepoche" vorauszusagen. [214] In seiner *philosophischen Autobiographie* (1949 posthum veröffentlicht) gestand Berdjaev, dass er das diskursive Denken stets nur als „etwas Sekundäres und Behelfsmäßiges" betrachtet habe: „Fast nie habe ich mich mit Analyse abgegeben; ich bediente mich nur der Methode der Charakteristik."[215] Getreu dem Diktum Spenglers, wonach die eigentliche Leistung eines Historikers darin bestehe, die „Seele" beziehungsweise „Idee" zu erkennen, die einer Kultur zugrunde liegt und sich in ihr „vollendet", hielt Berdjaev nur eine „höhere Vernunft" für imstande, Anteil zu nehmen am „inneren Licht" einer Epoche, an der „menschlichen Urweisheit", der „uranfänglichen Realität" im Geschichtsprozess.[216]

„Physiognomische" Intuition, Teilhaben am „Mysterium des ‚Geschichtlichen'" – mit Hilfe dieser vermeintlich vorrationalen Methoden immunisierten Spengler und Berdjaev ihre Geschichtsentwürfe gegen Kritik und inszenierten sich als Überbringer einer Botschaft aus der Zukunft, als Medium, durch das die Geschichte gewissermaßen selbst sprach. Es liegt sicher nicht allzu fern, diesen prophetischen Gestus als Reaktion auf den als chaotisch empfundenen Geschichtsprozess zu interpretieren: Er hilft dem Geschichtsphilosophen, der wie jeder andere den Krisen und Katastrophen seiner Zeit ausgesetzt ist, seine Ohnmacht in eine Macht umzudeuten.[217] Einer

---

214 SdG, S. 18, 20f, 23–26; Berdjajew, *Selbsterkenntnis*, S. 101–105, 323.
215 Berdjajew, *Selbsterkenntnis*, S. 104.
216 SdG, S. 24f; vgl. UdA, S. 72f, 153.
217 Dass hinter der prophetischen Rhetorik und den heroischen Gesten das Gefühl steht, „an den Gang der Dinge gefesselt zu sein", hat Karl Jaspers in *Die geistige Situation der Zeit* bereits im Jahr 1931 beschrieben. Siehe dazu Koebner, Thomas: „Die Erwartung der Katastrophe. Zur Geschichtsprophetie des ‚neuen

solchen Geschichtsauffassung musste die Haltung Jakob Burck-
hardts, dem das jeweils geschichtlich Gewordene als nur eine von
verschiedenen, vielleicht sogar konträren Möglichkeiten galt, ebenso fremd bleiben wie die Demut Johann Gustav Droysens vor dem
‚Mysterium' der Geschichte; dessen Ideal vom „forschenden Verstehen" schloss neben dem kritischen Blick auf den eigenen Standort
das Eingeständnis ein, dass der Historiker, der denkende Mensch
nur Teile „der Unendlichkeit des Seienden" erfasst und „nach
menschlicher Weise umprägt".[218]

Oswald Spengler und Nikolaj Berdjaev bedienten sich stattdessen des „Pathos überlegener Erfahrung"[219] und waren damit im Sinne Kestings dem Geist der Gegenaufklärung seit Joseph De Maistre
verpflichtet. Ihre Philosophie kannte nur Antworten, keine Fragen.
Eines ihrer Axiome war, dass der Geschichte die Zwangsläufigkeit
eines naturhaft-biologischen Prozesses eignet.[220] Diese Annahme
zieht die Frage nach der Rolle des menschlichen Willens im Geschichtsprozess nach sich. Oswald Spengler kann man dabei gewiss
nicht unterstellen, der Freiheit dieses Willens das Wort geredet zu
haben. Spätestens mit der „Zeitwende" des Ersten Weltkriegs sah er
jene als obsolet an:

> „Es stand bis jetzt frei, von der Zukunft zu hoffen, was man wollte. Wo es
> keine Tatsachen gibt, regiert das Gefühl. Künftig wird es jedem Pflicht sein,
> vom Kommenden zu erfahren, was geschehen *kann* und also geschehen
> *wird*, mit der unabänderlichen Notwendigkeit eines Schicksals, und was also
> von persönlichen Idealen, Hoffnungen und Wünschen ganz unabhängig ist.
> Gebrauchen wir das bedenkliche Wort Freiheit, so steht es uns nicht mehr

---

Konservatismus' (Oswald Spengler, Ernst Jünger)", in: Koebner, Thomas: *Weimars Ende. Prognosen und Diagnosen in der deutschen Literatur und politischen
Publizistik. 1930–33.* Frankfurt/Main 1982, S. 348–359, S. 349.

218 Walter, Uwe: „Wir leben von Gedanke zu Gedanke", in: *FAZ* v. 01.12.2008, S. 37
[Rezension zu: Johann Gustav Droysen, Historik. Historisch-kritische Ausgabe,
hrsg. von Peter Leyh, Horst Walter Blanke, Bd. 2, 1–2: Texte im Umkreis der
Historik (1826–1882), Stuttgart-Bad Cannstatt 2007]; Tauber, Christine: „Wollen Sie den geistigen Überschuß verstehen? Dieter Jähnig zieht die Summe seines jahrzehntelangen Nachdenkens über Jacob Burckhardt", in: *FAZ* v.
23.10.2006, S. 39.

219 Kesting, *Geschichtsphilosophie*, S. 29.

220 Siehe dazu auch Groh, *Rußland Selbstverständnis*, S. 305.

frei, dieses oder jenes zu verwirklichen, sondern *das Notwendige oder nichts.* Dies als ‚gut' zu empfinden kennzeichnet den Tatsachenmenschen."[221]

Spenglers Aufforderung zum Amor Fati[222] wurde flankiert von einem fast wütenden Dezesionismus: Den *Untergang des Abendlandes* beschloss er mit dem Diktum, dass den Wollenden das Schicksal führe, den nicht Wollenden dagegen reiße es mit.[223] Während dem gewöhnlichen Menschen lediglich die Bejahung des Schicksals als ‚Tat' zu Gebote stehe, beanspruchte Spengler nichts weniger, als eine Philosophie des Schicksals – „die erste ihrer Art" – erdacht zu haben.[224] Gedanke und Tat fallen hier in eins: Seine „Philosophie der Zeit" *gehöre* nicht in eine Epoche, sie *mache* Epoche.[225]

Für Spengler unterlag Geschichte respektive Kultur wie jeder Organismus den Gesetzen des Werdens und Vergehens. Seine Polemik gegen das öde Bild „einer linienförmigen Weltgeschichte" war dabei eingebettet in den ubiquitären Dualismus seiner Weltanschauung: hier – Geschichte in der Sicht des gewöhnlichen Historikers – leere Begriffe, tote Formen, dürre Schemata, dort – mit den

---

221 UdA, S. 55, 67.
222 Vgl. Nietzsche, Friedrich: „Also sprach Zarathustra. Ein Buch für Alle und Keinen" (1883), in: Nietzsche. *Werke. Kritische Gesamtausgabe*, hrsg. v. Giorgio Colli/Mazzino Montinari, 6. Abt., Bd. 1, Berlin 1968, S. 1–404, S. 354 passim.
223 UdA, S. 1195.
224 Ebd., S. VIII (Vorwort 1922); s. auch Brief an Hans Klöres v. 6. März 1919, in: Spengler, Briefe, S. 122.
225 UdA, S. X (Vorwort 1917). Die Anleihen beim *Willen zur Macht*, der epochemachenden, gleichwohl in weiten Teilen gefälschten Kompilation aus nachgelassenen Notizen Nietzsches durch dessen Schwester Elisabeth Förster-Nietzsche, sind offenkundig: Dessen Autor glaubte, „die Geschichte der nächsten zwei Jahrhunderte" zu erzählen. „Ich beschreibe, was kommt, was nicht mehr anders kommen kann […]. Diese Geschichte kann jetzt schon erzählt werden: denn die Notwendigkeit selbst ist hier am Werk. Diese Zukunft redet schon in hundert Zeichen, dieses Schicksal kündigt überall sich an; für diese Musik der Zukunft sind alle Ohren bereits gespitzt, unsere ganze europäische Kultur bewegt sich seit langem mit einer Tortur der Spannung, die von Jahrzehnt zu Jahrzehnt wächst, wie auf eine Katastrophe los: unruhig, gewaltsam, überstürzt: einem Strom ähnlich, der ans Ende will, der sich nicht mehr besinnt, der Furcht davor hat, sich zu besinnen." Aus dem „Vorwort" zit. nach Löwith, Karl: „Friedrich Nietzsche, nach sechzig Jahren", in: Löwith, Karl: *Gesammelte Abhandlungen. Zur Kritik der geschichtlichen Existenz.* Stuttgart 1960, S. 127–151, S. 133f. Vgl. Diethe, Carol: *Nietzsches Schwester und Der Wille zur Macht. Biografie der Elisabeth Förster-Nietzsche.* Hamburg/Wien 2001, S. 137–153.

Augen Spenglers – „eine unermeßliche Fülle, Tiefe und Bewegtheit des Lebendigen", „Farben, Lichter, Bewegungen".[226]

Auch für Berdjaev vollzog sich Geschichte wie ein Naturereignis – unabhängig vom menschlichen Willen würden alle Kulturen die Perioden des Entstehens, der Blüte, der Hinfälligkeit und des Todes durchlaufen.[227] Innerhalb seiner Humanismus-Kritik beschrieb Berdjaev Geschichte als Prozess des Scheiterns jenes menschlichen Willens, dessen Durchsetzung er als Hybris, als misslungene „Kraftprobe der menschlichen Freiheit" desavouierte: Um seine mal theokratischen, mal sozialutopischen Ideen zu verwirklichen, habe sich der Mensch allzu häufig gegen das „Freiheitsprinzip" und für das „Zwangsprinzip" in der Geschichte entschieden. Diese werde bestimmt vom Kampf zwischen jenen beiden Prinzipien – allerdings nicht im geschichtsoptimistischen Sinne, sondern mit Blick auf ein eschatologisches Ende, schließlich sei das „Menschengeschick [...] innerhalb des Bereiches der Geschichte unlösbar."[228] Berdjaevs Forderung, die Geschichte möge zu Ende gehen, entsprang dabei seiner aufrichtigen Empörung über die „Fortschrittsidee", die das Glück einer künftigen Generation mit den „Qualen der voraufgegangenen Geschlechter" erkaufen wolle.[229] In einem späten, unveröffentlicht[230] gebliebenen Aufsatz machte Berdjaev selbst Vissarion Belinskij zu seinem Gewährsmann: Mit seiner Revolte gegen Hegels Weltgeist habe Belinskij seinen Unwillen zum Ausdruck gebracht, die lebendige Persönlichkeit im Namen einer künftigen Weltharmonie opfern zu müssen. Die Rechtfertigung menschlichen Leidens war für Berdjaev nur in post- beziehungsweise überhistorischer Per-

---

226 UdA, S. 28f, 143f.
227 SdG, S. 286.
228 Berdjajew, Nikolaj: „Das Ende der Renaissance", in: *Die Kreatur* 10/1, 1927, S. 102–122, S. 104f; SdG, S. 302f.
229 SdG, S. 278ff.
230 Berdjaev, Nikolaj: „Ličnost' i obščinnost' (kommjunotarnost') v russkom soznanii" (um 1945) [Individuum und Gemeinschaft (Kommunitarität) im russischen Bewusstsein], in: Berdjaev, Nikolaj: *Istina i otkrovenie. Prolegomeny k kritike otkrovenija/Na poroge novoj ėpochi* [Wahrheit und Offenbarung. Anmerkungen zur Kritik der Offenbarung/An der Schwelle zu einer neuen Epoche]. St. Petersburg 1996, S. 235–261, S. 239f.

spektive möglich, wenn es zur „Wiedereinsetzung alles Lebendigen zum Zwecke des ewigen Lebens" komme.[231] Dabei überführte er den Antagonismus zwischen der Fortschrittslehre und der von ihm vertretenen „Geschichtsmetaphysik" in den Dualismus von Tod und Leben.[232]

Oswald Spengler und Nikolaj Berdjaev einte in ihrer Auffassung von Geschichte eine je eigentümliche Mischung aus zyklischem und eschatologischem Denken. Beide erwiesen sich insofern als klassische europäische Geschichtsphilosophen, als sie die geschichtstheologischen Grundlagen ihrer Philosophie nicht verleugnen konnten. Diese fußte – als Reminiszenz an ihren religiösen Ursprung – auf der Annahme eines dem Menschen verborgenen heilsgeschichtlichen Endzwecks. Mit Löwith behält der moderne Mensch von diesem religiösen Grundgefühl die Einsicht in die Unerkundbarkeit des Schicksals zurück: „Er bildet sich ein, die Zukunft könne durch ihn selbst geschaffen werden."[233] Eine damit angenommene geschichtliche Verantwortung des Menschen, die sich aus einer quasi offenen Zukunft ergibt, wurde von Spenglers Geschichtsprophetie zwar negiert. In Nachahmung eines antik-heidnischen Verständnisses interpretierte der Nietzsche-Jünger Geschichte stattdessen als Ergebnis eines jeglichen Sinn entbehrenden „natur-geschichtlichen Fatums".[234] Er tat dies jedoch nur scheinbar, denn im Gegensatz zu

---

231 Ebd., S. 279. Fast scheint es, als habe Berdjaev hier eine Synthese aus der ‚Empörung' Ivan Karamazovs und der Position von dessen Bruder Aleša versucht. (Dostojewski, Fjodor M.: *Die Brüder Karamasoff*. München/Zürich 1990, S. 384–401.) Knapp zwanzig Jahre später wollte Walter Benjamin dieses Motiv für ein neues marxistisches Geschichtsbewusstsein fruchtbar machen: Die Arbeiterklasse dürfe nicht die „Rolle einer Erlöserin *künftiger* Generationen" spielen, sondern müsse sich – um Hass und Opferwillen wiederzubeleben – am „Bild der geknechteten Vorfahren" orientieren. Benjamin, Walter: „Über den Begriff der Geschichte" (1940), in: Benjamin, Walter: *Erzählen. Schriften zur Theorie der Narration und zur literarischen Prosa*. Frankfurt/Main 2007, S. 129–140, S. 136.
232 SdG, S. 281, 303.
233 Löwith, *Weltgeschichte*, S. 19. Zur Kritik an Löwiths Geschichtsauffassung durch Hans Blumenberg, Jürgen Habermas, Hans Georg Gadamer und andere s. Dabag, Mihran: *Löwiths Kritik der Geschichtsphilosophie und sein Entwurf einer Anthropologie*. Bochum 1989, S. 4–24.
234 Löwith, *Weltgeschichte*, S. 19.

seiner zyklischen Geschichtskonzeption von Geburt, Reife und Tod
der Kulturen verknüpfte Spengler seinen Schicksalsbegriff mit dem
Begriff einer historischen, in die Zukunft gerichteten Zeit: Das Bewusstsein von ihr zeichne den westeuropäischen „faustischen"
Menschen aus, welcher darüber hinaus die „gewaltigste, leiden-
schaftlichste" und „tragischste" Kultur im Vergleich zu allen vergangenen und künftigen Kulturen geschaffen habe.[235] Diese Hierarchisierung der Kulturen steht – ebenso wie seine Forderung, das
Schicksal zu lieben, um es willentlich zu erfüllen – im Widerspruch
zu Spenglers sonstigem, vermeintlich antikem Gleichmut.[236] Den
dabei aufkommenden Widerspruch zwischen natürlichem Fatum
und geschichtlicher Entscheidung löste er weder auf noch stellte er
ihn in Frage. Stattdessen beschrieb er mit dem (Schiller und Hegel
zitierenden[237]) Satz am Ende des zweiten Bandes des *Untergangs* –
„Die Weltgeschichte ist das Weltgericht" – sein „Wagnis", Geschichte
vorauszubestimmen, als Versuch, das Urteil der Geschichte als Rich-
terin über das menschliche Schicksal vorwegzunehmen. Auch das
Fatum also vermochte Spengler nicht anders als in der Perspektive
eines *eschaton* zu interpretieren. Das heißt trotz seines Anspruchs,
ein zyklisches, am antiken Vorbild orientiertes Geschichtsmodell zu
entwerfen, trotz seiner lebenslangen Attacken gegen die „abendländische[n] Fortschrittsphilister"[238] fiel Spengler am Ende auf ein
christlich-lineares Erlösungsmodell zurück.[239]

Gewiss überwiegen in der Geschichtsphilosophie Berdjaevs die
eschatologischen Elemente die zyklisch-organizistischen. Sein Diktum von der „Sterblichkeit" der Kulturen gebrauchte Berdjaev, um
gegen die „Vorurteile der Fortschrittsreligion" ins Feld zu ziehen.[240]

---

235 MuT, S. 63.
236 UdA, S. 1195. Vgl. Nietzsche, *Zarathustra*, S. 177.
237 Siehe einführend Ottmann, Henning: „'Die Weltgeschichte ist das Weltgericht'.
    Anerkennung und Erinnerung bei Hegel", in: *Hegel-Jahrbuch 1995*. Berlin 1996,
    S. 204–208 und Bubner, Rüdiger / Mesch, Walter: *Die Weltgeschichte – das
    Weltgericht? Stuttgarter Hegel-Kongreß 1999*. Stuttgart 2001.
238 Spengler, „Pessimismus?", S. 72f.
239 Löwith, *Weltgeschichte*, S. 20f. Zu den moralischen Implikationen s. Kittsteiner,
    „Form der Geschichte", 126f.
240 SdG, S. 286–291.

Geschichte hatte für ihn explizit einen über den „irdischen imma-
nenten" hinausgehenden Sinn, der sich vom Ende der Geschichte
her bestimmte, das heißt im „Kommen des Reiches Gottes", in der
„heilen Zeit" aufging.[241] Die historische Zeit wurde von Berdjaev
demnach als per se defizitär angesehen. Diesen ihren grundsätzlichen Mangel trieb er in *Das Schicksal des Menschen in unserer Zeit*
(1935) auf die Spitze, wo er Geschichte als Feindin des Menschen
personalisierte: Mitleidlos und unmenschlich gehe sie zu Werke,
„ohne des Menschen zu achten. Es scheint, dass die Mittel, mit denen
die Geschichte ihre Ziele verfolgt [...], keiner Humanisierung zu-
gänglich sind." Implizit fasste Berdjaev den staatlich sanktionierten
Terror in Deutschland und im sowjetischen Russland als ein Phänomen auf, das in seiner Inhumanität geradezu wie nicht vom Menschen gemacht erscheint: „Schwer ist es, unendlich schwer, den
Staat menschlicher zu machen, der ein Lieblingsgeschöpf der Geschichte ist. Zugleich aber vermag der Mensch auch nicht, aus der
Geschichte herauszutreten und sich dem historischen Schicksal zu
entziehen."[242] Insofern ist es nur folgerichtig, dass Berdjaev die
Epoche des Faschismus und des Kommunismus als „innergeschicht-
liche Apokalypse" begriff, als „ein Gericht über die Geschichte", in
der das Individuelle, der Einzelne „erdrückt und zertreten" werde.[243]

Die Darstellungen zu einer spezifisch russischen Geschichtsphilosophie bestätigen indirekt Löwiths Urteil über den eschatologischen Hintergrund der modernen Geschichtsphilosophie: Schon bei
Tomaš Masaryk wurde die Verbindung von Geschichts- und Religionsphilosophie neben dem ethischen Thema als bestimmend für
den Charakter der russischen Philosophie allgemein angenommen.
Die Behauptung, dass sich die russische Philosophie vornehmlich
mit ethischen Fragestellungen befasse, lehnte Nikolaj Losskij zwar
ab, stimmte jedoch Vasilij Zen'kovskijs Auffassung zu, nach der alle

---

241 SdG, S. 108ff.
242 Berdiajew, Nikolai: *Das Schicksal des Menschen in unserer Zeit.* Luzern 1935, S.
    10.
243 Ebd., S. 7f.

russischen philosophischen Schulen, selbst die Vertreter des Positivismus und Naturalismus, den Primat des Ethischen als *das* charakteristische Merkmal russischen Denkens anerkannt hätten.[244] Berdjaev etwa resümierte in seiner Autobiographie, dass er seine „Berufung" zum „Moralphilosophen" stets gespürt habe, zu einem Philosophen also, „der sich mit der Erkenntnis des Lebenssinnes befaßt und der sich unentwegt in den Lebenskampf stürzt, um das Leben entsprechend dieser Sinngebung zu verändern."[245]

Für Alexander von Schelting, einen Zeitgenossen von Berdjaev und Spengler, verhielt sich der dominierende Zug der russischen Geschichtsphilosophie – „Leidenschaftlichkeit, Spannung, Ungeduld, prophetischer Drang, kataklysmische Visionen, chiliastische Erwartungen" – in seinem Maximalismus umgekehrt proportional zur politischen Machtlosigkeit ihrer Anhänger: In gewagten gedanklichen Konstruktionen hätten diese das historische Geschehen dramatisiert, ganze Welten hin und her geschoben und zusammenprallen lassen und erwartet, dass „daraus, wie Phönix aus der Asche, ein erneuertes Leben und die Lösung aller Probleme emporsteigen" würden.[246] Tatsächlich trifft Scheltings Diagnose nicht nur auf Berdjaev, sondern auch auf Spengler zu: In dessen geschichtsphilosophischer Logik ist Deutschland – lange Jahre vor dem nationalsozialistischen Vernichtungskrieg – der Vollstrecker des innergeschichtlichen Weltgerichts,[247] mit dem er die Kontingenz in der Geschichte ein für alle Mal auszulöschen glaubte. Für Berdjaev wiederum bestand die Prädestination Russlands innerhalb jenes Strafgerichts in seinem Opfertum: So galt ihm im *Neuen Mittelalter* der russische Sozialismus als negatives Abbild der „Einigung und Brüderlichkeit

244 Masaryk, Thomas G.: *Rußland und Europa. Studien über die geistigen Strömungen in Rußland, Folge 1: Zur russischen Geschichts- und Religionsphilosophie. Soziologische Skizzen*, Bd. 1. Jena 1913, S. 170ff. Losskij, Nikolaj: *Istorija russkoj filosofii* [Geschichte der russischen Philosophie]. Moskau 1994, S. 338ff. Siehe dazu auch Novikova, Lidija I. / Sizemskaja, Irina N.: *Russkaja Filosofija Istorii* [Russische Geschichtsphilosophie]. Moskau 1997, S. 5–10 sowie Gaman, *Istoriosofija.*
245 Berdjajew, *Selbsterkenntnis*, S. 101.
246 Schelting, Alexander von: *Rußland und Europa im russischen Geschichtsdenken.* Bern 1948, S. 262f, 270f, 279f.
247 PuS, S. 103ff, passim. Spengler, „Politische Pflichten", S. 155f.

der Menschen in Christo". Als historisches Exempel solle er dem Westen die Erkenntnis erleichtern, dass es zum christlichen Himmelreich keine Alternative gebe außer dem „extremsten antihumanistischen Sozialismus". Wegen seiner apokalyptischen Disposition hielt Berdjaev allein Russland für fähig, sich einem solch einzigartigen Experiment zu opfern.[248] In dieser Logik hatte die Leidensfähigkeit des Volkes, das Berdjaev als das russische bezeichnete, mit dem Überfall des nationalsozialistischen Deutschlands auf die Sowjetunion am 22. Juni 1941 eine neue Aufgabe gefunden.

1.4   Kultur und Zivilisation – Russland und Europa

Die wertende Entgegensetzung von ‚Kultur' und ‚Zivilisation', wie sie in der deutschen und russischen Geistesgeschichte immer wieder auftaucht, kann als genereller Ausdruck des dichotomischen Geschichtsdenkens Spenglers und Berdjaevs gelten und gibt gewissermaßen das Muster für alle weiteren dichotomischen Setzungen ab. So deuten sich in ihr bereits die Themen der folgenden Kapitel an: die Rolle des Ersten Weltkrieges als Kulminationspunkt für die deutsche und russische Zivilisationskritik, die Entgegensetzung von ‚Volk' und ‚Masse' beziehungsweise ‚Volk' und ‚Intelligenz', von ‚jungen' und ‚sterbenden Völkern'. Für die Geschichte der Antithese von Kultur und Zivilisation ist der Erste Weltkrieg deshalb von so großer Bedeutung, weil die Zivilisationskritik sowohl auf deutscher als auch auf russischer Seite nationalistisch im Sinne einer großen, allerletzten Dezision aufgeladen wurde. Bevor beide Seiten am Beispiel der für diesen Zusammenhang wesentlichen Schriften Oswald Spenglers und Nikolaj Berdjaevs zusammengeführt werden, sollen die deutsche und eine mögliche russische Tradition beim Gebrauch des Kultur-Zivilisations-Gegensatzes bis in die Kriegspublizistik hinein getrennt skizziert werden. Dabei soll es gleichzeitig gelingen, die inhaltliche wie strukturelle Verwandtschaft zwischen der deutschen Kultur-Zivilisations-Antithese und dem russischen Russland-Europa-Gegensatz nachzuweisen.

---

248 NMA, S. 135f.

Obwohl die Gültigkeit der Kultur-Zivilisations-Antithese als tragendes Element der deutschen geistigen Tradition etwa von Stefan Breuer relativiert wurde[249], möchte ich daran festhalten: Denn wie konsequent beziehungsweise inkonsequent auch immer dieser Gegensatz im Deutschen letztlich verwendet wurde, und wie oft sich auch immer wieder der synonyme Gebrauch finden lässt, der Gegensatz *existierte*[250] – und zwar jenseits eines starren Festhaltens an den Begriffen ‚Kultur' und ‚Zivilisation'. Diese sind Formeln oder Chiffren des Unbehagens, des Ungenügens der bestehenden Ordnung, die die Zuordnung bestimmter, als positiv oder negativ beschriebener Eigenschaften und Erscheinungen des sozialen und politischen Lebens erleichterten. So lässt sich auch erklären, dass Au-

---

249 Breuer glaubt nachweisen zu müssen, dass die wertende Unterscheidung von Kultur und Zivilisation im Deutschen weder im 18. Jahrhundert vorgeprägt war, noch je eine breitere Wirkung entfalten konnte. Er hat recht, wenn er vom eliminatorischen Hass seines Untersuchungsgegenstandes ausgeht, dessen nationalistisch aufgeladener Kulturbegriff sich gegen die bloß ‚äußerliche', ‚undeutsche' Zivilisation, d. h. gegen Politik, Wirtschaft und bürgerliche Gesellschaft in toto richtete. Tatsächlich hat es eine solche stringente „fundamentalistische Tradition" in Deutschland nie gegeben. Dies scheint ebenso unkontrovers wie die Feststellung, dass eine wertende Entgegensetzung von Kultur und Zivilisation nie Eingang gefunden hat in den wissenschaftlichen und öffentlichen Mainstream, sondern in der Regel von ‚Außenseitern' propagiert wurde. Breuer, Stefan: *Ästhetischer Fundamentalismus. Stefan George und der deutsche Antimodernismus.* Darmstadt 1996, S. 185–191.

250 „Im Verhältnis der beiden Begriffe zueinander zeigt sich bis in die ersten Jahrzehnte unseres Jahrhunderts [d. 20. – S. P.], daß nur das Deutsche den antithetischen Gebrauch in seiner vollen Schärfe [...] ausgebildet hat, während in allen übrigen Sprachen ein wesentlich entspannteres Verhältnis zwischen ihnen besteht. Zwar schien sich auch im Englischen – wo schon Coleridge eine dem deutschen Kultur-Zivilisationsgegensatz sehr ähnliche Gegenüberstellung von *cultivation* [...] und *civilization* [...] versuchte – zeitweilig eine parallele Entwicklung anzubahnen; jedoch wurde sie dadurch gebannt, daß die vorübergehend von einer Veräußerlichung bedrohte Zivilisationsidee durch Verinnerlichung bald wieder zu einem umfassenden Begriff zurückgeführt wurde. Das Französische, Italienische und Amerikanische zeigten keine Neigung zu einem antithetischen Gebrauch. *Culture/cultura/culture* standen dort meist im Schatten der überragenden Bedeutung von *civilization/civiltà/civilization* oder wurden von ihr als dem umfassenderen Begriff miteinbeschlossen." Pust, Helga, in Verbindung mit Marianne Karuth und Michael Pflaum: „Zusammenfassung und Schlusswort", in: *Europäische Schlüsselwörter. Wortvergleichende und wortgeschichtliche Studien,* hrsg. v. Sprachwissenschaftlichen Colloquium (Bonn), Bd. 3: Kultur und Zivilisation. München 1967, S. 428–439, S. 432.

toren wie Richard Wagner, Friedrich Nietzsche, Werner Sombart, Rudolf Eucken[251] oder eben Nikolaj Berdjaev die Begriffe zeitweilig antithetisch zugunsten der ‚Kultur' verwendeten, und dann wieder, in anderen Zusammenhängen, einzeln oder synonym gebrauchten.

1.4.1 Deutschland: Kultur versus Zivilisation

Immanuel Kant war vermutlich der Erste, der im *Siebenten Satz* seiner *Ideen zu einer allgemeinen Geschichte in weltbürgerlicher Absicht* (1784) deutlich zwischen den Begriffen Kultur und Zivilisation („Civilisirung") unterschied,[252] indem er Kultur mit Kunst, Wissenschaft und der „Idee der Moralität" assoziierte, Zivilisation dagegen als „äußere[...] Anständigkeit" und etwas „Sittenähnliche[s]" charakterisierte.[253] Zur Zivilisierung seien „Manier, Artigkeit, und eine gewisse Klugheit erforderlich"; mit ihr verbinden sich also „bloße, äußerliche Höflichkeit, der Schliff, sogar die Verstellung."[254] Schon 1815 fand sich dann bei Johann Heinrich Pestalozzi der „Gegensatz von ‚Kultur' und ‚Zivilisation' zu kaum überbietbarer Grundsätzlichkeit gesteigert"[255]: Es war jetzt bereits jener abwertende, sich bis ins 20. Jahrhundert fortsetzende Begriff von Zivilisation als eine Art Ur-Ressentiment von Teilen der deutschen geistigen Elite, dass nämlich „alle Z i v i l i s a t i o n die Sache der Massen, also etwas Mechanisches" ist – im Gegensatz zur Kultur, die „etwas Organisches, Inner-

---

251 Breuer, *Fundamentalismus*, S. 189f.
252 Pflaum, Michael: „Die Kultur-Zivilisations-Antithese im Deutschen", in: *Europäische Schlüsselwörter*, S. 288–427, S. 300.
253 Zit. nach ebd., S. 301.
254 Fisch, Jörg: „Zivilisation, Kultur", in: *Geschichtliche Grundbegriffe. Historisches Lexikon zur politisch-sozialen Sprache in Deutschland*, hrsg. v. Otto Brunner/Werner Conze/Reinhart Koselleck, Bd. 7. Stuttgart 1992, S. 679–774, S. 726. Wichtig für unseren Zusammenhang ist Kants Gebrauch der Dichotomie von innerlich („moralisirt") und äußerlich („äußere Anständigkeit"). Im Gesamtkontext seiner Schriften besteht allerdings in Bezug auf die Bewertung „zwischen ‚Kultur' und ‚Zivilisation' kein eindeutiges Verhältnis." Ebd., S. 726f.
255 Ebd., S. 729. „Damit waren spätestens um 1835 die Elemente für eine scharfe Differenzierung zwischen ‚Kultur' und ‚Zivilisation' im Deutschen bereitgestellt. Das allgemeine Bewußtsein dürfte aber weit von einem solchen Gegensatz entfernt gewesen sein und keine deutlichen Unterschiede zwischen den beiden Begriffen gemacht haben." Ebd., S. 730.

liches" darstelle.[256] Noch vor Pestalozzi unterschied der Altertums-
wissenschaftler Friedrich August Wolf „'jene höhere Cultur, die geistige oder literarische'" von der „niedrigen, auf Überlebenszwecke
bezogenen Zivilisation."[257] Wolfs Differenzierung hatte allerdings
ebenso wenig unmittelbare Strahlkraft auf den wissenschaftlichen
und öffentlichen Diskurs wie später Pestalozzis.

Antithetische Setzungen lassen sich im Übrigen noch vor der
Übernahme der Worte ‚Kultur' (um 1760) und ‚Zivilisation' (um
1775) in den deutschen Sprachgebrauch nachweisen. So heißt es bei
Isaac Iselin in *Über die Geschichte der Menschheit* (1770) über den in
„Barbarey" versunkenen europäischen Menschen des 16. Jahrhunderts: „Aber der Mensch soll nicht gebändigt, er soll gebessert; er
soll nicht durch einen ä u s s e r l i c h e n Z w a n g, er soll durch die
i n n e r l i c h e M i l d e seiner Seele gut werden."[258] Neben den dichotomischen Setzungen findet sich schon früh ein weiteres
Grundmotiv, das insbesondere für die Auffassungen Spenglers und
Berdjaevs konstitutiv werden sollte: das „Problem der Degeneration, die durch die Zivilisierung bewirkt wird".[259] Es tauchte bereits in
den Erstbelegen des Attributs ‚civilisirt' auf. So fragte sich Gottfried
Wilhelm Leibniz (1683) in einer Stellungnahme zum Rückzug der
kaiserlichen Hauptarmee in Ungarn gegen die Türken, ob der militärische Rückschlag nicht dadurch verursacht worden sei, dass die
Türken „mehrenteils harter arbeit und geringer kost mehr gewohnt,
und wie alle Barbaren, den civilisirten völckern an leibesstärke [...]
und sonst in allem dem, so auf die that ankommt ... an übung und
geschicklichkeit überlegen" seien.[260]

Wie erklärt sich nun aber dieses Phänomen, dass im Deutschen
von Anfang an der antithetische Gebrauch von Kultur und Zivilisati-

---

256 Buchenau, Artur: „Kultur und Zivilisation" (1924), in: *Festschrift für Paul
    Natorp*, zit. nach Pflaum, „Kultur-Zivilisations-Antithese", S. 303. Buchenau be-
    zieht sich auf Pestalozzis geistiges Testament *An die Unschuld, den Ernst und
    den Edelmuth meines Vaterlandes* (1815).
257 Fisch, „Zivilisation, Kultur", S. 728.
258 Zit. nach Pflaum, „Kultur-Zivilisations-Antithese", S. 295.
259 Pflaum, Michael: *Geschichte des Wortes „Zivilisation"*. München 1961, S. 21.
260 Zit. nach ebd., S. 21.

on, wenn auch nicht dominierte, so doch gleichwohl vorhanden war? Pflaum macht in der Nachfolge Elias' die „besondere Denkart und Psyche des deutschen Menschen" verantwortlich.[261] Elias selbst begründete sehr suggestiv den positiven deutschen Kulturbegriff und die deutsche Zivilisationsskepsis mit der sozialen Oppositionshaltung des politisch ohnmächtigen, gebildeten deutschen Bürgertums gegenüber der Etikette des französischen beziehungsweise französierten deutschen Adels.[262] Natürlich existierten bildungsbürgerliche Ressentiments gegen die Oberflächlichkeit, die kühle Berechnung, die vermeintliche Unmoral der Aristokratie – Friedrich Schiller etwa sprach vom „widrigern Anblick der Schlaffheit und einer Depravation des Charakters", den die „civilisirten Klassen" böten.[263] Nur ob sich diese Vorurteile bereits in einem sozial oder gar national aufgeladenen Kultur-Zivilisations-Gegensatz manifestierten, scheint fragwürdig. „[...] Vermutungen, wonach sich in ‚Kultur' eine spezifisch deutsche, in ‚Zivilisation' hingegen eine spezifisch französische (bzw. britische oder amerikanische?) Geisteshaltung oder spezifische soziale Verhältnisse niedergeschlagen hätten, haben in der Empire keine Grundlage und stehen im Widerspruch zur anfänglich weitgehenden inhaltlichen Übereinstimmung der beiden Begriffe."[264]

Nach 1880, nach einem seit Mitte des Jahrhunderts andauernden synonymen Gebrauch von Kultur und Zivilisation[265] kam es – angesichts der negativen Auswirkungen der Industrialisierung, mit denen eine technikgläubige Gesellschaft zu kämpfen hatte – abermals zu einer, nun in den allgemeinen Sprachgebrauch eingehenden Abwertung des Zivilisationsbegriffs. Dazu trugen Philosophen beziehungsweise philosophierende Schriftsteller wie Friedrich Nietzsche,

---

261 Pflaum, „Kultur-Zivilisations-Antithese", S. 295.
262 Elias, Norbert: *Über den Prozeß der Zivilisation*, Bd. 1: Wandlungen des Verhaltens in den weltlichen Oberschichten des Abendlandes. Basel 1939, S. 1–42.
263 Schiller, Friedrich: „Über die ästhetische Erziehung des Menschen" (1793), zit. nach Pflaum, *Geschichte*, S. 34. Siehe dazu auch Eckermann, Johann Peter: *Gespräche mit Goethe in den letzten Jahren seines Lebens*. Berlin/Weimar 1987, S. 602ff (Gespräch v. 28. Oktober 1828).
264 Fisch, „Zivilisation, Kultur", S. 722.
265 Pflaum, „Kultur-Zivilisations-Antithese", S. 307–312.

Rudolf Eucken, Ferdinand Tönnies und Houston Stewart Chamberlain bei.[266] So überführte Tönnies schon 1887 in *Gesellschaft und
Gemeinschaft* die Kultur-Zivilisations-Antithese von einer reinen
Entgegensetzung in ein zeitliches Aufeinanderfolgen, in dem – fast
dreißig Jahre vor Spengler – Zivilisation als depravierte Nachfolge-
rin der Kultur erscheint: „Und da die gesammte Cultur in gesellschaftliche und staatliche C[ivilisation] umgeschlagen ist, so geht in
dieser ihrer verwandelten Gestalt die Cultur selber zu Ende."[267] Im
selben Jahr charakterisierte Friedrich Nietzsche in seiner *Genealogie
der Moral* das „asketische" Lebensideal als Produkt des „Schutz- und
Heil-Instinkte[s] eines degenerirenden Lebens, welches sich mit
allen Mitteln zu halten sucht": Es habe dort mächtig werden können,
„wo die Civilisation und Zähmung des Menschen durchgesetzt wurde". Sein großer Einfluss sei Ausdruck des „physiologische[n] Ringen[s] des Menschen mit dem Tode (genauer: mit dem Überdrusse
am Leben, mit der Ermüdung, mit dem Wunsche nach dem ‚Ende')."[268]

Spätestens mit dem Ersten Weltkrieg und dem Beginn der alliierten Kriegspropaganda unter dem Schlagwort ‚westeuropäische Zivilisation versus deutscher Militarismus' wurde die deutsche Zivilisationskritik nationalistisch zur eigentlichen Antithese im Sinne einer
großen, allerletzten Dezision aufgeladen: *„Kultur* galt nun als das
Deutsche, Wahre, Höhere und Innerliche, wogegen *Zivilisation* als
das   Fremdländische,   Vernünftelnde,   Auflösende,   Politisch-
Kämpferische, d. h. schlechthin Antideutsche betrachtet wurde."[269]
Der „Kulturkrieg", den die „daheimgebliebenen Bildungsbürger"[270]
führten, enthielt neben antipolitischen und antidemokratischen

---

266 Siehe ebd., S. 314–320; Fisch, „Zivilisation, Kultur", S. 746–752 [Kapitel VIII, 1:
    ‚Kultur' und ‚Zivilisation' im Deutschen].

267 Zit. nach Pflaum, *Geschichte*, S. 97.

268 Nietzsche, Friedrich: „Zur Genealogie der Moral. Eine Streitschrift" (1887), in:
    Nietzsche. Werke. Kritische Gesamtausgabe, hrsg. v. Giorgio Colli/Mazzino
    Montinari, 6. Abt., Bd. 2. Berlin 1968, S. 257–430, S. 384. Siehe auch Breuer,
    Fundamentalismus, S. 190.

269 Pflaum, „Kultur-Zivilisations-Antithese", S. 328.

270 Beßlich, Barbara: *Wege in den ‚Kulturkrieg'. Zivilisationskritik in Deutschland
    1890–1914.* Darmstadt 2000, S. 3.

Ressentiments sowohl eine grundsätzlich antiaufklärerische als auch eine antikapitalistische Kritik. Zur Ersteren, der „neoidealistischen" Kritik zählt Beßlich Ernst Troeltschs *Der Geist der deutschen Kultur* (1915): Troeltsch grenzte hier die irrational-romantische „Kultur" der Deutschen von den französischen Begriffen „Zivilisation", „Fortschritt" und „Humanität" ab.[271] Dabei richtete sich der antikapitalistische Affekt der deutschen Zivilisationskritik vor allem gegen England und verband sich darüber hinaus – etwa bei Paul Natorp – mit staatssozialistischen Vorstellungen[272], die auch Spengler 1919 in *Preußentum und Sozialismus* vertreten sollte. Ein Repräsentant par excellence dieser Richtung war der Nationalökonom Werner Sombart mit seiner antienglischen Denunziationsschrift *Händler und Helden* (1915), in der die Rollen im „Kampf um die Vorherrschaft" erwartungsgemäß verteilt waren:

„Das haben am deutlichsten unsere Gegner erkannt, als sie der Welt verkündeten: was im Kampf miteinander liege, seien: die ‚westeuropäischen Zivilisationen', ‚die Ideen von 1789' und der deutsche ‚Militarismus', das deutsche ‚Barbarentum'. In der Tat ist hier instinktiv der tiefste Gegensatz richtig ausgesprochen. Ich möchte ihn nur ein wenig anders fassen, wenn ich sage: was im Kampfe steht, sind der H ä n d l e r und der H e l d, sind die händlerische und heldische Weltanschauung [...].

[...]

Nicht auf Eroberung der Welt ziehen wir aus. Habt keine Angst, ihr lieben Nachbarn: verschlingen werden wir euch nicht. Was sollen wir mit diesem unverdaulichen Bissen im Magen? Und halb zivilisierte oder Naturvölker zu erobern, um sie mit deutschem Geist zu erfüllen, danach steht unser Begehr auch nicht. Eine solche ‚Germanisierung' ist gar nicht möglich. Der Engländer kann in diesem Sinne allenfalls kolonisieren und fremde Völker mit seinem Geist erfüllen. Er hat ja keinen. Es sei denn der Krämergeist. Zu einem solchen Händler kann ich jeden beliebigen Menschen machen, und englische Zivilisation verbreiten, ist kein Kunststück. Das den Engländern nachgerühmte, große ‚Kolonisationstalent' ist nichts als ein Ausdruck ihrer geistigen Armut. Deutsche Kultur aber andern Völkern einzupflanzen: wer möch-

---

271 Ebd., S. 9; s. auch Pflaum, „Kultur-Zivilisations-Antithese", S. 333.
272 Beßlich, *Kulturkrieg*, S. 10f.

te sich des unterfangen? Heldentum kann man nicht wie Gasleitungen an jede beliebige Stelle der Erde verlegen."[273]

Im Übrigen lieferte Sombarts Schrift „einen geradezu klassischen Katalog antisemitischer Stereotype, die aber in der Situation des Weltkriegs auf das Feindbild England projiziert" wurden.[274]

Gegenstück zur antienglischen Zivilisationskritik der deutschen ‚Kulturwelt' waren die zahllosen russophoben Ausfälle, die den Kriegsgegner zu einer „Horde von Asiaten" stempelten und den Kriegseintritt Russlands mit dem „Haß jener mit einem dünnen Kulturfirnis bedeckten Halb- und Ganzasiaten gegen den [deutschen – S. P.] Lehrmeister" begründeten.[275]

Thomas Manns Russophilie taten solche Entgleisungen keinen Abbruch: Weil seine begeisterte Rezeption des russischen messianischen Gedankens noch von Bedeutung sein wird,[276] und weil er sich mit wortgewaltiger Häme und nahezu hysterischer Hingabe der Zementierung des Kultur-Zivilisations-Gegensatzes verschrieben hatte, soll Thomas Mann aus seinen *Gedanken im Kriege* (1914) ausführlicher zitiert werden. Diese kleine Schrift enthält das gesamte Spektrum der deutschen Zivilisationskritik jener Jahre. Dabei hypostasierte Mann die Antithese von Zivilisation und Kultur zu einer der „vielfältigen Erscheinungsformen des ewigen Weltgegensatzes [...] von Geist und Natur"[277]:

> „Eines ist wahr: Die Deutschen sind bei weitem nicht so verliebt in das Wort ‚Zivilisation' wie die westlichen Nachbarnationen; sie pflegen weder französisch-renommistisch damit herumzufuchteln noch sich seiner auf englischbigotte Art zu bedienen. Sie haben ‚Kultur' als Wort und Begriff immer vor-

---

273 Sombart, Werner: *Händler und Helden*. München/Leipzig 1915, S. 4, 143f.
274 Beßlich, *Kulturkrieg*, S. 15.
275 Bauer, Max: „Einleitung" (1917) zu der zuerst 1809 erschienenen Sammlung *Russische Günstlinge* von Gustav Adolph Wilhelm von Helbig, zit. nach Kopelew, „Vorabend", S. 67.
276 Siehe dazu etwa Bluhm, Harald: „Dostojewski[-] und Tolstoi-Rezeption auf dem ‚semantischen Sonderweg'. Kultur und Zivilisation in deutschen Rezeptionsmustern Anfang des 20. Jahrhunderts", in: *Politische Vierteljahresschrift* 40, 1999, S. 305–327.
277 Mann, Thomas: „Gedanken im Kriege", in: Mann, Thomas: *Aufsätze, Reden, Essays*, Bd. 2: 1914–1918. Berlin 1983, S. 11–29, S. 11.

gezogen – warum doch? Weil dieses Wort rein menschlichen Inhaltes ist, während wir beim anderen einen politischen Einschlag und Anklang spüren, der uns ernüchtert, der es uns zwar als wichtig und ehrenwert, aber nun einmal nicht als ersten Ranges erscheinen lässt; weil dieses innerlichste Volk, dies Volk der Metaphysik, der Pädagogik und der Musik ein nicht politisch, sondern *moralisch* orientiertes Volk ist. So hat es sich im politischen Fortschritt zu Demokratie, zur parlamentarischen Regierungsform oder gar zum Republikanismus zögernder und uninteressierter gezeigt als andere – woraus man schließen zu müssen, zu dürfen geglaubt hat [...], dass diese Deutschen ein exemplarisch unrevolutionäres Volk [...] seien ... Warum nicht gar! Als ob nicht Luther und Kant die Französische Revolution zum mindesten aufwögen. Als ob nicht die Emanzipation des Individuums vor Gott und die Kritik der reinen Vernunft ein weit radikalerer Umsturz gewesen wäre als die Proklamierung der ‚Menschenrechte'."[278]

Euphorisch begrüßte Mann die ‚Befreiung' Deutschlands von einer vormals „[g]räßliche[n] Welt, die nun nicht mehr ist", und trieb mit seinem Jubel über die Zerstörung der alten Ordnung die Kultur-Zivilisations-Antithese auf die Spitze: „Wimmelte sie nicht von dem Ungeziefer des Geistes wie von Maden? Gor und stank sie nicht von den Zersetzungsstoffen der Zivilisation?"[279]

1.4.2 Russland: Russland versus Europa

Die Darstellung einer russischen Denktradition, die den Begriff der Zivilisation zum Gegenstand ihrer Kritik hat oder gar den Gegensatz von Kultur und Zivilisation kennt, gestaltet sich im Vergleich zur deutschen Tradition ungleich schwieriger, da hierzu keine systematischen Untersuchungen vorliegen. Zwar verwies Vassilij Zen'kovskij, der Verfasser einer zweibändigen *Geschichte der russischen Philosophie* (1948–1950), auf den Gebrauch der Kultur-Zivilisations-Antithese bei Vladimir Ėrn und bei Berdjaev (in *Der Sinn des Schaffens* von 1916) – zwei Jahre vor Spengler –, unterließ

---

278 Ebd., S. 21f.
279 Ebd., S. 16f. Vgl. Golec, Janusz: *Zivilisationsbegeisterung und Zivilisationskritik im deutschen Expressionismus.* Lublin 1993, S. 43ff.

jedoch eine generelle Einordnung dieses Gedankens in die russische Geistesgeschichte.[280]

Bis Mitte des 19. Jahrhunderts wurde der russische Begriff *prosveščenie* in der Bedeutung von ‚Aufklärung', ‚Zivilisation', ‚Bildung' und ‚Kultur' verwendet. Um die Mitte des 19. Jahrhunderts verlor *prosveščenie* seine Bedeutung an den Begriff *kul'tura*, wobei gleichzeitig eine Abgrenzung der ‚Kultur' von der ‚Zivilisation' erfolgte.[281] Laut Städtke scheint die „Differenzierung der Begriffe von Zivilisation und Kultur" wenig später „vollzogen" worden zu sein, wenn im Dal'-Wörterbuch der sechziger Jahre Kultur als „geistige und sittliche Bildung" aufgefasst, Zivilisation dagegen nur nach ihrer äußerlich-formalen Seite als staatsbürgerliches Zusammenleben interpretiert wurde, dem das „Bekenntnis zu den Rechten und Pflichten des Menschen und Staatsbürgers" zugrunde liege.[282] Bezeichnenderweise orientierte sich das russische *Enzyklopädische Wörterbuch* von 1896 stark am deutschen Kultur- und Zivilisationsbegriff:

> „In diesem Sinne unterscheidet man bei Kultur die materielle [...], geistige [...] und gesellschaftliche. Doch wenn man von Kultur im engeren Sinne spricht und nicht klar bezeichnet, um welche Kultur es sich handelt, so versteht man unter Kultur gewöhnlich geistige Kultur: das ist die Kultur par excellence. [...] Der Gebrauch des Terminus wurde von uns aus der deutschen wissenschaftlichen Literatur übernommen; bei Engländern und Franzosen gebraucht man anstelle des Wortes Kultur das Wort Zivilisation".[283]

Unter dem Stichwort Zivilisation – dem volle sieben Seiten gewidmet sind – wird Petr Lavrov aufgeführt, der in einer Reihe von Artikeln den Versuch unternommen habe, Kultur von Zivilisation zu un-

---

280 Zen'kovskij, Vassilij V.: *Russkie mysliteli i Evropa. Kritika evropejskoj kul'tury u russkich myslitelej* [Russische Denker und Europa. Die Kritik der europäischen Kultur bei russischen Denkern]. Paris 1955, S. 264.

281 Städtke, Klaus: „Kultur und Zivilisation. Zur Geschichte des Kulturbegriffs in Rußland", in: Ebert, Christa: *Kulturauffassungen in der literarischen Welt Rußlands. Kontinuitäten und Wandlungen im 20. Jahrhundert.* Berlin 1995, S. 18–46, hier S. 25–29.

282 Zit. nach Städtke, „Kultur und Zivilisation", S. 29.

283 *Ènciklopedičeskij slovar'* [Enzyklopädisches Wörterbuch], hrsg. v. F. A. Brokgauz / I. A. Efron, Bd. 17. St. Petersburg 1896, S. 6.

terscheiden. Allerdings hatte Lavrov keinen wertenden Gegensatz von Kultur und Zivilisation konstruiert, sondern verstand unter Kultur schlicht ein an die Persönlichkeit des Menschen geknüpftes „Element", das in „jeglicher menschlichen Zivilisation" enthalten sei.[284] Schließlich verzeichnete die siebente Auflage des bereits unter sowjetischer Ägide herausgegebenen *Enzyklopädischen Wörterbuchs* lapidar in zwanzig Zeilen, dass „der Terminus Zivilisation in der letzten Zeit (s. Spengler) dem Terminus *Kultur* entgegengesetzt wird wie ein passiver, statischer Begriff einem aktiven, dynamischen Begriff."[285]

Wenngleich die russische Zivilisationskritik die strenge begriffliche Trennung zwischen Zivilisation und Kultur also nicht in dem Maße ausgeprägt hat wie die deutsche Tradition, so lassen sich gut *inhaltliche* Parallelen aufzeigen. Denn die Chiffre Zivilisation – Kultur steht ja auch im Deutschen für die immer gleichen dichotomischen Setzungen: Äußerlichkeit und Innerlichkeit, Schein und Sein, Geist und Seele, Politik und Moral. Auch das russische zivilisationskritische Denken wird von diesen Dichotomien bestimmt und hat als oberste Chiffre das Gegensatzpaar Europa und Russland ausgeprägt. So formulierte Petr Čaadaev in seinem 1836 auf Russisch erschienenen *Ersten Philosophischen Brief*[286] „erstmals Topoi russischer Zivilisationskritik" (Kissel). Zwar charakterisierte Čaadaev im

---

284 *Ènciklopedičeskij slovar'*, hrsg. v. F. A. Brokgauz/I. A. Efron, Bd. 38. St. Petersburg 1903, S. 145.

285 *Ènciklopedičeskij slovar' russkogo bibliografičeskogo instituta Granat* [Enzyklopädisches Wörterbuch des russischen bibliographischen Instituts „Granat"]. Moskau o. J. (7. Aufl.), S. 408. Die *Große sowjetische Enzyklopädie* von 1937 verwischt den Kultur Zivilisations-Unterschied wieder: Sie enthält keinen Eintrag unter dem Stichwort ‚Zivilisation', sondern verhandelt unter ‚Kultur' den Gegensatz von äußerer und innerer Kultur in der „bürgerlichen Epoche". *Bol'šaja sovetskaja ènciklopedija*, Bd. 35. Moskau 1937, S. 468.

286 *Der Erste Philosophische Brief* Petr Čaadaevs gilt als Auslöser der Westler-Slavophilen-Kontroverse. Er übte „einen tiefen, bis heute anhaltenden Einfluss auf die russische Philosophie aus". Kissel, Wolfgang: „Die Anfänge einer Zivilisationskritik in Osteuropa: Čaadaev – Mickiewicz – Puškin", in: Krasnodebski, Zdzislaw / Garsztecki, Stefan: *Sendung und Dichtung. Adam Mickiewicz in Europa*. Hamburg 2002, S. 59–82, S. 66. Tschaadajew, Peter: „Philosophische Briefe. Erster Brief" (verf. 1829), in: Tschaadajew, Peter: *Apologie eines Wahnsinnigen. Geschichtsphilosophische Schriften*. Leipzig 1992, S. 5–29.

Stil des Aufklärers Russland als „einzigartige Zivilisation" zwischen
Orient und Okzident, die von der „allgemeinen Erziehung des Men-
schengeschlechts" unberührt geblieben sei. Jedoch erblickte er in
der Rückständigkeit Russlands die Chance auf eine „synkretistische
russische Zivilisation der Zukunft", in der Vernunft und Einbildungskraft, Ratio und Gefühl zum Ausgleich gebracht würden.[287]

Im Jahr der russischen Veröffentlichung des ersten Čaadaev-
Briefes nutzte Aleksandr Puškin – unter dem nachhaltigen Eindruck
seiner Tocqueville-Lektüre – die fiktiven Memoiren eines weißen
Amerikaners zur Kritik am europäisch-amerikanischen Zivilisati-
onsmodell. Unter den Bedingungen der russischen Zensur in jenen
Jahren kann diese Kritik dabei als „vorsichtig maskiertes Russland-
Bild" gelesen werden. So sieht Puškin angesichts des Vernichtungs-
feldzuges der europäisch-amerikanischen Zivilisation gegen die
„nordamerikanischen Wilden" die humanistischen Versprechen jener Zivilisation – „Verbesserung und Vervollkommnung des Men-
schengeschlechtes, universelle Pazifizierung" – grundsätzlich in
Frage gestellt. [288] Der Erste allerdings, der im Duktus der Gegenaufklärung die russische und die europäische Zivilisation in radikalen
Gegensatz zueinander brachte, war einer der Urväter der Slavophilen – Ivan Kireevskij – in seiner programmatischen Schrift *Über den
Charakter der Bildung Europas und ihr Verhältnis zur Bildung Russlands* (1852). Sie enthält über viele Seiten die liturgisch anmutende
Wiederholung dichotomischer Setzungen:

> „Dort [im Westen – S. P.] Spaltung der Kräfte des Verstandes, – hier [in Russ-
> land – S. P.] Streben nach ihrer lebendigen Vereinigung. [...] Dort der Staat
> aus der Gewalt der Eroberung, – hier aus der natürlichen Entwicklung des
> Daseins des Volkes. Dort feindliche Abgrenzung der Stände, – im alten Ruß-
> land ihre einträchtige Gemeinschaft bei natürlicher Mannigfaltigkeit. [...]
> Dort vollenden sich Besserungen stets durch gewaltsame Veränderungen, –
> hier durch geordnetes natürliches Wachstum. Dort Unruhe des Parteigeis-
> tes, – hier Unerschütterlichkeit der Grundüberzeugung. Dort Laune der Mo-
> de, – hier Beständigkeit des Daseins. [...] Mit einem Wort: dort Spaltung des

---

287 Kissel, „Zivilisationskritik", S. 65f. Siehe auch Städtke, „Kultur und Zivilisation",
   S. 23–26.
288 Kissel, „Zivilisationskritik", S. 76–79.

Geistes, Spaltung der Gedanken, Spaltung der Wissenschaften, Spaltung des Staates, Spaltung der Stände, Spaltung der Gesellschaft, Spaltung der familiären Rechte und Pflichten, Spaltung des moralischen und innerlichen Zustandes, Spaltung aller Gemeinschaften und aller einzelnen Formen des gesellschaftlichen und privaten, kontemplativen und weltlichen, künstlerischen und moralischen Daseins.[289]

Die Elemente der westlichen Zivilisation versuchte Kireevskij „durch eine allgemeine Formel" auszudrücken und glaubte sagen zu können,

„dass die auszeichnende Verfassung des römischen Geistes in einem Übergewicht der äußerlich verstandesmäßigen über die innere Wesenserkenntnis der Dinge bestanden habe. Diesen Charakter bekundet in der Tat das öffentliche wie das private Leben in Rom, das mit logischer Konsequenz und ohne Reue die natürlichen und sittlichen Beziehungen der Menschen untereinander verdarb, gemäß den Buchstaben eines zufällig zustande gekommenen Gesetzes.

[...]

In Westeuropa suchte man durch Vervollkommnung der äußeren Errungenschaften der Zivilisation die Schwere der inneren Mängel zu vermindern. Der Russe war bestrebt, durch innere Erhebung über die materiellen Bedürfnisse der äußeren Not zu entgehen. [...] Übrigens, wenn auch der Luxus auf dem Wege der Ansteckung in Rußland eindringen konnte, so hätte der künstliche Komfort mit seiner [...] Verweichlichung sich hier ebenso wenig jemals einbürgern können wie eine künstliche Planmäßigkeit der Lebensführung oder eine kraftlose Schwärmerei des Gemüts, denn alles dieses steht in direktem und klarem Widerspruch zu dem herrschenden Geist der russischen Kultur."[290]

Wie in der deutschen Zivilisationskritik war also auch bei Kireevskij der Westen durch ein Abnehmen der Lebenskraft, durch überfeinerte, an der Oberfläche verharrende und durchrationalisierte Sozial-

---

289 Kireevskij, Ivan: „Über den Charakter der Aufklärung Europas und über deren Beziehungen zur Aufklärung Rußlands" [Auszug], in: Winkler, Martin: *Slavische Geisteswelt. Rußland.* Darmstadt/Genf 1955, S. 201–207. Siehe auch Städtke, „Kultur und Zivilisation", S. 26–29.

290 Kirejewski, [Ivan]: *Rußlands Kritik an Europa.* Stuttgart 1923, S. 43, 83. Kireevskijs Gegenüberstellung von „materieller Zivilisation" und „geistiger Kultur" verhandelt auf einer allgemeineren Ebene den Gegensatz zwischen europäisiertem russischen Adel und einfachem russischen Volk. Vgl. Städtke, „Kultur und Zivilisation", S. 30.

beziehungen gekennzeichnet. Gegen dessen Verlockungen, die wie die Vorboten der ‚Krankheit zum Tode' gezeichnet sind, schien allein das ‚unverdorbene' Volk der Russen immun zu sein. Die Behauptung der Dekadenz und ‚Fäulnis' findet sich tatsächlich bei nahezu allen Slavophilen und ihren Epigonen. Selbst Alexander Herzen, in jungen Jahren glühender Anhänger des westeuropäischen revolutionären Fortschrittsmodells, beschäftigte sich in späteren Jahren mit der Verfalls-These, die er mit dem zivilisationskritischen Topos von der großen Parallele verband, der Parallelisierung des ‚Untergangs' des Römischen Reiches mit dem Zustand der gegenwärtigen europäischen Gesellschaft.[291] Auch Herzen verwendete dabei den Zivilisationsbegriff, jedoch ohne wertende Gegenüberstellung. Ein bekennender Europafeind war dagegen der Mitherausgeber des panslavistischen *Moskauer Boten*, der Geschichts- und Literaturprofessor Stepan Ševyrev, der in seinen Vorlesungen seine Lehre vom „verfaulten Westen", von dessen „verwesendem Kadaver" und dessen „giftigen Miasmen" mit steigender Radikalität vortrug. Ševyrev begründete seinen Hass auf den Westen „mit der Behauptung, dass diese Zivilisation an ‚einer ansteckenden Krankheit' leide, die auch Russland befallen könne, falls es den Kontakt mit dem kranken Organismus nicht strengstens meide." Denn

„es handle sich bei Westeuropa [...] nicht um eine nachträgliche ‚Erkrankung', sondern um eine schon in ihrer Anlage von Anbeginn an verkehrte, verfehlte, krankhafte Kultur. Dieser Kultur fehlte seit jeher ein klares, alles durchwaltendes Prinzip; sie sei ein widerspruchsvolles Produkt von unvereinbaren Elementen, eine wirre Mischung aus allen vorangegangenen wesensfremden Zivilisationen der Welt, ein schwer belasteter Erbe derselben; von keinem einheitlichen und durchgreifenden geistigen Prinzip geleitet, habe Europa seine Gesellschaftsordnung auf Gewalt, Eroberung und Usurpation gebaut. In Rußland dagegen sei alles das einfache und logische Ergebnis eines einzigen erhabenen Prinzips: des religiösen. Eben deshalb besitze es,

---

291 Herzen, Alexander I.: „Vor dem Gewitter (Ein Gespräch an Deck)", aus: „Vom andern Ufer" [Artikelserie], in: Herzen, Alexander I.: *Ausgewählte Schriften.* Moskau 1949, S. 363–385, S. 375; s. dazu Groh, *Rußland,* S. 207f.

im Gegensatz zum Westen, den Vorteil einer wirklichen politischen und sozialen ‚Gesundheit'".[292]

Der Publizist und Literaturkritiker Nikolaj Strachov ging in seinen Überlegungen noch weiter, indem er in Nachahmung der oft mit Spenglers „Morphologie" verglichenen[293] „Kulturtypenlehre" Nikolaj Danilevskijs das innere Absterben der europäischen Zivilisation diagnostizierte. Zwar „hätte in Russland [...] die noch chaotische Zivilisationsform [...] den Anschein einer barbarischen Staatsverfassung, in Wahrheit aber sei keimhaft [...] bereits die Entwicklung zu einer die westeuropäische ablösenden und sie überschreitenden Bildungsstufe angelegt".[294] Die Vorstellung, dass die Führung in der Welt – angesichts des Zustandes der überlebten europäischen Nationen – notwendig an Russland übergehe, motivierte Strachov vermutlich zum Verfassen des Vorwortes für Danilevskijs *Russland und Europa* (1869) und zur Propagierung dieses Buches, das im Kern schlicht eine Legitimationsschrift für panslavistische Großmachtbestrebungen war.[295]

Wie Danilevskij verwendete auch sein Bewunderer Konstantin Leont'ev die Begriffe Kultur und Zivilisation synonym. Als Symptom für die baldige Auflösung Europas und dessen Marginalisierung zu Provinzen einer künftigen „neuen Republik" galt diesem das Auftauchen des „mediokeren Menschen", des „stillen Bourgeois" „unter Millionen ebensolcher mediokeren Menschen". Ein gleichförmiger, demokratisch verfasster Staat als Produkt eines zu Ende gedachten „egalitär-liberalen Prozesses" bedeutete für Leont'ev schlechthin

---

292 Schelting, *Rußland und Europa* (Uhlig), S. 107f.

293 Siehe dazu etwa Meyer, H., „Spengler Vorläufer", S. 33–45; Müller, G., „Panslawismus", S. 340–382.

294 Siehe Fleischhauer, Ingeborg: *Philosophische Aufklärung in Rußland. Rationaler Impuls und mystischer Umbruch: N. N. Strachov.* Rom 1977, S. 198f.

295 Danilewsky, Nikolaj J.: *Rußland und Europa. Eine Untersuchung über die kulturellen und politischen Beziehungen der slawischen zur germanisch-romanischen Welt.* Stuttgart 1920. Auszüge in: Goerdt, Wilhelm: *Russische Philosophie. Texte.* Freiburg/München 1989, S. 192–226.

das Ende jeglicher Entwicklung.[296] Seine Verachtung für den Bürger, den „letzten Menschen", für „'das Glück der Meisten'" gemahnt an Nietzsche, der seine ästhetizistische Zivilisationskritik allerdings um einiges später formulierte.

Vladimir Ern, „überzeugter Gegner"[297] des deutschen Idealismus und wie Berdjaev Mitglied der *Religiös-philosophischen Gesellschaft* hatte offensichtlich als Erster die Antithese von Kultur und Zivilisation ins Russische eingeführt. In seinem antirationalistischen Manifest *Kampf um den Logos* (1911) ging Ern von einer qualitativen Unterscheidung der Begriffe Kultur und Zivilisation aus. Allerdings ordnete er sie nicht zeitlich als aufeinander folgende kulturelle Stadien – wie Spengler –, sondern beschrieb sie im klassischen Modus der deutschen Zivilisationskritik als einander widersprechende, miteinander im Kampf liegende Prinzipien der neueren europäischen Geschichte.

> „Im großen Gang der europäischen Geschichte sind bis auf den heutigen Tag zwei Ströme sichtbar. Einer, der tiefere, grundlegende und unterirdische, der sich aus den großen Traditionen der Vergangenheit speist, setzt ohne Unterbrechungen die Linie der allgemeinen Kultur fort. Zu ihr gehören vor allem die Kunst, die Mystik, der Katholizismus. Zu ihr gehört auch alles *Genialische* im Denken, in Wort und Tat, welches in der neuen europäischen Geschichte auftritt. [...]

> Der zweite Strom, wenngleich auch er einige Quellen im Vergangenen hat, ist charakteristisch für die Neue Zeit. Er verbreitert sich und wächst, und sein Lärm [...] droht schließlich das Gefühl für den ersten Strom in der modernen Menschheit zu übertönen. Das ist keine Kultur mehr, sondern *Zivilisation*. Viele verwechseln diese Worte. Aber nichts ist der Kultur feindlicher gesonnen als die Zivilisation.

> Zivilisation ist die *Kehrseite* der Kultur. Kultur, als Metier der Heroen [*polubogov*], ist für die Mehrheit als Nahrung nicht geeignet. Die uneingeweihte Menge [*Vulgus profanum*] ist immer bedürftig. Die Kultur ist nicht bedürftig,

---

296 Leont'ev, Konstantin: „Vizantizm i slavjanstvo" (1875) [Byzantinismus und Slaventum], in: *Izbrannoe* [Ausgewählte Schriften]. Moskau 1993, S. 19–118, hier vor allem S. 68–118.

297 Fedor Stepun in seinen Erinnerungen, zit. nach Stäglich, Dieter: *Vladimir F. Ern (1882–1917). Sein philosophisches und publizistisches Werk. Ein Beitrag zur russischen Geistesgeschichte des beginnenden 20. Jahrhunderts.* Bonn 1967, S. 18.

sondern kampflustig. Kultur als etwas Schöpferisches ist ansteckend. Zivilisation wird *mechanisch* weitergegeben. Zivilisation ist nicht ansteckend – sie wird *eingeflößt*. Zivilisation ist *vergegenständlichter Rationalismus*. Technik und Industrie, maschinelle Produktion auf allen Gebieten sind vom Rationalismus als *historische* [...] *Kraft* hervorgebracht worden. [...] Das, was der Rationalismus als philosophisches System mit den Köpfen macht, richtet jedes beliebige Erzeugnis der maschinell-seelenlosen Produktion mit dem natürlichen Lebensraum an, und mit den Menschen, die darin leben.

[...]

Die Kultur gerät in eine tragische Lage angesichts des Anwachsens und der Erfolge der Zivilisation.[298]

Die Lösung, um dem allgemeinen „mechanischen Tempo", dem Siegeszug der Zivilisation zu begegnen, lag für Ėrn wie für Berdjaev in der Hoffnung auf eine reinigende Katastrophe.[299] Anlass bot der drei Jahre später ausbrechende Erste Weltkrieg: Ähnlich wie in Deutschland wurden mit Kriegsausbruch auch in Russland die antieuropäischen Töne schriller. So veranlassten die Nachrichten vom Krieg den liberalen Publizisten Grigorij Landau in seiner *Dämmerung Europas* (Dezember 1914) zu weitschweifigen Erörterungen über die vom Schicksal bereits gezeichnete europäische Kultur, deren Verfallsprozess bereits vor dem Krieg begonnen habe. Landau gebrauchte den Begriff von der *einseitigen* westeuropäischen Kultur, in der das Äußerliche, das Materielle, das Dingliche, die Technik triumphieren würden.[300] Auch Sergij Bulgakov, der in dem *Wegzeichen*-Nachfolgeband *De profundis* (1918) seine Kritik an der russischen Intelligencija fortschrieb, verknüpfte diese mit einer allgemeinen Zivilisationskritik. So stünden sich – im Zeichen der Krise der europäischen Kultur – der Intellektualismus der *intelligentščina*, worunter die revolutionäre russische Intelligencija zu fassen sei, und die „geistige Kultur" der wahren Intelligencija gegenüber, zu

298 Ėrn, Vladimir F.: „Bor'ba za Logos" [Kampf um den Logos], in: Ėrn, Vladimir F.: *Sočinenija* [Werke]. Moskau 1991, S. 9–294, S. 283ff.
299 Ebd., S. 285–294; s. Stäglich, *Ern*, S. 115–119.
300 Landau, Grigorij: *Sumerki Evropy* [Dämmerung Europas]. Berlin 1923, S. 17, 33.

der Bulgakov neben Vladimir Solov'ev die postslavophilen Europakritiker Fedor Dostoevskij und Konstantin Leont'ev zählte.[301]

Ein kurioses Zeugnis metapolitischer Bindungen legte die mit starkem antienglischen Affekt verfasste Kriegsschrift *Gegen die Zivilisation* (1918) des Kunstkritikers und zeitweiligen Mitarbeiters im Volkskommissariat für das Erziehungswesen Nikolaj Punin und eines gewissen Evgenij Poletaev ab. Beide Autoren vertreten in diesem knappen Text einen merkwürdig germanophilen Standpunkt und finden sich nur aufgrund der Ironie des Schicksals an der Seite der Feinde Deutschlands wieder. Als Parteigänger der kommunistischen Revolution gelten ihre Sympathien weder den Traditionen der deutschen Sozialdemokratie noch dem deutschen Marxismus, sondern einem antiwestlichen, im Sinne der politischen Romantik anti-aufklärerischen Deutschland – und den Deutschen allgemein, deren Eigenschaften („Tiefe", „Geheimnis" und „Irrationalität") denen der „Slaven" sehr ähnlich seien.[302] Um dieser geistigen Allianz die tagespolitische Brisanz zu nehmen, beeilte sich der Verfasser des Vorwortes, Anatolij Lunačarskij, zu versichern, dass „wir alle das offizielle Deutschland hassen", mit „Ungeduld sein Ende erwarten" und die Autoren „in dieser Beziehung keine Ausnahme bilden".[303] Gleichwohl bedienten sich diese der populären Schlagworte der Kriegspropaganda, denn wie für Thomas Mann und Werner Sombart bestand auch für Poletaev/Punin der Antagonismus zwi-

---

301 Bulgakov, Sergij N.: „Na piru bogov" (1918) [Beim Gastmahl der Götter], in: Bulgakov, Sergij N.: *Sočinenija v dvuch tomach* [Werke in zwei Bänden], Bd. 2. Moskau 1993, S. 564–626, S. 605f. Erst in der Mitschrift eines 1930 gehaltenen Vortrages über *Die dogmatische Begründung der Kultur* taucht die Antithese von Kultur und Zivilisation auf. Bulgakov beschreibt hier den zerstörerischen Einfluss der Zivilisation auf den menschlichen Geist, hofft jedoch darauf, dass sich die „Menschheit von der Sünde der Zivilisation" befreien und das „Leben" zur Kultur [*v kul't-kul'tury*] zurückführen kann. Bulgakov, Sergij N.: „Dogmatičeskoe obosnovanie kul'tury" (1930) [Die dogmatische Begründung der Kultur], in: ebd., S. 637–643, S. 641ff.

302 Poletaev, Evgenij / Punin, Nikolaj: *Protiv Civilizacii* [Gegen die Zivilisation]. St. Petersburg 1918, S. 123.

303 Ebd., S. III. Lunačarskij war zu diesem Zeitpunkt Volkskommissar für das Bildungswesen.

schen Frankreich/England und Deutschland in der Antithese von Zivilisation und Kultur:

> „Zu Beginn des 20. Jahrhunderts prallen diese zwei Welten in einem offenen, erbarmungslosen Kampf aufeinander: eine kollektivistische, aktivistische, heroische Gesellschaft, erfüllt vom Vorgefühl einer künftigen Kultur, und die Welt einer alten, individualistischen, [...] ästhetizistischen Zivilisation. Es ist klar, dass die Fragen, die in diesem Kampf aufgeworfen werden, nicht durch einen formalen Kompromiss gelöst werden können [...].

> Entweder nehmen die Völker die deutschen Losungen an, die der Formel von einer künftigen Kultur am nächsten kommen, oder dieses große Volk geht zugrunde, welches dem Schicksal entgegenging mit einem tiefen Glauben an die künftige Menschheit, mit dem ‚heiligen Hass von siebzig Millionen' auf den Hauptfeind, den Todfeind der Kultur.

> [...]

> An der Geschichte des deutschen Volkes imponiert sogar dem voreingenommenen Blick die besondere naiv-grausame Ganzheitlichkeit, die den tief-theoretischen und religiösen Naturen eigen ist. [...] Grob-ganzheitlich im Erleben, Aufrichtigkeit im Denken, naive Konsequenz in den Handlungen – gerade diese Eigenschaften der germanischen Moral, die die spezifische Mannhaftigkeit dieses *volk*[es] *in waffen* ausmachen, erschrecken die komfortable Weltanschauung des zivilisierten Europäers".[304]

Mit dieser Interpretation des deutschen ‚Volkscharakters' deuteten Poletaev/Punin eine populäre slavophile These positiv um, der sich vor allem Aleksej Chomjakov verschrieben hatte: Dessen kritisches Verhältnis zu den „germanischen" Völkern gründete auf der Annahme, dass die „Germanen" am Beginn ihrer Staatenbildung dem kriegerischen *družina*-Prinzip verpflichtet gewesen seien – im Gegensatz zu den „Slaven", deren Staatlichkeit auf dem *obščina*-, dem friedlichen Gemeinschafts-Prinzip gründe.[305]

Die Begeisterung für das Barbarisch-Elementare findet sich auch bei Aleksandr Blok, der 1919 die „humane Zivilisation" des Westens an ihrem Ende sah und in den „synthetischen Kräften der Revolution" die „Kultur der Zukunft" erblickte. In enger Anlehnung an Nietz-

---

304 Ebd, S. 125, 122 [kursive Passage im Original deutsch].
305 Siehe Kerimov, V. I.: „Filosofija istorii A. S. Chomjakova" [Die Geschichtsphilosophie A. S. Chomjakovs], in: *Voprosy Filosofii* 3, 1988, S. 88–102.

sches *Geburt der Tragödie* (1872) assoziierte Blok mit jener Kultur den „Geist der Musik", den „wilden Chor", der sich gegen die Melodien vom „Wahren, Guten und Schönen" siegreich zur Wehr setzen werde. Bewahrer des „Geistes der Musik" während der Epoche der Zivilisation seien die „barbarischen Massen", das Volk. Im Augenblick sei die Welt in eine Phase der Ablösung der Zivilisation durch eine „Bewegung" getreten, mit der im „Wirbel der geistigen, politischen, sozialen Revolutionen" eine „neue Menschenrasse" geboren werde, der etwas Tierhaftes, ein neuer Antihumanismus, eine „außergewöhnliche Grausamkeit" anhafte.[306]

Mit der Konsolidierung der Sowjetmacht verfestigte sich auch die begriffliche Unterscheidung von Kultur und Zivilisation im Russischen: „In seinen *Briefen über die russische Kultur* (1938) postulierte der Kulturhistoriker Georgij Fedotov, die Kultur sei stets ästhetisch-philosophisch zu begründen, die Zivilisation dagegen beruhe auf wissenschaftlich-technischen Prämissen. Und noch 1957 [sic] bemerkte in diesem Sinne der russische Philosoph und neoslavophile Ideologe Ivan Il'jin, die gesamte zeitgenössische Kultur sei in ihren Grundlagen erschüttert, ihr drohe Verfall und Untergang, denn eine ‚Kultur ohne Herz', die nur materiell, formal, quantitativ und technisch zu produzieren vermag, sei ‚keine Kultur', sondern eine ‚schlechte Zivilisation' [...]."[307]

---

306 Blok, Aleksandr: „Krušenie gumanizma" (1919/21) [Der Zusammenbruch des Humanismus], in: Blok, Aleksandr: *Sobranie sočinenij.* Bd. 6: Prosa 1918–1921. Moskau/Leningrad 1962, S. 93–115. In den Zeilen Bloks klingt das Thema des Traums vom Neuen Menschen an, der mit Hilfe der fortschreitenden Wissenschaft die eigene Sterblichkeit überwindet. Siehe hierzu etwa Groys, Boris / Hagemeister, Michael: *Die Neue Menschheit. Biopolitische Utopien in Russland zu Beginn des 20. Jahrhunderts.* Frankfurt/Main 2005 (Quellensammlung). Zum Zusammenhang zwischen experimenteller biomedizinischer Forschung und literarischer Fiktionalisierung s. Krementsov, Nikolai: *Revolutionary Experiments. The Quest of Immortality in Bolshevik Science.* Oxford 2014.

307 Städtke, „Kultur und Zivilisation", S. 33f. Städtke bezieht sich hier auf Il'ins noch zu seinen Lebzeiten für die Herausgabe vorbereitete, 1957 posthum veröffentlichte Schrift *Put' k očevidnosti* (Il'in starb bereits 1954). Il'in, Ivan A.: *Put' k očevidnosti* [Der Weg zur Evidenz]. Moskau 1993, S. 296. Vgl. Fedotov, Georgij P.: „Pis'ma o russkoj kul'ture" [Briefe zur russischen Kultur], in: Fedotov, Georgij P.: *Sud'ba i grechi Rossii. Izbrannye stat'i po filosofii russkoj istorii i kul'tury*

1.4.3   Kultur und Zivilisation bei Oswald Spengler und Nikolaj Berdjaev

Die grundlegenden Gedanken zur Antithese von Kultur und Zivilisation wurden von Oswald Spengler in den beiden Bänden seines *Untergangs des Abendlandes* formuliert. Der Zeitpunkt des Erscheinens des ersten Bandes – Frühjahr 1918 – konnte günstiger nicht sein. Denn angesichts des alliierten Propagandakrieges, der ja im Namen der Zivilisation geführt wurde, stand der Begriff der Zivilisation in Deutschland verständlicherweise nicht sehr hoch im Kurs. In dieser Situation trieb Spengler den Gegensatz von Kultur und Zivilisation auf die Spitze, erfand ihn neu und variierte ihn mit Hilfe unzähliger historischer Details, die er streng nach den Regeln seiner Kulturmorphologie interpretierte. Wie bereits angedeutet, chronologisierte und hierarchisierte Spengler die beiden Begriffe, indem er sie nicht nur einfach einander gegenüberstellte, sondern in einer Weise ordnete, wodurch das Stadium der Kultur dem der Zivilisation vorangeht. Jegliches „Kulturvolk" unterliege diesen Etappen:

> „Der Untergang des Abendlandes, so betrachtet, bedeutet nichts Geringeres als das *Problem der Zivilisation.* [...]
>
> Denn jede Kultur hat ihre *eigne* Zivilisation. Zum ersten Male werden hier die beiden Worte, die bis jetzt einen unbestimmten Unterschied ethischer Art zu bezeichnen hatten, in periodischem Sinne, als Ausdrücke für ein strenges und notwendiges *organisches Nacheinander* gefaßt. Die Zivilisation ist das unausweichliche *Schicksal* einer Kultur. [...] Zivilisationen sind die *äußersten* und *künstlichsten* Zustände, deren eine höhere Art von Menschen fähig ist. Sie sind ein Abschluß; sie folgen dem Werden als das Gewordene, dem Leben als der Tod, der Entwicklung als die Starrheit, dem Lande und der seelischen Kindheit, wie sie Dorik und Gotik zeigen, als das geistige Greisentum und die steinerne, versteinernde Weltstadt."[308]

Hier sind zwei Aspekte der Kulturmorphologie Spenglers bereits enthalten – die Dekadenz, die als zivilisationskritischer Topos auch Hauptmerkmal der Spengler'schen Zivilisationsthese war und von

---

[Schicksal und Sünden Russlands. Ausgewählte Aufsätze zur Philosophie der russischen Geschichte und Kultur], Bd. 2. St. Petersburg 1992, S. 163–187.
308 UdA, S. 43.

ihm mit Hilfe von Pflanzen-, Menschenalter- oder Jahreszeit-Metaphern veranschaulicht wurde, und eines ihrer Symptome: die „Weltstadt". Sie markierte für Spengler das zivilisatorische Endstadium einer Kultur. Als weitere Merkmale galten ihm der „Rasseverfall", die Irreligiosität des modernen Menschen, sein „Nihilismus", „Intellektualismus" und „Utilitarismus" und das Auftreten neuer politischer Formen wie des Imperialismus und „Cäsarismus". Letztere verknüpfte Spengler mit der Erwartung der ‚neuen Barbaren', die bereits einer neuen, kommenden Kultur angehören sollen. Diesen wesentlichen Kennzeichen der Zivilisation sind wiederum unzählige dichotomisch gesetzte Attribute beigeordnet. So heißt es etwa zum Problem der Weltstadt:

> „Der Übergang von der Kultur zur Zivilisation vollzieht sich in der Antike im 4., im Abendland im 19. Jahrhundert. Von da an fallen die großen geistigen Entscheidungen nicht mehr wie zur Zeit der orphischen Bewegung und der Reformation in der ‚ganzen Welt', in der schließlich kein Dorf ganz unwichtig ist, sondern in drei oder vier Weltstädten, die allen Gehalt der Geschichte in sich aufgesogen haben und denen gegenüber die gesamte Landschaft einer Kultur zum Range der Provinz herabsinkt, die ihrerseits nur noch die Weltstädte mit den Resten ihres höheren Menschentums zu nähren hat. [...] Statt einer Welt eine Stadt, ein Punkt, in dem sich das ganze Leben weiter Länder sammelt, während der Rest verdorrt; statt eines formvollen, mit der Erde verwachsenen Volkes ein neuer Nomade, ein Parasit, der Großstadtbewohner, der reine, traditionslose, in formlos fluktuierender Masse auftretende Tatsachenmensch, irreligiös, intelligent, unfruchtbar, mit einer tiefen Abneigung gegen das Bauerntum (und dessen höchste Form, den Landadel), also ein ungeheurer Schritt zum Anorganischen, zum Ende [...].“[309]

Die Frage des vermeintlichen „Rasseverfalls" und der mit ihm einhergehende „Geburtenrückgang" waren ‚Probleme', die Spengler zum Verfassen einer *Einführung zu einem Aufsatz Richard Korherrs über den Geburtenrückgang* (1927)[310] veranlassten und ihn auch in *Jahre der Entscheidung* und bis zu seinem Tode beschäftigen sollten.

---

309 Ebd., S. 44f. Siehe auch Spengler, *Frühzeit*, S. 483. Zur manifesten Großstadt- und Intellektuellenfeindlichkeit Spenglers s. etwa Bering, Dietz: *Die Intellektuellen. Geschichte eines Schimpfwortes*. Stuttgart 1978, vor allem S. 88–93; s. auch Bergmann, *Agrarromantik*, S. 179–193.
310 Korherr war seit 1940 Leiter der Statistischen Abteilung im SS-Hauptamt sowie „Inspekteur des Reichsführers SS für Statistik". Er wurde von Heinrich Himmler

„[...] Die wachsende Durchgeistigung der Generationsfolge, die in Hochkulturen [und] Weltstädten rapid verschwindet, bedeutet die Abkapselung bis zum Ersticken des Lebens, in der Form der Unfruchtbarkeit. Intelligenz ist ein Ende. ‚Fortschritt' im Sinn des 19. Jahrhunderts ist ein Ende: reich an Worten und Einfällen, arm an Kindern, zuletzt gewaltiger Geist, aber kinderlos. So erlischt die Kultur."[311]

Aus diesen Zeilen spricht eine „diffuse Degenerationsangst"[312], die Spengler mit vielen seiner Zeitgenossen teilte und die von Rassenhygienikern und Propagandisten der Eugenik geschürt wurde, indem man die spezifischen Folgen des Industriezeitalters für den Gesundheitszustand der Menschen verabsolutierte und die „differentielle Geburtenrate" der verschiedenen sozialen Klassen als Ausdruck der „'Selbstausmerzung der Begabteren und besonders der Hochbegabten'" verstand.[313]

Seinen kalten „Tatsachenblick" auf das zivilisatorische Endstadium einer Kultur mochte Spengler in späten, zu seinen Lebzeiten unveröffentlicht gebliebenen Aufzeichnungen wie schon in seinen Briefen nicht mehr länger pflegen. Der Abscheu des Nietzscheaners galt wie so häufig vor allem den „letzten Menschen" der großen Städte:

„Damit wächst die Gemeinheit zur Riesengröße. Tiere und Urmenschen sind nicht gemein. Es gibt keinen Pöbel. Jetzt aber, auf diesen Höhen, zerfällt die Menschheit in Helden und Pack. Die seelischen Möglichkeiten weiten sich nach oben und unten. Damit wachsen Verehrung und Verachtung, Ekel."[314]

Die Assoziationskette aus Großstadt – Intelligenz – Unfruchtbarkeit, die bei Spengler etliche Male auftaucht, sorgte schon bei frühen Eu-

---

1943 mit dem Bericht über die „Endlosung der europäischen Judenfrage" beauftragt, für den er Angaben zur „zahlenmäßigen Erfassung des Judentums und seiner Entwicklung" zusammenstellte: url: http://www.ns-archiv.de/verfolgung/korherr/korherr-lang.php (03.12.2012).

311 Spengler, *Frühzeit*, S. 484; Spengler, Oswald: „Einführung zu einem Aufsatz Richard Korherrs über den Geburtenrückgang", in: Spengler, *Reden und Aufsätze*, S. 135–137.

312 Weingart, Peter / Kroll, Jürgen / Bayertz, Kurt: *Rasse, Blut und Gene. Geschichte der Eugenik und Rassenhygiene in Deutschland*. Frankfurt/Main 1988, S. 32.

313 Ebd., S. 31, 134. Die Autoren zitieren hier Wilhelm Schallmayers *Vererbung und Auslese im Lebenslauf der Völker* (1903).

314 Spengler, *Frühzeit*, S. 486.

genikern wie Alfred Ploetz für Unruhe: Auch Ploetz war die Konzentration von „'Intelligenz und Unternehmungsgeist'" in den Städten aufgefallen und er fürchtete, diese könnten „dort durch größere Sterblichkeit und eine nicht entsprechende Zunahme der Geburten zerrieben" werden.[315]

Die einzige zivilisatorische Erscheinungsform, die Spengler Respekt abnötigte, war die Politik:

> „Härte, römische Härte ist es, was jetzt in der Welt beginnt. Für etwas anderes wird bald kein Raum mehr sein. Kunst ja, aber in Beton und Stahl, Dichtung ja, aber von Männern mit eisernen Nerven und unerbittlichem Tiefblick [...], Politik ja, aber von Staatsmännern und nicht von Weltverbesserern. Alles andere kommt nicht in Betracht."[316]

Mit dem ersehnten Ende des Parlamentarismus imaginierte Spengler ein neues politisches Zeitalter, das mit den Attributen „Imperialismus" und „Cäsarismus" umschrieben ist:

> „Damit ist der Eintritt in das Zeitalter der Riesenkämpfe vollzogen, in dem wir uns heute befinden. Es ist *der Übergang vom Napoleonismus zum Cäsarismus*, eine allgemeine Entwicklungsstufe vom Umfang wenigstens zweier Jahrhunderte, die in allen Kulturen nachzuweisen ist."[317]

Der Imperialismus sei ein so „notwendiges Ergebnis jeder Zivilisation, dass er ein Volk im Nacken packt und in die Herrenrolle stößt, wenn es sie zu spielen sich weigert."[318] Welches Volk Spengler hier im Auge hatte, dürfte nicht schwer zu erraten sein: In der Nachfolge Roms habe Deutschland seine weltgeschichtliche Rolle anzutreten.

Wie schon bei Ern findet sich auch bei Berdjaev noch vor seiner Rezeption der Thesen Spenglers die qualitative Unterscheidung von Kultur und Zivilisation – in seiner 1916 erschienenen Abhandlung *Der Sinn des Schaffens*:

---

315 Weingart/Kroll/Bayertz, *Rasse*, S. 159. Die Autoren zitieren hier Alfred Ploetz'
    Die Tüchtigkeit unserer Rasse und der Schutz der Schwachen (1895).
316 Spengler, „Pessimismus?", S. 79.
317 UdA, S. 1081.
318 Ebd, S. 1089.

„Der Sieg des bourgeoisen Geistes hat im neunzehnten und zwanzigsten Jahrhundert zu einer falschen mechanischen Zivilisation geführt, die jeder echten Kultur tief entgegengesetzt ist. Die mechanische, nivellierende, entpersönlichende und entwertende Zivilisation samt ihrer diabolischen Technik, die doch schon gar zu sehr der schwarzen Magie nahekommt, ist ein Pseudosein, ein schemenhaftes Sein, ein travestiertes Sein. [...] Der innere Mensch geht in ihr [der bourgeoisen Zivilisation – S. P.] zugrunde, statt seiner wird der äußere, automatische Mensch untergeschoben."[319]

Da Berdjaev mit Ėrn bekannt war und beide auch als Vortragende innerhalb der Religiös-philosophischen Gesellschaft auftraten, ist nicht auszuschließen, dass sich Berdjaev, abgesehen vom Einfluss der Kriegspropaganda, Ėrns Kultur-Zivilisations-Antithese zu eigen gemacht hat. Auch in seinen eschatologischen Schlussfolgerungen, mit denen er der Zivilisation und ihren Auswirkungen Sinn zu verleihen suchte, erinnern Berdjaevs Argumente stark an die Ėrns:

„Den positiven Sinn der futuristischen Zivilisation mit ihrem unheimlichen automatischen und mechanischen Leben erblicke ich darin, daß sich in ihr das Schicksal der materiellen Welt, das Ende der Gattung vollzieht. [...] Das ist der tragische Uebergang in den neuen Seinsplan. Es wäre aber niedrig und feige, in Pessimismus zu verfallen. Der menschliche Geist muß auf den Wegen zu seiner Befreiung durch die Maschinisierung, durch die Kreuzigung alles Organischen im Mechanismus hindurchgehen."[320]

Berdjaevs Argumentation liest sich hier wie eine Negativfolie zur revolutionären Euphorie Aleksandr Bloks oder Aleksej Gastevs[321]. War für Berdjaev in jenen Jahren die mechanisierte Zivilisation das notwendige Übel, ohne das eine Rückkehr zur ‚Kultur' nicht möglich schien, galt etwa Gastev eine hochentwickelte Industrie als Voraussetzung für die Erfüllung seines Gesellschaftsideals: So ließ er den

---

319 Berdiajew, *Sinn des Schaffens*, S. 311. Diese Unterscheidung unterlief Berdjaev später wieder, indem er Kultur und Zivilisation in *Das Schicksal Russlands* (1918) zeitweilig wieder synonym verwendete. Berdjaev, Nikolaj: „Konec Evropy" [Das Ende Europas], in: Berdjaev, *Sud'ba Rossii*, S. 117–126, S. 120ff.
320 Berdiajew, *Sinn des Schaffens*, S. 312f, s. auch NMA, S. 131.
321 Gastev, ein heute nahezu vergessener Dichter aus dem Umkreis der Proletkult-Bewegung und Anhänger des französischen Syndikalismus, war nach der Revolution Leiter des Zentralen Instituts für Arbeit (CIT) und mit der Analyse und Organisation von Arbeitsprozessen beschäftigt. Siehe hierzu Hellebust, Rolf: „Aleksei Gastev and the Metallization of the Revolutionary Body", in: *Slavic Review* 56/3, 1997, S. 500–518.

Industriearbeiter in seinem Poem *My rastem iz železa* (*Wir entwachsen dem Eisen*, 1914) mit den ihn umgebenden Maschinen, Hämmern und Öfen verschmelzen und zu einem metallenen Titan anwachsen, in dessen Adern „neues, eisernes Blut" fließt und dessen nunmehr übermenschliche Vitalität ihn ausrufen lässt: „Wir werden siegen!"[322]

Wo Spengler seinen „heroischen Realismus" zur Schau stellte und „römische Härte" angesichts des vermeintlich nahen Endes predigte, begründete Berdjaev seinen Durchhaltewillen mit seinen religiösen Überzeugungen, die ihn als Anhänger echter Kultur ausweisen sollten. Kultur war für Berdjaev demnach sakralen Ursprungs; sie bedeute das Zusammenspiel zweier Prinzipien, des konservativen, der Vergangenheit zugewandten, und des schöpferischen, der Zukunft zugewandten. Im Gegensatz zur Zivilisation, die lediglich „Methoden und Mittel" kenne, verfüge Kultur über „Seele". Die Demokratisierung der eigentlich aristokratischen Kultur, als Folge des bürgerlich-demokratischen Zeitalters, erniedrige Wert und Qualität der Kultur, sie werde billig, nützlich, komfortabel. Kultur gehe dann in Zivilisation über: „Demokratisierung führt unweigerlich zu Zivilisation. Die großen Errungenschaften der Kultur gehören der Vergangenheit und nicht unserem bürgerlich-demokratischen Jahrhundert an, das vor allem an Gleichmacherei interessiert ist."[323]

Um den starken Eindruck zu verwischen, den die Lektüre des *Untergangs des Abendlandes* kurz nach dessen Erscheinen bei ihm hinterlassen hatte, verlegte sich Berdjaev auf die Behauptung, dass die „allerbedeutendsten russischen Denker" „schon längst den Unterschied zwischen dem Typus der Kultur und dem Typus der Zivilisation erkannt" und „dieses Thema in Zusammenhang mit den Wechselbeziehungen Russlands und Europas" gebracht hätten.[324]

---

322 Hellebust, „Gastev", S. 504f.
323 FN, S. 556, 558; s. auch Berdiajew, *Schicksal des Menschen*, S. 87f.
324 SdG, S. 307; Berdjaev, Nikolaj: „Predsmertnye mysli Fausta", in: FTKI, Bd. 1, S. 376–392, S. 385f. Diese Auffassung vertrat auch Jakov Bukšpan, Berdjaevs Co-Autor in *Osval'd Špengler i zakat evropy*. Bukšpan, Ja. M.: „Nepreodolennyj racionalizm" [Der nicht überwundene Rationalismus], in: Berd-

„Die Thesis, dass der ‚Westen faule', bedeutete ja auch, dass die große europäische Kultur abstarb und dass die seelen- und gottlose europäische Zivilisation triumphierte. Chomjakow, Dostojewski und Leontjew bezeugten echte Begeisterung gegenüber der großen Vergangenheit Europas, jenem Lande
‚heiliger Wunder' [...]. Allein das alte Europa ward seiner Vergangenheit untreu, es sagte sich von ihr los. Die religionslose bürgerliche Zivilisation besiegte dort die alte heilige Kultur. Der Kampf Russlands und Europas, des
Ostens und des Westens, erschien als Kampf des Geistes mit dem Ungeiste,
der religiösen Kultur mit der religionslosen Zivilisation."[325]

Diese Auffassung bekräftigte Berdjaev noch einmal in seiner späten
Schrift *Russkaja ideja* (*Die russische Idee*, 1946). Der Hass auf die
Zivilisation, auf eine von Konventionen umstellte, verlogene Welt
eine etwa die „gläubige[...] Jugend" der Nihilisten mit ihrem Erzfeind
Dostoevskij. So wie die Nihilisten die „Lüge idealer Prinzipien" im
Namen der Wahrheit „entlarvten", habe sich Dostoevskij gegen das
Schiller'sche Prinzip vom „Erhabenen und Schönen" im konventio-
nellen Leben der Zivilisation erhoben.[326]

In der strengen unumkehrbaren Abfolge von Kultur und Zivilisation ist Berdjaev Spengler nie konsequent gefolgt, weil er stets von
einer individuellen Alternative zur Zivilisation qua Glauben ausging.
Darüber hinaus hielt er es für ausgeschlossen, dass „geistige Kultur"
vollständig in Zivilisation übergeht und abstirbt, so wie Spengler es
behauptet habe. „[G]eistige Kultur, mag sie auch innerhalb der
Quantitäten umkommen, so überdauert sie und wird bewahrt in den
Qualitäten."[327] Auch am Ende seines Lebens schloss er eine chrono-
logische Abfolge von Kultur und Zivilisation noch einmal explizit aus
und verwies dabei auf russisch-deutsche Gemeinsamkeiten in der
Zivilisationskritik:

„Damit [mit der technisierten Gesellschaft – S. P.] hängt das Problem der Beziehung von Kultur und Zivilisation zusammen, das sich besonders scharf im
russischen und im deutschen Denken stellte. Diese Korrelation darf nicht
chronologisch verstanden werden. Die Tendenz zur Dominanz des Typus Zi-

---

jaev/Bukšpan/Stepun/Frank, *Osval'd Špengler*, S. 73–95, S. 85. Siehe auch RI, S.
133.
325 SdG, S. 307f.
326 RI, S. 131ff.
327 Berdjaev, „Predsmertnye mysli", S. 390.

vilisation über den Typus Kultur zeigte sich immer, bereits in der Antike. Das Thema existierte schon bei den Propheten, den Vorkämpfern gegen den entstehenden Kapitalismus. Kultur ist noch mit dem Natürlich-Organischen verbunden, Zivilisation aber zerreißt diesen Zusammenhang, besessen vom Willen zur Organisation und Rationalisierung des Lebens, vom Willen zu wachsender Macht."[328]

Mit Blick auf die kommenden Kapitel, die in gewisser Weise als Exemplifikation der Kultur-Zivilisations-Antithese angesehen werden können, lässt sich dieser dichotomische Gegensatz als Chiffre eines deutschen und russischen Sonderbewusstseins lesen, mit der die Unvereinbarkeit von westlichen Prinzipien auf der einen Seite und einer deutschen beziehungsweise russischen Weltanschauung auf der anderen Seite festgeschrieben werden sollte.

---

328 Berdjajew, Nikolai: *Versuch einer eschatologischen Metaphysik. Schöpfertum und Objektivation* (1947). Waltrop 2001, S. 273f.

2 Eintritt in die europäische Verfallsgeschichte: Wegmarken in den ‚Untergang'

Bei den Begriffen Renaissance/Humanismus – Reformation/Protestantismus – Aufklärung/Rationalismus – Revolution handelt es sich zweifellos um wirkmächtige, zu Schlagworten gewordene Epochebezeichnungen, mit denen sich – vom Standpunkt des 19. Jahrhunderts betrachtet – das neuere europäische Menschen- und Geschichtsbild nahezu vollständig umreißen lässt.[329] Sie stehen nicht nur in einem engen inhaltlichen Zusammenhang, sondern bilden, linear-teleologisch gedacht, hinsichtlich ihrer ideellen und praktischen Radikalität eine aufsteigende Linie. Nicht umsonst setzte für Berdjaev die europäische ‚Verfallsgeschichte' nicht erst mit der Französischen Revolution ein, sondern mit dem sich wandelnden Bild des Menschen in der Frührenaissance, des Menschen, der sich vom Absolutheitsanspruch des christlichen Glaubens allmählich zu emanzipieren begann, dessen Dasein mehr und mehr von eigenverantwortlichem Handeln[330], von einem kritischen Selbst- und Weltverhältnis geprägt war, das sich in Reformation und Revolution zu einem aktiven In-Frage-Stellen und Verändern der bestehenden Ordnung steigern sollte.

Das Bild des aufgeklärten, emanzipierten Menschen trug allerdings im Sinne des „Niedergangsbewußtseins"[331] Oswald Spenglers und Nikolaj Berdjaevs bereits dekadente Züge: Diesen neuen Menschen traf der Vorwurf areligiös, egozentrisch, atomisiert, wurzellos, kosmopolitisch und unschöpferisch zu sein. Ihrem eigenen gegen-

---

329 Burke, Peter: „Renaissance, Reformation, Revolution", in: Koselleck, Reinhart / Widmer, Paul: *Niedergang. Studien zu einem geschichtlichen Thema.* Stuttgart 1980, S. 137–147, S. 137.

330 Schwarze, Michael: „Einleitung", in: Schwarze, Michael: *Der neue Mensch. Perspektiven der Renaissance.* Regensburg 2000, S. 3–6, S. 4f.

331 Demandt, Alexander: „Zum Dekadenzproblem" (1985), in: Demandt, Alexander: *Zeit und Unzeit. Geschichtsphilosophische Essays.* Köln u. a. 2002, S. 99–110, S. 99.

aufklärerischen Weltbild entsprach dabei eine ganz bestimmte Gesinnung: In der Verteidigung einer „blut-" und „rassevollen" Ordnung (Spengler) beziehungsweise einer eschatologisch, auf die
Posthistoire ausgerichteten Ordnung (Berdjaev) argumentierten
beide antiindividualistisch, antidemokratisch, antirevolutionär, hie-
rarchisch-antiegalitär und betrieben gemäß ihrem Selbstverständnis als ‚Propheten' ihres Zeitalters die Politisierung unpolitischer,
vorrationaler beziehungsweise religiöser Begriffe (‚Blut', ‚Rasse',
‚Volk', ‚Weltgericht', ‚Offenbarung'). Gleichzeitig machte es ihnen der
von ihrer Geschichtsphilosophie ausgehende Systemzwang unmöglich, Geschichte jenseits politischer und moralischer Ressentiments
darzustellen und zu deuten.

Innerhalb der kulturpessimistischen Geschichtsentwürfe Spenglers und Berdjaevs spielte ihr Anti-Rationalismus – als Topos der
deutschen wie der russischen Zivilisationskritik schlechthin – eine
besondere Rolle: Schließlich bildete eine durch Rationalismus und
Wissenschaftlichkeit hervorgerufene vermeintliche Lebensfeindlichkeit die geistige Grundlage der europäischen Gesellschaft und
Politik seit dem 18. Jahrhundert. Das Urteil, das Spengler und Berdjaev über den weiteren Verlauf der europäischen Geschichte fällten,
kann deshalb nicht überraschen. Deren vorläufige Hauptcharakte-
ristika – Renaissance, Reformation, Aufklärung und Revolution –
gaben wie Wegmarken die Richtung vor: in den ‚Untergang'.

2.1   Renaissance und Humanismus

2.1.1   Preperception des Letzten Menschen

Vergegenwärtigt man sich die Hauptthesen der Geschichtsphilosophie Oswald Spenglers, wird rasch offenbar, dass deren durchge-
formter Kosmos dem Handlungsspielraum des einzelnen Menschen
innerhalb seiner Kultur und seines Zeitalters enge Grenzen setzt.
Nicht nur jede Kultur durchlaufe bestimmte, vorhersehbare Stadien
ihrer Entwicklung, sondern auch jeder „irgendwie bedeutende" Einzelne wiederhole in seinem Dasein „mit tiefster Notwendigkeit" „alle

Epochen der Kultur", der er angehört.[332] Allein schon aufgrund dieses Formenzwangs musste Spengler die Selbstermächtigung des Menschen in der Renaissance ablehnen – obwohl er sich eigentlich nur als neutraler, lediglich die Fakten referierender Menschen- und Geschichtskenner sehen wollte.

Mit dem Favorisieren der mittelalterlichen Gotik vor der Renaissance markierte der Kulturpessimist seine gegenaufklärerische Position, war es doch ein zum Teil bis in Spenglers Gegenwart wirkender aufklärerischer Topos, jene Epoche als das ‚finstere Mittelalter' zu denunzieren, um ihm „die Helle des eigenen Zeitalters" entgegenzuhalten[333] und damit gleichzeitig den Beweis eines kulturellen Fortschritts zu erbringen.[334]

Es war vor allem der französische Historiker Jules Michelet, der Mitte des 19. Jahrhunderts mit seinem Schlagwort, im 16. Jahrhundert habe die „Entdeckung des Menschen und der Welt" stattgefunden, einer anhaltenden Hochschätzung dieser Epoche den Boden bereitete[335]: „Im Gefolge Hegels bezeichnet die Renaissance für Michelet die Geburt des modernen Denkens, den Beginn der im 18. Jahrhundert sich vollendenden Aufklärung mit ihrem Fortschrittsglauben."[336] Auch Jacob Burckhardt interpretierte die italienische

---

332 UdA, S. 140, 149. Spengler, „Pessimismus?", S. 70f.

333 Stierle, Karlheinz: „Renaissance – Die Entstehung eines Epochenbegriffs", in: Herzog, Reinhart / Koselleck, Reinhart: *Epochenschwelle und Epochenbewußtsein.* München 1987, S. 453–492, S. 460. Hausmann, Frank-Rutger: „Humanismus und Renaissance in Italien und Frankreich", in: Schwarze, *Der neue Mensch,* S. 7–35, S. 25. Schmidt, Jochen: „Einleitung: Aufklärung, Gegenaufklärung, Dialektik der Aufklärung, in: Schmidt, Jochen: *Aufklärung und Gegenaufklärung in der europäischen Literatur, Philosophie und Politik von der Antike bis zur Gegenwart.* Darmstadt 1989, S. 1–31, S. 6f. Siehe auch Varga, Lucie: *Das Schlagwort vom „Finsteren Mittelalter".* Baden u. a. 1932.

334 Allerdings hatten bereits die Humanisten trotz ihres grundsätzlichen Geschichtsoptimismus den kulturellen Verfall ihrer eigenen Gegenwart im Vergleich zu den römischen Glanzzeiten beklagt. Darüber hinaus gab ihnen der Niedergang Roms trotz dessen hohen kulturellen Standards zu der Befürchtung Anlass, auch die eigene Kultur sei über kurz oder lang von Verfall und Tod bedroht. Siehe Demandt, Alexander: „Europessimismus. Ein Überblick über das Dekadenzproblem" (1987), in: Demandt, *Zeit und Unzeit,* S. 111–123, S. 115.

335 Eine Hochschätzung, die sich aus heutiger Sicht „in mancher Beziehung als Überschätzung entpuppt." Hausmann, „Humanismus", S. 10.

336 Ebd.

Renaissance in seiner wirkmächtigen Schrift *Die Cultur der Renaissance in Italien* (1860) als Versuchsfeld des sich „frei entfaltenden modernen Individuums" und vertiefte noch einmal – mit den von ihm aufgerissenen Gegensatzpaaren christlich-heidnisch, mittelalterlich-neuzeitlich, universal-national – das bereits bestehende Bewusstsein für die Besonderheit dieser Epoche.[337]

Die „*Idee der Persönlichkeit*" entdeckt zu haben, sei allerdings – so Spengler – unter keinen Umständen das Privileg der Renaissance:

> „In der faustischen Buße aber liegt die *Idee der Persönlichkeit*. Es ist nicht richtig, daß die Renaissance sie entdeckt habe. Sie hat ihr nur eine glänzende und flache Fassung gegeben, so daß jeder sie plötzlich bemerken konnte. Geboren wurde sie mit der Gotik; sie ist ihr innerstes Eigentum [...] [D]iese Buße vollbringt jeder nur für sich allein. Er allein kann sein Gewissen erforschen. Er allein steht reuig vor dem Unendlichen da; er allein muß in der Beichte seine persönliche Vergangenheit verstehen und in Worte fassen, und auch die Lossprechung, die Befreiung seines Ich zu neuem verantwortlichen Tun erfolgt für ihn allein. Die Taufe ist ganz unpersönlich. Man empfängt sie, weil man *ein* Mensch ist, nicht weil man *dieser* Mensch ist. Die Idee der Buße aber setzt voraus, daß jede Tat ihren einzigartigen Wert erst durch den erhält, der sie tut. Das ist es, was die abendländische Tragödie von der antiken, chinesischen und indischen unterscheidet [...]."[338]

Nicht Renaissance und Humanismus sollen demnach Michelets neuen Menschen und eine neue Welt geschaffen haben, sondern die Gotik:

> „Die Gotik ergreift das *ganze* Leben bis in den geheimsten Winkel. [...] Sie hat von der Idee des Katholizismus bis zum Staatsgedanken der deutschen Kaiser, vom ritterlichen Turnier bis zum Bilde der eben entstehenden Städte, vom Dom bis zur Bauernstube, vom Bau der Sprache bis zum Brautschmuck der Dorfmädchen, vom Ölgemälde bis zum Spielmannslied allem und jedem die Sprache einer einheitlichen Symbolik aufgeprägt. Die Renaissance bemächtigte sich einiger Künste des Bildes und Wortes, und damit war alles getan. Sie hat die Denkweise Westeuropas, das Lebensgefühl in nichts verändert. Sie drang bis zum Kostüm und zur Gebärde vor, nicht bis zu den Wurzeln des Daseins [...]".[339]

---

337 Ebd., S. 10f.
338 UdA, S. 918f.
339 UdA, S. 300f.

Spenglers Affekt richtete sich also gegen die vermeintliche Überschätzung der Renaissance, insbesondere gegen das humanistische Selbstverständnis, sich die antike Vergangenheit Europas über die *studia humanitatis* möglichst vollständig anzueignen.[340] So sei – mit Spengler – die „übliche Auffassung der Renaissance" bezeichnend dafür, „wie sehr man die laut ausgesprochene Absicht mit dem tieferen Sinn einer Bewegung verwechseln kann."[341]

Spenglers Gegenargument ist hier jene „einheitliche Symbolik", die spezifische „Urgestalt", die in seinen Augen jeder Kultur zugrunde liege: Deren Eigenschaften und Besonderheiten speisten sich aus diesem „Urgrund", machten sie einmalig und seien in andere Kulturen nicht integrierbar. Der abendländischen Kultur nun liege das „faustische Prinzip" des Willens zugrunde, „das uns und nur uns angehört", und dessen Streben sich „empor", ins Unendliche, in die *„historische Zukunft"* richte. Das Ich-Betonte des westeuropäischen Menschen habe seine Ursache in dieser faustischen *„Willenskultur"*: Es gehe immer um „Vervollkommnung des Ich, sittliche Arbeit am Ich, Rechtfertigung des Ich durch Glauben und gute Werke, Achtung des Du im Nächsten um des eignen Ich und seiner Seligkeit willen [...], und endlich das Höchste: Unsterblichkeit des Ich."[342] Sowohl der antiken, „apollinischen Seele" als auch der magischen russischen „Seele" sei dieses Streben fremd: Beide seien „willenlos".

Spengler begründete seine Zurückweisung der Renaissance als Epoche also auf zweifache Weise: Die Möglichkeit einer Transformation antiker Vorstellungen in das westeuropäische Denken lehnte er ab, weil die „seelischen" Dispositionen der antiken und der abendländischen Kultur einander entgegengesetzt seien und sich demnach ausschließen würden. Langfristige kulturelle Kontinuitäten und Anknüpfungen galten ihm als unmöglich.[343] Daneben enthielt seine „Urgestalt" der faustischen Kultur bereits alle Attribute, die die zeitgenössische Renaissanceforschung erst mit dem Aufkommen

---

340 Hausmann, „Humanismus", S. 9.
341 UdA, S. 302.
342 UdA, S. 394f.
343 UdA, S. 305–308.

eines humanistischen Menschen- und Weltbildes assoziierte. Da dessen Anhänger nur aufgriffen, was ohnehin schon angelegt gewesen sei, blieb deren Wirken für Spengler kulturgeschichtlich bedeutungslos.

Um seine These von der Existenz einer autonomen „Kulturseele" nicht zu gefährden, musste Spengler also die Renaissance und ihre Verdienste um das antike Erbe marginalisieren. In diesem Sinne wertete er die Renaissance gegenüber der Gotik ab und betrachtete sie als rein reflexive Bewegung, als einen „Protest gegen die Tiefe und Weite des faustischen Weltgefühls"[344]:

> „Aus dem Charakter einer Gegenbewegung folgt, daß es ebenso leicht ist zu definieren, was sie bekämpft, als schwer, was sie erreichen will. Das ist die Schwierigkeit aller Renaissanceforschung. Im Gotischen (und Dorischen) ist es gerade umgekehrt. Es kämpft *für*, nicht *gegen* etwas. Aber Renaissancekunst – das ist ganz eigentlich antigotische Kunst."[345]

Die Renaissance war für Spengler demnach ein rein innergotischer Reflex, der „Wille zur begrenzten Kunst und zierlichen Gedankenbildung", das „Schwärmen" für die Antike nur „Geschmack" und „Unterhaltungsstoff".[346] In diesem Sinne sei die Renaissance – die Spengler im Übrigen fast ausschließlich als ästhetische Bewegung auffasste[347] – „ohne wahre Tiefe" geblieben, „und zwar in beiderlei Sinn – ohne Tiefe der Idee und ohne Tiefe der Erscheinung."[348] Spengler glaubte auch das Motiv für die Rückwendung zum Altertum erkannt zu haben: Sie sei Ausdruck der Furcht des Renaissancemenschen vor dem Schicksal der abendländischen Kultur, „Angst vor der Vollendung der historischen Geschicke". Der Sinn der „faustischen" Kultur solle umgebogen, „die unausweichliche Notwendigkeit soll verleugnet, aufgehoben, umgangen werden".[349]

---

344 UdA, S. 300.
345 PuS, S. 26; UdA, S. 302.
346 UdA, S. 916; PuS, S. 26.
347 Womit sich Spengler klar von Burckhardt beeinflusst zeigt. Hausmann, „Humanismus", S. 11.
348 UdA, S. 300.
349 UdA, S. 301.

Spenglers ahistorischer Blickwinkel wird vollends sichtbar in seinem Versuch, den Typ des Renaissancemenschen zu beschreiben: Seine antiintellektuellen und großstadtfeindlichen Ur-Ressentiments, die in ihrem gegenwartsbezogenen Charakter einem eigentlich zivilisationskritischen Arsenal entstammten, kamen jetzt zum Tragen. Generell galt die Renaissance Spengler als ein höfischstädtisches Phänomen, von dem das einfache Volk gänzlich unberührt geblieben sei; so habe sich auch das Leben des „Renaissancekünstler[s] und Humanist[en]" „im Lichte *höfischen* Daseins" vollzogen.[350] In diesem Sinne habe der „ganz nach außen" lebende Renaissancemensch keine „seelische Entwicklung" gekannt.[351] Mit dessen angeblicher Leichtfertigkeit verband Spengler eine geradezu selbstzerstörerische Sorg- und Talentlosigkeit auf politischem Gebiet – ein vermeintliches Defizit, das in den Augen des Etatisten Spengler ein Erzfrevel war:

> „Darf man hinzufügen, daß *also auch* jenes andre Symbol der historischen Ferne, der Sorge, Dauer und Nachdenklichkeit, der *Staat*, [...] aus der Sphäre der Renaissance verschwindet? Im ‚wankelmütigen Florenz' [...] und überall dort, wo der antigotische – nach dieser Seite hin betrachtet also *antidynastische* – Geist eine lebendige Wirksamkeit in Kunst und Öffentlichkeit entfaltet, machte der Staat einer wahrhaft hellenischen Jämmerlichkeit in Gestalt der Medici, Sforza, Borgia, Malatesta und wüster Republiken Platz. Nur dort, wo [...] die Renaissance ein Gegenstand gelegentlicher Liebhaberei blieb, gab es [...] eine feine Diplomatie und den Willen zur politischen Dauer: in Venedig."[352]

Staatskritik oder Staatsferne galt Spengler generell als die Anschauung wirklichkeitsfremder „Idealisten und Ideologen".[353] Wenn er also die Renaissance als unerfüllbar gebliebenes Ideal charakterisierte – das wie alle Ideale „über dem Wollen einer Zeit schwebt"[354] – und also zur Kopfgeburt volksferner Humanisten erklärte, war er damit wieder ganz bei sich: Spenglers Antiintellektualismus war ein

---

350 UdA, S. 924, Spengler, *Frühzeit*, S. 456.
351 UdA, S. 301, 349.
352 UdA, S. 349f.
353 MuT, S. 2f; Spengler, „Pessimismus?", S. 71.
354 UdA, S. 352.

Grundpfeiler seiner Weltanschauung. Nicht von ungefähr verwendete er ‚Humanismus' beziehungsweise ‚humanistisch' in anderen Zusammenhängen rein pejorativ. So liege die Schuld an der „historischen Krankheit", der „tatenscheue[n] Romantik" der Deutschen in
politischen Entscheidungen, im „deutschen Idealismus und Humanismus dieser Tage". Seine Anhänger faselten von „Weltverbesse-
rungsplänen", „deren einziger p r a k t i s c h e r Wert darin besteht,
daß wesentliche Kräfte im Wortgefecht verbraucht, daß wirkliche
Gelegenheiten nicht bemerkt werden und daß endlich London und
Paris geringeren Widerstand finden."[355]

Spenglers Renaissance- und Humanismus-Kritik war den restrik-
tiven Regeln seines Geschichtsbildes unterworfen, das keine „Wahrheiten" kennen wollte – „all diese edlen, gutmütigen, törichten Ein-
fälle, Entwürfe und Lösungen" –, sondern „n u r T a t s a c h e n".[356]
Mit seiner eigentlich auf die eigene Gegenwart gemünzten antiintellektuellen Polemik trug dieses Bild Züge von Selbsthass: Spenglers
Vorwurf, die Renaissance sei eine reine Gegenbewegung gewesen,
fällt dabei auf ihn selbst zurück. Gleichzeitig musste sein beschränktes Blickfeld die Leistungen der Renaissance als eine alle Lebensbereiche durchdringende Erneuerungsbewegung vollständig ausblen-
den: So war der italienische Humanismus auch eine Laienkultur,
führende Humanisten standen im Dienst der Kommune, in ihren
Traktaten beriefen sie sich auf ethische, pädagogische, historische
und staatsrechtliche Quellen. Mit der bröckelnden Vorherrschaft
des Lateins erhielt die volkssprachliche Literatur – befeuert durch
die Erfindung und Perfektionierung des Buchdrucks – neue Impulse.
Der Einfluss der entstehenden und sich transnational begreifenden
‚Gelehrtenrepublik' auf die Öffentlichkeit wuchs: In ihr galt allein die
Hierarchie des Wissens und Könnens, so dass sie zum Gegenmodell
einer ständisch-feudalen Gesellschaft geriet.[357]

---

355 Spengler, „Pessimismus?", S. 72; MuT, S. 2. Siehe auch Spengler, „Nietzsche und
    sein Jahrhundert", S. 122; Spengler, Oswald: „Vorwort", in: Spengler, *Politische
    Schriften*, S. V–XIII, S. XI.
356 Spengler, „Pessimismus?", S. 73.
357 Hausmann, „Humanismus", S. 15ff.

„Die Humanisten haben trotz vollständiger und willentlicher Absorption der überwiegend heidnisch geprägten Antike das Christentum zwar nicht verleugnet, aber sie haben es durch die starke Aufwertung der Antike relativiert und neben die unumstößlichen Heilswahrheiten andere Wahrheiten gestellt."[358] Auf diese Weise antizipierte der Renaissance-Humanismus die Aufklärung des 18. Jahrhunderts – nicht nur hinsichtlich des (vorerst nur indirekt) in Frage gestellten Absolutheitsanspruchs des Christentums, sondern auch wegen seines optimistischen, fortschrittsgläubigen Welt- und Menschenbildes.[359]

Die Polemik Spenglers richtete sich also vor allem gegen den Geist der sokratischen Aufklärungsphilosophie, gegen deren Szientismus schon sein Vorbild Nietzsche zu Felde gezogen war.[360] Spenglers Renaissance- und Humanismus-Bild verblieb damit in den engen Grenzen seiner Zivilisationskritik.

2.1.2 Die „Lüge des Humanismus"

Im Gegensatz zu Spengler lässt sich für Berdjaev eine Entwicklung in seinen Anschauungen zur Renaissance feststellen, die auch er vorerst unter rein ästhetischen Gesichtspunkten betrachtete. Vor 1920 vertrat er ein traditionelles, positives Renaissance-Bild, in dem er Italien als „Heimat des menschlichen Schöpfertums in Europa" zeichnete.[361] Zwar sei die „großartige Epoche" der Renaissance gescheitert, da sich die von ihr angestrebte „Vollkommenheit" für einen Christen nur in der „transzendenten Ferne" verwirklichen lasse, doch liege in ihrem Scheitern auch ihre „Größe" begründet.[362]

Seine Behauptung einer vor allem „heidnischen" Renaissance-Kunst, die sich von ihren christlichen Grundlagen allmählich entfernt habe, erweiterte Berdjaev mit Beginn der zwanziger Jahre zu

---

358 Ebd., S. 14.
359 Ebd.; Stierle, „Renaissance", S. 460.
360 Siehe Frenzel, Ivo: *Friedrich Nietzsche*. Reinbek b. Hamburg 2000 (1. Aufl. 1966), S. 46–55.
361 Berdjaev, Nikolaj: „Čuvstvo Italii" (1915) [Ein Gefühl von Italien], in: FTKI, Bd. 1, S. 367–371, S. 370.
362 Berdiajew, *Sinn des Schaffens*, S. 251; SdG, S. 202–206.

einer umfassenden Kritik am europäischen Menschen- und Geschichtsbild. Im Gegensatz zu Spengler enthistorisierte Berdjaev
den Renaissance-Begriff bewusst, indem er polemisch die Ausweitung der Renaissance-Epoche bis in das 19. Jahrhundert verfügte:
Ihren Beginn markiere die historische Renaissance mit dem zeitgenössischen Humanismus, ihren Endpunkt – an dem alle schöpferischen Kräfte verbraucht seien – die Dekadenz des ausgehenden 19.
und beginnenden 20. Jahrhunderts. Berdjaev behauptete, das
Schlüsselereignis zu kennen, das die europäische Krise ausgelöst
habe, und in seinem Deutungszwang bürdete er dem „humanistischen Geist" die Gesamtschuld am „Mißerfolg in der neuen Geschichte" der europäischen Menschheit auf.[363]

Erstmals entwarf Berdjaev dieses Szenario in seiner um 1920
entstandenen[364] und 1922 veröffentlichten Schrift *Das Ende der Renaissance (Zur gegenwärtigen Kulturkrisis)*. Ausgangspunkt war für
ihn die tiefempfundene „Krisis der europäischen Kultur", die mit
den „Weltkatastrophen des Krieges und der Revolution" vollends
offenbar geworden sei:

> „Wir treten ein in ein Reich des Unbekannten und Ungelebten, treten freud-
> los, ohne lichte Hoffnungen darin ein. Die Zukunft ist dunkel. Wir können
> nicht mehr an die ‚Fortschritts-Theorien' glauben, für die sich das 19. Jahr-
> hundert begeisterte und kraft deren die in Entstehung begriffene Zukunft
> stets besser, schöner und freudiger sein soll als die dahingehende Vergan-
> genheit. Wir neigen mehr zu dem Glauben, daß das Bessere, das Schöne und
> Freudige im Ewigen, nicht aber in der Zukunft liegt, und daß es auch in der
> Vergangenheit vorhanden war, sofern die Vergangenheit am Ewigen teil hat-
> te und Ewiges schuf.
>
> [...] Die Geschichte der Neuzeit, die in der Epoche der Renaissance begann,
> geht ihrem Ende entgegen. *Wir durchleben das Ende der Renaissance.* Auf den
> Gipfeln der Kultur, im schöpferischen Gestalten, im Reich der Kunst und im
> Reich des Gedankens machte sich schon seit langem die Erschöpfung der
> Renaissance, das Ende einer ganzen Weltepoche bemerkbar. [...] Denn die

---

363 SdG, S. 207f. Auch für Semen Frank markierte die Renaissance den Beginn der
    menschlichen Hybris, die in der russischen Revolution ihren vorläufigen Höhe-
    punkt gefunden habe. Siehe dazu Luks, Leonid: „Semen Franks Totalitaris-
    musanalyse" (2000), in: Luks, *Zwei Gesichter*, S. 103–109, S. 107.
364 Erwähnt in Berdjaev, „Predsmertnye mysli Fausta", S. 378.

> Renaissance bedeutete einen ganzen Typ des Weltempfindens und der Kultur und nicht nur das Gebiet des höchsten schöpferischen Gestaltens."[365]

Mit dem Ende der Renaissance sei auch deren geistige Grundlage, der Humanismus am Ende seiner Möglichkeiten angelangt. Man müsse konstatieren, dass die humanistische „Selbstbestärkung" des Menschen diesen nicht stärker, sondern schwächer gemacht habe. Die gescheiterte „Selbstverherrlichung" des „von keiner höheren Gewalt mehr geleiteten Menschen" habe letztendlich zu dessen Regression auf ein vor-individuelles Niveau geführt: Der moderne, seine Verlassenheit nicht ertragende „Mensch ist unendlich müde geworden und ist bereit, sich auf allerhand Kollektive zu verlassen, in denen die menschliche Individualität bereits gänzlich verschwindet."[366] In seinem Bemühen, sich „Pseudokirchen", „Surrogate geistiger Gemeinschaft" zu schaffen, gelange der heutige Mensch jedoch nur zu einer äußerlichen Vereinigung mit anderen Menschen. So bilde dieser „extreme Soziologismus" lediglich die Kehrseite der „abstrakten Zerrissenheit", in der sich der Mensch wie ein „isoliertes Atom" bewege.[367]

Im Sinne einer Dialektik der Aufklärung barg für Berdjaev die Selbsterhebung des Menschen auch dessen Selbstvernichtung, weshalb das Thema des Humanismus nicht nur der Mensch, sondern vor allem dessen Krise sei.[368] Die Ursache für jenen Prozess sah Berdjaev in der Empörung des „natürlichen" gegen den „geistigen" Menschen des Mittelalters, in der „Loslösung" des Menschen von seinem „religiösen Zentrum", in dessen Bestreben, „das Leben selbst, ohne höhere Hilfe, ohne göttliche Sanktion" gestalten zu wollen und sich überpersönlichen Realitäten nicht länger unterzuordnen. Zwar sei der Renaissancemensch noch ein „zwiespältiger Mensch" gewesen, der sowohl der heidnischen als auch der christli-

---

365 ER 1, S. 103.
366 ER 1, S. 105. Zwanzig Jahre später, am Ende seines Lebens, reformulierte Berdjaev dieses Motiv: Der Humanismus werde geschwächt, sobald er sich mit dem Individualismus verbinde. Berdjaev, Nikolaj: „Puti gumanizma" [Wege des Humanismus], in: Berdjaev, *Na poroge*, S. 180–194, S. 181.
367 ER 1, S. 118f.
368 Berdjaev, „Puti gumanizma", S. 183.

chen Welt angehört habe.[369] Doch glaubte Berdjaev wie Spengler, dass das „wahrhaft Große" in der Renaissance „im Zusammenhang mit dem christlichen Mittelalter" gestanden habe.[370] Bereits in der Hochrenaissance habe dagegen das „Absterben der christlichen Seele" begonnen. Denn auch wenn die Humanisten dieser Epoche nicht endgültig mit dem Christentum gebrochen hätten, so seien sie doch „religiös abgekühlte und gleichgültige Menschen" gewesen. Wie Spengler stellte auch Berdjaev den Verlust der geistigen „Tiefe" fest: Der Mensch der Neuzeit „war nicht tief und war gezwungen, über die Oberfläche des Lebens hinzuwandeln. Auf der Oberfläche, frei vom Zusammenhang mit der Tiefe, wird er seine schöpferischen Kräfte versuchen."[371]

Außerhalb der Statik seines dualistischen Weltbildes (mit den Setzungen: tief – oberflächlich, innerlich – äußerlich, geistig – materiell, christlich – heidnisch, göttlich – menschlich, schöpferisch – erschöpft) vermochte sich Berdjaev, wie Spengler, nicht mit dem Geist der Renaissance auseinanderzusetzen, sondern sah in ihm lediglich den Ausgangspunkt für eine negative Teleologie der europäischen Geschichte: Einmal auf die falsche Bahn gebracht, steuerte diese in den nunmehr programmierten Untergang.

> „Ob sie [die „ersten Humanisten" – S. P.] wohl daran gedacht haben, daß die Folge ihres neuen Lebensgefühls, ihrer Loslösung von der geistigen Tiefe und dem geistigen Zentrum des Mittelalters, sowie ihres schöpferischen Beginnens das 19. Jahrhundert mit seinen Maschinen, mit seinem Materialismus und Positivismus, seinem Sozialismus und Anarchismus, seiner Erschöpfung der geistigen schöpferischen Energie sein würde? Lionardo, vielleicht der größte Künstler der Welt, – ist schuldig an der Mechanisierung und Materialisierung unseres Lebens, an seiner Entseelung, am Verlust seines höchsten Sinnes."[372]

Berdjaev beharrte auf der Unterscheidung zwischen der ursprünglichen Intention der Renaissance einerseits und ihren verheerenden Folgen andererseits. In seiner Begründung tritt sein antiegalitärer

---

369 ER 1, S. 105–108, 118; SdG, S. 197f., 200ff.
370 ER 1, S. 111.
371 ER 1, S. 109; SdG, S. 196.
372 ER 1, S. 110; s. auch Berdjaev, „Puti gumanizma", S. 182, 184.

und antidemokratischer Affekt offen hervor: So liege die Ursache für das Erlöschen des Renaissance-Humanismus in der „Ausdehnung und Erweiterung des humanistischen Reiches", in seiner „Demokratisierung". Der schöpferische Humanismus könne jedoch „nur in einem kleinen, auserwählten Teil der menschlichen Gesellschaft bestehen. [...] Aufklärung und Revolution vollzogen im humanistischen Reich einen Nivellierungsprozeß und bereiteten seine innere Zersetzung vor. Die Renaissance beruht auf Ungleichheit und war nur dank der Ungleichheit möglich."[373]

Auch wenn Berdjaev die Leistungen der historischen Renaissance anzuerkennen meinte, desavouierte er sie doch in ihrem Kern: So habe die Renaissance den „Samen des Todes" in sich geborgen, „weil ihr der vernichtende Widerspruch des Humanismus zugrunde lag, der den Menschen emporhob, ihm übermäßige Kräfte zuschrieb, zugleich aber in ihm ein beschränktes und abhängiges Wesen erblickte, das keine geistige Freiheit kennt."[374] Von dieser „Dialektik des Menschlichen und des Göttlichen" sah Berdjaev das Werk von Nietzsche, Dostoevskij und Kierkegaard geprägt, das auf der literarisch-theoretischen Ebene die innere Krise des Humanismus abgebildet habe.[375]

In Anspielung auf den Kommunismus und Faschismus seiner Zeit konstatierte Berdjaev 1935, dass jener innere Zersetzungsprozess ein Umschlagen des Humanismus in einen modernen „Antihumanismus" zur Folge gehabt habe: Die Entscheidung des Menschen, sich nun entweder in die „Höhe" zu bewegen – zum „Gottmenschentum" – oder in die „Tiefe" – zum „übermenschlichen Bestialismus" –, falle in der Regel zu Gunsten des Letzteren aus. Dabei trage jenes neue, moderne Barbarentum aufgrund der „Strahlenbrechung an

---

373 ER 1, S. 122; Berdiajew, *Schicksal des Menschen*, S. 20f.
374 ER 1, S. 110f, 113; SdG, S. 210f. Im Übrigen differenzierte Berdjaev zwischen dem westeuropäischen Humanismus und dem russischen Renaissance- und Humanismus-Verständnis, das sich am ehesten als „Humanitarismus" (hier im Sinne einer allgemeinen grundsätzlich menschenfreundlichen Haltung) beschreiben lasse (RI, S. 96–106).
375 Berdjaev, „Puti gumanizma", S. 184, 189f.

der Zivilisation" pathologische Züge.[376] Seinen politischen Ausdruck finde der Prozess der Dehumanisierung also vor allem im Faschismus und Nationalsozialismus. So sah Berdjaev – das marxistische Interpretament vom Faschismus als Kapitalismus in der Krise paraphrasierend – Mitte der vierziger Jahre jenen Dehumanisierungsprozess schon lange im kapitalistischen System angelegt: Mit seiner „unpersönlichen Herrschaft des Geldes" zertrete dieses den Menschen und verwandle ihn in ein „Werkzeug unmenschlicher Ziele".[377] Wie dünn der humanistische Firnis der modernen „Maschinenzivilisation" sei, habe der Zweite Weltkrieg bewiesen – der im Übrigen auch im Namen der humanistischen Idee geführt worden sei.[378]

An dieser Stelle wird noch einmal Berdjaevs Strategie des Enthistorisierens konkreter geschichtlicher Ereignisse deutlich: Indem er seine grundsätzliche Kritik an der westlichen Zivilisation in immer neuen Variationen bekräftigte, nahm er die Nivellierung der in den Kriegsjahren begangenen Verbrechen in Kauf und reihte sie ein in die Hybris des modernen Menschen. So erklärte er die Existenz der „deutschen Konzentrationslager" mit dem allgemeinen Hinweis, dass die christliche Menschlichkeit bisher nicht tief genug in die menschliche Natur vorgedrungen sei und nur einen vergleichsweise kleinen Teil der Menschheit erfasst habe.[379]

Wolle man die „Vernichtung der Persönlichkeit" im humanistischen Individualismus rückgängig machen, so werde die Wiedereinführung einer von Berdjaev vorerst nicht näher bestimmten hierarchischen Ordnung notwendig – eines „religiös-asketische[n], einschränkende[n], distanzierende[n], das Niedere dem Höheren unterordnende[n] Moment[s]" in das „Sein der Persönlichkeit".[380] Auf theoretischer Ebene müsse es – angesichts dessen, dass sich der Humanismus der „neuen Zeit" überlebt habe und über die Grenzen

---

376 Berdiajew, *Schicksal des Menschen*, S. 21f.
377 Berdjaev, „Puti gumanizma", S. 181.
378 Ebd., S. 182.
379 Berdjaev, Nikolaj: „Dve morali" [Zwei Moralen, 1946], in: Berdjaev, *Na poroge*, S. 195–208, S. 206.
380 ER 1, S. 117.

gegangen sei, hinter denen er nun verschwinde – zu einer Wiedergeburt des Humanismus aus der „religiösen Tiefe" kommen, zur Erkenntnis dessen, dass der Mensch keine von Natur und Gesellschaft abhängige Kreatur sei, sondern ein „freier Geist": Ein solcher Standpunkt werde „Personalismus" genannt – der jedoch nicht mit dem Individualismus, der den europäischen Menschen zugrunde gerichtet habe, verwechselt werden dürfe, denn er sei „kommunitär und sozial".[381]

Berdjaev gab seiner Argumentation schließlich wieder eine heilsgeschichtliche Wendung, wenn er dem „humanistische[n] Experiment" – in dem der Mensch sich selbst zum Gegenstand hat – auch eine „positive Bedeutung" beimaß. So fasste er den Humanismus als eine notwendig zu durchlaufende Episode im menschlichen „Schicksal" auf: „Der Mensch mußte durch die Freiheit hindurchgehen und Gott in der Freiheit annehmen. Darin besteht der Sinn des Humanismus."[382] Mitte der vierziger Jahre exerzierte Berdjaev dieses Motiv am Beispiel des russischen Kommunismus durch, der in seinen Augen sowohl die Rolle Satans als auch die des Erlösers spielte: Denn auch wenn das Entsetzen vor dieser „großen", „für alle Völker" folgenschweren historischen Erfahrung alles andere als produktiv sei, so berge diese doch neue Aufgaben sowohl für das Christentum als auch für jenen neuen Humanismus-Personalismus. Dass Berdjaev den dafür notwendigen „Wandel der geistigen Basis" vom „russischen Volk" ausgehen sah, ist ein vorerst diffuses Indiz für seine spätere Annäherung an das sowjetische ‚Experiment'.[383]

---

381 Berdjaev, „Puti gumanizma", S. 193f. Tatsächlich gehörte Berdjaev mindestens um das Jahr 1930 der ökumenischen Gruppe „Club du Moulin Vert" an, einem Zusammenschluss, der der Gründung der personalistischen Bewegung des „L'Ordre Nouveau" voranging. Laut Keller gehörte ON eher zur „aristokratisch-libertäre[n] Richtung" innerhalb des Personalismus. Keller, Thomas: *Deutschfranzösische Dritte-Wege-Diskurse. Personalistische Intellektuellendebatten der Zwischenkriegszeit.* München 2001, S. 172, 394.
382 ER 1, S. 118; ER 2, S. 240; SdG, S. 210f.
383 Berdjaev, „Puti gumanizma", S. 194.

2.2   Reformation und Protestantismus

2.2.1   Der Aufstand des Geistes gegen die Religion

Die wenigen verstreuten Auslassungen Oswald Spenglers über Reformation und Protestantismus im zweiten Band des *Untergangs des Abendlandes* (1922) standen bereits im Zeichen seiner antirationalistischen Kritik: „[I]m Puritanismus liegt schon der Rationalismus verborgen, der nach einigen Generationen der Begeisterung überall hervorbricht und die Herrschaft an sich nimmt."[384] So galt Spengler die Apotheose des Wissens, der „freie[n] Wissenschaft" als unmittelbare Folge der Reformation. Die „kritische Kraft des städtischen Geistes" rechtfertige nun nicht mehr den Glauben, sondern prüfe ihn, so dass dieser zum „bloße[n] Objekt zerlegender Geistestätigkeit" geworden sei.[385] Der wachsende Einfluss des Protestantismus ging also – mit Spengler – der Ausbreitung und künftigen Weltherrschaft des von ihm so verachteten Rationalismus voran.

> „Zwei Jahrhunderte nach dem Puritanismus steht die mechanistische Weltauffassung auf ihrem Gipfel. Sie ist die wirkliche Religion der Zeit. [...]
>
> Das Schicksalhafte wird als Evolution, Entwicklung, Fortschritt mechanisiert und mitten in das System gestellt, der Wille ist ein Eiweißprozeß, und alle diese Lehren, nenne man sie Monismus, Darwinismus, Positivismus, erheben sich damit zu einer Zweckmäßigkeitsmoral, die dem amerikanischen Geschäftsmann und englischen Politiker ebenso einleuchtet wie dem deutschen Fortschrittsphilister, und die im letzten Grunde nichts ist als eine intellektuelle Karikatur der Rechtfertigung durch den Glauben."[386]

Die „Spätreligion" des Protestantismus antizipierte für Spengler somit die zivilisatorischen Dekadenzerscheinungen einer sich langsam verbrauchenden Kultur: Sie sei „städtisch", „der vom Lande abgelöste freie Geist"; in ihr hätten sich bereits „Empfinden und Verstehen feindselig gesondert"; „in ihrer wirklichen Tiefe" bleibe sie dem „Volk" verschlossen, weil sie als „nordische" Bewegung die „sinnliche[...] Fülle" des „gotischen Mythos" und die vermittelnde

---

384 UdA, S. 934.
385 UdA, S. 927f.
386 UdA, S. 939f.

Funktion des Priesters verneine, sich auf das reine Verstehen verlasse und eine „Verklärung der Begriffe" betreibe.[387]

Auch wenn die „gewaltige Tat" Luthers für Spengler die vollkommene Befreiung der „faustischen Persönlichkeit" bedeutete und somit zu deren – von ihm beschworenen – geschichtlichen Gestaltungsdrang maßgeblich beigetragen hatte, charakterisierte er sie doch als eine „rein geistige Entscheidung". Etwas „rein Geistiges" allerdings hatte für Spengler stets den Ruch des Blutarm-Dekadenten. An die Adresse Luthers gerichtet wiederholte Spengler den bereits an die Renaissance ergangenen Vorwurf, kein politisches Talent besessen zu haben. So zieh er den Reformator des mangelnden Blickes „für Tatsachen und die Kraft der praktischen Organisation": Er habe „weder seine Lehre in ein klares System gebracht noch die große Bewegung geleitet und ihr ein bestimmtes Ziel gesetzt."[388] Allein die diktatorische Herrschaft Calvins in Genf nötigte Spengler Respekt ab: „Während die lutherische Bewegung im mittleren Europa führerlos weitertrieb", habe der „Nachfolger" Luthers sein Wirken als „Ausgangspunkt einer planmäßigen Unterwerfung der Welt unter das rücksichtslos zu Ende gedachte System des Protestantismus" betrachtet. „Deshalb wurde er und er allein eine Weltmacht."[389]

Im Kontext seines Deutschland-England-Vergleichs in *Preußentum und Sozialismus* (1919) wird offenbar, wie sehr das Luther-Bild des Protestanten Spengler schillerte: Einerseits charakterisierte er hier die Tat Luthers als Empörung der „mächtige[n] gotische[n] Innerlichkeit des Nordens" gegen die „Renaissancestimmung" der

---

387 UdA, S. 924ff; Spengler, *Frühzeit*, S. 107. Dieser Vorwurf findet sich in radikalisierter Form auch bei Mitgliedern des George-Kreises und im Kreis um Hugo v. Hofmannsthal. Im „Jahrbuch für die geistige Bewegung" kritisierte etwa Karl Wolfskehl (ein guter Bekannter Spenglers und ein „Verehrer" von dessen „männlichem Ethos") die protestantische „entseelung von All und Mensch". An anderer Stelle findet sich in Anlehnung an Max Weber die These, dass der Protestantismus „die voraussetzung bildet zur liberalen, zur bürgerlichen, zur utilitären entwicklung". Zit. nach Breuer, *Fundamentalismus*, S. 200; vgl. Spengler, *Briefe*, S. 689, 773.
388 UdA, S. 927.
389 UdA, S. 927.

sichtbaren Kirche. Andererseits aber stattete er die Reformation mit jenen Insignien aus, mit denen er auch die Renaissance zu marginalisieren suchte: So sei die „treuherzig-bauernmäßige Revolte" der Reformation ohne „innerliche[...] Folgen" geblieben und habe den „Geist der Verneinung an der Stirn" getragen.[390] Erst die sich herausbildenden protestantischen Glaubensrichtungen im 17. Jahrhundert – der englische Independentismus und der preußische Pietismus – seien schöpferisch und „bejahend", von „strenge[r] Tatgesinnung" gewesen. Ausdruck dieser „Tatgesinnung"[391] war für Spengler die von ihm hochgeschätzte preußische Dienstethik, die ihren Sinn „nur im Banne einer größeren Aufgabe" entfalte. Demgegenüber habe die Calvin'sche Prädestinationslehre „im Geiste Cromwells" zur „unbedingten Selbstsicherheit und Gewissenlosigkeit" im Handeln des englischen Volkes geführt.[392]

Der pietistische „Gedanke des Altpreußentums" war für Spengler der einzige große Gedanke, der je „auf deutschem Boden gewachsen" sei:

> „Während der schwäbische Pietismus sich in Bürgerlichkeit und Sentimentalität verlor oder seine besten Köpfe – wie Hegel – an den Norden abgab, wuchs hier ein neuer Mensch als starkgeistiger Träger dieser Religiosität empor. Eine tiefe Verachtung des bloßen Reichseins, des Luxus, der Bequemlichkeit, des Genusses, des ‚Glücks' durchzieht das Preußentum dieser Jahrhunderte [des 17. und 18. Jahrhunderts – S. P.] [...]. All diese Dinge sind dem Imperativ der ritterlichen Pflicht gegenüber ohne Würde. Dem Engländer aber sind sie Geschenke Gottes; ‚comfort' ist ein ehrfürchtig hingenommener Beweis der himmlischen Gnade. Tiefere Gegensätze sind kaum denkbar. Arbeit gilt dem frommen Independenten als Folge des Sündenfalls, dem Preußen als Gebot Gottes. G e s c h ä f t und B e r u f als die zwei Auffassungen der Arbeit stehen sich hier unvereinbar gegenüber. Man denke sich tief in Sinn und Klang dieser Worte hinein: Beruf, von Gott berufen sein – die

---

390 PuS, S. 40.

391 In all seinen Varianten *das* Schlagwort seit 1900 vor allem unter Jugendbewegten und Völkischen.

392 PuS, S. 41. Schon 1914 hatte Arthur Moeller van den Bruck in *Der preußische Stil* vom preußischen Ethos des „Dienens" und dem kriegerischen Charakter Preußens gesprochen, um dessen vermeintliche „moralische und physische Superiorität" zu begründen. Dupeux, Louis: „Im Zeichen von Versailles. Ostideologie und Nationalbolschewismus in der Weimarer Republik", in: Koenen/Kopelew, *Deutschland und die Russische Revolution*, S. 191–218, S. 195.

Arbeit s e l b s t ist da das sittlich Wertvolle. Dem Engländer und Amerikaner ist es der Z w e c k der Arbeit: der Erfolg, das Geld, der Reichtum."[393]

Das Vermögen zu überpersönlicher Tat, die weder einer rationalen noch einer moralischen Begründung bedarf und ihre Rechtfertigung in sich selbst hat, blieb Spenglers lebenslanges Faszinosum: Neben dieser vermeintlich urpreußischen Tugend nahm sich für ihn das historische Ereignis der Reformation klein aus. Auf diese fiel – im Sinne Spenglers – erst dann etwas Glanz, als ihre Kinder begannen, sich die Welt dienstbar zu machen: über ‚Arbeit' und die Eroberung fremder Völker.

2.2.2 Beginn der Selbstvernichtung des Menschen

Im Gegensatz zu Spengler konnte sich der orthodoxe Russe Berdjaev auf eine lange antiprotestantische Tradition sowohl innerhalb der russischen Theologie als auch in der russischen Religionsphilosophie und Literatur berufen.[394] Neben seiner Dogmenkritik einte Berdjaev mit der slavophilen beziehungsweise zivilisationskritischen russischen Philosophie – Aleksej Chomjakov, Ivan Kireevskij, Jurij Samarin, Fedor Tjutčev, Konstantin Leont'ev, Fedor Dostoevskij, Vladimir Ėrn und anderen – insbesondere die Kritik am vermeintlich rationalistischen Charakter des Protestantismus und an dessen angeblicher theologischer Dürftigkeit.[395] So galten ihm die Rationalisierung von Glaubensgewissheiten, die Rechtfertigungslehre, die „falsche Geistigkeit" und der Autoritätsglauben des Protestantismus als Ausdruck des westlichen „juridischen Denkens"

---

393 PuS, S. 42.
394 Müller, Ludolf: *Die Kritik des Protestantismus in der russischen Theologie vom 16. bis zum 18. Jahrhundert.* Mainz 1951.
395 Müller, Ludolf: *Russischer Geist und evangelisches Christentum. Die Kritik des Protestantismus in der russischen religiösen Philosophie und Dichtung im 19. und 20. Jahrhundert.* Witten 1951, S. 38–85, 108–117; Stäglich, *Ern*, S. 108–114, 131ff. Es ist kein Zufall, dass Berdjaev in der Phase seiner weltanschaulichen (Neu-)Orientierung über Chomjakov eine Monographie und über Leont'ev einen längeren Aufsatz verfasste. Berdjaev, *Chomjakov*; Berdjaev, Nikolaj: „K. Leont'ev – Filosof reakcionnoj romantiki" (1905), in: FTKI, Bd. 2, S. 246–274.

sowie des Strebens, Kriterien der Wahrheit aufzustellen. Der „Osten" dagegen *lebe* in der Wahrheit. [396]

Näher an der historischen Wahrheit als Spengler charakterisierte Berdjaev die Reformation als eine „andere Äußerung" des „Prozesses der Neuzeit, der die Renaissance geschaffen hat". Er orientierte sich allerdings stark an Spenglers Bild, wenn er die Reformation als eine innerkatholische Bewegung bezeichnete, die durch das „Temperament der germanischen Rasse, dieser nordischen, sonnenfernen, plastisch-künstlerischer Begabung entbehrenden Rasse" geschaffen worden sei und dennoch „eine eigenartige geistige Tiefe" besessen habe. Wie Spengler behauptete auch Berdjaev, dass der Reformation weniger Schöpfertum als vielmehr „Empörung und Protest" innegewohnt hätten. In religiöser Hinsicht sei sie unfruchtbar geblieben; Luther sei in seinem Verneinen vom „rechten Wege" abgekommen, was für die abendländische Geschichte desaströse Folgen gezeitigt habe:[397]

> „Das Rebellieren und das Protestantentum der Reformation erzeugte [sic] jenen Prozeß der neueren Geschichte, der zur ‚Aufklärung', zum Rationalismus, zur Revolution, zum neuesten Positivismus, Sozialismus und Anarchismus führte."[398]

Wie schon die Renaissance so leugne auch der Protestantismus die geistige Freiheit des Menschen, auch wenn dem äußeren Anschein nach das Gegenteil der Fall sei.[399] Doch während die Renaissance noch „große Werte", Werke von „unsterblicher Schönheit" geschaffen habe, so würden spätestens mit der Reformation die „innere[n] Widersprüche des Humanismus" vollends zutage treten, die vor al-

---

396 Müller, L., *Russischer Geist*, S. 110ff, 115.
397 ER 1, S. 114; SdG, S. 211f.
398 ER 1, S. 114f.
399 Menschliche Freiheit wurzelte für Berdjaev in der Annahme eines ontologischen „Urgrundes". Sie gehe nicht im „göttlichen Prinzip" auf (wie es der Protestantismus propagiere), sondern existiere als „menschliches Prinzip" gleichberechtigt neben dem göttlichen. SdG, S. 212ff; s. Müller, L., *Russischer Geist*, S. 114f.

lem ein allmähliches „Nachlassen der schöpferischen Kräfte des Menschen" zur Folge gehabt hätten.[400]

Wegen des kritischen Erbes des Protestantismus glaubte Berdjaev schließlich, diesen mit einem allgemeinen deutschen „Kritizismus" gleichsetzen zu können, welcher identisch sei mit dem Akulturell-Barbarischen jener Germanen, die am Zusammenbruch des Römischen Reiches schuld gewesen seien.[401] Einen historisch genauen Blick jenseits dichotomischer Setzungen durch eine instrumentelle Geschichtsbetrachtung hat Berdjaev in dieser Frage nie angestrebt.

2.3   Aufklärung und Rationalismus

2.3.1 Die Herrschaft des Geistes

Oswald Spenglers Anti-Rationalismus war Teil jener „Geisteswende"[402], mit der sich am Ende des 19. und zu Beginn des 20. Jahrhunderts in der deutschen[403] literarischen und publizistischen Öffentlichkeit eine „Abkehr vom Vernunftglauben"[404] vollzog. Im Zuge dieses Prozesses verkamen Begriffe ernsthafter philosophischer Auseinandersetzung[405] wie ‚Leben', ‚Metaphysik', ‚Existenz' allmählich zu weltanschaulichen Modewörtern der vor allem rechtsintellektuellen Zivilisationskritik. Protagonisten dieser „vulgären Lebensphi-

---

400 ER 1, S. 116, 302f.

401 Berdjaev formulierte diesen Gedanken unter den Bedingungen des Ersten Weltkrieges und dem offensichtlichen Einfluss von Vladimir Èrns Anti-Germanismus. Berdiajew, *Sinn des Schaffens*, S. 351f.

402 Joël, Karl: *Die Zukunft der Philosophie* (1893), zit. nach Dietzsch, Steffen: „Karl Joëls *Nietzsche und die Romantik* neu gelesen", in: Reschke, Renate: *Antike und Romantik bei Nietzsche* (= Jahrbuch der Nietzsche-Gesellschaft, Bd. 11). Berlin 2004, S. 13–27, S. 13.

403 Der neue ‚Irrationalismus' war durchaus auch ein europäisches, insbesondere französisches und italienisches Phänomen. Sontheimer, Kurt: *Antidemokratisches Denken in der Weimarer Republik. Die politischen Ideen des deutschen Nationalismus*. München 1992 (3. Aufl.), S. 44.

404 Mann, Thomas: *Deutsche Ansprache. Ein Appell an die Vernunft*. Berlin 1930, S. 15.

405 Zum möglichen Einfluss der Lebensphilosophie Wilhelm Diltheys, Henri Bergsons und Georg Simmels auf Spengler s. Felken, *Spengler*, S. 48–51.

losophie"[406] – deren Wurzeln in die politische Romantik[407] zurückreichten und als deren unmittelbare Quelle Nietzsches Philosophie vom Lebenswillen als „Willen zur Macht" gelten kann – waren neben Spengler etwa Ernst und Friedrich Georg Jünger, der Kreis der „ästhetischen Fundamentalisten" um Stefan George sowie Ludwig Klages mit seiner einflussreichen Lehre vom *Geist als Widersacher der Seele*.[408]

Spenglers Anti-Rationalismus bildete die Grundlage seiner Geschichtsphilosophie und seines Selbstverständnisses als „Geschichtskenner", dem die Kraft zu historischer Erkenntnis als „Taktgefühl" angeboren sei. Seine metahistorischen Erkenntnisquellen waren – in Paraphrase auf Raimund von dem Bussche – „Blut, Instinkt, Leben und der Wille zur Form."[409] Davon freilich unberührt blieb Spenglers Dilemma, dass auch *seine* Geschichtsphilosophie nur ein weiteres Welterklärungsmodell war, das wie alle anderen nicht ohne Rationalisierung der historischen Geschehnisse auskam. Trotz seiner steten Versicherung, sich lediglich an die kalten geschichtlichen Fakten zu halten, war neben Spenglers ‚objektivster' Schrift *Der Untergang des Abendlandes* vor allem sein polemisches Traktat *Jahre der Entscheidung* (1933) ein Dokument programmatischer Gegenaufklärung: Rationalismus ist hier

> „der Hochmut des städtischen, entwurzelten, von keinem starken Instinkt mehr geleiteten Geistes, der auf das blutvolle Denken der Vergangenheit und die Weisheit alter Bauerngeschlechter mit Verachtung herabsieht. [...] Dieser Geist ist von Begriffen besessen, den neuen Göttern dieser Zeit, und er übt K r i t i k an der Welt: sie taugt nichts, wir können das besser machen, wohlan, stellen wir ein Programm der besseren Welt auf! [...] Der Rationalismus ist im Grunde nichts als Kritik, und der Kritiker ist das Gegenteil des Schöpfers: er zerlegt und fügt zusammen; Empfängnis und Geburt sind ihm fremd.

406 Sontheimer, *Antidemokratisches Denken*, S. 41–61.
407 Müller, Adam: *Kritische, ästhetische und philosophische Schriften*, Bd. 2. Neuwied/Berlin 1967; Baader, Franz von: *Gesellschaftslehre*. München 1957.
408 Breuer, *Fundamentalismus*, S. 201–212.
409 Bussche, Raimund von dem: *Konservatismus in der Weimarer Republik. Die Politisierung des Unpolitischen*. Heidelberg 1998, S. 143.

Deshalb ist sein Werk künstlich und leblos und t ö t e t, wenn es mit wirklichem Leben zusammentrifft."[410]

Mit der gleichen Verachtung, die nach Meinung Spenglers die Aufklärung für ihre Gegner übrig hatte, zieh er die Rationalisten und Aufklärer aller „hohen" Kulturen als „Erzphilister". Die „nüchtern zergliedernde Verständigkeit" und der „reformlustige[...] Utilitarismus" (Troeltsch) der Aufklärung[411] waren in den Augen Spenglers pedantisch, lebensfeindlich und unheroisch: So werde etwa das „große Ideal" der Gebildeten, die „Weisheit der Aufklärung", nie die „Bequemlichkeit" stören. Dagegen sei die „Moral auf dem Hintergrunde des großen Mythos" immer „ein Opfer, ein Kult, bis zur härtesten Askese, bis zum Tode" gewesen.[412]

Spengler widersprach dem Programm der Aufklärung, ohne die von ihr bereits erbrachte Reflexion ihrer eigenen, als defizitär erfahrenen Grundlagen[413] auch nur zur Kenntnis zu nehmen. Die Hauptpfeiler seines gegenaufklärerischen, legitimistischen Denkens waren seine Geist- und Intellektuellenfeindlichkeit, sein damit verbundenes vermeintlich vorrationales, antiwissenschaftliches Ethos vom „historischen Blick", sein Fortschrittspessimismus, seine Fixierung auf Hierarchien und Autoritäten sowie sein an Nietzsche geschulter Anti-Egalitarismus.

Spenglers heroisches Menschenbild wollte nicht der von Ernst Haeckel gezeichneten „Karikatur" des Menschen als eines empathiebegabten Wesens entsprechen, auf die noch der „plebejische Schatten Rousseaus" falle. Der Mensch sei nicht „von Natur gut'", sondern ein prachtvolles grausames „Raubtier": „Er lebt angreifend, tötend und vernichtend. Er will Herr sein, seitdem es ihn gibt."[414]

---

410 JdE, S. 5f; UdA, S. 935.
411 Zit. nach Stuke, Horst: „Aufklärung", in: *Geschichtliche Grundbegriffe. Historisches Lexikon zur politisch-sozialen Sprache in Deutschland*, hrsg. v. Otto Brunner/Werner Conze/Reinhart Koselleck, Bd. 1. Stuttgart 1972, S. 243–342, S. 246.
412 UdA, S. 937.
413 Bubner, Rüdiger: „Rousseau, Hegel und die Dialektik der Aufklärung", in: Schmidt, J., *Aufklärung*, S. 404–420.
414 MuT, S. 22f, 53, 56; JdE, S. 78.

Trotzdem existiere ein „natürliche[r] R a n g u n t e r s c h i e d zwischen Menschen, die zum Herrschen und die zum Dienen geboren sind, zwischen Führern und Geführten d e s L e b e n s."[415] Vor allem den „Ausnahmemenschen", „den höchsten Exemplaren" seien die Verheißungen der Aufklärung – „Ruhe, Glück, Genuß" – unbekannt.[416] Diese Verheißungen waren für Spengler nur nach dem Geschmack der „Zuschauer", die ihre eigenen Hoffnungen und Wünsche mit einer „rationalistischen Tendenz" in der Weltgeschichte verwechselten:

> „Und mit dem ganzen Mangel an Einbildungskraft, der den Materialismus aller Zivilisationen kennzeichnet, wird [...] ein Bild der Zukunft entworfen, die ewige Seligkeit auf Erden [...]. Kein Krieg mehr, kein Unterschied mehr von Rassen, Völkern, Staaten, Religionen, keine Verbrecher und Abenteurer, keine Konflikte infolge von Überlegenheit und Anderssein, kein Haß, keine Rache mehr, nur unendliches Behagen durch alle Jahrtausende hin. Solche Albernheiten lassen heute noch, wo wir die Endphasen dieses trivialen Optimismus erleben, mit Grauen an die entsetzliche Langeweile denken [...] [,] die sich beim bloßen Lesen solcher Idyllen über die Seele breitet und in Wirklichkeit bei auch nur teilweiser Verwirklichung zu massenhaftem Mord und Selbstmord führen würde."[417]

Wenn in der Geschichtssymbolik Spenglers die Reformation zur Stadt und dem „wachsenden Gewirr von Gassen und Plätzen" gehörte, so entstanden „Aufklärung und Irreligion" in den „Steinmassen der späten Großstädte".[418] Die „städtische Vernunft" – als geistiger Ausdruck der Zivilisation – bildete gemeinsam mit der Demokratie als politischem Aspekt und dem „Geld" als wirtschaftlichem Aspekt die Trias, mit deren Herrschaft Spengler das Endstadium der europäischen Kultur umrissen sah. Zu ihr gehörte auch der „„Glaube an die Technik'" als die „materialistische" Religion des Zivilisationszeitalters.[419] Diese „platte Schwärmerei für die ‚Errungenschaften der Menschheit'" – worunter lediglich „Fortschritte der arbeiterspa-

---

415 MuT, S. 52.
416 MuT, S. 57.
417 MuT, S. 4f.
418 UdA, S. 901; Spengler, „Nietzsche und sein Jahrhundert", S. 119.
419 UdA, S. 1000, 1060, 1121; MuT, S. 71.

renden und amüsierenden Technik" verstanden würden – trete an die Stelle der „echten Religion früherer Zeiten".[420]

So wie die rationalistische Weltanschauung war auch das Geld für Spengler eine „rein geistige" Macht, die sich in zivilisatorischen Spätzeiten zur „unbedingte[n] *Diktatur*" wandele. Wie schon die „Tugend'" im Denken der Aufklärung sei auch das Geld etwas „Abstraktes und Künstliches": Darin bestehe seine Überlegenheit gegenüber dem bäuerlichen Boden, der etwas „Wirkliches und Natürliches" sei und deshalb von äußeren Umständen abhängig bliebe.[421] Auf der politischen Ebene äußere sich die aufstrebende Herrschaft von Geist und Geld im Aufstand des Bürgertums – der „Stand des Geistes" – gegen die „Mächte des Blutes und der Tradition", die „*Urstände*" Adel und Priestertum.[422]

> „An Stelle des Organischen tritt das Organisierte, *an Stelle des Standes die Partei*. Eine Partei ist kein Rassegewächs, sondern eine Sammlung von Köpfen und deshalb an Geist den alten Ständen ebenso überlegen, wie sie an Instinkt ärmer ist als sie. Sie ist der Todfeind aller gewachsenen ständischen Gliederung, deren bloßes Vorhandensein ihrem Wesen widerspricht. Eben deshalb ist der Begriff der Partei immer mit dem unbedingt *verneinenden*, auflösenden, gesellschaftlich einebnenden der *Gleichheit* verbunden."[423]

Der dichotomischen Statik dieses Modells entsprach Spenglers Vorstellung von dem grundsätzlichen Verhältnis, das zwischen dem Adel und der Partei des dritten Standes bestehe: Beide hätten nur Verachtung füreinander übrig, da für Spengler der Unterschied zwischen Aristokratie und Demokratie, „Rasse" und „Geist", vollendeter Kultur und weltstädtischer Zivilisation, „großer Tatsache" und Theorie ein antagonistischer war.[424] Ins Historische übersetzt begab sich also mit dem 18. Jahrhundert der Rationalismus in offenen Widerspruch zum barocken Staat, den Spengler als „lebendige[n] Ausdruck einer *Rasse*" betrachtete. Erstmals würden „Bücher und allgemeine Theorien" Einfluss auf die Politik gewinnen, allerdings

---

420 MuT, S. 4.
421 UdA, S. 670f.
422 UdA, S. 669.
423 UdA, S. 1121.
424 UdA, S. 1122f.

nicht, weil sie „tief, richtig oder [...] logisch sind", sondern nur insofern, als sie „*Mittel*" seien, die „die Geister beherrschen und damit
die Handlungen bestimmen."[425] So seien etwa Schriften wie der
Contrat social oder das Kommunistische Manifest „Machtmittel ersten Ranges in der Hand von Gewaltmenschen", die sich innerhalb
einer Partei emporgearbeitet hätten und die Launen und Überzeugungen der „beherrschten Masse" zu benutzen wüssten.[426]

> „Allein die Schlagworte sind Tatsachen; der Rest aller philosophischen oder
> sozialethischen Systeme kommt für die Geschichte nicht in Betracht. Aber
> als solche sind sie für etwa zwei Jahrhunderte Mächte ersten Ranges und
> erweisen sich stärker als der Takt des Blutes, der innerhalb der steinernen
> Welt ausgebreiteter Städte matt zu werden beginnt."[427]

Im Stil von Nietzsches Moralkritik charakterisierte Spengler Anfang
der dreißiger Jahre diese „theoretischen Strömungen" und Systeme –
zu denen er neben Liberalismus und Kommunismus nun die „politische Romantik" des Nationalsozialismus zählte – als Ausdruck „üb-
le[r] Sentimentalität", die ihre Ursache in „seelischer Unbeherrscht-
heit", „persönlicher Schwäche" und im „Mangel an Zucht durch eine
strenge alte Tradition" habe.[428]

So wie Spengler in seiner Einschätzung der Gegenwart angesichts des beginnenden „Cäsarismus" die Demokratie an ihrem Ende
sah, so hatte für ihn das Zeitalter des Rationalismus allgemein keine
Zukunft mehr: „Der triste Zug der Weltverbesserer, der seit Rousseau durch diese Jahrhunderte trottete und als einziges Denkmal seines Daseins Berge bedruckten Papiers auf dem Wege zurückließ, ist
zu Ende."[429] Mit der sich allmählich durchsetzenden Erkenntnis,
dass sich die „Wirklichkeit" niemals durch die Gedanken „irgendei-
nes Zenon oder Marx" verbessern lasse, erwache nun aber eine „tiefe Sehnsucht" nach „Ehre", „Ritterlichkeit", „Entsagung und Pflicht".
In der Tiefe meldeten sich die „formvollen Mächte des Blutes" wie-

425 UdA, S. 1059f; JdE, S. 78.
426 UdA, S. 1128, 1142.
427 UdA, S. 1060.
428 JdE, S. 8f.
429 JdE, S. 14.

der, die durch den „Rationalismus der großen Städte" – inzwischen zu „feige[m] Optimismus" degeneriert – verdrängt worden waren.[430]

2.3.2 Die Tyrannei einer rationalisierten Gesellschaft

Nikolaj Berdjaevs Aufklärungs- und Rationalismus-Bild entsprang seiner neoslavophilen Weltsicht, die ihrerseits Teil einer seit dem ersten Drittel des 19. Jahrhunderts andauernden zivilisationskritischen Polemik innerhalb der russischen Geistesgeschichte war. Vor allem das russische Fin de siècle war bestimmt vom Bruch der Symbolisten mit der rationalistischen, insbesondere der herrschenden positivistischen Richtung im russischen Denken.[431] So konstatierte Dmitrij Merežkovskij 1893 eine Stagnation der Künste, für die er die „Einseitigkeit der bisher dominanten sozialkritischen Tendenzliteratur" verantwortlich machte.[432] Kernstück von Merežkovskijs „Idee einer universalen Theokratie" war die „Aussöhnung von Geist und Fleisch", die das Christentum seit zweitausend Jahren zu verhindern trachte.[433] Auch Vasilij Rozanov, der den Symbolisten zeitweilig sehr nahestand, verband seinen Anti-Rationalismus mit einer Kritik an den Grundlagen der christlichen Kultur, die seiner Ansicht nach die Mysterien des Fleisches leugne.[434] Jenseits der „phallischen Religion" Rozanovs glaubten die Autoren der Essaysammlung *Vom Messias* (1909), dass die gegenwärtige Epoche geprägt sei durch „das immer mehr anwachsende Verlangen nach großen schöpferischen Synthesen" und „organische[r] Verschmelzung" im Sinne einer neu-

---

430 UdA, S. 1128f, 1143; JdE, S. 4, 9.
431 „Zwischen 1890 und 1910 entwickelte sich der Symbolismus nicht nur zu einer sehr heterogenen literarischen Strömung, sondern auch zu einer philosophischen und religiösen Suchbewegung, die auf die Modernisierungskrisen, vor allem auf die Krise des Subjekts und der Sprache reagierte." Kissel, Wolfgang: „Die Moderne", in: Städtke, Klaus: *Russische Literaturgeschichte*. Stuttgart/Weimar 2002, S. 226–289, S. 229.
432 Ebd., S. 229.
433 Ebd., S. 230.
434 Ebd., S. 231. Zu Rozanovs „phallischer Religion" s. auch Tetzner, Thomas: *Der kollektive Gott. Zur Ideengeschichte des ‚Neuen Menschen' in Russland*. Göttingen 2013, S. 227f.

en Romantik.[435] Ein Jahrzehnt zuvor hatte bereits Vladimir Solov'ev mit der *Kurzen Erzählung vom Antichrist* einer fiktiven, gottlosen europäischen Gesellschaft, über den Umweg eines neuen Mongolenreiches unter japanischer Provenienz und der sich daran anschließenden Herrschaft des Antichrist, den Weg in das Tausendjährige Reich gewiesen, dessen Errichtung die Vereinigung aller christlichen Kirchen voraufgehen sollte.[436]

Wie schon die Reformation und der Protestantismus galt Berdjaev auch der Rationalismus als Teil der Renaissance-Empörung des Menschen. Allerdings sei der „schöpferische Geist" der Renaissance in der „„Aufklärung'" bereits restlos versiegt. Letztere sei die „innere Sühne" der Renaissance, „die Abrechnung für die Sünden der humanistischen Selbstbejahung, die Sünden des Verrats an den göttlichen Ursprüngen des Menschen."[437]

Berdjaevs Anti-Rationalismus äußerte sich vor allem in seiner Kritik am Positivismus und an der kritischen Erkenntnistheorie sowie in seinem glühenden antidemokratischen Bekenntnis. Der Positivismus galt ihm bereits als Tribut des Menschen an seine nachlassenden, beschränkten Kräfte; jener sei erkenntnismüde und stutze „dem Menschen die Flügel."[438] Gegenwärtig sei der Positivismus schon von der kritischen Erkenntnistheorie (Cohen, Husserl) abgelöst, die ihrerseits dem Menschen misstraue und in ihm „die Quelle der Relativität und Unsicherheit der Erkenntnis" erblicke. Abstraktion und Auflösung des Menschenbildes als Folge der „Selbstzersetzung" des Humanismus kennzeichneten für Berdjaev demnach die rationalistische Weltanschauung der Gegenwart:

> „An der kritischen Erkenntnistheorie ist etwas, was an den Kubismus erinnert, sie zerlegt ebenfalls den Organismus der menschlichen Erkenntnis in Kategorien, wie Picasso und andere den menschlichen Körper in Würfel zerlegen. Es ist dies ein Prozeß analytischer Zerspaltung und Zergliederung der

---

435 *Vom Messias. Kulturphilosophische Essays* (mit Beiträgen von R. Kroner, N. v. Bubnoff, G. Mehlis, S. Hessen, F. Steppuhn). Leipzig 1909, S. III. Hier vor allem Steppuhn, F. [Stepun, Fedor]: „Ssolowjów", S. 60–77.
436 Solowjow, Wladimir: *Drei Gespräche*. Bonn 1947, S. 183–229.
437 ER 1, S. 115.
438 ER 2, S. 231.

organischen Ganzheit. Das Idealbild des Menschen geht in der kritischen Erkenntnistheorie zugrunde."[439]

Politischer Ausdruck dieses Prozesses sei die Demokratie, deren
ideologische Grundlage der „äußerste Rationalismus" bilde. Die
„demokratische Ideologie" glaube an die Möglichkeit, das menschliche Leben zu rationalisieren und es schließlich mit vereinten Kräften zu gestalten. Da die „geheimen inneren Kräfte" der menschlichen Gesellschaft von „rationalistischen Sozialtheorien" gar nicht
erfasst werden könnten, negiere die Demokratie die Existenz irrati-
onaler Quellen im gesellschaftlichen Leben, ebenso wie sie die göttliche, mystische Quelle staatlicher Herrschaft leugne. Mit der Demokratisierung von Staat und Gesellschaft würde deren ontologische
Grundlage verschwinden: Als ihre einzige Rechtfertigung blieben
nur „Interessen", der Wille und der Verstand des Menschen zurück.[440] In diesem Sinne war die „reine, abstrakte, selbstherrliche
Demokratie" in den Augen Berdjaevs die „furchtbarste Tyrannis":
Sie töte den Menschen, weil dessen Schicksal von der „düsteren
Menge", von den „dunklen Instinkten der Masse" abhängig werde.
Deshalb sei die Tyrannei des „Einzelnen" der Tyrannei der „Vielen"
vorzuziehen.[441]

Der Lebensstil demokratischer Gesellschaften führe zu Gleichförmigkeit, er dulde nicht die „Einsamen" und die „Einsamkeit"; dem
„reichen Schöpfertum der Wenigen" sei er feindlich gesonnen. Dagegen habe es unter den schlimmsten Tyranneien der Vergangenheit strahlende Persönlichkeiten, Genies und Heilige gegeben, und
es sei möglich gewesen, ein individuelles, nicht-öffentliches, kon-
templatives Leben zu führen. Die „alte Tyrannis mit den Scheiter-
haufen der Inquisition" habe der Entwicklung der menschlichen Individualität also größeren Raum gelassen, sie mehr geachtet als die
gleichmacherische Demokratie.[442] Für den Menschen sei es schreck-
lich, in den „Abgrund der Menge" zu stürzen, in die „alles aufsau-

---

439 ER 2, S. 232.
440 FN, S. 439, 450f.
441 FN, S. 452, 459.
442 FN, S. 452f.

gende, gesichtslose Gesellschaftlichkeit". Wenn das Individuum – wie in der Tyrannis – unterdrückt, beschränkt, sogar gequält, im Grunde jedoch beziehungsweise gerade darin als Individuum anerkannt werde, sei dies „nicht so schlimm" wie das Leugnen der Persönlichkeit in der Demokratie. An die Stelle der Persönlichkeit würden in der Demokratie „gesichtslose Prinzipien" wie das Gleichheitsprinzip treten. So erkenne die „demokratische Despotie" keine religiöse, hierarchische Grundlage für sich an, ignoriere das geistige Leben des Menschen und begreife diesen nur vom Standpunkt „gesellschaftlicher Nützlichkeit".[443]

Berdjaevs Abscheu vor einer nivellierten Gesellschaft, die den Einzelnen restlos absorbiert, verdankte sich dabei vorrangig seiner Lektüre Konstantin Leont'evs und Friedrich Nietzsches[444]:

> „Euer demokratisches Zeitalter begann die großen Menschen abzulehnen, die Genies und Heiligen. Es bekämpft die Vorrechte der schöpferischen Individuen. Der egalitäre Schrecken trübt euer Bewusstsein, verfälscht euren Willen, eure Gedanken und eure Gefühle, er stört beim Sich-in-die-Höhe-Erheben. [...] Die Ideale der Demokratie sind Spießer-Ideale. Die Legenden der Demokratie sind Spießer-Legenden. Der Wille der Demokratie ist auf den Niedergang der menschlichen Rasse gerichtet. Dieser Wille strebt nicht nur nach der Vernichtung der Stände, sondern nach der Auslöschung aller qualitativen Unterschiede in der Gesellschaft, der qualitativen Ergebnisse der Rassenauslese. Das ist [letztlich] unerreichbar. Die Eigenschaften eines Volkes können nicht wirklich weggewischt und ausgerottet werden. Doch der Wille dazu treibt die Demokratie an. Die demokratische Gesellschaft möchte eine eindimensionale und gemischte Gesellschaft sein. Das wäre die bitterste aller Tyranneien."[445]

Wie Spengler begriff auch Berdjaev die Demokratie nur als Übergangsphänomen. Selbst die europäische Welt spüre die „hoffnungslose [...] Erschöpfung" aller politischen Formen und versuche altbekannte Elemente neu zu kombinieren. Es sei jedoch schwierig, etwas politisch Neues zu erfinden, schrieb Berdjaev am Ende des Ers-

---

443 FN, S. 454.
444 Vgl. Pocai, Susanne: „Das deutsche und das russische Sonderbewußtsein. F. Nietzsches und F. Dostoevskijs Einfluß auf die Geschichtsphilosophie von O. Spengler und N. Berdjaev", in: *Osteuropa* 12, 2002, S. 1597–1607.
445 FN, S. 455.

ten Weltkrieges. Schon zu Beginn der zwanziger Jahre sollte er dann die politischen ‚Neuerungen' begrüßen, die Faschismus und Kommunismus mit sich brachten. Insbesondere den italienischen Faschismus charakterisierte Berdjaev in den dreißiger Jahren als „autoritäre Demokratie": „So paradox es auch erscheint und so empörend es auch für die Anhänger der alternden Formen der demokratischen Lebensordnung sein mag", man könne – im Sinne einer Dialektik der Aufklärung – „den Faschismus in der Tat als ein Resultat der Lehre J. J. Rousseaus von der Souveränität des Volkes auslegen."[446]

1918 liebäugelte Berdjaev allerdings noch mit dem byzantinischen Cäsaropapismus: Zwar sei er kein Anhänger der „Idee der byzantinisch-theokratischen Selbstherrschaft" und glaube auch nicht an die Möglichkeit einer Rückkehr zu dieser Herrschaftsform. Jedoch liege in dieser „alten Idee" eine „größere Tiefe", eine „größere Schönheit und Ritterlichkeit" als in der Idee der Demokratie.[447]

Berdjaev hoffte, die Wege aus der demokratischen Krise mögen nicht nur sozialer oder politischer Natur sein. Wieder argumentierte er auf ein heilsgeschichtliches Ende hin. Die Erfahrung der Demokratie löse in „feinsinnigen und tiefen Menschen" eine „religiöse Unruhe" aus, die sie schließlich zu Gott führen werde: „Darin besteht die Bedeutung der Demokratie."[448]

2.4 Revolution

2.4.1 Die Rache der „Minderwertigen"

Das für den Verlauf der europäischen Geschichte symptomatische Ereignis der Französischen Revolution markierte als „schicksalshafte Wendung" für Oswald Spengler den „Übergang der Kultur in die Zivilisation", den „Sieg der anorganischen Weltstadt über das organische Land, das nun ‚Provinz' in geistigem Sinne wird".[449] Das Zivi-

---

446 Berdjaev, *Schicksal des Menschen*, S. 50.
447 FN, S. 460.
448 FN, S. 461.
449 UdA, S. 193.

lisatorisch-Dekadente der Revolution bestand im Sinne Spenglers in deren Auflehnung gegen die strenge Form des Barockstaates und seine Anforderungen, die von der „städtischen Vernunft" nur mehr als Last empfunden wurden.[450] Den Hintergrund für Spenglers Urteil über die bürgerliche Revolution bildete also der Kultur-Zivilisations-Gegensatz. Er ist die Folie für jene Dichotomien, mit denen Spengler den tieferen Sinn dieser Revolution zu fassen suchte: Geist versus Blut, Wahrheit versus Tat, Kritik versus Schöpferkraft, Sprache versus Rasse.

In der Französischen Revolution war der Rationalismus – in den Augen Spenglers – gewissermaßen zu sich gekommen: Den „Schlagworten der Aufklärung" sei mit der Revolution „eine lebendige Gestalt" gegeben worden, so dass sich die „zerstörende Tätigkeit" der rationalistischen Kritik auf den Staat, die Gesellschaft und schließlich die Wirtschaft ausdehnen konnte.[451] Als Zeichen des Niedergangs interpretierte Spengler etwa die Reaktion des Adels auf die bürgerlich-revolutionäre Literatur seiner Zeit: Die „allzu geistreich gewordene [...]" Gesellschaft habe Beifall geklatscht zu „ihrer eigenen Verhöhnung".[452]

Als „zeitlos[e]", „ungeschichtlich[e]" Erscheinung sei dem revolutionären Geist das Blutvoll-Dynastische ein Ärgernis. Schließlich repräsentiere eine Dynastie die Geschichte – vielmehr sie „ist die fleischgewordene Geschichte eines Landes". Ungeschichtliche „Wahrheiten" wie die allgemeinen Menschenrechte, Freiheit oder Gleichheit seien dagegen „Literatur und Abstraktion, keine Tatsachen."[453] In diesem Sinne mangele es der bürgerlichen Revolution an „Verständnis für die alten Symbole, an deren Platz jetzt handgreifliche Interessen treten". Darüber hinaus entbehre der revolutionäre „Nichtstand" einer inneren, schöpferischen Einheit: Seine

---

450 Eine zur politischen analoge Entwicklung sieht Spengler auch in den Künsten. UdA, S. 1056.
451 UdA, S. 778; JdE, S. 75, 78.
452 JdE, S. 76.
453 UdA, S. 1074.

Einheit sei vielmehr immer „*negativ* und nur in Momenten des Widerstandes gegen irgendetwas andres wirklich vorhanden."[454] Wenn die Französische Revolution die Initiation des Niedergangs war, so erfüllte die großstädtische, „späte" Revolution für Spengler die Funktion eines Katalysators, mit dem die Selbstvernichtung der Kultur in der Zivilisation beschleunigt wurde. So würden die großstädtischen Massen – „willenlos" unter dem Einfluss von „Berufsdemagogen" – das Chaos in die Welt tragen. Dabei sei es gleichgültig, „welche Schlagworte in den Wind schallen", denn „Vernichtung" sei der „einzige Trieb und Cäsarismus das einzige Ergebnis".[455]

Eingedenk seines Grundsatzes, dass „Menschenverachtung die notwendige Voraussetzung tiefer Menschenkenntnis"[456] sei, kultivierte Spengler auch in späteren Beschreibungen seinen Ekel vor dem revolutionären „Pöbel", den er in der Terminologie der Rassenhygiene als Resultat eines kulturellen Degenerationsprozesses beschrieb. So würde die Revolution entgegen dem „natürlichen" Empfinden von Ungleichheit all jenen allgemeine Rechte einräumen, „die gar nicht daran gedacht hatten sie zu verlangen":

> „Aus jeder Gesellschaft sinken beständig entartete Elemente nach unten, verbrauchte Familien, heruntergekommene Glieder hochgezüchteter Geschlechter, Mißratene und Minderwertige an Seele und Leib – man sehe sich nur einmal die Gestalten in diesen Versammlungen, Kneipen, Umzügen und Krawallen an; irgendwie sind sie alle Mißgeburten, Leute, die statt tüchtiger Rasse im Leib nur noch Rechthabereien und Rache für ihr verfehltes Leben im Kopfe haben, und an denen der Mund der wichtigste Körperteil ist. Es ist die Hefe der großen Städte, der eigentliche Pöbel, die U n t e r w e l t in jedem Sinne [...]: politische und literarische Bohême, verkommener Adel [...], gescheiterte Akademiker, Abenteurer und Spekulanten, Verbrecher und Dirnen, Tagediebe, Schwachsinnige, untermischt mit ein paar traurigen Schwärmern für irgendwelche abstrakten Ideale. Ein verschwommenes Rachegefühl für irgendein Pech, das ihnen das Leben verdarb, die Abwesenheit

---

454 UdA, S. 1056f. Immerhin habe die Französische Revolution – im Gegensatz zur deutschen „Farce" von 1918 – den „Staatsgedanken" und die außenpolitische Lage berücksichtigt. UdA, S. 1012; Spengler, „Vorwort" Politische Schriften, S. VII; PuS, S. 7–11.

455 UdA, S. 1096 (Anm. 1).

456 JdE, S. 75.

aller Instinkte für Ehre und Pflicht und ein hemmungsloser Durst nach Geld ohne Arbeit und Rechten ohne Pflichten führt sie zusammen."[457]

In den dreißiger Jahren erweiterte Spengler seinen Revolutionsbegriff und sprach nun von der bürgerkriegsähnlichen Gefahr der „Weltrevolution". Allerdings handle es sich dabei nicht um oberflächliche Fragen wie die „Bedrohung der Weltwirtschaft durch den Bolschewismus von Moskau" oder die „'Befreiung' der Arbeiterklasse". Vielmehr sei die Revolution „eine lange Zeit der Zersetzung des gesamten Lebens einer Kultur" und nun – mit der durch den „Lohnbolschewismus" der Arbeiterführer hervorgerufenen Weltwirtschaftskrise – an ihrem Ziel angelangt.[458] Auf die Krisen und Machtkämpfe innerhalb des Römischen Reiches verweisend beschrieb Spengler die seit über einem Jahrhundert andauernde europäische Revolution als Auseinandersetzung, die den „'horizontalen' Kampf zwischen den Staaten und Nationen durch den vertikalen zwischen den führenden Schichten der weißen Völker und den andern" durchkreuze.[459] Allerdings habe im Hintergrund eine zweite, „weit gefährlichere" Revolution begonnen: „der Angriff auf die Weißen überhaupt von seiten der gesamten Masse der farbigen Erdbevölkerung, die sich ihrer Gemeinschaft langsam bewußt wird."[460] Wieder bemühte Spengler die ‚große Parallele', wenn er die Protagonisten der „farbigen Weltrevolution" mit den antiken Barbarenvölkern verglich: So gründe die Revolution der „Farbigen" auf dem „zähneknirschenden Haß", den die „unangreifbare Überlegenheit" der „Kul-

---

457 JdE, S. 66f. ‚Minderwertigkeit' war in der Eugenik dank seiner Dehnbarkeit ein beliebter Terminus technicus, mit dem sich nicht nur Individuen, die an „Erbkrankheiten oder für erblich gehaltenen Krankheiten litten", kategorisieren ließen, sondern auch jene, „die durch mißliebige Verhaltensweisen oder durch sonstige Abweichungen von den sozialen und rassischen Normen auffielen, die den jeweils zugrunde gelegten Standards körperlicher ‚Tüchtigkeit' oder geistiger Leistungsfähigkeit nicht genügten." Weingart/Kroll/Bayertz, *Rasse*, S. 154f.
458 JdE, S. 10–117.
459 JdE, S. 58–62.
460 JdE, S. 58. Auch Russland und Japan zählte Spengler zur „farbigen Welt". Ebd., S. 150.

turnationen" bei den „hoffnungslos Unterlegenen" hervorgerufen habe.[461]

Die kolonialen Befreiungskriege antizipierend interpretierte Spengler die steigende Verachtung der „Weißen" durch die „Farbigen" als Zeichen der realen Bedrohung der „weißen Welt": Nachdem sie im Weltkrieg von Weißen gegen Weiße mobilisiert worden seien, kehrten die Farbigen nach Kriegsende mit dem Wissen heim, dass der Nimbus der weißen Unbesiegbarkeit endgültig verfolgen war. Unterdessen seien die „weißen Herrenvölker" von ihrem einstigen Rang herabgestiegen: „Sie verhandeln heute, wo sie gestern befahlen, und werden morgen schmeicheln müssen, um verhandeln zu dürfen."[462] Noch während des Ersten Weltkrieges hatte Max Scheler eine solche Entwicklung prophezeit: Mit dem Eintritt der „großen asiatischen Völkerwelt in die Geschichte" müsse Europa sich von der Vorstellung verabschieden, „sich als die selbstverständliche Zentralsonne der Weltgeschichte vorzukommen".[463]

Spenglers Sorge galt der Vereinigung von „weißer" und „farbiger Weltrevolution". Die Zerstörung, die der „Arbeitersozialismus" in der weißen Welt angerichtet habe, drohe nun von der „farbige[n] Wirtschaft" – „mit der Waffe niedriger Löhne" – vollendet zu werden.[464] Die Aufgabe, eine solche Katastrophe zu verhindern, behielt Spengler der willensstarken „germanischen Rasse" vor, die im Gegensatz zum übrigen Europa ihre „seelische Substanz" noch nicht verbraucht habe.[465]

---

461 JdE, S. 147.
462 JdE, S. 151. Dreißig Jahre später wird Frantz Fanon dieses Phänomen aus der Perspektive der Kolonisierten beschreiben. Fanon, Frantz: *Die Verdammten dieser Erde*. Frankfurt/Main 1968.
463 Scheler, Max: *Krieg und Aufbau*. Leipzig 1916, S. 361f.
464 JdE, S. 154.
465 JdE, S. 157.

2.4.2 Strafgericht und Wiedergeburt

Wie Spengler sah auch Nikolaj Berdjaev die Prinzipien der Aufklärung auf die Revolution – als misslungenes „humanistisches Experiment" – übertragen und in ihr verwirklicht.

> „Das, was während der Renaissance in der Wissenschaft und in der Kunst
> geschah, was während der Reformation im religiösen Leben geschah, was
> während der Aufklärungsepoche sich in der Sphäre der Vernunft abspielte,
> mußte auch in eine Bewegung des Kollektiv- und Gemeinschaftslebens um-
> gesetzt werden."[466]

Die Revolution sei ihren Ansprüchen jedoch nicht gerecht geworden
und reihe sich ein in die Geschichte des Scheiterns, wie sie bereits
Renaissance und Reformation erlebt hätten. Anstatt die Menschenrechte und das „freie Menschenleben" zu realisieren, habe die Revolution die „Tyrannei und die Beschimpfung des Menschen" verwirklicht.[467] In den Augen Berdjaevs überführte ihr vermeintliches
Scheitern den Humanismus deshalb der Lüge: Indem sich die Revolution immer wieder selbst verzehre und das „Pathos der Freiheit"
in sein Gegenteil, in Terror umschlage, beweise sie, „daß ihr kein
Prinzip zugrunde liegt, das ontologisch die Menschenrechte stütze.
Es erweist sich, daß die Rechte des Menschen, der Gott vergessen
hat, sich selbst vernichten und den Menschen nicht befreien."[468]

Jenseits seiner Interpretation der Revolution als antireligiöse
Bewegung, sah Berdjaev in ihr – ebenso wie Spengler – nur traditi-
onsloses, destruktives Handeln. Den „Plebejer-Aufstand" ihrer Akteure begriff auch er als ressentimentgeladenen Hass auf die großen, schöpferischen Einzelnen, die „Genies" und „Heiligen" – wenn
auch nicht mit der gleichen wütenden Rhetorik wie Spengler. Vor
allem in seiner Streitschrift *Philosophie der Ungleichheit* (1918) wird
deutlich, dass Berdjaev Revolution nicht als konkretes historisches
Ereignis interpretierte, sondern mal als höhere Strafe für die Sünden der Vergangenheit, als schicksalhafte Folge des „alten Bösen",

---

466 SdG, S. 215.
467 SdG, S. 216.
468 SdG, S. 216f.

mal als Symptom beziehungsweise Produkt eines natürlich-organischen Prozesses. So erblickte Berdjaev in der Revolution – wie de
Maistre – das apokalyptische Ende des „alten Lebens", keineswegs
jedoch den Beginn eines neuen.[469] Wenn er gleichzeitig behauptete,
dass auch die Revolution dem „Gesetz des Lebens" gehorche, argumentierte Berdjaev wieder tendenziell organologisch: So würden
einem revolutionären Prozess immer „Auflösung", „Abfall vom
Glauben" und der Verlust eines „einigenden, geistigen Lebenszent-
rums" in Gesellschaft und Volk vorausgehen. In diesem Sinne führten keine „aufbauenden, schöpferischen Prozesse" zur Revolution,
sondern „Prozesse der Fäulnis und Zerstörung".[470] So habe die Revolution entgegen ihrem Anspruch nicht den „neuen Menschen" geboren, sondern sei von „alten Seelen" angezettelt worden, die all die
„alten Sünden und Schrecken" in sie hineintrügen. Darüber hinaus
seien die Revolutionäre aller Zeiten – „Bolschewisten, Maximalisten,
Anarchisten u. s. w." – nicht Akteure der Ereignisse, sondern nur
„kraftlose und passive Sklaven" dunkler Leidenschaften, Werkzeuge
„dunkler Elemente".[471] Das Idealbild des neuen Menschen erblickte
Berdjaev stattdessen in den Protagonisten der Gegenrevolution:
„Die Katholiken und Romantiker der Epoche der geistigen Reaktion
auf die Französische Revolution und das verneinende Aufklärertum
sind unsere geistigen Ahnen."[472] Ebenso seien alle echten „Revolutionäre des Geistes" Konterrevolutionäre gewesen: Puškin, Nietzsche,
Dostoevskij, Solov'ev und sogar Tolstoj: „Mit euch [den Revolutionären der Oktoberrevolution – S. P.] waren nur Leute der zweiten und
dritten Sorte, nicht ein einziger genialer Gedanke [...] entsprang eu-
rem talentlosen, grauen Geist."[473]

Weder Robespierre noch Lenin verkörperten für Berdjaev den
schöpferischen Geist, denn das „Schöpfertum" dulde keine Gleichheit, „es fordert Ungleichheit, Erhabenheit". Der „Geist der Revoluti-

---

469 FN, S. 259.
470 FN, S. 258f.
471 FN, S. 260f.
472 FN, S. 261, 266.
473 FN, S. 263f.

on" dagegen hasse und vernichte „Genialität und Heiligkeit, er ist besessen von schwarzem Neid auf die Großen [...], er duldet keine Qualitäten und lechzt danach, sie in der Menge zu ersticken."[474] So habe es der Bolschewismus in der „Vernichtung des Idealbildes des Menschen" zu großer Meisterschaft gebracht. In ihm sei der Humanismus in sein Gegenteil umgeschlagen, „in die Auslöschung des Menschen." Durch diese müssten Europa und Russland hindurchgehen, „durch eine große Buße und Reinigung", wenn sie in den Genuss der „geistigen Wiedergeburt" kommen wollen. Dann endlich solle auch Russland das Recht erhalten, „seinen Beruf in der Welt zu bestimmen."[475]

Jenseits dieser enthistorisierten Vorstellung von Revolution und der Gleichsetzung von Revolution mit einem biblischen Strafgericht beschäftigte auch Berdjaev das Thema der „farbigen Weltrevolution" – allerdings nicht aus Spenglers Perspektive des ‚bedrohten' Europäers. Vielmehr warf er in seiner Replik auf die vieldiskutierte Streitschrift *Défence de l'occident* (1927) deren Autor, dem katholischen Ultranationalisten Henri Massis, nicht zu Unrecht einen Mangel an christlichem Bewusstsein und weinerliche Untergangsfurcht vor. Schließlich seien auch die asiatischen Völker Gottes Schöpfung und hätten das Recht, vom Objekt der Ausbeutung zum Subjekt der Geschichte zu werden. Das „Erwachen der Völker des Ostens", durch das Massis die lateinische Zivilisation bedroht sah, sei deshalb ein positives Phänomen.[476] Acht Jahre später konkretisierte Berdjaev sein Urteil: Nach und nach würden die „Völker des Orients, die Japaner, Chinesen und Inder" beginnen, sich die westliche Zivilisation „anzueignen", indem sie selbst zu „Materialisten und Nationalisten" würden. Ihren wenig christlichen Umgang mit den kolonisierten Völkern hätten die Europäer nun zu büßen.[477]

474 FN, S. 262, 285.
475 ER 2, S. 243f; FN, S. 285f; SdG, S. 329.
476 Berdjaev, Nikolaj: „Obvinenie Zapada (O knige Masisa: ‚Défence de l'occident')" [Anklage gegen den Westen (Über Massis' Buch: „Die Verteidigung des Abendlandes")], in: *Put'* 8, 1927, S. 145–148.
477 Berdiajew, *Schicksal des Menschen*, S. 83f.

3   Untergang als Vollendung: Die Zeichen der Neuordnung

Die Zeichen von Dekadenz und Marasmus, die Wegmarken in den ‚Untergang', die Oswald Spengler und Nikolaj Berdjaev in der europäischen Geschichte seit der Frühen Neuzeit auszumachen glaubten, sind nicht die alleinigen Signa ihres Geschichtsbewusstseins. Vielmehr lag ihrem Geschichtsbild – neben der Stilisierung zum Propheten einer künftigen historischen Entwicklung – ein je eigentümlicher Messianismus zugrunde. Dieser gründete sich allgemein auf der Annahme der Prädestination des eigenen Volkes als Heilsbringer einer Geschichte, deren eigentlich deszendierender Verlauf durch das Eingreifen des deutschen beziehungsweise russischen Volkes verändert werden könne. Der organologischen Vorstellung von Geschichte als einem (nach Jugend und Blüte) an Kraft verlierenden Lebensprozess wurde dabei gewissermaßen ein chiliastischer beziehungsweise eschatologischer Endzweck übergestülpt. Um die vermeintlich messianische Berufung ihres Volkes zu begründen, wurden historische Ereignisse und Phänomene – im Folgenden der Erste Weltkrieg, die Massenkultur, die ‚Staatswerdung' von Kommunismus und Faschismus – von Spengler und Berdjaev in den Rang eines Menetekels erhoben.

3.1   Der Weltkrieg als „Zeitwende"[478]

Ganze Ortschaften, ganze Städte und Völker wurden infiziert und verfielen dem Irrsinn. Alle waren höchst erregt und verstanden einander nicht, jeder glaubte, er allein sei im Besitze der Wahrheit, und entsetzte sich, wenn er die anderen anschaute [...] Die Menschen brachten einander in sinnloser Wut um. [...] Alle und alles ging zugrunde.[479]

Oswald Spenglers und Nikolaj Berdjaevs unmittelbare Reaktion auf den Kriegsbeginn 1914 fand vor lärmender, in der Literatur hinlänglich beschriebener Kulisse statt[480]: Vielen Künstlern, Schriftstel-

---

478 UdA, S. 67.

479 Dostojewski, Fjodor: *Schuld und Sühne. Roman in sechs Teilen mit einem Epilog.* Berlin 1994, S. 698f.

480 Die Kriegshysterie war in Deutschland wie in Russland vor allem ein Mittelschichten-Phänomen. Vondung, Klaus: „Geschichte als Weltgericht. Genesis und Degradation einer Symbolik", in: Vondung, Klaus: *Kriegserlebnis. Der Erste Weltkrieg in der literarischen Gestaltung und symbolischen Deutung der Nationen.* Göttingen 1980, S. 62–84; Szczepanska, Kathryn: „Zwischen Patriotismus und Prophetie. Die russische Lyrik im Ersten Weltkrieg", in: ebd., S. 352–367; Rürup, Reinhard: „Der ,Geist von 1914' in Deutschland. Kriegsbegeisterung und Ideologisierung des Krieges im Ersten Weltkrieg", in: Hüppauf, Bernd: *Ansichten vom Krieg. Vergleichende Studien zum Ersten Weltkrieg in Literatur und Gesellschaft.* Königstein 1984, S. 1–30; Chickering, Roger: „Die Alldeutschen erwarten den Krieg" (1986), in: Chickering, Roger: *Krieg, Frieden und Geschichte. Gesammelte Aufsätze über patriotischen Aktionismus, Geschichtskultur und totalen Krieg.* Stuttgart 2007, S. 84–92; Mommsen, Wolfgang J.: *Kultur und Krieg. Die Rolle der Intellektuellen, Künstler und Schriftsteller im Ersten Weltkrieg.* München 1996; Eksteins, Modris: *Tanz über Gräben. Die Geburt der Moderne und der Erste Weltkrieg.* Reinbek b. Hamburg 1990; Flasch, Kurt: *Die geistige Mobilmachung. Die deutschen Intellektuellen und der Erste Weltkrieg. Ein Versuch.* Berlin 2000; Dahlmann, Dittmar: „Krieg, Bürgerkrieg, Gewalt. Die Wahrnehmung des Ersten Weltkriegs und des Bürgerkriegs in der russischen Emigration und in der Sowjetunion in der Zwischenkriegszeit", in: Düllfer, Jost / Krumeich, Gerd: *Der verlorene Frieden. Politik und Kriegskultur nach 1918.* Essen 2002, S. 91–100; See, Klaus von: *Die Ideen von 1789 und die Ideen von 1914. Völkisches Denken in Deutschland zwischen Französischer Revolution und Erstem Weltkrieg.* Frankfurt/Main 1975; Figes, Orlando: *Die Tragödie eines Volkes. Die Epoche der russischen Revolution 1891 bis 1924.* Berlin 1998, hier vor allem S. 268–274; Beßlich, *Kulturkrieg,* hier vor allem S. 1–44; Woods, Roger: *Nation ohne Selbstbewußtsein. Von der Konservativen Revolution zur Neuen Rechten.* Baden-Baden 2001, hier vor allem S. 15–42; Müller, Sven Oliver: *Die Nation als Waffe und Vorstellung. Nationalismus in Deutschland und Großbritannien im Ersten Weltkrieg.* Göttingen 2002, hier vor allem S. 56–96.

lern, Philosophen, Historikern und Theologen, Deutschen wie Russen, schienen die vermeintliche Ereignislosigkeit und die gesellschaftliche Erstarrung der Vorkriegszeit durch das ‚Erlebnis' des Kriegsausbruchs kompensiert. In ihrem „Vitalkult"[481] des Krieges vermengten sich heilsgeschichtliche Motive, anti-westliche, zivilisationskritische Tendenzen der jüngeren Philosophie und Publizistik mit nationalistischen und chauvinistischen Ambitionen: Krieg war Offenbarung, Weltgericht, Reinigung, Ekstase, Steigerung des Lebensgefühls, entindividualisierendes Gemeinschaftserlebnis und die – wie aufrichtig auch immer – empfundene Hoffnung auf einen gesellschaftlichen und politischen Neubeginn.

Obwohl auch sie den Krieg mit jeder Faser bejahten und vom Glauben an dessen Notwendigkeit und erneuernde Kraft zeitlebens nicht abrückten, zogen es Spengler und Berdjaev vor, ihren ‚Dienst' am Schreibtisch zu versehen – wie im Übrigen auch viele andere Propagandisten der sogenannten Ideen von 1914 beziehungsweise patriotisch gestimmte russische Intellektuelle und Künstler.[482] Weder die Desillusionierung ihrer unmittelbaren Umgebung, noch die Nachrichten vom Massensterben an der Front, noch die rasante Verschlechterung der Versorgungslage in der Heimat konnten Spengler und Berdjaev von ihrer Haltung abbringen. Ganz gewiss entsprang ihr Bild vom Krieg nicht dem Wunsch nach Abbildung oder Analyse der Wirklichkeit des Krieges, seiner Ursachen und Folgen. Vielmehr ging es beiden um dessen Integration in das eigene Geschichtsbild – und zwar als willkommene Bestätigung ihres katastrophischen Geschichtsbewusstseins. Für Spengler war der Krieg „Schicksal", für Berdjaev ein Akt der Vorsehung; beiden bedeutete er nicht Niedergang, sondern ‚produktiver' Untergang der alten Ordnung. Ihr Nationalismus war dabei messianisch geprägt, bei Berdjaev ganz programmatisch, bei Spengler kaschiert als histori-

---

481 Anz, Thomas: „Vitalismus und Kriegsdichtung", in: Mommsen, *Kultur und Krieg*, S. 235–247, S. 240; zum literarischen „Mythos" des Weltkrieges s. auch Reichel, Peter: *Der schöne Schein des Dritten Reiches. Faszination und Gewalt des Faschismus.* Hamburg 1992, S. 69ff.

482 Müller, S. O., *Nation*, S. 84; Beßlich, *Kulturkrieg*, S. 2f; Figes, *Tragödie*, S. 274; Dahlmann, „Krieg", S. 91.

sches Fatum. Auf beider Messianismus trifft die allgemeine Feststellung Klaus Vondungs zu, dass „die deutsche Geschichtsapokalypse weitgehend säkularisiert und an die Stelle des göttlichen Weltenrichters der deutsche Volksgeist getreten" war, „der sein höheres Recht an den anderen Völkern vollstreckt." In Russland dagegen bewegten sich „die apokalyptischen Deutungen noch weitgehend im Rahmen der orthodoxen religiösen Tradition."[483]

Die Katastrophe des Weltkrieges ließ nicht nur die nationalistischen und messianistischen Anteile der Geschichtsphilosophie Spenglers und Berdjaevs greller hervortreten, auch Motive ihrer Zivilisationskritik schienen nun verstärkt auf. Hierzu gehörten vor allem ihre Kapitalismus- und Intellektuellenkritik.

3.1.1 Der „Beginn einer ungeheuren Epoche"[484]

„Manchmal berührt mich meine ungeheure Vereinsamung schmerzlich. Heute, an dem größten Tag der Weltgeschichte, der in mein Leben fällt und der zu der Idee, deretwegen ich geboren wurde, in so gewaltigem Zusammenhang steht, 1. August 1914, sitze ich einsam zuhause. Niemand denkt an mich."[485] – Die Larmoyanz, die aus diesen privaten Zeilen spricht, findet sich auch in Spenglers Briefen an seinen ehemaligen Lehrerkollegen Hans Klöres wieder. Auch hier beklagte er seine Einsamkeit als „Kulturmensch", der sich von „Pinsler[n] und Schmierer[n]" umringt sieht, von „Anarchisten und jüdischen Nihilisten", die „Geschäfte" machten „in patriotischen Ekstasen". Allerdings hing Spengler trotz dieser programmatischen Distanz den gleichen vaterländischen Überzeugungen an wie die von ihm verachteten „Dutzendmenschen".[486] Wie viele andere war auch er lange vom raschen Ende des Krieges überzeugt, und der Sieg Deutschlands schien auch ihm selbstverständlich. So versicherte er Klöres etwa im Oktober 1914: „Sie werden kaum noch ins Feld

---

483 Vondung, Klaus: „Zum internationalen und gesellschaftlichen Kontext apokalyptischer Deutungen des Ersten Weltkriegs [Postskript]", in: Vondung, *Kriegserlebnis*, S. 85–89, S. 86.

484 Spengler, *Briefe*, S. 32.

485 Spengler, *Eis heauton* 73, zit. nach Koktanek, *Spengler*, S. 166.

486 Spengler, *Briefe*, S. 29ff, 46.

kommen; die wirtschaftliche Weltlage setzt dem Kriege eine natürliche Grenze im Westen und der Winter im Osten."[487] Dann, zu Beginn des Jahres 1915, beglückwünschte Spengler seinen Freund zur Einberufung und zu der Möglichkeit, den Krieg nun selbst „kennenzulernen". Gleichzeitig hoffte er, Klöres literarische Gedanken nahelegen zu können, die sich dieser „im Schützengraben oder – hoffentlich – in einem Café von Warschau, einmal durch den Kopf gehen lassen" solle.[488] Im Mai 1915 schließlich bedauerte Spengler den nun im Feld stehenden Klöres, dass dieser „gerade die schwärzeste Schattenseite des Krieges zuerst kennengelernt" habe. „Wie gern würde ich Ihnen da etwas helfen, statt Ihnen den Trost vorzusetzen, daß es sich nur um Monate handelt und Sie später doch selbst im Dreck des Unterstandes etwas sehen werden, das nicht unnütz an Ihnen vorübergegangen ist." Sich der Abgeschmacktheit dieses Trostes halb bewusst werdend, beeilte sich Spengler hinzuzufügen: „Sollte aber wider Erwarten der Krieg länger dauern und sollten auch die bisher Untauglichen irgendwie herangezogen werden, so will ich lieber mit der Waffe als in einem Bureau dienen. Trotz aller äußeren Gegenzeichen glaube ich aber gewisse Vorboten des Endes zu spüren [...]".[489] Auch im Mai 1916 glaubte Spengler – nicht zum letzten Mal –, dass man „jetzt doch mit einiger Bestimmtheit die Einstellung der Feindseligkeiten auf den Spätsommer ansetzen" könne. „Ich habe namentlich darüber diskrete Andeutungen von jemand erhalten, der in einem der großen militärischen Pressebüros wichtige Informationen in der Hand hat."[490]

Immer wieder peinigte Spengler den psychisch angegriffenen Klöres mit seinem vermeintlichen Insider-Wissen, seinen welthistorischen Visionen und politischen Gewissheiten, dass etwa Belgien sicher „deutsch bleibt" und „wir" unser „afrikanisches Kolonialreich" bekommen werden. Unvermittelt fühlt man sich an den Halbwüch-

---

487 Ebd., S. 30.
488 Ebd., S. 34.
489 Ebd., S. 36.
490 Ebd., S. 51; s. auch S. 54. Zuletzt glaubte Spengler im Oktober 1916, „daß wir doch vor Weihnachten einen Waffenstillstand erwarten können." (S. 57).

sigen und seine „Afrikasien"-Phantasien erinnert, wenn Spengler mit „der ungeprüften Kriegsbegeisterung des Wehrdienstunfähigen"[491] über die Kriegsereignisse schwadroniert. Selbst dem grundsätzlich wohlgesonnenen Spengler-Biographen Anton Mirko Koktanek sind Spenglers „faustdicke Fehlurteile" und seine „Eitelkeit" nur schwer erträglich.[492] Darüber hinaus wird der Eindruck besonderer Informiertheit, den Spengler zu erwecken suchte, noch dadurch getrübt, dass er den langfristig bedeutsamen Ereignissen während des Krieges – etwa der Erklärung des uneingeschränkten U-Boot-Krieges oder dem Ausbrechen der russischen Revolutionen – in seinen Briefen keine Beachtung schenkte.[493]

Von der Arbeit am *Untergang* und – seit 1917 – von Verlagsverhandlungen vollkommen in Anspruch genommen, war Spengler während der Kriegsjahre von panischer Furcht vor der Musterung erfüllt. Auch daran ließ er seinen an der Front stehenden Freund Klöres teilhaben. Zwar sei er, nach dem Befehl, im September 1915 zur Musterung zu erscheinen, „wieder als untauglich abgewiesen worden". Jedoch habe er „plötzlich mit Schrecken bemerkt, wie wenig ich bisher an den Fall gedacht habe, daß ich verhindert wäre, meine Arbeiten [am *Untergang* – S. P.] selbst abzuschließen. [...] Wäre ich einberufen worden – Sie kennen ja die Reize einer hastigen Ausbildung, aber es geht hier in München schlimmer zu – so wäre ich bei meiner Schlaflosigkeit, den schweren Kopfschmerzen und meiner furchtbaren Nervenempfindlichkeit nach ein paar Wochen ruiniert gewesen, vielleicht auf Jahre hinaus." Mit der heiteren Überspanntheit des noch einmal Davongekommenen bedauerte er diesen „gründlich egoistischen Brief", den Klöres in seiner „harten Dienstzeit doppelt empfinden" müsse. „Nehmen Sie es nicht übel, wenn es scheint, als machte ich Sie neidisch auf mein Dasein. Es ist im Grunde nicht sehr beneidenswert. 4 Tage in der Woche Kopfschmerzen und buchstäblich nicht einen Menschen, mit dem man über etwas tiefere Sachen reden könnte („unter Larven die einzige

---

491 Koktanek, *Spengler*, S. 180.
492 Ebd., S. 195.
493 Ebd., S. 204f.

fühlende Brust'), das drückt mitten in einer großen Stadt mehr als im Schützengraben."[494] Selbst Koktanek kann über diese Diskrepanz nicht hinwegsehen – zwischen der Hysterie jener Briefzeilen und der sich durch sämtliche Schriften ziehenden „Bejahung des Lebens als Krieg", die seit Nietzsche „kein Denker gleichermaßen rücksichtslos wie Spengler" gepriesen habe.[495]

Spengler schrieb den *Untergang* in den Krieg hinein. Er nahm die gewalttätige Metaphorik der schon vor 1914 allgegenwärtigen, den Krieg herbeiredenden und später begleitenden Schriften auf und führte ihren biologistischen Furor[496] zu höheren Weihen, indem er den „Kampf ums Dasein" zu einer Grundkonstante menschlicher Existenz erklärte. Spenglers Menschenbild, seine politischen und sozialökonomischen Überzeugungen konstituierten sich also unter den Bedingungen des Krieges und unterlagen bis zu seinem Tod im Jahr 1936 keiner wesentlichen Entwicklung mehr: Hierzu gehörten seine Ablehnung von Demokratie und Parlamentarismus, seine Intellektuellen-Schelte, die Darwinisierung gesellschaftlicher und politischer Konflikte, seine Umwertung des marxistischen Sozialismus in einen „preußischen", das damit verbundene Korporationsmodell eines künftigen deutschen Staates sowie die Stilisierung Deutschlands zum kommenden Welteroberer.

Spenglers Rede von der Unvermeidlichkeit des Weltkrieges als „äußere Form der historischen Krisis"[497], als „Eröffnung einer Epoche", die von der *„Passivität* aller kontinentalen Faktoren mit Ausnahme des Deutschtums"[498] geprägt sein werde, war eine Variation der in den Kriegsjahren in Deutschland herrschenden Überzeugung, dass ein künftiger deutscher Sieg vor allem für die Vitalität und

---

494 Spengler, *Briefe*, S. 49f; s. auch S. 66f.
495 Koktanek, *Spengler*, S. 197.
496 Als exemplarisch kann hier die einflussreiche Schrift *Deutschland und der nächste Krieg* (1912) des Majors a. D. Friedrich von Bernhardi gelten, in der der Krieg als eine „biologische Notwendigkeit", als ein „Regulator im Leben der Menschheit" bezeichnet wird, ohne den sich eine „ungesunde, jede Förderung der Gattung und daher auch jede wirkliche Kultur ausschließende Entwicklung ergeben müßte". Zit. nach Rürup, „Geist von 1914", S. 6.
497 UdA, S. 65.
498 Spengler, *Briefe*, S. 53f.

Überlegenheit der deutschen Kultur bürge, dass die Zerstörung des alten Staatensystems den Triumph des deutschen „Geistes von 1914" über die bürgerliche Welt, die „Ideen von 1789", bedeute – mithin den Beginn eines neuen Zeitalters.[499]

Die Frankophobie vieler Deutscher, die Identifikation der Franzosen mit den dekadenten Bewohnern des alten Roms,[500] teilte Spengler nicht. Ganz im Gegenteil: Innerhalb seiner „Morphologie" fiel dem Deutschen Reich die Rolle des aufstrebenden Roms auf seinem Weg zur Weltmacht zu. Als „homologes"[501] Pendant zum dritten Punischen Krieg verglich Spengler den Weltkrieg mit dem „Übergang der hellenistischen in die Römerzeit", wobei die Mission des Römischen Reiches nun an Deutschland übergehen werde:

> „Das *Römertum*, von strengstem Tatsachensinn, ungenial, barbarisch, diszipliniert, praktisch, protestantisch, *preußisch*, wird uns, die wir auf Vergleiche angewiesen sind, immer den Schlüssel zum Verständnis der eigenen Zukunft bieten. *Griechen und Römer – damit scheidet sich auch das Schicksal, das sich für uns schon vollzogen hat, von dem, welches uns bevorsteht.*"[502]

Aus dem Blickwinkel des Ästheten an der Heimatfront stellte sich die Auseinandersetzung zwischen Deutschland und seinen Feinden als Tableau vivant dar:

---

499 Rürup, „Geist von 1914", S. 4, 15; Eksteins, *Tanz über Gräben*, S. 142–150.

500 Stibbe, Matthew: *German Anglophobia and the Great War. 1914–1918.* Cambridge 2001, S. 11.

501 Spengler beanspruchte, den Goethe'schen Begriff der „Homologie" in die „historische Methode" eingeführt zu haben. Homologie bedeutete für Spengler die *„morphologische* Gleichwertigkeit" historischer Erscheinungen verschiedener Epochen: So entspreche etwa die dionysische Strömung in der Antike der Renaissance Westeuropas oder die Ära Hannibals dem gegenwärtigen Weltkrieg. „Aus der Homologie historischer Erscheinungen folgt sogleich ein völlig neuer Begriff. Ich nenne *„gleichzeitig"* zwei geschichtliche Tatsachen, die, jede in ihrer Kultur, in genau derselben – relativen – Lage auftreten und also eine genau entsprechende Bedeutung haben." „Ich hoffe zu beweisen, daß ohne Ausnahme alle großen Schöpfungen und Formen der Religion, Kunst, Politik, Gesellschaft, Wirtschaft, Wissenschaft in sämtlichen Kulturen *gleichzeitig* entstehen, sich vollenden, erlöschen; daß der inneren Struktur der einen die aller anderen durchaus entspricht". UdA, S. 150ff.

502 UdA, S. 36f.

„Betrachten Sie den Typus unsrer feldgrauen Soldaten, der welthistorisch sein wird. Keine andre Armee hat etwas so Symbolisches in ihrer Erscheinung. So traten den malerischen Soldaten der hellenischen und punischen Heere die römischen Legionen gegenüber: nüchtern, schmucklos, aber von eiserner innerlichster Selbstverständlichkeit."[503]

Spenglers offensiv zur Schau getragene Nüchternheit im Urteil, das sich auf vermeintliche historische Gewissheiten, auf die Unabänderlichkeit des historisch Notwendigen berief, wurde allein durch seine larmoyante Klage konterkariert, dass nämlich „dies Land" – Deutschland – wie Rom „immer gehaßt worden" sei und „nie, niemals einen Freund besessen" habe.[504] Dies werde sich nun allerdings ändern, heißt es in einem Brief Mitte 1915:

> „Aber denken Sie einmal an Rom, das 202 bei Zama eben mit letzter Kraft seinen Existenzkampf (den *letzten*, wie wir heute!) siegreich beendete und ohne größere Kriege bis 167 v. Chr. seine Einflußsphäre bis zum Euphrat ausdehnte. Mit diesem Kriege hört der Begriff Großmacht auf; es gibt nur noch Weltmächte, und zwar neben uns zunächst England und Rußland, ohne daß unsre Überlegenheit ernstlich angezweifelt werden wird. [...] Wir *haben* jetzt, oder doch in wenigen Jahren, die Position, die man uns seit 200 Jahren einzunehmen hindern wollte. Damit hört dann auch jene Politik auf, die Deutschland allerseits als *den* Feind voraussetzte. Von da an werden wir erst Freunde finden, da wir mehr geben als beanspruchen können."[505]

In diesen Zusammenhang gehört auch Spenglers Reaktion auf Klöres' Klage über die Missstände an der deutschen Front. Spengler rechtfertigte diese „rein menschliche Lage" mit dem Verweis, dass „eine große welthistorische Mission" – die der Deutschen – nun einmal nicht mit „einer Art idealen Menschentums als Vorbedingung" verknüpft sein müsse. „Rohheit, Plattheit, Habgier, Unfähigkeit" seien auch bei den siegreichen Römern die Regel gewesen.

> „Was dann die Weltherrschaft betrifft, so ist sie – ich kann Ihnen das hier nicht erklären, es gehört in mein Buch – ein *negatives* Phänomen, nicht Überschuß an Kraft auf der einen, sondern Mangel an Widerstand auf der andern Seite. Die Römer haben die Welt gar nicht erobert. Sie haben nur ok-

---

503 Spengler, *Briefe*, S. 33.
504 Ebd., S. 42; s. auch PuS, S. 6.
505 Ebd., S. 43.

kupiert, was politisch tot war. [...] Dies ist die Situation des 20. Jahrhunderts."[506]

Das junge, kraftstrotzende Volk der Deutschen musste sich, im Sinne Spenglers, also nur nehmen, was ihm – angesichts der Altersschwäche der vormals dominanten europäischen Völker – ohnehin zustand. Der oben bereits angedeutete England-Antagonismus spielte dabei nicht nur in den Welteroberungsphantasien Spenglers eine Rolle, sondern war ein zentrales Motiv jener deutschen Kriegspublizistik, die über die übliche „Gott-strafe-England"-Rhetorik hinausging.

> „Ob es uns gelingt, in diesem Kriege London zu erreichen (das Zama für die Engländer) ist mir nicht ganz sicher. Daß ein umfassender Plan dazu vorliegt, weiß ich. Sollte er jetzt unausführbar sein, so wird ein zweiter Krieg gegen England den Sieg bringen, der historisch notwendig ist."[507]

In der noch während des Krieges konzipierten Streitschrift *Preußentum und Sozialismus* (1919)[508] überführte Spengler erneut den eigentlich „ethischen" Gegensatz zwischen der englischen und der deutsch-preußischen „Idee" (Geschäftsgeist versus Dienstgesinnung) in einen politischen und letztlich kriegerischen Gegensatz – im Zusammenhang mit der Rechtfertigung des Krieges als metaphysisches Ereignis, als konstituierendes Element menschlichen Daseins:

> „Mögen unsere trivialen Friedensschwärmer von Völkerversöhnung reden: die I d e e n werden sie nicht versöhnen; der Wikingergeist [der englische Geist – S. P.] und der Ordensgeist [der preußische Geist – S. P.] werden ihren Kampf zu Ende führen, mag auch die Welt müde und gebrochen aus den Blutströmen dieses Jahrhunderts hervorgehen.

---

506 Ebd., S. 53.
507 Ebd., S. 33.
508 *Preußentum und Sozialismus* geht auf den Entwurf *Römer und Preußen* zurück, den Spengler etwa im November 1916 seinem Freund Klöres vorgetragen hatte. Am 1. September 1918 heißt es dann: „Ich selbst habe jetzt mein Manuskript ‚Römer und Preußen' vorgenommen, von dem ich Ihnen vor zwei Jahren in Landshut erzählte. Ich möchte jetzt die Reinschrift machen". Spengler, *Briefe*, S. 108.

[...] Ideen, wenn sie zur Entscheidung drängen, verkleiden sich in politische Einheiten, in Staaten, in Völker, in Parteien. Sie wollen mit Waffen, nicht mit Worten ausgefochten werden. [...] Alles was aus innerstem Seelentum Mensch und menschliche Schöpfung geworden ist, opfert den Menschen. Ideen, die Blut geworden sind, fordern Blut. Krieg ist die ewige Form höhern menschlichen Daseins, und Staaten sind um des Krieges willen da; sie sind Ausdruck der Bereitschaft zum Kriege."[509]

Im Übrigen war auch unter führenden deutschen Historikern wie Otto Hintze, Hans Delbrück oder dem Russland-Experten Otto Hoetzsch die Überzeugung verbreitet, dass der Stern der britischen Suprematie im Sinken begriffen sei und England Deutschland als gleichberechtigten Partner anerkennen müsse.[510] Darüber hinaus empfanden viele vormals englandfreundliche Professoren den britischen Kriegseintritt als persönliche Kränkung.[511] Spenglers England-Fixierung wiederum offenbarte auf der psychologischen Ebene den Neid des ewig zu kurz Gekommenen auf den vom Schicksal vermeintlich bevorzugten, mit selbstverständlicher Geste seine Vormachtstellung verteidigenden Gegner. Als der Sieg Deutschlands über England auf sich warten ließ, versuchte Spengler die deutsche Überlegenheit sozialökonomisch und politisch zu beweisen: Mit *Preußentum und Sozialismus* schrieb er die antienglischen, staatssozialistischen Ideen Johann Plenges, Werner Sombarts, Max Schelers und Ernst Troeltschs fort. Diese hatten während des Krieges erfolgreich begonnen, England als geschäftssüchtige Krämernation zu diffamieren, der jegliche höhere Idee, jegliche Hingabe an ein gemeinschaftliches Ideal abgehe[512] – im Gegensatz zum deutschen Volk, das Rudolf Eucken etwa, der Lehrer Schelers, in seiner Flugschrift *Die weltgeschichtliche Bedeutung des deutschen Geistes* (1914) gar zur

509 PuS, S. 55.
510 Stibbe, *German Anglophobia*, S. 59–72. Stibbe weist nach, dass England mit Kriegsbeginn Russland und Frankreich als ‚Erzfeind' ablöste.
511 Eksteins, *Tanz über Gräben*, S. 304.
512 Vgl. Rürup, „Geist von 1914", S. 15–24; Flasch, *Mobilmachung*, S. 122–146, 147–170; Eksteins, *Tanz über Gräben*, S. 304ff; Stibbe, *German Anglophobia*, S. 19f, 61.

„Seele der Menschheit" bestimmte, deren Vernichtung „die Weltgeschichte ihres tiefsten Sinnes berauben würde."[513]

Spenglers Überlegungen zu preußischem Pflichtgefühl und
Dienstethos nahmen also während des Krieges Gestalt an und gehören in den Umkreis jener Vorstellungen, denen die staatlich organi-
sierte deutsche Kriegswirtschaft als Grundlage diente und die insbesondere unter den Propagandisten der sogenannten Ideen von
1914 (hier vor allem Johann Plenge und der schwedische Staats-
rechtler Rudolf Kjellén) sehr populär waren. Deren Einfluss reichte
bis in die Reihen der Gewerkschaften und des rechten Flügels der
Sozialdemokratie.

Für Plenge war „die neue Idee von 1914" schlicht gleichbedeu-
tend mit der „Idee der deutschen Organisation", der „Volksgenossenschaft des nationalen Sozialismus".[514] Plenges Diktum: „Wir waren ein Volk der Dichter und Denker. Wir sind ein Volk der neuen
Arbeitspraxis geworden. Praktisch dichten und denken heißt: *organisieren*",[515] taucht auch bei Spengler in Briefen und Schriften immer
wieder auf – etwa in dem zwischen 1914 und 1917 entstandenen
Fragment einer unveröffentlichten *Denkschrift an den Adel*, in der er
dem preußischen Adel die „ungeheure Aufgabe" zumaß, „das was er
in diesem Kriege für das Heer getan hat, auch für den Staat zu
tun."[516]

513 Zit. nach Hoeres, Peter: *Krieg der Philosophen. Die deutsche und britische Philosophie im Ersten Weltkrieg*. Paderborn 2004, S. 220.
514 Plenge, Johann: *1789 und 1914. Die symbolischen Jahre in der Geschichte des
politischen Geistes*. Berlin 1916, zit. nach Rürup, „Geist von 1914", S. 18f; s. auch
Flasch, *Mobilmachung*, S. 279ff. Im Übrigen waren solche Überlegungen keineswegs nur Produkt der deutschen Mobilmachung. Anlässlich des Kaiserge-
burtstages 1894 sprach der Historiker Max Lenz im Zusammenhang mit der lu-
therischen Obrigkeitslehre, die den protestantischen Nationen die „weltgeschichtliche Führung" gebracht habe, von der Tugend „unseres Gehorsams". Am
Vorabend des Ersten Weltkrieges feierte der Historiker Erich Marcks den „Geist
der Disziplin, der unsere Industrie groß gemacht" und die „militärische Zucht",
die „unser Volksleben hundertfach befruchtet" hätten. Zit. nach See, *Ideen von
1789*, S. 110.
515 Plenge, Johann: *Der Krieg und die Volkswirtschaft*. Münster 1915, zit. nach Rürup, „Geist von 1914", S. 18.
516 Zit. nach Koktanek, *Spengler*, S. 184.

In *Preußentum und Sozialismus* nun formulierte Spengler den „preußischen Stil" einer von ihm favorisierten Staats- und Geschichtsauffassung aus. Neben seiner Neubestimmung der Begriffe ‚Konservatismus' und ‚Sozialismus', die ein zentrales argumentatives Instrument in *Preußentum und Sozialismus* ist, wertete er quasi en passant den Typus des preußischen Offiziers, das alliierte Feindbild und Symbol des deutschen Militarismus schlechthin, ins Positive um. Die Grenzen zwischen einer kriegerischen und einer zivilen Staats- und Gesellschaftsordnung wurden dabei aufgehoben:

> „Eine Gesellschaft von ‚Ichs' ohne das Pathos eines starken, Gleichförmigkeit schaffenden Lebensgefühls ist immer etwas lächerlich. [...]

> Statt dessen hat der preußische Stil das ebenso starke und tiefe Standesbewußtsein gezüchtet, ein Gemeingefühl nicht des Ruhens, sondern der Arbeit, die Klasse als Berufsgemeinschaft, und zwar des Berufs mit dem Bewußtsein, für alle, für das Ganze, für den Staat wirksam zu sein: den Offizier, den Beamten, nicht zuletzt die Schöpfung Bebels, den klassenbewußten Arbeiter. Wir haben eine Symbolik in Worten dafür: oben heißt es Kamerad, in der Mitte Kollege, unten in genau demselben Sinn Genosse. Es liegt eine hohe Ethik darin nicht des Erfolges, sondern der Aufgabe. Die Zugehörigkeit gibt nicht der Reichtum, sondern der Rang. Der Hauptmann steht über dem Leutnant, mag der auch Prinz oder Millionär sein."[517]

Äußerer Ausdruck einer solchen soldatischen Hierarchie war für Spengler die „preußische Uniform", „Ausdruck nicht des privaten Daseins, sondern des öffentlichen Dienstes, nicht des E r f o l g e s der Lebenstätigkeit, sondern der Tätigkeit s e l b s t."[518]

Die streng korporativ gegliederte, vom „Gesinnungsmilitarismus"[519] beseelte preußisch-deutsche Gesellschaft war ein Wunschbild Spenglers, deren Merkmale er vor allem in der Kriegs- und Nachkriegsordnung Deutschlands ausfindig zu machen glaubte. Gegenentwurf zu seinem Staats- und Gesellschaftsideal war das hässli-

---

517 PuS, S. 37f. Auch bei Scheler existiert das Motiv von der im „militaristischen Stil" organisierten deutschen Sozialdemokratie. Flasch, *Mobilmachung*, S. 137–143. Vgl. auch die staatssozialistischen Ideen Troeltschs bei Flasch, ebd., S. 152f, 161–164.
518 PuS, S. 38.
519 Scheler, Max: *Der Genius des Krieges*, zit. bei Flasch, *Mobilmachung*, S. 142.

che Bild der deutschen Novemberrevolution. Die Revolte galt Spengler als Verrat an jenem korporativ verfassten Staatswesen der Deutschen, dessen ‚Idee' er mit dem Begriff des „autoritativen Sozialismus" umriss. Die gewachsenen Korporationen des deutschen Sozialismus ignorierend, hätten die deutschen Marxisten den dritten
Stand erfunden und den „sozialistischen Gedanken" dem vierten
Stand als Privileg überlassen:

> „Im Banne dieser Konstruktionen zog man denn im November aus, um das
> zu erreichen, was im Grunde längst da war. Und da man es im Nebel der
> Schlagworte nicht erkannte, zerschlug man es. Nicht nur der Staat, auch die
> P a r t e i   B e b e l s, das Meisterwerk eines echt sozialistischen Tatsachen-
> menschen, durch und durch militärisch und autoritativ und eben damit die
> unvergleichliche Waffe der Arbeiterschaft, wenn sie dem Staat den Geist des
> neuen Jahrhunderts einimpfen wollte, ging in Trümmer. Das macht diese
> Revolution so verzweifelt lächerlich: sie brach auf, um ihr eignes Haus anzu-
> zünden. Was 1914 das deutsche Volk sich selbst versprochen, was es bereits
> langsam, ohne Pathos zu verwirklichen begonnen hatte, wofür zwei Millio-
> nen Männer gefallen waren, wurde verleugnet und vernichtet."[520]

Für Spengler hat also die „e c h t e" sozialistische Revolution in
Deutschland – die einzige Revolution, zu der die Deutschen im Sinne
Spenglers offensichtlich in der Lage waren – im Jahr 1914 stattgefunden: „Sie vollzog sich in legitimen und militärischen Formen."[521]
In den Augen Spenglers bedeutete dies: Was für Engländer und
Franzosen die Revolution ist, ist für die Deutschen der Krieg. Deutsches ‚Wesen' und die sich daraus ableitenden Formen des Ge-
meinwesens müssten deshalb zwingend „illiberal und antidemokratisch", vor allem jedoch „a n t i r e v o l u t i o n ä r" sein.[522]

Trotzdem glaubte Spengler in der Revolution einen Nutzen zu
erkennen, wenn nur die künftigen Gestalter, die Vertreter des „alt-
preußische[n] Element[s]", gemeinsam mit dem „anständige[n] Teil
der Arbeiterschaft" die Führung übernähmen – „*gegen* den Anarchismus, in dem die Spartakusgruppe mit dem Linksliberalismus
der Judenzeitungen, Winkelliteratur, Börsianer und Doktrinäre

---

520 PuS, S. 16; s. auch Spengler, *Briefe*, S. 112.
521 PuS, S. 12, s. auch S. 11.
522 Ebd., S. 13.

merkwürdig verwandt ist." Schließlich werde von dem „Sozialismus der heutigen Programme" nur das realisiert, was der Hohenzollernstaat von jeher gewollt habe: „Organisation der Produktion, des Verkehrs durch den Staat; jeder ein Diener des Staates; also unliberale und autoritative Formen schroffster Art."[523] Als solche imaginierte Spengler etwa „eine Diktatur, irgend etwas Napoleonisches", das nach all dem revolutionären Terror von den Menschen als Erlösung empfunden werde:

> „Aber dann muß Blut fließen, je mehr desto besser; eine lächerliche Nachgiebigkeit in Form von Mehrheitsregierungen und Duldung aller Meinungen, wie sie unsere lächerlichen Literaten von der Nationalversammlung erträumen, ist gar nicht möglich. Erst Gewalt, dann Aufbau, und zwar nicht durch den politischen Dilettantismus von Mehrheiten, sondern durch die überlegene Taktik weniger, die für [die] Politik geboren und berufen sind."[524]

Spenglers bis zuletzt unerschütterliche Siegesgewissheit ließ ihn die Nachricht von der Niederlage Deutschlands geradezu körperlich empfinden. Noch ein knappes halbes Jahr vor Kriegsende und rund einen Monat nach Unterzeichnung des Friedens von Brest-Litovsk hatte sich Spengler in einem Brief an Hans Klöres die kommende „Abdankung der romanischen Nationen" ausgemalt, ebenso das „faktische[...] deutsche[...] Protektorat über den Kontinent (bis zum Ural!)".[525] Doch kurz vor Kriegsende gestand er in privaten Aufzeichnungen:

> „Was für ein schwacher Mensch ich bin. Von Jugend auf diese Träume vom größeren Deutschland, von Krieg und Sieg, und nun kann ich mich nur aufrecht halten, indem ich keine Zeitung lese, mich zwinge, an nichts zu denken, was mit dem Krieg zusammenhängt. Ich gehe mit Herzklopfen an jedem Schaufenster vorbei, wo eine Zeitung etwas Großgedrucktes zeigt."[526]

An anderer Stelle beschrieb er die „Leidenschaft", lieber sterben zu wollen, als „in einem erniedrigten Deutschland" zu leben.[527] Nach-

---

523 Spengler, *Briefe*, S. 112, s. auch S. 115.
524 Ebd., S. 113.
525 Ebd., S. 97.
526 Spengler, *Eis heauton* 31, zit. nach Koktanek, *Spengler*, S. 211.
527 Spengler, *Eis heauton* 21, 75, zit. nach ebd.

dem die Niederlage Deutschlands besiegelt war, berichtete er Klöres in einem Brief vom Dezember 1918 von „Ekel und Scham über die schmachvollen Ereignisse der letzten Zeit", die ihn so sehr angegriffen hätten, dass er „manches Mal" gedacht habe, „es nicht überstehen zu können." Das besondere Dienstethos, das er den Deutschen attestierte, sich selbst abverlangend heißt es dann aber: „Wenn ich nicht meine Aufgabe hätte, die erfüllt sein will, wer weiß, wozu meine Stimmungen mich hingerissen hätten."[528] Doch schon am Ende dieses Briefes – im Zusammenhang mit seiner Utopie einer ständischen Diktatur – zeichnete Spengler dann wieder die Umrisse eines zukünftigen Europas, in dem England und Frankreich nur noch ein „Scheindasein" führten, in dem die „Zersetzung auch die Westmächte so stark angegriffen" haben werde, „daß der Aufbau von Mitteleuropa aus uns die Stellung verschafft, die unsere Bestimmung ist und an die ich unerschütterlich weiter glaube."[529]

In einem späteren Brief schließlich interpretierte Spengler in einer Art alttestamentarischer Wendung die ‚Schmach' von Versailles in einen heilsamen Kataklysmus um – allerdings nicht (wie etwa Ernst Troeltsch oder auch Thomas Mann) im Sinne einer moralischen Umkehr: „ich sehe mit stillem Behagen, wie die Entente den Deutschen zur Vergeltung erzieht – Napoleon hat das auch schon einmal erfahren und wir *brauchen* bei unserm Naturell diese Katastrophen auf dem Wege zum Ziel."[530]

3.1.2 Russlands Selbstfindung

„Ich erlebe diesen Weltenbrand als Akt der Vorsehung und als unausweichlich, und vermutlich werden wir (und die ganze Welt) erneuert daraus hervorgehen. Echter Frieden kann nur über Krieg erlangt werden. Die bourgeoise Welt war nichts wert, war eine Lüge. Jetzt lechzt die Seele nach einem Sieg Russlands über die Deut-

---

528 Spengler, *Briefe*, S. 111.
529 Ebd., S. 113.
530 Brief an Hans Klöres v. 26. März 1919 in: ebd., S. 127; s. auch Koktanek, *Spengler*, S. 212.

schen."[531] – Auch wenn Berdjaev den religiös-patriotischen Extremismus Vladimir Ėrns, Sergej Bulgakovs oder Vjačeslavs Ivanovs nicht teilte,[532] so zeugen diese Zeilen aus einem Brief an Michail Geršenzon davon, dass für ihn wie für viele andere russische Intellektuelle die ‚Notwendigkeit' eines Krieges außer Frage stand. Abgesehen von einigen wenigen – wie etwa der Dichterin Zinaida Gippius oder Maksim Gor'kij – herrschte unter den führenden Schriftstellern des Landes eine Kriegsbegeisterung, die wohl vor allem dem alten Wunsch der Intelligencija nach Zugehörigkeit, nach Vereinigung mit dem vermeintlichen Volkswillen entsprang. In Paraphrase des Ausspruchs des deutschen Kaisers behauptete etwa die liberale Moskauer *Utro Rossii* (*Der Morgen Russlands*), dass „es jetzt weder Rechte noch Linke gibt, weder Regierung noch Gesellschaft, sondern nur eine Vereinigte Russische Nation".[533] Darüber hinaus ergriffen viele Intellektuelle nun die Gelegenheit, sich vom „inneren Deutschen"[534] zu verabschieden: „Der Krieg wurde als eine Strafe für die ‚innere Verdeutschung' des russischen Nationalcharakters und zugleich als eine Chance zur Befreiung von der Übermacht des deutschen Einflusses in der Kultur, im Staatswesen sowie in der nationalen Identität gesehen."[535] Die Euphorie der gebildeten Schichten übertrug sich allerdings nicht auf jene Millionen Bauern und Arbeiter, die schließlich in den Krieg ziehen mussten: „Bei ihrer Verabschiedung auf den Bahnhöfen gab es keine Fahnen oder Militärkapellen, und wie aus-

---

531 „N. A. Berdjaev. Pis'ma k M. O. Geršenzonu" [N. A. Berdjaev. Briefe an M. O. Geršenzon], Brief v. 22. Juli 1914, in: *Voprosy Filosofii* 5, 1992, S. 119–136, S. 124.

532 Siehe Stäglich, *Ern*, S. 154–161; Vadimov, *Žizn Berdjaeva*, S. 159f.

533 Zit. nach Figes, *Tragödie*, S. 274. Siehe auch Berdjaev, Nikolaj: „Staraja i novaja Rossija" [Das alte und das neue Russland], in: Kudrjašov, P.: *Idejnye gorizonty mirovoj vojny* [Ideelle Horizonte des Weltkrieges]. Moskau 1915, S. 163–167. Wie in einem Reader's Digest hat Kudrjašov hier Auszüge aus Zeitungs- und Zeitschriftenartikeln führender russischer Intellektueller zusammengestellt.

534 „Wir müssen den ‚inneren Deutschen' in uns besiegen" hieß es in einem Artikel Evgenij Trubeckojs. Zit. nach Plotnikov, Nikolaj /Kolerov, Modest: „Den inneren Deutschen besiegen. Nationalliberale Kriegsphilosophie in Rußland 1914– 1917", in: Herrmann, Dagmar / Volpert, Astrid: *Traum und Trauma. Russen und Deutsche im 20. Jahrhundert*, Bd. 2. München 2003, S. 15–59, S. 20f (Anm. 16).

535 Ebd., S. 20f.

ländische Beobachter berichteten, lag auf den Gesichtern der meisten Soldaten ein düsterer und resignierter Ausdruck."[536] Auch Berdjaev gestand in seiner 1918 veröffentlichten *Philosophie der Ungleichheit*, die Gesichter der jungen Freiwilligen, die im September 1914 in den „sicheren Tod" marschierten, niemals vergessen zu können.[537] Schon im Dezember 1914 konstatierte er für die Moskauer Kreise, in denen er sich bewegte, dass die Ansichten über den Krieg „nüchterner" geworden seien.[538]

Berdjaev, der bis Kriegsbeginn nicht mehr als ein Dutzend Artikel und Rezensionen veröffentlicht hatte, produzierte im Laufe der Kriegsjahre nicht weniger als siebzig Beiträge für Periodika und machte sich so zum wohl gesprächigsten Verkünder des „katastrophischen Zeitalters". Die erste öffentliche Reaktion des Philosophen war ein Text mit dem Titel *Vojna i vozroždenie* (*Krieg und Wiedergeburt*), den er im August 1914 in *Der Morgen Russlands* publizierte und in dem er die an Fichte angelehnte Formulierung „Reden an die russische Nation" gebrauchte.[539]

Abgesehen von seinen Sympathien für die polnischen Flüchtlinge in Moskau scheint sich Berdjaev noch weniger als Spengler für die – grausame – Realität des Krieges interessiert zu haben. Seine Zeit war angefüllt mit Geldsorgen, der Suche nach einer passenden Bleibe in Moskau, mit Reiseplänen und Verhandlungen mit verschiedenen Verlagen. Zwar berichtete er Geršenzon im Juli 1915, dass er „augenblicklich ganz vom Krieg in Anspruch genommen" sei „und von den Fragen, die mit ihm verknüpft sind"[540] – allerdings diente auch Berdjaev der Krieg überwiegend als Rechtfertigung seiner geschichtsphilosophischen Prämissen: Er galt ihm als Ausdruck der geistigen Spaltung Europas, als Beweis für die Existenz eines höheren Sinns in der Geschichte, der sich in der bevorstehenden Herauf-

---

536 Figes, *Tragödie*, S. 274.
537 Siehe Vadimov, *Žizn Berdjaeva*, S. 157.
538 Ebd., S. 160; s. auch Lowrie, *Rebellious Prophet*, S. 141f.
539 Zit. nach Plotnikov/Kolerov, „Den inneren Deutschen", S. 22.
540 „N. A. Berdjaev. Pis'ma k M. O. Geršenzonu", Brief v. 26. Juli 1915, S. 127.

kunft eines neuen christlichen Zeitalters und der wachsenden Bedeutung Russlands manifestieren werde.

Mit großem Eifer, der nur zum Teil seiner notorischen Geldknappheit geschuldet war, machte sich Berdjaev an die Verbreitung seiner Thesen: Schon im Januar 1915 hielt er in Moskau eine Vorlesung mit dem Titel *Duša Rossii* (*Die Seele Russlands*), nachdem diese noch im Dezember von den städtischen Behörden verboten worden war.[541] Sie hat Eingang gefunden in die Artikelsammlung *Das Schicksal Russlands* von 1918, die die Essenz der Berdjaev'schen Weltanschauung unter den Bedingungen des Krieges enthält. Bereits seit Ende 1914 bemühte sich Berdjaev – letztlich erfolglos –, sein fertiggestelltes Buch *Der Sinn des Schaffens* bei *Muzaget*, dem Verlag der Symbolisten, unterzubringen. Am Ende des letzten Kapitels dieser zivilisations- wie religionskritischen Schrift, in der sich ihr Autor ausdrücklich zu einem „fast manichäischen Dualismus" bekannte,[542] findet sich dessen Abrechnung mit dem „Germanismus". Im Sinne der ‚großen Parallele' charakterisierte Berdjaev hier den „Eintritt der germanischen Rasse in die europäische Geschichte" als „Einbruch[543] des Stromes nordischen Barbarenbluts in das lateinische Kulturblut des Westens." Im Gegensatz zu den Germanen-Barbaren, die keinerlei blutsmäßig ererbte Verbindung zur antiken Welt gehabt hätten, trage die „lateinische Rasse" die Kultur im Blut. Im Verbund mit der katholischen bürge die rechtgläubige, lies russische Kultur für die Kontinuität der griechisch-römischen Antike, der einzigen, je existierenden Kultur im strengen Wortsinne. Den deutschen Protestantismus, die deutsche Philosophie identifizierte Berdjaev in ihrem vermeintlichen „Kritizismus" mit jenen Barbaren-Germanen, die am Zusammenbruch des Römischen Reiches schuld gewesen sein sollen: „Luther und Kant sind große Barbaren."[544] Im Kampf gegen den „germanischen Geist" vereinigte Berdjaev – die

---

541 Vadimov, *Žizn' Berdjaeva*, S. 158, 160.
542 Berdiajew, *Sinn des Schaffens*, S. 6 (Einleitung v. Februar 1914).
543 Im russischen Original: „Invasion". Berdjaev, Nikolaj: „Smysl tvorčestva", in: Berdjaev, Nikolaj: *Filosofija tvorčestva, kul'tury i iskusstva*, Bd. 1, hrsg. v. Renata Gal'ceva. Moskau 1994, S. 37–341, S. 303.
544 Berdiajew, *Sinn des Schaffens*, S. 351.

Frontlinien des Krieges nachziehend[545] – die „slavische Rasse" mit den Protagonisten des sonst von ihm so verachteten bourgeoisen Europas:

> „Die slavische Kultur im gewöhnlichen Sinne des Wortes steht weit unter der germanischen Kultur. Die slavische Rasse jedoch hat in ihr Fleisch und ihr Blut das Erbe der griechischen und byzantinischen Kultur aufgenommen. *Die slavische Rasse ist qua ihrer historischen Situation Antagonistin der germanischen Rasse.* Sie kann von ihr lernen, aber sie kann sie nicht nachahmen und nicht mit ihr verschmelzen. *Die lateinische Rasse ist uns näher, so wenig sie uns auch ähnlich sieht, so wenig sie uns auch gelehrt hat, aber sie droht nicht damit, uns zu verschlingen. Die Unterwerfung unter die Kultur der germanischen Rasse behindert die slavische Rasse in der Verwirklichung ihres überkulturellen, apokalyptischen Auftrages.*"[546]

Dass der von ihm behauptete historische und geistige Antagonismus zwischen ‚Germanen' und ‚Slaven' bereits zu einem militärisch-kriegerischen geworden war, erwähnte Berdjaev in *Der Sinn des Schaffens* mit keiner Silbe. Seinen auf den Krieg angewandten Anti-Germanismus[547] formulierte er dagegen in dem kurzen Aufsatz *Religija germanizma* (*Die Religion des Germanismus*) aus, der Eingang in die erwähnte Kriegsschriftensammlung *Das Schicksal Russlands* gefunden hat und der exemplarisch für die vielen, zum großen Teil

---

545 Oder er nahm sie vorweg. Wahrscheinlich ist jedoch, dass Berdjaev an dem Manuskript bis zu seiner endgültigen Veröffentlichung 1916 noch arbeitete und die germanophoben Stellen nach Ausbruch des Krieges einfügte. Siehe dazu Vadimov, *Žizn' Berdjaeva*, S. 154.

546 Hier zitiert nach der russischen Ausgabe von *Der Sinn des Schaffens*, da die deutsche Übersetzung die kursiv gesetzten germanophoben Passagen nicht enthält. Berdjaev, „Smysl tvorčestva", S. 305; vgl. Berdiajew, *Sinn des Schaffens*, S. 354.

547 Berdjaevs Germanophobie muss vor dem Hintergrund einer langen antideutschen Tradition in Russland gesehen werden, deren Ausformungen sich während der Kriegsjahre bedrohlich zuspitzten. Vor allem während der ersten Kriegswochen und während der Februarrevolution 1917 kam es zu Übergriffen auf deutsche Geschäfte und Büros. Darüber hinaus kursierten Gerüchte über angebliche deutsche Sabotageakte und Verrat auf höchster Ebene. Figes, *Tragödie*, S. 269–274, 308f. Siehe auch Fedjuk, Wladimir: „Der Kampf gegen die ‚deutsche Überfremdung' in der russischen Provinz", in: Eimermacher, Karl / Volpert, Astrid: *Verführungen der Gewalt. Russen und Deutsche im Ersten und Zweiten Weltkrieg*. München 2005, S. 95–120, und Plotnikov/Kolerov, „Den inneren Deutschen", S. 15–59.

nicht mehr zugänglichen Zeitungspolemiken Berdjaevs aus jenen Jahren stehen kann. Betrachtet man grob die zentrale Argumentationslinie in *Die Religion des Germanismus*, ist der Einfluss Vladimir Ėrns unübersehbar. Dessen chauvinistische „Prahlereien" und falsch verstandene Vaterlandsliebe (*kvasnoj patriotizm*) waren Berdjaev zwar zuwider, doch zweifellos geriet er während seiner Moskauer Aufenthalte in dessen Bann. Mit etlichen Artikeln, unter anderem mit *K sporam o germanskoj filosofii* (*Zum Streit über die deutsche Philosophie*), nahm Berdjaev Anteil an der äußerst regen Diskussion, die Ėrns Polemik *Ot Kanta k Kruppu* (*Von Kant zu Krupp*) in der Presse ausgelöst hatte.[548] Dabei vertrat er einen eher gemäßigten Standpunkt, wenn er die Bewertung der deutschen Philosophie nach „rassischen" Gesichtspunkten ablehnte. Zwar sei es nötig, gegen die „germanische Rasse" zu kämpfen, den Errungenschaften des deutschen Denkens dürfe man jedoch nicht den Krieg erklären.[549]

Auch in den meisten anderen an der Ėrn-Polemik beteiligten Beiträgen ging es um den Zusammenhang von deutschem Militarismus und deutscher Kultur. Berdjaev sah hier zwei Möglichkeiten: Für die einen existiere keinerlei Verbindung zwischen dem „alten Deutschland, dem Deutschland der großen Denker, Mystiker, Dichter und Komponisten – und dem neuen Deutschland, dem materialistischen, militaristischen, industrialisierten, imperialistischen Deutschland." Für die anderen (wie Ėrn) dagegen erzeuge der deutsche Idealismus in der Praxis erst den „Hunger nach Weltmacht und Weltherrschaft: von Kant führt ein direkter Weg zu Krupp." Zwar sei dieser zweite Standpunkt vereinfachend und polemisch, „im Prinzip" komme er der Wahrheit jedoch näher, weil alles Geistige mit dem Materiellen zusammenhänge und also auch der „germanische Materialismus" eine Erscheinung des „germanischen Geistes" sei.

---

548 *Von Kant zu Krupp* lag die gleichlautende Ansprache zugrunde, die Ėrn in einer öffentlichen Sitzung der Religiös-philosophischen Gesellschaft hielt, deren Mitglied auch Berdjaev war. Stäglich, *Ern*, S. 121f; s. auch Plotnikov/Kolerov, „Den inneren Deutschen", S. 24–29.

549 Berdjaev, Nikolaj: „K sporam o germanskoj filosofii" [Zum Streit über die deutsche Philosophie], in: *Russkaja mysl'* [Das russische Denken], Bd. 5, 2. Abt., 1915, S. 115–121, S. 120.

„Der Deutsche ist kein Dogmatiker und kein Skeptiker, er ist Kritizist. Er lehnt die Welt als kritisch nicht zu erfassende Realität ab, er erkennt das ihm von außen, objektiv gegebene Sein nicht an. Der Deutsche ist sowohl physisch als auch metaphysisch ein nordischer Mensch, die Welt stellt sich ihm von außen nicht als vom Sonnenlicht erleuchtet dar, wie den Menschen des Südens, den romanischen Völkern. Die Wahrnehmung des Seins bedeutet für den Deutschen vor allem die Wahrnehmung seines Willens, seines Denkens. Er ist Voluntarist und Idealist. Er ist musikalisch begabt und plastisch unbegabt. Musik ist noch subjektiv, ist der innere Zustand des Geistes. Plastik ist bereits objektiver, körperlicher Geist. Doch auf dem Gebiet des objektiven, körperlichen Geistes bringen es die Deutschen nur dazu, außergewöhnliche Technik zu erschaffen, Industrie, Waffen, aber keine Schönheit."[550]

Berdjaev deutete hier, wie schon fast wortgleich in *Der Sinn des Schaffens*, Nietzsches Unterscheidung zwischen apollinischer und dionysischer Kultur um, indem er das bei Nietzsche positiv besetzte Dionysisch-Musikalische lediglich als defizitäre, quasi barbarische Vorstufe des Apollinisch-Plastischen begriff. Mit seinem indirekten Bezug auf diese Unterscheidung (die er nicht weiterverfolgte) verbündete sich Berdjaev nun erneut mit dem europäischen Westen, dem siechen Nachfahren eines inzwischen in die Krise geratenen Sokratismus – gegen Deutschland, das Herkunftsland einer in Wagners Musik wiedergeborenen tragischen Weltauffassung.[551] Wie schon Ėrn korrigierte also auch Berdjaev unter dem Eindruck der Kriegshandlungen die alte Antithese ‚Russland und Europa' in die Antithese ‚Deutschland und Europa', wodurch sich Russland unversehens an der Seite des Letzteren wiederfand.[552]

In *Die Religion des Germanismus* charakterisierte Berdjaev den ästhetisch tauben Deutschen als einen rasenden Rationalisten, der

---

550 Berdjaev, Nikolaj: „Religija germanizma" [um 1915], S. 168. Keine der in *Das Schicksal Russlands* versammelten Schriften ist datiert.

551 Das „Dionysische" assoziierte Nietzsche mit einer tragischen Weltauffassung, einem „heroischen Pessimismus" (Sloterdijk), der für ihn in der Musik Wagners wiedergeboren wurde. Das „Apollinische" dagegen verband Nietzsche mit der sokratischen Aufklärung und deren vermeintlichem Fortschrittsoptimismus, der Tragik und Untergang nicht kenne. Sloterdijk, Peter: „Philologie der Existenz, Dramaturgie der Kräfte" [Nachwort], in: Nietzsche, Friedrich: *Die Geburt der Tragödie aus dem Geiste der Musik*. Frankfurt/Main 1986, S. 185–220, S. 196.

552 Vgl. Stäglich, *Ėrn*, S. 149f.

dem „kosmischen Chaos" nur qua „That", nur über vollständige Organisierung und Disziplinierung begegnen könne. In indirekter Reminiszenz an Aleksej Chomjakov attestierte Berdjaev den Deutschen ein Unvermögen zu „passiv-weiblicher Weltaneignung", wodurch sie zu „brüderlicher Vereinigung" nicht fähig seien.[553] An anderer Stelle klang seine Polemik wie eine Kritik an Spenglers preußischem Dienstethos, das die Deutschen für ein entindividualisiertes Dasein innerhalb einer autoritären Struktur prädestinieren soll:

> „Das Chaos in der Welt muss durch die Deutschen in eine Ordnung gebracht werden, alles im Leben muss durch sie von innen heraus diszipliniert werden. Daraus resultieren übermäßige Anforderungen, die die Deutschen als Pflicht erleben, als formalen, kategorischen Imperativ. Die Vergewaltigung des Seins verwirklichen die Deutschen mit moralischem Pathos. Das deutsche Bewusstsein ist immer normativ. Der Deutsche partizipiert nicht an den Geheimnissen des Seins, vor ihm steht eine Aufgabe, die Erfüllung der Pflicht.
>
> [...]
>
> Das deutsche Volk hat lange Zeit seine Energie im Innern gespeichert, seine geistigen Kräfte und seinen Willen angespannt, um dann der Welt auch seine materielle Stärke offenzulegen. Der Deutsche fühlt sich selbst als Organisator, der Ordnung und Disziplin in das Chaos der Welt bringt. Auf denkerischem Gebiet, in der Philosophie, wie auch im praktischen Leben, im Staatsleben, in der Industrie, in der Kriegstechnik ist der Deutsche erfüllt vom kategorischen Imperativ, und allein sich selbst hält er für fähig zur Pflichterfüllung. An den kategorischen Imperativ, an die Pflicht glaubt der Deutsche mehr als an das Sein, als an Gott. So dachten Kant und Fichte und viele andere große Deutsche. [...] Besonders uns Russen stößt dieses deutsche formalistische Pathos ab, dieses Verlangen, alles in eine Ordnung zu pressen und zu organisieren. [...]
>
> Der Wille zur Herrschaft über die Welt hat eine geistige Grundlage, er war das Resultat des deutschen Verständnisses von der Welt als etwas Unorganisiertem und vom Deutschen selbst als Träger von Ordnung und Organisation. Kant hat geistige Kasernen errichtet. Die modernen Deutschen ziehen es vor, reale Kasernen zu bauen. Die deutsche Erkenntnistheorie basiert auf

---

553 Berdjaev, „Religija germanizma", S. 169f.

dem gleichen Drill wie der deutsche Imperialismus. Der Deutsche fühlt sich nur in der Kaserne frei."[554]

Der deutsche Zwang zum Organisieren und Disziplinieren führe dazu, dass die Deutschen nicht damit zufrieden seien, „anderen Rassen und Völkern" *instinktive* Verachtung entgegenzubringen – nein, die Deutschen möchten auf wissenschaftlicher Grundlage verachten. Selbst die Rassentheorie legten sie in ihrem Sinne aus: Anstelle des „Ariers" gebrauchten sie nun den Begriff des „Indogermanen".[555] Daraus folgt für Berdjaev auch die eigentliche „Sünde des Germanismus" – sein Versuch, Wahrheit und Recht zu monopolisieren und zu nationalisieren, wie es „Chamberlain und andere Ideologen des Germanismus" getan hätten. „[R]assische Selbstverliebtheit" sei jedoch abscheulich: Auf die Deutschen, die sich für eine auserwählte, höherstehende und reine Rasse" hielten, müsse mit Kanonen geschossen werden.[556]

Berdjaevs Germanophobie war eng verknüpft mit seiner Zivilisationskritik. So wie sich Sombarts Antisemitismus unter den Bedingungen des Krieges in anglophobe Stereotype kleidete, so verdammte Berdjaev die „Mechanisierung und Maschinisierung" seiner Zeit ausschließlich als Attribute des deutschen Ungeistes.[557] Antagonist des „Germanismus" war für ihn das apokalyptische „russische Chaos". Die Russen seien am wenigsten in der Lage, die hegemonialen Prätentionen der Deutschen zu ertragen. Dem Hochmut des deutschen Willens müsse der russische „religiöse Wille" entgegengesetzt werden. Einem deutschen Zentraleuropa könne niemals die Weltherrschaft gehören, weil seine Idee keine „Weltidee" sei. Nur im russischen Geist liege ein „großer christlicher Universalismus" beschlossen.[558] Um die männlich-deutsche Dominanz – auch im Innern Russlands, auf der bürokratischen Ebene und auf geistigem Gebiet –

---

554 Ebd., S. 170ff.
555 Ebd., S. 174.
556 Berdjaev, „K sporam", S. 120f.
557 Berdjaev, Nikolaj: „Duch i mašina" [Der Geist und die Maschine], in: Berdjaev, *Sud'ba Rossii*, S. 233–240.
558 Berdjaev, „Religija germanizma", S. 173.

zu brechen, müsse die „weibliche slavische Rasse" ihrerseits „männlicher" werden, ausgestattet mit einem gereiften und selbstbestimmten Willen.[559] In seinem Beschwören des deutsch-russischen Gegensatzes unterschieden sich die Argumente Berdjaevs nicht von der panslavistischen Propaganda, deren Versatzstücke schon einige Jahre vor Kriegsbeginn in der russischen Öffentlichkeit präsent waren – spätestens seit der Annexion Bosnien-Herzegowinas durch Österreich im Jahre 1908, welche die Nationalisten aller Lager auf den Plan rief.

Während in den eben besprochenen Artikeln recht vage vom Kampf zwischen der „Religion des Germanismus" und dem russischen „religiösen Willen" die Rede war, folgte Berdjaev in *Slavjanofil'stvo i slavjanskaja ideja* (*Das Slavophilentum und die slavische Idee*) – erst einmal nur auf ‚geistiger' Ebene – der offiziellen Kriegsdoktrin des russischen Imperiums: So müsse der Zusammenprall der slavischen mit der germanischen Rasse dazu führen, dass sich die slavische Rasse ihrer selbst bewusst wird. Die „slavische Idee" müsse endlich angenommen werden, jedoch sei die „slavische Familie" nach wie vor zerstritten und das gegenseitige Misstrauen groß. Angesichts dieser Spaltung wünschte sich Berdjaev, das „russische gesellschaftliche Bewusstsein" möge zum Träger und Wortführer der slavischen Idee werden. Auch wenn über diese Idee in Russland nicht frei gesprochen werden dürfe, so war sich Berdjaev sicher, dass sie „unbewusst" im „Seelenkern" des russischen Volkes – wie ein Instinkt – existiere.[560] Zur Grundlage der slavischen Idee wie auch der „russischen messianischen Idee" könne nur der „russische geistige Universalismus" genommen werden. Man müsse die „russische Seele" schätzen lernen und erkunden, um den „russischen Über-Nationalismus" und die „russische Uneigennützigkeit" freizu-

---

559 Berdjaev, „Duša Rossii", S. 28f; Berdjaev, Nikolaj: „O ‚večno bab'em' v russkoj duše" [Über das „Ewig-Weibliche" in der russischen Seele], in: Berdjaev, *Sud'ba Rossii*, S. 30–42, S. 41f; Berdjaev, „Staraja i novaja Rossija", S. 166.
560 Berdjaev, Nikolaj: „Slavjanofil'stvo i slavjanskaja ideja" [Das Slavophilentum und die slavische Idee], in: Berdjaev, *Sud'ba Rossii*, S. 135–142, S. 135.

legen – Eigenschaften, die von den anderen Völkern nicht wahrgenommen würden.

> „Wir müssen uns zwingen, an uns zu glauben, an die Stärke unseres nationa-
> len Willens, an die Reinheit unseres nationalen Bewusstseins, wir müssen
> uns zwingen, unsere ‚Idee' zu erkennen, die wir der Welt bringen, wir müs-
> sen uns zwingen, zu vergessen und die historischen Sünden unserer Mächti-
> gen zu vergeben. [...] Die slavische Einigung geht vollkommen neue Wege.
> Unser nationales Denken muss in schöpferischer Weise an der neuen slavi-
> schen Idee arbeiten, denn die weltgeschichtliche Stunde hat geschlagen, da
> die slavische Rasse mit ihrem Wort die Arena der Weltgeschichte betreten
> muss. Sie löst die germanische Rasse als herrschende ab und wird sich ihrer
> Einheit und ihrer Idee in der blutigen Auseinandersetzung mit dem Germa-
> nismus bewusst. Die Idee der slavischen Einigung, die vor allem eine rus-
> sisch-polnische Einigung ist, sollte nicht äußerlich-politisch, nicht utilitär-
> staatlich, sondern vor allem geistig bestimmt sein, dem inneren Leben zu-
> gewandt sein."[561]

Den hybriden Charakter seiner Ansichten kaum verbergend ver-
mischte Berdjaev seine Ansprüche auf moralische Vorherrschaft mit
politischen Prätentionen. In *Konec Evropy* (*Das Ende Europas*) konkretisierte er seine Vorstellungen insofern, als er sich nun ausdrücklich der offiziellen Mission des Russischen Reiches anschloss: Diese
bestehe in der „Verteidigung und Befreiung der kleinen Völker" und
der Abwehr der „Gefahr aus dem mongolischen Osten". Dafür jedoch
müsse sich Russland erst einmal des „Mongolisch-Östlichen in ihm
selbst" entledigen. Auf Kolonien erhebe Russland keine Ansprüche,
schließlich besitze es bereits riesige asiatische Kolonien im Innern,
mit denen man noch viel Arbeit haben werde. Deshalb kenne Russland auch keine Großmachtbestrebungen: „[W]ir sind bereits ein
großes Imperium und müssen keins mehr werden." Russlands einziges wirkliches Kriegsziel seien „Konstantinopel und der Zugang
zum Meer".[562] In diesem Sinne war der russische Imperialismus für
Berdjaev auch kein gewöhnlicher – er gleiche weder dem englischen
noch dem deutschen Imperialismus, sei seiner Natur nach „wider-
sprüchlich". So fuße er zwar auf einer nationalen Grundlage; seine

---

561 Ebd., S. 142.
562 Berdjaev, „Konec Evropy", S. 125f.

Aufgabe, die Vereinigung „von West und Ost, Europa und Asien" mit seinem Zentrum in Konstantinopel ginge jedoch über eine rein nationale Aufgabe hinaus. Berdjaevs Sorge war lediglich, ob die Russen dieser Aufgabe gerecht werden können. Denn wenn Russland nach außen als Befreier unterdrückter Völker auftreten wolle, könne es nicht im Innern ganze Bevölkerungsteile, wie etwa die Juden, in Rechtlosigkeit halten.[563]

Wenn Berdjaev hier die Lösung der ‚jüdischen‘, ‚polnischen‘, ‚finnischen‘ und ‚armenischen Frage‘ anmahnte und damit indirekt auf den Befreiungskrieg gegen Napoleon anspielte[564], scheint für einen kurzen Moment so etwas wie ein staatsbürgerliches Bekenntnis auf, eine Regung, der sich Berdjaev in seinen schriftlichen Äußerungen so gut wie niemals hingab.

In dem für die *Börsennachrichten* geschriebenen Artikel *Ideja imperializma i naše prizvanie* (*Die Idee des Imperialismus und unsere Berufung*) schilderte Berdjaev den Niedergang der heiligen „Idee des Imperiums", die auf dem Traum von einer vereinten Menschheit gründe. Dieser Idee sei das Heilige Römische Reich noch verpflichtet gewesen – der „heilige Imperialismus", zuletzt verkörpert im napoleonischen Empire, sei im 19. und 20. Jahrhundert jedoch zum „bourgeoisen Imperialismus" der Nationalstaaten, zum reinen Großmachtstreben degeneriert. Den Weltkrieg werde der bourgeoise Imperialismus allerdings nicht überleben, und die Einheit der Menschheit werde schließlich auf geistiger Ebene, jenseits jeglicher Materialität zustande kommen – mit Russland als „Träger des Weltgeistes, des übernationalen Universalismus".[565]

Zum Prototyp jenes modernen Imperialismus, eng verknüpft mit dem „Ökonomismus" der kapitalistischen Ära, avancierte für Berd-

---

563 Berdjaev, Nikolaj: „Nacionalizm i imperializm" [Nationalismus und Imperialismus], in: Berdjaev, *Sud'ba Rossii*, S. 110–116, S. 114ff; s. auch S. 126.

564 Die Parallele ist deutlich: Während des Vorrückens der russischen Armeen gegen Paris wurde es von vielen gebildeten Kriegsteilnehmern als bitter empfunden, dass sich Aleksandr I. als ‚Befreierzar‘ feiern ließ, während in seinem eigenen Reich Millionen von Bauern im Stand der Leibeigenschaft verharren mussten und die Zensur das öffentliche Leben vergiftete.

565 Zit. nach Kudrjašov, *Idejnye gorizonty*, S. 132–135.

jaev das britische Empire. Seinen „rassischen" Eigenschaften nach
sei das englische Volk vermutlich das imperialistischste Volk der
Welt. Mit seiner unbestreitbaren Begabung auf diesem Gebiet sei
eine „geographisch-imperialistische Mission" verbunden – allerdings nicht in der „Sphäre des höheren Geisteslebens". Während der
britische Imperialismus ein friedlicher, kulturell-ökonomischer,
händlerischer sei, trage der deutsche Imperialismus die aggressiven,
gewalttätig-erobernden Züge eines Parvenüs. Er sei rein militaris-
tisch und – futuristisch, weil er den Kapitalismus neuen Typs repräsentiere. Im Gegensatz zu England sei Deutschland jedoch kein im-
perialistisches Land seiner Bestimmung nach, so dass sein Imperialismus für es selbst wie für Europa verhängnisvolle Folgen haben
werde.

Der Sinn des Krieges und der Kolonialpolitik, des ‚Rassen'- und
Nationenkampfes bestand für Berdjaev in der Verwirklichung der
„Vereinigung der Menschheit" und der „Zivilisierung des gesamten
Erdballs". Der Krieg bedeute zwar den Untergang einer rein europäischen Kultur, den Verlust der kulturellen Monopolstellung Europas.
Berdjaev knüpfte daran jedoch die Hoffnung, dass sich Europa – in
einem welthistorisch unvermeidlichen Prozess – den alten Kulturen
Asiens und Afrikas jenseits imperialistischer Kolonialpolitik annähern werde. Dieser historische Umbau habe sich bereits in der geistigen Krise der europäischen Kultur angekündigt, im Zusammenbruch von Positivismus und Materialismus. Der Krieg schließlich
transzendiere auch die vormalige europäische Grenze: Mit dem Ende des Osmanischen Reiches würde einer Ausbreitung der europäischen Kultur in Richtung Osten nichts mehr im Wege stehen. Die
Mission Englands in diesem weltumspannenden Umbau der Kultur
sei dabei „eher äußerlich", während Russland in der „Vereinigung
von Ost und West" die „eher innere" Mission zukomme.

Jenseits der enervierenden biblischen Rhetorik, mit der er nahezu jedes Argument beschloss, bewies Berdjaev eine gewisse Hell-
sichtigkeit in seiner Einschätzung der künftigen Rolle Amerikas:
Dessen Macht werde nach Kriegsende zunehmen, der „Amerikanis-

mus der neuesten Zivilisation" werde den Schwerpunkt Europas in Richtung Amerika verlagern.[566]

In *Zadači tvorčeskoj istoričeskoj mysli* (*Die Aufgaben des schöpferischen historischen Denkens*) konkretisierte Berdjaev noch einmal seine Sinngebung des Krieges – im Bezug auf die russische Mission und deren Wirkung als antizivilisatorischer Katalysator. So verhelfe der Weltkrieg Russland zur Bestimmung seiner Position im „Weltenleben", er lenke die Aufmerksamkeit der nationalen Öffentlichkeit auf Russlands „Weltaufgabe". Diese bestehe in der Hervorbringung einer „östlich-westlichen Kultur", in der Überwindung der „Einseitigkeit der westlich-europäischen Kultur" mit ihrem Positivismus und Materialismus und der „Selbstzufriedenheit ihres beschränkten Horizonts".[567]

Obwohl der Vorwurf ihn mit gleichem Recht träfe, kritisierte Berdjaev – in einer Replik auf Vassilij Rozanovs Buch *Vojna 1914 goda i russkoe vozroždenie* (*Der Krieg von 1914 und die russische Wiedergeburt*) – die Leichtfertigkeit, mit der Rozanov den Krieg letztlich heiligspreche. Man solle sich daran erinnern, dass die Natur des Krieges verneinend sei, nicht bejahend. Zwar sei der Krieg Katalysator und „Entlarver", aber für sich genommen erschaffe er kein neues Leben, er sei lediglich das Ende des alten, ein Reflex auf das Böse.[568] Trotz dieser Einsicht folgte auch Berdjaev den Konventionen der gewöhnlichen Kriegsbegeisterung und vitalistischen Kriegsmythisierung: Auch er begrüßte den Krieg als „Umwertung aller Werte", als Ausbruch uralter, tiefer Instinkte, die ihrem Wesen nach irrational, antibürgerlich, antisozialistisch und antikosmopolitisch seien, die stärker seien als „soziale Interessen" und „humanitäre Gefühle".[569] Das gesamte Leben müsse nun konzentriert werden auf die konkreten Ideen von „Nation" und „Persönlichkeit", nicht auf die abstrakten Ideen von „Klasse" und „Menschheit". Der „zoologi-

566 Berdjaev, „Konec Evropy", S. 119–125, 129f.
567 Berdjaev, Nikolaj: „Zadači tvorčeskoj istoričeskoj mysli" [Die Aufgaben des schöpferischen historischen Denkens], in: Berdjaev, *Sud'ba Rossii*, S. 127–134.
568 Berdjaev, „O ‚večno bab'em', S. 39.
569 Berdjaev, „Konec Evropy", S. 117; s. auch Kudrjašov, *Idejnye gorizonty*, S. 199.

sche nationale Instinkt", den die „Humanisten-Kosmopoliten" so sehr fürchteten, sei ein „elementares und dunkles" Gefühl und in seiner Unmittelbarkeit eine unabdingbare Voraussetzung der Vaterlandsliebe. Er müsse lediglich in einen „schöpferischen" nationalen Instinkt überführt werden.[570]

Mit dem Krieg würden nun also nationale und ‚Rassenfragen' aufgeworfen – Berdjaevs Hauptargument gegen den Wahrheitsanspruch des „abstrakten", „doktrinären Bewusstseins" der russischen Intelligencija, für die es nur Klassen gebe und die abstrakten Ideen des Guten und Gerechten, jedoch keine Rassen, kein historisches Schicksal. All das, was durch Kosmopolitismus und Pazifismus, durch humanitäre und sozialistische Lehren überwunden schien, trete nun wieder auf den Plan: „Der Kampf der Rassen, der Kampf um nationale Würde, der Kampf der großen Imperien um Macht und Herrschaft".[571] Der „Philosoph des freien Geistes" (Dmitrieva), der Verteidiger „der Würde der menschlichen Persönlichkeit"[572] machte sich nun also – aus sicherer Entfernung zur Front – zum Anwalt eines etatistisch gefärbten Patriotismus, wenn er von der Existenz eines „dunklen Willens" zur Ausdehnung des überpersönlichen Lebens sprach, wodurch alle persönlichen Interessen und Pläne hintangestellt würden. „Die Interessen des privaten Lebens, des egoistisch-familiären Lebens, des spießbürgerlichen Daseins unterliegen den Interessen des nationalen, welthistorischen Lebens, den Instinkten der Ehre der Völker und Staaten."[573] Dass dabei der Krieg als Orgie der Gewalt erlebt werde, liege nur daran, dass die Menschen die Rohheit des alltäglichen Lebens nicht mehr empfinden würden. Innerlich abgestumpft benötigten sie die Brutalität von außen, um in der Seele getroffen zu sein, um in ihrer Einbildungskraft überrascht zu werden. Das Voranschreiten des Lebens sei immer mit

570 Berdjaev, Nikolaj: „Nacional'nost' i čelovečestvo" [Nationalität und Menschheit], in: Berdjaev, *Sud'ba Rossii*, S. 93–101, S. 101.
571 Berdjaev, Nikolaj: „Vojna i krizis intelligentskogo soznanija" [Der Krieg und die Krise des intellektuellen Bewusstseins], in: ebd., S. 43–49.
572 Bljumenkranc, M. A.: „Romantik ducha" [Romantiker des Geistes; Einführung], in: Berdjaev, *Samopoznanie*, S. 3–10, S. 9.
573 Berdjaev, „Konec Evropy", S. 118; s. auch Kudrjašov, *Idejnye gorizonty*, S. 15f.

Schmerzen verbunden. Jener, der die historischen Geschicke der Menschheit vollenden, an ihrer Höherentwicklung arbeiten wolle, müsse auch Gewalt und Schmerz in Kauf nehmen. Im geschichtlichen Leben bedeute Vorwärtsbewegung immer die Zerstörung des Systems der Anpassung und relativen Harmonie. Abstrakte Friedenswünsche würden bei der Überwindung der „Schwierigkeiten" des Lebens nicht helfen. Im Krieg zählten höhere Werte als Ruhe, Selbstzufriedenheit und bürgerlicher Wohlstand. Dieser wahrscheinlich schrecklichste aller bisherigen Kriege sei in jedem Falle eine Leidensprüfung für die heutige Generation, die von bürgerlichem Wohlstand und Behaglichkeit verdorben wurde. Ohne das Bewusstsein, dass die Errungenschaften des historischen Lebens, die Lösung welthistorischer Aufgaben höher stehen als die Errungenschaften des egoistischen, persönlichen und familiären Daseins, könne der nationale Charakter eines Volkes nicht gehärtet werden. Wenn in einem Volk die Interessen des behaglich-zufriedenen Lebens die Oberhand gewinnen, so habe dieses Volk bereits keine Geschichte mehr.[574]

Mit den Ereignissen des Jahres 1917 wurde die Kriegswahrnehmung Berdjaevs von der Erfahrung der beiden Revolutionen überlagert. Seine Grundstimmung verdüsterte sich, er begriff die Krise nun nicht mehr als Chance, sondern als Bedrohung – für Europa *und* Russland. Die Einleitung zu *Das Schicksal Russlands* mit dem Titel *Mirovaja opasnost'* (*Weltgefahr*) scheint unter dem Eindruck des folgenreichen Friedens von Brest-Litovsk verfasst worden zu sein: Mit Großrussland kam Berdjaev nun auch die panslavische „welthistorische Aufgabe" abhanden, die er für sein Volk vorgesehen hatte. Erst jetzt verlor der Krieg für ihn seinen Sinn: „Nicht eine der Aufgaben des Weltkrieges konnte positiv gelöst werden, und vor allem konnte die orientalische Frage nicht entschieden werden."[575] Allerdings würden die deutschen Zugewinne auf Kosten des russischen

---

574 Berdjaev, Nikolaj: „O žestokosti i boli" [Über Gewalt und Schmerz], in: Berdjaev, *Sud'ba Rossii*, S. 184–189, S. 184–187.
575 Berdjaev, Nikolaj: „Mirovaja opasnost'. Vmesto predislovija" [Weltgefahr. Anstelle eines Vorwortes], in: ebd., S. I–V, S. I.

Territoriums die „germanische Gefahr" in der Welt nicht vergrößern, im Gegenteil. Seine Eroberungen, seine Herrschaft über eine
riesige, geheimnisvolle und chaotische Elementargewalt, „in der
Vergangenheit bekannt als Großrussland", würden Deutschland
noch das Fürchten lehren und seine Kräfte weiter schwinden lassen.
Sollte der Krieg andauern, erschöpften sich nicht nur die Ressour-
cen Deutschlands, sondern ganz Europas, und schlimmere Gefahren
als der Krieg würden lauern. So bekannte sich Berdjaev zwar noch
einmal zum Krieg, zum erhofften siegreichen Ende („Keine Opfer
schreckten mich"), doch hielt er nun die Grundlagen der christlichen
Kultur insgesamt für gefährdet – in Paraphrase von Alexis de Toc-
quevilles Prophezeiung einer künftigen politischen Ordnung, die
von Amerika und Russland dominiert werden würde, und mit indi-
rektem Bezug auf dessen schillernde Betrachtungen zum demokratischen Gleichheitsprinzip:

> „Ganz Europa droht ein innerer Riss, eine Katastrophe, die unserer ähnlich
> ist. Das Leben der europäischen Völker wird auf das Elementare zurückge-
> worfen, ihm droht die Barbarisierung. Und dann kommt die Vergeltung aus
> Asien. Am Herd des alten christlichen Europas, das erschöpft ist, bis in die
> Grundfesten erschüttert durch die eigenen barbarischen, chaotischen Ele-
> mente, klagt eine uns fremde Rasse, mit einem anderen Glauben, mit einer
> uns fremden Zivilisation, die Führungsposition ein. Im Vergleich zu dieser
> Perspektive ist der ganze Weltkrieg lediglich eine Familienstreitigkeit. Schon
> jetzt kann den Krieg nur der äußerste Osten gewinnen, können nur Japan
> und China, eine Rasse, die sich nicht erschöpft hat, und noch der äußerste
> Westen, Amerika, wirklich siegen. Nach der Schwächung und dem Zerfall
> Europas und Russlands werden der Chinaismus [kitaizm] und der Amerika-
> nismus den Thron besteigen, zwei Kräfte, die sich einander annähern wer-
> den. Dann entsteht das chinesisch-amerikanische Reich der Gleichheit".[576]

Fast entschuldigend heißt es weiter, dass er nicht habe ahnen können, daß die europäisch-russische Annäherung während des Krieges zum Triumph Asiens führen und das Licht des christlichen Europas erlöschen würde.[577]

---

576 Ebd., S. IIf.
577 Ebd., S. III.

Angesichts von Revolution und Raubfrieden zieh Berdjaev das russische Volk nun des „inneren Verrats". Schuld am Verzagen vor der „welthistorischen Aufgabe" waren für ihn, wie schon für Spengler, die Kräfte der gesellschaftlichen Veränderung: jedoch nicht einzelne „extreme revolutionär-sozialistische Tendenzen" – diese hätten den Zerfall der russischen Armee und des russischen Staates nur besiegelt. Begonnen worden sei das Zerstörungswerk durch die „gemäßigteren liberalen Tendenzen". Niemals hätte man die historischen Grundlagen des russischen Staates während des „schrecklichen Weltkrieges" ins Wanken bringen dürfen, niemals hätte man unter den Soldaten den Argwohn schüren dürfen, dass die Herrschenden ihnen untreu werden und sie verraten.[578] So verurteilte Berdjaev in seinem im August 1917 entstandenen Aufsatz *Germanskoe vlijanie i slavjanstvo* (*Der germanische Einfluss und das Slaventum*) den Internationalismus der russischen Sozialdemokratie während des Krieges als Germanismus, als eine von außen übernommene Idee also.[579] Während er den alten slavophilen Topos von der Verwestlichung der russischen Gesellschaft wiederholte, die ihre eigentliche kulturelle Grundlage verleugne, zollte Berdjaev dem – sich vermeintlich seiner selbst bewussten – Kriegsgegner Respekt: So habe schon Marx „brillant" erkannt, dass es die „rassenmäßige Bestimmung der Germanen" sei, „den slavischen Osten" im Sinne eines „germanischen Imperialismus" zu „zivilisieren".[580] „Wir Dummköpfe denken, dass Marx Internationalist auf humanistischer Grundlage war, dass er die Verbrüderung der Völker anstrebte und jedem Volk dessen freie Selbstbestimmung gönnte".[581] Stattdessen

---

578 Ebd., S. IV. Die massenhaften Desertionen hatten den Ausstieg Russlands aus dem Krieg beschleunigt.

579 Stattdessen sei der Internationalismus der deutschen Sozialdemokratie stets national, das heißt ureigener Ausdruck der „germanischen Idee" gewesen. Berdjaev, Nikolaj: „Germanskoe vlijanie i slavjanstvo" (Aug. 1917) [Der germanische Einfluss und das Slaventum], in: Berdjaev, *Sobranie sočinenij*, Bd. 4, S. 145–153, S. 146.

580 Ebd., S. 148. Berdjaev bezieht sich hier auf das „bemerkenswerte Buch von Marx" *Revolution und Konterrevolution in Deutschland*. Allerdings stammt diese Schrift von Friedrich Engels.

581 Ebd., S. 151.

habe Marx die Annexion von ganz Russland gutgeheißen, wenn sich damit die germanische Zivilisation auf den barbarischen Osten hätte ausweiten lassen. Er habe gewusst, „dass die Geschichte ein harter Kampf ist und keine humanistische Sentimentalität". Diese habe er den Russen überlassen, die in ihrer Naivität an Parolen wie „Ohne Annexionen und Kontributionen" und das freie Selbstbestimmungsrecht der Völker glaubten.[582] Im Sinne seiner Überfremdungsthese hielt Berdjaev den russischen Sozialismus deshalb für das „Werkzeug einer uns feindlichen Rasse", auch wenn das letzte Wort noch nicht gesprochen sei.[583]

Wie in einem monarchistischen Affekt schlug Berdjaev 1918, nach dem Sieg der Oktoberrevolution und dem Friedensvertrag von Brest-Litovsk, schließlich die Konstituierung einer neuen „'heiligen Allianz'" vor, der neben dem geläuterten russischen Volk alle schöpferischen christlichen Kräfte in der Welt angehören sollten im Kampf gegen die antichristlichen Mächte der Zerstörung – jene Mächte, deren Wirken er in seinem Brief an Geršenzon nur wenige Jahre zuvor als notwendig für einen „echten Frieden" charakterisiert hatte.[584] Erneut griff Berdjaev einen slavophilen antiwestlichen Topos auf, wenn er jetzt die „ausschließliche Fixierung Europas auf die sozialen Fragen" kritisierte, die stets nur in Zorn und Hass gelöst würden. Voraussetzung einer echten Überwindung sozialer Ungerechtigkeit und sozialen Elends sei allein die „geistige Wiedergeburt der Menschheit".[585] Die Enttäuschung, die aus diesen Zeilen sprach, nahm Berdjaev mit hinüber, als er sich im Sommer 1918 an das Verfassen eines wütenden zivilisationskritischen Manifests machte: der *Philosophie der Ungleichheit*.

---

582 Ebd., S. 148f, 151.
583 Ebd., S. 152f.
584 Berdjaev, „Mirovaja opasnost'", S. IV. Auch jene erste, von Aleksandr I. getragene Union sollte die Prätentionen künftiger, Napoleon nacheifernder ‚Antichristen' verhindern.
585 Ebd., S. IVf.

3.2   Volk und Masse

In seiner Studie *Die Ideen von 1789 und die Ideen von 1914* hat Klaus von See den Ersten Weltkrieg als Katalysator des völkischen, organologischen Denkens darstellen können: Selbst gemäßigte Geister wie Ernst Troeltsch machten sich in diesen Jahren Gedanken über das „organische Volksganze" und erhofften sich vom Krieg die „Erlösung von dem tiefen, so oft nur [...] künstlich vorgetäuschten Gegensatz zwischen unserem gesunden, tüchtigen, fleißigen Volk und dem Treiben der sogenannten Intellektuellen [...]".[586] Für Oswald Spenglers Vorstellung vom ‚Volk' und dessen Verhältnis zu den ‚Intellektuellen' lässt sich eines gewiss sagen: Eine Versöhnung dieses ‚Gegensatzes' lag jenseits seines Blickfeldes. Unabhängig davon kann man feststellen, dass Spengler genauso wie Berdjaev einen organologischen, apolitischen Volksbegriff vertrat, der sich in seiner gegen den individualistischen Vertragsgedanken der Bürgernation gerichteten Tendenz in die antiwestliche, im Sinne Sontheimers „antiliberale"[587] Tradition der deutschen und russischen Geistesgeschichte einreihte. Allerdings muss die russische Tradition hinsichtlich der Mythologisierung und Idolisierung des Volkes als beispiellos bezeichnet werden, gerade auch im Hinblick auf die Selbstzerfleischung der Intelligencija und ihre geistige Unterordnung unter ein vermeintliches Volkswohl.

Gemeinsames Merkmal der Intellektuellenfeindlichkeit Oswald Spenglers und Nikolaj Berdjaevs war deren antimarxistische Stoßrichtung, wobei die Tiraden Spenglers vor allem auch den Selbsthass ihres Urhebers dokumentieren. Hinsichtlich ihres Volksbegriffs wirkten gewiss Dostoevskijs Überlegungen zum russischen Volkscharakter prägend, den dieser vor allem im *Tagebuch eines Schriftstellers* jenseits literarischer Verklausulierungen vertrat.[588] Darüber hinaus gingen beide davon aus, dass das vermeintlich Apolitische des deutschen und russischen Volkscharakters beide Völker zur Ge-

---

586 See, *Ideen von 1789*, S. 111.
587 Sontheimer, *Antidemokratisches Denken*, S. 244.
588 Ausführlicher s. Pocai, „Sonderbewußtsein", S. 1597–1607.

folgschaft eines Führers prädestiniere – die Deutschen, weil sie im Sinne Spenglers politisch naiv und gutgläubig seien, die Russen, weil ihnen im Sinne Berdjaevs jegliches Interesse an Staatsdingen abgehe. Sowohl bei Spengler als auch bei Berdjaev trug das Volk Züge eines idealen Bauerntums. Das lässt sich vordergründig als Ausdruck ihrer antimodernen Vorlieben interpretieren. Jedoch ist das Bäuerlich-Beharrende vor allem Element einer organisch-hierarchischen Ordnung, das sich für ein ständisch-korporatives Staats- und Gesellschaftsmodell instrumentalisieren lässt.

Ihre Kritik an der Masse – als natürlichem Gegensatz zum hierarchisch gegliederten Volk – verknüpften Spengler und Berdjaev mit ihrer Ablehnung des als undeutsch beziehungsweise unrussisch empfundenen demokratisch-kapitalistischen Prinzips, dessen alltägliche Begleiterscheinungen ihrem aristokratischen Selbstverständnis zuwiderliefen.

„Der Aufstand der Massen" und ihre Psychologie waren Autoren der verschiedensten politischen Couleur im ersten Drittel des 20. Jahrhunderts Anlass zu kulturpessimistischen Überlegungen, die häufig einem ästhetizistischen Widerwillen entsprangen und Masse mit Nivellierung und Qualitätsverlust auf allen Gebieten des sozialen und politischen Lebens gleichsetzten.[589] Die moralischen Depravationen, die sich aus dem unlösbaren Widerspruch zwischen Individuum und Masse ergeben konnten, beschrieb etwa Ernst Toller in seinem Stück *Masse Mensch* (1919), in dem er seine Erfahrungen in der Zeit der Münchner Räterepublik verarbeitete.[590] Tollers zu revolutionären Gewaltexzessen stets bereites Personal war es, dessen Anblick Spenglers Großstadtfeindschaft immer wieder befeuern

---

589 Siehe etwa Marbe, Karl: *Die Gleichförmigkeit in der Welt. Untersuchungen zur Philosophie und politischen Wissenschaft*, 2 Bde. München 1916/19; Freud, Sigmund: *Massenpsychologie und Ichanalyse*. Wien 1921; Landau, Grigorij: *Sumerki Evropy*. Berlin 1923, hier: Abt. I, I.5: Massy, kak gosudarstvennyj dvigatel' [Die Massen als staatlicher Lenker], S. 63–69; Ortega y Gasset, José: *Der Aufstand der Massen*. Berlin u. a. 1960 (erstmals 1930 erschienen); Kracauer, Siegfried: „Das Ornament der Masse" (1931), in: Kracauer, Siegfried: *Das Ornament der Masse. Essays*. Frankfurt/Main 1963, S. 50–74; Hecker, Konrad: *Mensch und Masse*. Bern 1933.

590 Toller, Ernst: *Masse Mensch*. Stuttgart 1979.

sollte: Der Steinkoloss der Weltstadt galt ihm als Symbol des absolut Formlosen, Unnatürlichen und Künstlichen und entsprach hierin der namenlosen, formlos fluktuierenden Masse seiner Bewohner. Spenglers Vorstellung von der Masse als dem zivilisatorischen Endstadium eines Volkes lehnte sich dabei – bewusst oder unbewusst – stark an Gustave Le Bons dreistufiges Entwicklungsmodell an: Eine urmenschliche Horde, die „Ur-Masse", wird allmählich zum zivilisierten, geschichtsmächtigen Volk und sinkt, zur städtischen Masse geworden, am Ausgang einer Kultur erneut in die Geschichtslosigkeit.

3.2.1 Volk versus Masse

> *Das Zeitalter, in das wir eintreten, wird in Wahrheit das*
> *Z e i t a l t e r   d e r   M a s s e n sein.*
> *[...]*
> *Bisher wurden die Kulturen von einer kleinen, intellektuellen Aristokratie geschaffen und geleitet, niemals von den Massen. Die Massen haben nur die Kraft zur Zerstörung. Ihre Herrschaft bedeutet stets eine Stufe der Auflösung.*[591]

Auch mit seiner Bestimmung dessen, was ein Volk ist, wollte der Autor des *Untergangs des Abendlandes* der apodiktische Zerstörer überkommener Begriffe sein. Spengler lehnte das Pathos des fortwirkenden romantischen Begriffs vom Volk ab, welches als vermeintlich eindeutige Größe „alle Geschichte *macht.*"[592] „Was seit der Eiszeit die Erde bewohnt, sind Menschen, nicht ‚Völker'". Die Existenz dieser Menschen gliederte sich für Spengler in zwei wesentliche Formen, die bisher unter dem Begriff Volk verschüttet gewesen seien: in die „Daseinsform" der „Rasse" und die „Wachseinsform" der „Sprache".[593] Allerdings war Spengler nicht an einer Rationalisierung des Volksbegriffs gelegen – er referierte von ihm festgesetzte „geschichtliche Tatsachen": „Volk ist ein Verband von Männern,

---

591 Le Bon, Gustave: *Psychologie der Massen*. Stuttgart 1950 (erstmals 1895 erschienen), S. 2, 179f.
592 UdA, S. 688.
593 Ebd., S. 689.

der sich als Ganzes fühlt"; erst das „innere Erlebnis des ‚Wir'" konstituiere ein Volk. Oder etatistisch gewendet: „Ein Volk ‚in Verfassung' ist ursprünglich eine Kriegerschaft, die tiefinnerlich gefühlte Gemeinschaft der Wehrfähigen."[594]

Mit seinem eindeutigen, wenn auch verhohlenen Bezug auf Le Bons „Rassenseele" bewegte sich Spengler noch im Rahmen der Ideologie Wilhelm Stapels[595], wenn er ein Volk als „eine Einheit der Seele" verstand, die sich im Laufe des historischen Prozesses herausgebildet habe. Das heißt, alle „großen Ereignisse der Geschichte sind nicht eigentlich von Völkern ausgeführt worden, *sondern haben Völker erst hervorgerufen.* Jede Tat verändert die Seele des Handelnden."[596] Auf diese Weise entstand für Spengler allmählich eine „Rasse", worunter er keineswegs das „Ideal des ‚reinen Blutes'" verstanden wissen wollte:

> „‚Rasse haben' ist nichts Stoffliches, sondern etwas Kosmisches und Gerichtetes, gefühlter Einklang eines Schicksals, gleicher Schritt und Gang im historischen Sein. Aus einem Mißverhältnis dieses ganz metaphysischen Taktes entspringt der Rassehaß, der zwischen Franzosen und Deutschen nicht weniger stark ist als zwischen Deutschen und Juden".[597]

Der Hass, das Nicht-Verstehen zwischen den Nationen (den geschichtsmächtigen Kulturvölkern) war für Spengler nachgerade ein Konstituens ihrer Existenz: „In der römischen Kaiserzeit beginnt man sich allenthalben zu verstehen [...]. Mit dem Sichverstehenkönnen hatte diese Menschheit aufgehört, in Nationen zu leben; *damit hat sie aufgehört, historisch zu sein.*"[598]

---

594 Ebd., S. 747, 754, 1006.
595 Mit dieser wollte Stapel den apolitischen, per se antirationalistischen Charakter des deutschen Volkes begründen. Stapel, Wilhelm: *Volk. Untersuchungen über Volkheit und Volkstum.* Hamburg 1942 (4. Aufl.); s. hierzu auch Sontheimer, *Antidemokratisches Denken*, S. 246f.
596 UdA, S. 754; s. auch S. 760.
597 Ebd., S. 755.
598 Ebd., S. 763.

Der Etatist Spengler ließ die völkische Opposition „'Volk' versus
,Staat'"[599] hinter sich, wenn er schrieb, dass ein Volk erst „als Staat
,in Form'" sei. Nur im Gegensatz zu anderen Völkern sei ein Volk
„*wirklich*", „und diese Wirklichkeit besteht in natürlichen und un-
aufhebbaren Gegensätzen, in Angriff und Abwehr, Feindschaft und
Krieg."[600] Diese „natürlichen Gegensätze" stilisierte Spengler in *Der
Mensch und die Technik* zu einem geradezu zoologischen Faktor,
wenn er in historisch unbestimmter Zeit, im vormals menschenlee-
ren Raum Volk an Volk grenzen lässt: „und die bloße T a t s a c h e
der Grenze, der Grenze eigener M a c h t, reizt die alten Instinkte zu
Haß, Angriff und Vernichtung. Die Grenze jeder Art, auch die geistige, ist der Todfeind des Willens zur Macht."[601] Der nationale Hass als
„vornehmstes Mittel, historische Entscheidungen einzuleiten", tritt
für Spengler erst dann in den Hintergrund und macht vorübergehend
einem „übermächtige[n] Gefühl der seelischen Verwandtschaft" Platz,
wenn ein „kultur*fremdes*", das heißt barbarisches Volk – das der eigenen Kultur „innerlich *nicht* angehört" – die historische Arena betritt.
Dabei sei die „Energie der Form", die von den Kulturvölkern ausge-
he, so stark, dass sie die barbarischen „Nachbarvölker ergreift und
umprägt – so stehen [...] die Russen als Volk halbabendländischen
Stils in unserer Geschichte von der großen Katharina an bis zum
Untergang des petrinischen Zarentums."[602]

Als Anhänger eines ständisch-korporativen Staats- und Gesellschaftsmodells wollte Spengler das tiefe Gefühl nationalen Bewusstseins nicht jedem Angehörigen einer Nation zugestehen:

„Das Erwachen einer Nation zum Bewußtsein ihrer selbst erfolgt [...] ohne
Ausnahme in Stufungen und also vornehmlich in einem einzelnen Stande,
dessen Seele die stärkste ist und die der übrigen durch die Macht ihres Erle-
bens im Banne hält. [...] Ein Kulturvolk, das mit ,allen' zusammenfällt, gibt es
nicht. Nur unter Urvölkern und Fellachenvölkern, nur in einem Völkerdasein
ohne Tiefe und ohne historischen Rang ist das möglich. Solange ein Volk Na-

---

599 Siehe Koselleck, Reinhart: „Kap. XIV: ,Volk', ,Nation', ,Nationalismus' und ,Masse'
    1914–1945", in: *Geschichtliche Grundbegriffe*, Bd. 7, S. 389–420, S. 407f.
600 UdA, S. 1006f.
601 MuT, S. 56.
602 UdA, S. 761.

tion ist, das Schicksal einer Nation erfüllt, gibt es in ihm eine Minderheit, die im Namen aller seine Geschichte vertritt und vollzieht."[603]

Diese These untermauerte Spengler in seinen quasi paläontologischen Studien in *Der Mensch und die Technik* mit der ‚Erkenntnis‘, dass „Völker und Stämme" sich „gewissermaßen n a c h   u n t e n" vermehrten, so dass die Größe jener „Minderheit", „die Gruppe der Führernaturen" klein bleibe: „Es ist das Rudel der eigentlichen Raubtiere, das R u d e l   d e r   B e g a b t e n, das über die wachsende Herde der andern [...] verfügt."[604] So wie Spengler den Völkerhass als anthropologische Konstante verstand, maß er auch dem zwischenmenschlichen Hass seine eigentümliche Bedeutung zu:

> „Der Haß, das eigentliche Rassegefühl der Raubtiere, setzt voraus, daß man den Gegner a c h t e t. Es liegt eine gewisse Anerkennung der Gleichheit des seelischen Ranges darin. Wesen, die tiefer stehen, v e r a c h t e t man. Wesen, die selbst tief stehen, sind n e i d i s c h. [...] Der Adler haßt nur seinesgleichen. Er beneidet niemand, er verachtet viele, alle. Die Verachtung blickt aus der Höhe herab, der Neid schielt von unten herauf – es sind die w e l t h i s t o r i s c h e n Gefühle der zu Staaten und Ständen organisierten Menschheit, deren friedliche Exemplare ohnmächtig an den Stäben des Käfigs rütteln, der sie z u s a m m e n einschließt."[605]

Hier setzte Spenglers Kritik an der großstädtischen Masse ein, deren vordergründiges, biographisches Motiv in seinem „Ekel" vor den menschlichen Abgründen der Großstadt zu suchen ist. Sich als einer jener „Ausnahmemenschen" fühlend suchte er sich stets der Gefahr der „seelischen und geistigen E i n e b n u n g", der „Wirkung der saugenden Zahl" zu entziehen. Wie auch Berdjaev galt Spengler die „Idee der Persönlichkeit" als „Protest gegen den Menschen der Masse".[606] Dagegen waren für ihn die „Herdenmenschen", die „letzten Menschen" der großen Städte die Überreste jener Nationen, der „*ei-*

---

603 Ebd., S. 764.
604 MuT, S. 57. Die Verwendung der Raubtier-Metapher zeugt wieder von Spenglers Nietzsche-Lektüre: Nietzsche, „Genealogie", S. 289, 340 passim.
605 MuT, S. 58f.
606 Ebd., S. 58.

gentlich städtebauenden Völker", die nunmehr im zivilisatorischen Endstadium der Kultur „in den Weltstädten erlöschen".[607]

Spengler wurde nicht müde, den vermeintlichen Nihilismus der Masse und ihren nivellierenden Furor in immer verzweifeltere Wendungen zu kleiden: Masse sei ein gleichmäßig „flutendes Etwas", „formloser menschlicher Sand", der „Ausdruck der Geschichte, die ins Geschichtslose übergeht", das „Ende", das „radikale Nichts". Die Masse als das „absolut Formlose" lehne selbstredend die gewachsenen Formen einer Kultur ab – Rangunterschiede, Besitz, Wissen. Die Form- und Spurenlosigkeit des zivilisatorischen Massenmenschen antizipierte also für Spengler bereits die Posthistoire, das künftige ‚fellachenhafte' Dasein.[608]

Die Attribute der Masse waren jene, mit denen Spengler auch den einzelnen Intellektuellen, den „Großstadtnomaden", zu bezeichnen pflegte: entwurzelt, kosmopolitisch, irreligiös, kritisch, ohne Achtung vor dem Überlieferten, virtuos die Klaviatur der öffentlichen Meinung und abstrakter Tugenden beherrschend. Vor allem jedoch beklagte Spengler die absterbende „natürliche Fruchtbarkeit" des Massenmenschen:

> „Der Kinderreichtum, das erste Zeichen einer gesunden Rasse, wird lästig und lächerlich. Es ist das ernsteste Zeichen des ‚Egoismus' großstädtischer Menschen, selbständig gewordener Atome [...] Dafür schießt die kahle Intelligenz, diese einzige Blüte, das Unkraut des städtischen Pflasters, in unwahrscheinlichen Mengen auf. Das ist nicht mehr die sparsame, tiefe Weisheit alter Bauerngeschlechter, die so lange wahr bleibt, als die Geschlechter dauern, zu denen sie gehört, sondern der bloße Geist des Tages, der Tageszeitungen, Tagesliteratur und Volksversammlungen, der Geist ohne Blut, der alles kritisch zernagt, was von echter, also gewachsener Kultur noch lebendig aufrecht steht."[609]

---

607 UdA, S. 762f.
608 Ebd., S. 1004; JdE, S. 63. Bei Le Bon heißt es: „Was ein Volk, eine Einheit, einen Block bildete, wird zuletzt ein Haufen zusammenhangloser einzelner, die nur noch künstlich durch Überlieferungen und Einrichtungen zusammengehalten werden." Le Bon, *Psychologie*, S. 179f. Siehe dazu auch Lipperheide, *Nietzsches Geschichtsstrategien*, S. 126f.
609 JdE, S. 63.

Dem Resultat jenes blutleeren Geistes, der von Marx angeblich betriebenen Einteilung der Gesellschaft in „Wirtschaftsklassen" sprach
Spengler jeglichen Wahrheits- und Realitätsgehalt ab: Eine gesunde,
das heißt „organisch gestaltete" Gesellschaft gründe nicht auf Geld,
sondern auf „Ehre" und „Pflicht". Diese Eigenschaften gewährleiste-
ten die notwendige Gliederung einer Gesellschaft, die „Ungleichheit
der Teile". Sobald Kritik in sie eindringe – in Form von materialistischen, marxistischen Theorien etwa –, verlören die Mitglieder jener
Gesellschaft „das gute Gewissen des eigenen Ranges", verlernten es,
„Unterordnung als selbstverständlich entgegenzunehmen" beziehungsweise zu „leisten". „'Gleiche Rechte'" also seien „wider die Natur", seien „die Zeichen der Entartung altgewordener Gesellschaften", „der Beginn ihres unaufhaltsamen Zerfalls". Und dieser sei
auch das eigentliche Ziel der Forderungen nach Gleichheit: „Man
will nicht verändern und verbessern, sondern zerstören."[610] Als Motiv der Zerstörungslust der revolutionären Anführer und der von
ihnen in die Irre geleiteten, bindungslosen Masse galt Spengler das
Ressentiment im Sinne Max Schelers[611], die „dumpfe Wut" des „Pro-
leten" auf die überlegene Kultur.

„Und das ist die Tendenz des Nihilismus: [...] D e r   B a u   d e r
G e s e l l s c h a f t s o l l e i n g e e b n e t w e r d e n b i s h e r a b a u f d a s
N i v e a u d e s P ö b e l s. Die allgemeine Gleichheit soll herrschen: alles soll
gleich gemein sein. Die gleiche Art, sich Geld zu verschaffen und es für die
gleiche Art von Vergnügen auszugeben: *panem et circenses* – mehr braucht
man nicht und mehr versteht man nicht. [...] Das Straßenbild von Moskau
zeigt das Ziel, aber man täusche sich nicht: Es ist n i c h t der Geist von Moskau, der hier gesiegt hat. Der Bolschewismus ist in W e s t e u r o p a z u
H a u s e [...] D i e D e m o k r a t i e d e s 1 9. J a h r h u n d e r t s i s t
b e r e i t s B o l s c h e w i s m u s; sie besaß nur noch nicht den Mut zu ihren
letzten Folgerungen. [...] Der Bolschewismus droht uns nicht, sondern er

---

610 Ebd., S. 66.
611 Scheler, Max: „Das Ressentiment im Aufbau der Moralen" (1912), in: Scheler,
    Max: *Gesammelte Werke*, Bd. 3: Vom Umsturz der Werte. Abhandlungen und
    Aufsätze, hrsg. v. Maria Scheler. Bern 1955 (4. Aufl.), S. 33–147, hier vor allem S.
    41–46, 114–138.

b e h e r r s c h t   u n s. Seine Gleichheit ist die Gleichsetzung des Volkes mit dem Pöbel [...]."[612]

Aus Sicht des Kulturpessimisten kompensiert die Masse in ihrem Vereinheitlichungszwang gewissermaßen die kulturelle Entwurzelung des Einzelnen und wird zur „Schicksalsgemeinschaft".[613]

Ungeduldig antizipierte Spengler die Selbstauflösung der eines Führers bedürftigen, bürgerlichen Welt.[614] Für ihn ging dabei die Selbstverleugnung der liberalen Gesellschaft so weit, dass diese sich nicht nur nicht gegen den „nihilistischen Angriff" wehre, sondern „Geschmack an ihrer Verhöhnung und Zersetzung" finde. So würden mit „widerlicher Sentimentalität" „russische Nihilisten und spanische Anarchisten von der ‚guten' Gesellschaft Westeuropas [...] von einem eleganten Salon an den anderen weitergegeben." Über jenen einfachen Soldaten oder Polizisten aber, der in Ausübung seiner Pflicht während eines Attentats in die Luft gesprengt werde, und den Spengler immer wieder gern zur Stütze seines preußischen Gesinnungsstaates erklärte, über jenen einfachen Mann verliere die liberale Presse kein einziges Wort. Stattdessen werde der „Arbeiter" zum eigentlichen Volk stilisiert, dessen Dasein sich über jede Kritik erhaben zeige und der in der Masse von zynischen Berufsrevolutionären aufgewiegelt und organisiert werde. Mit Hilfe des Proletariats vollziehe jener „geistige Mob" – „an der Spitze die Gescheiterten aller akademischen Berufe, die geistig Unfähigen und seelisch irgendwie Gehemmten" – seine Rache an den „Glücklichen und Wohlgeratenen".[615]

Spenglers Desinteresse an den sozialen und politischen Ursachen von Unruhen und Revolution ließ ihn die gegnerischen, vor allem marxistischen Theorien immer nur aus dem Blickwinkel seines manichäischen, autoritären Weltbildes erfassen. Deshalb genügte es ihm nie, seine ideologischen Gegner nur politisch zu attackieren. Er musste sie in toto ablehnen, das heißt, sie noch in ihren moralischen

---

612 JdE, S. 69f; s. auch MuT, S. 74–77.
613 Lipperheide, *Nietzsches Geschichtsstrategien*, S. 130.
614 Ebd.
615 JdE, S. 84ff.

Motiven als ressentimentgeplagte Neider desavouieren. Seine hasserfüllte Rhetorik ersann dabei immer wieder neue Metaphern des Eliminatorischen. Als den „verhängnisvollsten" Typus unter den Berufsrevolutionären betrachtete Spengler im Übrigen den „gesunkenen Priester": Die kultischen Anteile jeder revolutionären Bewegung und die Traditionen kirchlicher Machtpolitik machten in Zeiten der Dekadenz den „Priesterpöbel" zu einer besonderen Gefahr für die bestehende Ordnung.[616]

Aus diesen düsteren Invektiven, die abgesehen von ihrer politischen Stoßrichtung mitunter genaue Beobachtungen enthalten, ragt seltsam unverbunden Spenglers Lobpreisung des „preußischen Volkes" hervor, das trotz aller äußeren, vor allem aber inneren Gefahren „ein Versprechen der Zukunft" sei.[617] Die „historische Sendung" Deutschlands – heißt es 1927 – beruhe darauf, „daß es unter den weißen Völkern am spätesten gereift und noch heute kaum erwacht" sei. Das Misstrauen Europas gegenüber Deutschland gründe einerseits darin, dass das deutsche Volk selbst nach dem Krieg „hinsichtlich seiner rassemäßigen Gesundheit den übrigen voraus" gewesen sei.[618] Andererseits rufe der unberechenbare deutsche „Volkscharakter" seine Nachbarn immer wieder auf den Plan. Im Gegensatz etwa zu den Engländern, deren Charakter einfach „wie ein Flintenlauf" sei, seien die Deutschen umso rätselhafter.

„Uralte Charakterzüge aus dunkler Vorzeit, welche die anderen im Laufe ihrer Geschichte abgeschliffen und verbraucht haben, sind in uns aus Mangel an Geschichte noch lebendig. [...] Und dann das Entscheidende: unser unbegrenztes Bedürfnis, zu dienen, zu folgen, irgend jemand oder irgend etwas zu verehren, treu wie ein Hund, blind daran zu glauben, allen Einwänden zum Trotz. [...] Alles in allem: Es gibt heute kein zweites Volk, das des Führers so bedürftig ist, um etwas zu sein, um auch nur an sich glauben zu können, aber auch keines, das einem großen Führer so viel sein kann. In der

---

616 Ebd., S. 89ff. Als Spengler diese Zeilen niederschrieb, war der ehemalige Seminarist Iosif Vissarionovič Džugašvili in Moskau auf dem Höhepunkt seiner Macht und die Zwangskollektivierung der sowjetischen Landwirtschaft nahezu abgeschlossen. Auch Berdjaev beschäftigten die religiösen Anteile der russischen Revolution ein Leben lang.

617 PuS, S. 30.

618 Spengler, „Einführung zu einem Aufsatz Richard Korherrs", S. 135ff.

richtigen Hand werden fast alle seine Fehler zu Vorzügen. Was dann in Bewegung kommen könnte, tritt aus dem Rahmen gewohnter Berechnung weit heraus."[619]

Da Spengler davon ausging, bereits im *Untergang des Abendlandes* bewiesen zu haben, dass der Anbruch der cäsaristischen Epoche unmittelbar bevorstehe, konnte er nun, knapp zehn Jahre später, „die Länder und Meere" zur Beute ausrufen. Seine Sorge war lediglich, ob die Deutschen „zeitgemäß" genug seien, die Gunst der Stunde zu nutzen: „Die Gewalt erscheint, wie sie ist, die Gelegenheit nicht minder."[620] In einer Art doppelter Beweisführung also wollte Spengler sichergehen, dass die Deutschen auch wirklich die Rolle spielten, die er ihnen für die Zukunft zuwies. ‚Mission' und ‚Submission' könnten hier die Schlagworte sein: Als Objekt der Geschichte einerseits und als Opfer der ‚urdeutschen' Disposition, sich einem Führer unterordnen zu müssen, andererseits vollziehen die Deutschen – mit der Eroberung der Welt – ihr Schicksal. Nach Spenglers Auffassung tun sie dies vollkommen unbewusst: Die „modernen Deutschen" seien „das glänzende Beispiel eines Volkes, das ohne sein Wissen und Wollen expansiv geworden ist."[621]

---

619 Spengler, Oswald: „Vom deutschen Volkscharakter" (1927), in: Spengler, *Reden und Aufsätze*, S. 131–134, S. 133f. Hitler hatte das schon drei Jahre früher begriffen: „Führen heißt: Massen bewegen können." Adolf Hitler, *Mein Kampf* (1924/25), zit. nach Koselleck, „‚Volk', ‚Nation', ‚Nationalismus' und ‚Masse'", S. 418.
620 Spengler, „Vom deutschen Volkscharakter", S. 134.
621 UdA, S. 51.

3.2.2 Das Volk als Bollwerk der Anti-Moderne

Rußland ist durch sein Volk und dessen Geist stark, und nicht etwa nur durch Bildung, zum Beispiel, durch Reichtümer, Aufklärung und anderes mehr, wie manche Staaten Europas, die infolge ihrer Altersschwäche und des Verlustes einer lebendigen nationalen Idee zu vollkommen künstlichen und gleichsam sogar unnatürlichen Gebilden geworden sind.[622]

Ein Thema, zu dem Berdjaev zeitlebens zurückkehrte[623] und das die russische Geistesgeschichte seit der russischen Aufklärung nicht mehr losgelassen hatte, ist die als Kalamität empfundene Spaltung zwischen Volk und Intelligencija. Sie war auch Thema früher Zeitungsaufsätze, die Berdjaev 1910 unter dem Titel *Duchovnyj krizis intelligencii* (*Die geistige Krise der Intelligencija*) veröffentlichte. In *Bol'naja Rossija* (*Krankes Russland*) etwa beklagte er, dass der Wille und die Idee des russischen Volkes bisher keinen adäquaten Ausdruck gefunden hätten – „weder in unserer Obrigkeit, noch unter der Intelligencija". Die Intelligenz sei zu einer besonderen sozialen Gruppe geworden, einem abgeschlossenen Zirkel, wobei über die Zugehörigkeit nicht Intellekt und Talent, sondern eine bestimmte „sozial-moralische Gesinnung" entscheide. Wahre Intelligencija bedeute jedoch die Begabung, den allgemeinen Volkswillen und die allgemeine Volksidee ausdrücken zu können, „das Genie des Volkes, seinen Intellekt". So spiegele sich der „organische Volksgeist" in der „großen russischen Literatur" wider. Der Keim für eine „organische Gesellschaftlichkeit" sei also gelegt und bedürfe nunmehr der Entwicklung auf der Grundlage eines höheren Bewusstseins. Berdjaev wiederholte hier einen slavophilen Topos, wenn er darauf verwies, dass „historische Körper" über Jahrtausende gewachsen seien und man sie niemals innerhalb weniger Jahre zerstören und an der Wurzel umgestalten dürfe. Russland müsse innerlich wachsen, andernfalls drohe ihm der Untergang durch Revolution und Konterrevolution. Nur eine organische Entwicklung könne Russland vor dem

---

622 Dostojewski, *Tagebuch*, S. 282.
623 Und das er am Ende seines Lebens milder bewerten wird; s. RI, S. 47–53.

Teufelskreis aus reaktionärer und revolutionärer Raserei bewahren.[624] Auch mit seinem Vorschlag zur Heilung des kranken ‚Volksorganismus' verblieb Berdjaev im engen Rahmen der slavophilen Doktrin: Nur in der „Wahrheit Christi" gebe es Rettung, die Sünden müssten bereut werden, eine „innere Umkehr" sei notwendig. Russland erwarte Zerfall und Untergang, wenn die Frage seines gesellschaftlichen Seins auf eine gottlose Grundlage gestellt würde.[625]

Mit seiner religiös-organologischen Vorstellungswelt bewies Berdjaev seinen Sinn für vermeintlich gewachsene Hierarchien, die er nicht müde wurde zu propagieren. So verurteilte er in *K voprosu ob intelligencii i nacii* (*Zur Frage der Intelligenz und der Nation*) aufs Neue die Intelligencija, die das Volk immer nur im sozialen oder klassenmäßigen Sinne, als bäuerliches oder Arbeitervolk begriffen habe. So hätten die „Volkstümler" (*narodniki*)[626] stets die nominalistische Atomisierung der nationalen Idee betrieben und das Gefühl für das Volk verloren. Die Volksnation sei aber ein „ganzheitlicher", lebendiger Organismus, eine lebendige Realität, die historisch handle, große Taten vollbringe und die Herzen mit Zittern und Leidenschaft erfülle. Das lebendige Ganze stehe über den Teilen, deshalb sei auch die Nation dem Bauerntum, dem Proletariat, der Intelligenz, der Bürokratie, der Bourgeoisie, dem Adel übergeordnet.[627]

---

624 Berdjaev, Nikolaj: „Bol'naja Rossija" (1908) [Krankes Rußland], in: Berdjaev, Nikolaj: *Duchovnyj krizis intelligencii. Stat'i po obščestvennoj i religioznoj psichologii (1907–9 g.)* [Die geistige Krisis der Intelligencija. Artikel zur gesellschaftlichen und religiösen Psychologie (1907–1909)]. St. Petersburg 1910, S. 84–94, S. 91f.

625 Ebd., S. 92, 94.

626 Die Anhänger des sogenannten *narodničestvo* waren Studenten und Gymnasiasten, aber auch ältere Liberale, die im Sommer 1873 in Massen aufbrachen, um das Volk für ihre sozialistischen Ideale zu begeistern. Der sogenannte Gang ins Volk war zwar ein vollkommener Fehlschlag, aus den *narodniki* ging allerdings 1876 die revolutionäre Organisation *Zemlja i volja* (*Land und Freiheit*) hervor, deren Führer sich 1879 mit der Gründung der Partei *Narodnaja volja* (*Der Wille des Volkes*) in der Mehrheit für den Weg des planmäßigen Terrors entschieden.

627 Berdjaev, Nikolaj: „K voprosu ob intelligencii i nacii" (1908) [Zur Frage der Intelligenz und der Nation], in: Berdjaev, *Duchovnyj krizis*, S. 129–137, S. 131. An dieser Stelle setzte Berdjaev Nation und Volk in eins; an anderer verstand er unter Letzterem vor allem das einfache, bäuerliche Volk.

Da der Intelligenz als abtrünnige Klasse das Gefühl für das Volk verlorengegangen sei, scheine sie sich diesem nur noch annähern zu können, indem sie vor ihm auf die Knie falle, sich dabei selbst verleugne, aufhöre zu existieren. Sie sei gefangen in den alten Strukturen der russischen Geschichte – Berdjaev spielte hier auf die Erblast des adligen ‚Schuldkomplexes' an –, und zur Gestaltung der neuen russischen Geschichte fehle ihr die Kraft. Jede Volksnation brauche aber ihre Intelligencija als Trägerin ihrer höchsten Eigenschaften, ihres höheren moralischen Bewusstseins, ihres Intellektes, ihrer Begabungen.

Das Paradoxe in der Haltung Berdjaevs zur Intellektuellenfrage wird hier überdeutlich: Obwohl die Intelligencija in seinen Augen nicht in der russischen Kultur verwurzelt sei, überantwortete er ihr den Anspruch auf geistige Vorherrschaft. Berdjaevs Aufforderung an die Intelligencija, ins „Volk zu gehen", das Leben des Volkes auf eine höhere Stufe zu heben und sich als Akt nationalen Dienstes an der Produktion zu beteiligen, gemahnt (abgesehen von ihrer altmodischen Volkstümler-Romantik) an die Praktiken künftiger ‚Volksregierungen'. Weniger konkret formulierte Berdjaev den Ausweg aus der „ideellen Krise", den er in der Bildung eines „religiösen Bewusstseins" sah, das zur Grundlage eines „national-befreiden Bewusstseins der Intelligencija" werden müsse.[628]

Während er diese Zeilen schrieb, zwischen 1907 und 1909, hatte Berdjaev gerade erst seine Wandlung zum ‚religiösen Philosophen' vollzogen, was seine stereotypen Lösungsvorschläge – „nur in der Wahrheit Christi liegt die Rettung" – zu sozialen und intellektuellen Missständen im Russland des beginnenden 20. Jahrhunderts zum Teil erklären könnte. So musste es schon beinahe grotesk anmuten, wenn der stets im Vagen bleibende Berdjaev dem Kreis um Merežkovskij vorwarf, mit seiner mystisch sanktionierten Verehrung der revolutionären Intelligencija und ihres „falschen sozialen Maximalismus" die Realitäten zu leugnen, das heißt die „Notwendigkeit von ökonomischer Produktion, Staatlichkeit und anderen

---

628 Ebd., S. 131f.

Funktionen des historischen Lebens der Völker". Das Phänomen allerdings, das Berdjaev hier zu erkennen glaubte, war jene von Spengler später angewidert beschriebene Salonfähigkeit des Linksradikalismus.

In seinem *Vechi*-Aufsatz *Die Wahrheit der Philosophie und die Wahrheit der Intelligencija* (1909) kritisierte Berdjaev – in bis dahin seltener Klarheit – die Idolisierung und Instrumentalisierung des Volkes durch die „*intelligentščina*":

> „Die Liebe zur gleichmachenden Gerechtigkeit, zum Wohl der Gesellschaft und zum Wohl des Volkes hat die Liebe zur Wahrheit paralysiert und das Interesse an der Wahrheit fast vernichtet. [...] Die Intelligencija hatte zur Philosophie kein selbstloses Verhältnis, weil sie sich zur Wahrheit selbstsüchtig verhielt und von ihr verlangte, Werkzeug beim gesellschaftlichen Umsturz, Instrument des Volkswohls und des Menschenglücks zu sein. Sie erlag der Verführung durch den Großinquisitor, der im Namen des Menschenglücks den Verzicht auf die Wahrheit forderte."[629]

In einer kritischen Replik auf Petr Struves Aufsatz *Velikaja Rossija* (*Großes Russland*) erläuterte Berdjaev sein Verständnis vom Zusammenhang zwischen Volk und Staat. Im Gegensatz zu Struve – dem er Etatismus vorwarf – und auf der Linie der slavophilen Uminterpretation der Uvarovschen Drei-Säulen-Theorie[630] hielt Berdjaev den Staat für eine von der historischen Epoche abhängige „Funktion des Volkes". Nur das Volk, der lebendige Organismus der Nation, sei real und von der Staatlichkeit unabhängig. In seiner Eigenschaft als „radikaler Westler" tendiere Struve mit seinem Patriotismus zum Nationalismus westlichen Zuschnitts. Dabei habe doch schon Solov'ev, neben Dostoevskij, eine „tiefsinnige" religiöse Lösung der nationalen Frage vorgeschlagen – jenseits vom Nationalismus auf

---

629 Berdjaev, „Die Wahrheit der Philosophie und die Wahrheit der Intelligencija", S. 60.

630 Zur Rechtfertigung der reaktionären antiwestlichen Bildungspolitik der Regierung Nikolajs I. und zur präventiven Abwehr potentieller Reformbestrebungen ersann Nikolajs Minister für Volksaufklärung – Sergej Uvarov – das Schlagwort von den drei Säulen, auf denen das russische Imperium ruhe: *pravoslavie – samoderžavie – narodnost'* (Rechtgläubigkeit – Selbstherrschaft – Volkstümlichkeit) – mit eindeutigem Akzent auf der Staatsmacht.

der einen und vom Kosmopolitismus auf der anderen Seite.[631] Berdjaev lehnte demnach den Nationalismus der Engländer, Deutschen
und Franzosen als nationalen Egoismus ab; diese hätten kein Bewusstsein für ihre menschheitliche Mission innerhalb der Weltgeschichte und nur nationale Eigenliebe und Räuberei im Kopf:

> „Will man, dass dieser bourgeoise Nationalismus in den Boden und das Blut
> des russischen Volkes eindringt? Die besten Russen haben immer davon ge-
> träumt, dass Russland niemals ein bourgeoises Land nach europäischem
> Muster wird, dass in ihm das Potenzial für ein höheres Leben schlummert,
> dass es sich niemals von seinem ureigenen Geist lossagt. Erinnern wir uns,
> wie sich Herzen in Westeuropa fühlte, als er ‚Vom anderen Ufer' schrieb: Der
> Westler Herzen hasste das westliche Spießbürgertum, und im Westen fand
> er seine slavophile Seele. Viele russische Menschen spürten diese slavophile
> Sehnsucht im Westen und gaben ihr auf verschiedene Weise Ausdruck. Der
> slavophile Bazillus ist in uns, und ihn auszutreiben ist unmöglich [...]. Man
> kann und muss sich von den alten Sünden des Slavophilentums befreien,
> aber nicht von seinem Glauben an die große Mission Russlands und an die
> besondere russische Seele, die dem westlichen Spießertum feindlich geson-
> nen ist."[632]

Nur in einem Punkt wollte Berdjaev Westler sein: Russland solle
Teil der Weltzivilisation werden und sich auf eine höhere Kulturstu-
fe erheben, der russische Mensch solle aus der Sklaverei befreit und
im westlichen Sinne selbständig werden. Die asiatische Wildheit
und Rückständigkeit müsse man abstreifen. Kurzerhand übergab
Berdjaev damit dem tatarischen Erbe die Verantwortung für die gesellschaftlichen Missstände in Russland, indem er die „[a]siatische
Kulturlosigkeit" und „innere Sklaverei" für den schwarzen wie für
den roten Terror verantwortlich machte. „Der Tatare sitzt noch in
uns, und dieser Tatare muss aus Russland hinausgeworfen werden.
Aber außer dem Tatarentum, der Barbarei und Kulturlosigkeit gibt
es in Russland noch etwas anderes, und dieses andere, Höhere,
wurde von den besten Russen ausgesprochen, von den Auserwähl-

---

631 Berdjaev, Nikolaj: „Rossija i zapad" (1908) [Rußland und der Westen], in: Berd-
    jaev, *Duchovnyj krizis*, S. 120–128, S. 122ff. Berdjaev bezieht sich hier auf So-
    lov'evs *Drei Gespräche*.
632 Ebd., S. 124.

ten des Geistes der russischen Erde."[633] Die „Auserwählten" und „Gottsucher", von denen Berdjaev sprach (die Slavophilen, Dostoevskij, Solov'ev), bildeten die Speerspitze der russischen antiwestlichen Kulturkritik. Wie sie einst litt auch Berdjaev unter der Hypertrophie des russischen Staates. Trotzdem hielt er die Russen – aufgrund seiner slavophilen Überzeugung, dass Staat und Volk nur als eine Art Zweckbündnis koexistieren – für das am wenigsten staatliche, apolitischste Volk auf Erden, unfähig zur Organisation seines Territoriums. So seien alle „echt russischen, nationalen Schriftsteller, Denker und Publizisten" *bezgosudarstvenniki*, ganz eigene Anarchisten gewesen, unabhängig von ihrer politischen Richtung. „Herrschaft" habe man als etwas Unreines betrachtet, niemand wollte sie. Vielmehr verlange es der „russischen Seele" nach „von Gott auserwählter Herrschaft". Hierin gleiche die „Natur des russischen Volkes" der „asketischen Natur", die sich von irdischen Gütern losgesagt habe.[634] Um seine These vom apolitischen Russen nicht zu gefährden, erklärte Berdjaev glühende „Ideologen der Staatlichkeit" wie Michail Katkov oder Boris Čičerin kurzerhand zu „Nicht-Russen", zu „Ausländern auf russischem Boden".[635] Als genauso unrussisch habe sich auch die mit Staatsangelegenheiten befasste Bürokratie erwiesen. Als Beweis seiner Thesen bemühte Berdjaev die aus der sogenannten Nestor-Chronik stammende Legende von der russischen Staatsgründung, nach der die „Waräger-Ausländer" zur Verwaltung der russischen Erde berufen worden seien.[636] Diese Erzählung sei charakteristisch für die schicksalhafte Unfähigkeit und den Unwillen des russischen Volkes, selbst die Ordnung zu gewährleisten. Denn mehr noch als nach der „Freiheit im Staat" strebe das russische Volk nach der „Freiheit vom Staat". Es wolle sich frei wis-

---

633 Ebd., S. 125.
634 Berdjaev, „Duša Rossii", S. 4f.
635 Ebd., S. 5.
636 Die damit verbundene Kontroverse seit dem 18. Jahrhundert hat Wissenschaftsgeschichte geschrieben. Siehe hierzu etwa Kaminskij, Konstantin: „Der Normannenstreit als Gründungsschlacht der russischen Geschichtsschreibung", in: Wallnig, Thomas / Stockinger, Thomas / Peper, Ines / Fiska, Patrick: *Europäische Geschichtskulturen um 1700 zwischen Gelehrsamkeit, Politik und Konfession*. Berlin/Boston 2012, S. 553–581.

sen von den Sorgen um Staatsgeschäfte. Ursache sei wieder die, wenigstens in Staatsdingen, „weibliche", das heißt „passive und unterwürfige" Natur des russischen Volkes, das stets auf den „Bräutigam, den Mann, den Herrscher" warte. So habe staatliche Macht die leidgeprüften, grenzenlos geduldigen Russen immer nur von außen heimgesucht. Und so sei die Staatsmacht stets als rein „äußerliches Prinzip", als „ausländische", das heißt „deutsche Oberherrschaft" wahrgenommen worden.[637]

Wieder hatte die Lektüre Chomjakovs ihre Spuren hinterlassen: Es sei sehr charakteristisch, schrieb Berdjaev, dass es in der russischen Geschichte kein Rittertum als Verkörperung des „männlichen Prinzips" gebe. Damit verbunden sei die unzureichende Entwicklung des „persönlichen Prinzips" im russischen Leben. Während das russische Volk gern in der „Wärme des Kollektivs", im „Schoß der Mutter" lebe, kultiviere das Rittertum (später verkörpert im kriegerischen ‚Germanen') das Gefühl des persönlichen Wertes und des Ehrgefühls. Die vermeintlich schwach entwickelte Persönlichkeit des russischen Menschen glaubte Berdjaev dabei bis in dessen Physiognomie verfolgen zu können: So spiegele sich dessen vermeintliche „Charakterschwäche" in seinem konturlosen Profil wider.[638]

Eingedenk all dessen sei Russland auch und gerade das am meisten staatliche und bürokratischste Land der Welt. Die Kräfte des Volkes, dem man ein besonderes Streben nach innerem, geistigem Leben nachsage, würden an den „Koloss der Staatlichkeit" vergeudet, der alles zu seinem Werkzeug mache. Keine Geschichtsphilosophie, weder die slavophile noch die westliche, habe bisher das Geheimnis lüften können, warum das am wenigsten staatliche Volk einen solch „riesigen und mächtigen Staat" schuf, warum das anarchistischste Volk sich so der Bürokratie verschreiben konnte, und warum der freie Geist des Volkes ganz offensichtlich kein freies Leben wolle.[639] Berdjaev glaubte die Ursache für die „geheimnisvolle Widersprüchlichkeit" Russlands in der Unvereinbarkeit des männli-

---

637 Berdjaev, „Duša Rossii", S. 5.
638 Ebd., S. 6.
639 Ebd., S. 7.

chen Freiheitsprinzips mit dem weiblichen russischen Nationalcharakter zu erkennen. Immer werde das „männliche Element" von außen erwartet; als Persönlichkeitsprinzip entfalte es sich nicht im Innern des russischen Volkes. Daher rühre „die ewige Abhängigkeit vom Fremden". Wolle man das Nebeneinander von Bürokratismus und Anarchie, Sklaverei und Freiheit, extremem Nationalismus und „Über-Nationalismus" überwinden, müsse Russland jenes „männliche Prinzip" aus der Tiefe seines Geistes ans Licht holen.[640]

Berdjaev bemühte sich redlich, der Agonie der russischen Zustände so etwas wie die Hoffnung auf einen Dritten Weg abzuringen. Wie einen letzten Trumpf hielt er dabei die Karte der apolitischen, antibürgerlichen russischen Volksseele hoch, die er in späteren Schriften zur Voraussetzung für ein korporatives Gesellschaftsmodell jenseits bürgerlicher oder sozialistischer Entwürfe machen sollte.[641] Eine quasi geopsychologische Variation des Themas lieferte er in *O vlasti prostranstva nad russkoj dušoj* (*Zur Macht des Raumes über die russische Seele*). So sei das riesige Territorium dem russischen Volk zwar zugefallen, jedoch fiele ihm die Organisation dieses Raumes nicht leicht. Der Erhalt und Schutz der Ordnung habe die Kräfte des russischen Menschen verbraucht, was diesem einen freudlosen Stempel aufgeprägt habe. So kenne er weder das „schöpferische Spiel der Kräfte" noch die „Freude an der Form". Die russische Seele zerfließe, löse sich auf in der Grenzenlosigkeit der Ebene. Dieser habe der russische Staat mit schrecklicher Zentralisation Herr zu werden versucht und die Unterordnung allen Lebens unter die Erfordernisse des Staates verfügt. Den Ansprüchen des Staates hätten die Russen nichts entgegenzusetzen gehabt; ihr Bewusstsein persönlicher Rechte sei ebenso schwach entwickelt gewesen wie die Selbständigkeit der Klassen und Gruppen.[642]

---

640 Ebd., S. 16.
641 Noch in seiner letzten großen Arbeit wird ihn diese russische ‚Nationaleigenschaft' nicht loslassen. RI, S. 29–35.
642 Berdjaev, Nikolaj: „O vlasti prostranstva nad russkoj dušoj" [Über die Macht des Raumes über die russische Seele], in: Berdjaev, *Sud'ba Rossii*, S. 62–68, S. 62f.

Die Grenzenlosigkeit des russischen Staates und die Grenzenlosigkeit der russischen Felder haben nach Meinung Berdjaevs die Psychologie des russischen Volkes in besonderer Weise geprägt – allerdings nicht befreiend, sondern versklavend. So richte sich die geistige Energie des russischen Menschen nach innen, nicht auf die Gestaltung der Geschichte. Seine Demut sei zum Selbstschutz geworden, und der grenzenlose Raum, der den russischen Menschen umgebe und einenge, zum inneren, geistigen Faktor seines Lebens: Er wurde zur „Geographie der russischen Seele".[643] Dabei tobe das „slavische Chaos" im russischen Menschen, und das innere Verlorensein verwehre ihm das Erarbeiten von Selbstdisziplin und Eigeninitiative. Dem Russen gehe deshalb die Umsicht des Europäers ab, dessen Ökonomie von Raum und Zeit, die Intensität seiner Kultur. Stattdessen bringe die Macht der Weite über die russische Seele eine ganze Reihe von Unzulänglichkeiten hervor: die russische Faulheit, die mangelnde Initiative, das schwach entwickelte Verantwortungsgefühl. Denn schließlich beherrsche die Erde den russischen Menschen, nicht er sie.

Noch in seiner letzten großen Arbeit wertete Berdjaev die russische Abneigung gegen die „reine[...] Form" zu einer Eigenschaft um, die die Russen als „Apokalyptiker" und „Nihilisten" auszeichne; sie würden deshalb weder die westliche „Kulturvergötzung" kennen, noch die „Stufigkeit des historischen Prozesses" wirklich verstehen.[644] Dagegen sei der westeuropäische Mensch gewohnt, sich auf seine Energie und Aktivität zu verlassen. In seiner Seele sei es eng und nicht weit, alles müsse berechenbar und korrekt zugehen. Dieses Organisiertsein bedinge die Spießigkeit des westeuropäischen

---

643 Ebd., S. 64. Im Übrigen glaubte auch Spengler an „*die unendliche Ebene*" als „Ursymbol des Russentums". So ließ seine ausgiebige Dostoevskij-Lektüre Spengler zu dem Schluss kommen, dass das Streben nach „persönlicher Vervollkommnung" dem „echten Russen eitel und unverständlich" sei. Stattdessen habe er die „Ebene" verinnerlicht, so dass er seine Gefühle nur in horizontaler Richtung – als „Liebe" „zu den Brüdern unter gleichem Drucke" – äußern könne. „Das russische *wolja*, unser Wille, bedeutet vor allem Nicht-müssen, Freisein – nicht *für*, sondern *von etwas*, vor allem von der Verpflichtung zu persönlicher Tat." UdA, S. 259, 921 (Anm. 1).

644 RI, S. 131.

Menschen, die den Russen schon immer abgestoßen habe. Die spießbürgerlichen Auswüchse der europäischen Kultur hätten bereits Herzens Missfallen und den Abscheu Leont'evs erregt. „Keiner echt russischen Seele konnten diese Auswüchse gefallen":

> „Nehmen wir den Deutschen. Er fühlt sich von allen Seiten unterdrückt, wie in der Mausefalle. Um ihn herum ist keine Weite, und in ihm auch nicht. Er sucht sein Heil in seiner eigenen organisierenden Energie, in gespannter Aktivität. Alles muss beim Deutschen seinen Platz haben, alles muss berechenbar sein. Ohne Selbstdisziplin und Verantwortung kann der Deutsche nicht existieren. Überall sieht er Grenzen, und überall errichtet er Grenzen. Der Deutsche kann nicht in der Grenzenlosigkeit existieren, ihm ist die slavische Uferlosigkeit fremd und zuwider. Unter großen Anstrengungen versucht er seine Grenzen zu erweitern. Der Deutsche muss dem Russen deshalb misstrauen, weil dieser nicht zu leben versteht, das Leben nicht organisieren kann, kein Maß und keinen Ort kennt, das Mögliche nicht erreichen kann. Den Russen dagegen widert das deutsche Pathos der spießbürgerlichen Organisation des Lebens an. Der Deutsche fühlt, dass Deutschland ihn nicht rettet, er selbst muss Deutschland retten. Der Russe wiederum denkt, dass nicht er Russland erlösen muss, sondern Russland ihn. Der Russe fühlt sich nie als Organisator. Er ist es gewohnt, organisiert zu werden. Und gerade in diesem schrecklichen Krieg [dem Ersten Weltkrieg – S. P.], in dem der russische Staat in Gefahr ist, ist es nicht leicht, dem russischen Menschen diese Gefahr zu Bewusstsein zu bringen, in ihm ein Gefühl von Verantwortung für das Schicksal der Heimat zu wecken [...]."[645]

Angesichts der Bedrohung von außen hoffte Berdjaev, dass die historische Periode der Herrschaft des Raumes über die Seele des russischen Volkes zu Ende gehen möge. Das russische Volk müsse in eine neue historische Epoche eintreten, in der es zum Herrn seines Landes und Gestalter seines Schicksals werde.[646]

Das Gegenbild zum antibürgerlichen, apolitischen russischen Volk entwarf Berdjaev im Achten Brief (*Über Demokratie*) seiner *Philosophie der Ungleichheit*. Es sei das Gespenst der Gleichheit, das ihm einen „religiösen Schrecken" bereite. Mit der Selbstermächtigung des Volkes (hier nicht positiv im Sinne eines gewachsenen ‚Organismus' zu sehen) werde dessen Wille zum höchsten Prinzip erklärt. Aber da die Demokratie ein rein „formales Prinzip" verkörpe-

---

645 Berdjaev, „O vlasti prostranstva", S. 65.
646 Ebd., S. 68.

re, sei man auf diese Weise vor dem „Bösen" des Volkswillens nicht geschützt. Denn „Recht und Wahrheit" finden sich allein in der „Minderheit", nicht in der „Mehrheit". Die „demokratische Ideologie" könne damit nur zum „Reich der Schlechten" führen, niemals zum Reich der „Besten".[647]

Ähnlich wie Spengler identifizierte Berdjaev die Demokratie mit der Herrschaft der städtischen Massen.[648] Als Produkt der Demagogie appelliere sie an die niederen Interessen und Instinkte der Massen. Demokratie bedeute die Herrschaft verschiedener, sich bekämpfender Interessengruppen, die gleichzeitig die Quelle der „Entartung" der Demokratie seien. Doch ist der „Verrat" der Völker an ihrer Bestimmung innerhalb der „hierarchischen Stände des gesellschaftlichen Organismus" für Berdjaev nicht mehr rückgängig zu machen. Die alte organische Lebensweise sei von den demokratischen Revolutionen zerstört worden, und das Verlangen einer Rückkehr zu ihr sei nur ein romantischer Traum.[649]

Auch wenn er keinerlei politische Prätentionen äußerte – ganz im Gegensatz zu Spengler –, konnte auch Berdjaev seinen Ekel vor der vermeintlichen Herrschaft der Massen nicht verbergen: „Ich bin kein Anhänger der Idee der byzantinisch-theokratischen Selbstherrschaft und glaube nicht an die Möglichkeit einer Rückkehr zu ihr. Aber in dieser alten Idee ist mehr Tiefe, Schönheit und Adel als in der Idee einer theokratischen Demokratie."[650] Ohne expliziten Ver-

---

647 FN, S. 438ff.
648 Auch die Zivilisationskritik Herzens und Dostoevskijs verdankte sich, so Dagmar Herrmann, der Erfahrung bestimmter Massenereignisse, bei Herzen dem Pariser Juni-Aufstand von 1848, bei Dostoevskij dem Besuch des Londoner „Kristallpalastes", des Gebäudes der Londoner Weltausstellung von 1851, das ein massentouristischer Magnet wurde. Herrmann, Dagmar: „Die neue europäische Ordnung – eine Vision Fëdor Dostoevskijs", in: Herrmann, Dagmar: *Deutsche und Deutschland aus russischer Sicht. 19. und 20. Jahrhundert: Von den Reformen Alexanders II. bis zum Ersten Weltkrieg.* München 2006, S. 488–549, hier S. 496–499; UdA, S. 1130.
649 FN, S. 458.
650 Ebd., S. 460. Auf welche Versuche einer „theokratischen Rechtfertigung" der Demokratie Berdjaev hier anspielt, scheint nicht klar, vielleicht auf Merežkovskijs „Idee einer universalen Theokratie". Siehe Kissel, „Die Moderne", S. 229f.

weis auf seine 1918 noch in den Anfängen steckenden ständisch-korporativen Vorstellungen im Geist des italienischen Faschismus bekannte Berdjaev 1940 im Zusammenhang mit seiner *Philosophie der Ungleichheit*: „Damals wie heute denke ich, dass die Gleichheit eine metaphysisch leere Idee ist, und dass die soziale Gerechtigkeit auf der Würde der einzelnen Persönlichkeit gründen müsse und nicht auf Gleichheit."[651]

Zu Beginn der dreißiger Jahre im französischen Exil reihte sich Berdjaev in den Chor der europäischen Kulturpessimisten ein und sah sich nun endgültig all jenen Phänomenen der westeuropäischen kulturellen Degeneration ausgesetzt, die ihm seit langem zuwider waren. Vom „Ozean der Massen, der entfesselten Quantitäten, die in der Technik ein Instrument von schrecklicher Kraft besitzen", sei die verfeinerte humanistische Kultur Westeuropas bedroht. „Massenfabrikation" und „Massenkonsum" bewirkten, dass die Kultur ihren Adel einbüße.

> „Die soziale Demokratisierung der Kultur, der Eintritt der Arbeitermassen, der Einbruch der Quantität in die Kultur ist ein zwangsläufiger Prozeß, der mit keinem Mittel gestoppt werden kann. Doch eine Masse, die durch keinen Glauben und keine höhere Idee organisiert ist, ist eine schreckliche Erscheinung, sie wird leicht zu jenem ‚Pöbel', von dem die Gefahr der Ausmerzung der schöpferischen Freiheit, der Vulgarisierung der Kultur [...] droht. Die Demokratisierung der Kultur ist ein gerechtes Prinzip. Doch wie soll man es anstellen, daß dieser Prozeß nicht die Auslieferung der kulturellen Werte an den ‚Pöbel' und damit ihre Vernichtung bedeutet? Der ‚Pöbel', das sind keineswegs die werktätigen Klassen, die Arbeiter und Bauern, der ‚Pöbel' ist die rohe und vulgäre Masse, die den banalen Alltagsinteressen lebt und keine geistigen Lebenswerte kennt".[652]

Im Gegensatz zu Spengler war Masse bei Berdjaev im russischen Kontext kein wirklicher Gegenbegriff zu Volk, was möglicherweise ein Erbe seiner marxistischen Phase war. Schon ein Vierteljahrhundert zuvor unterschied Berdjaev deshalb die „Volksmasse" von der „Massenanarchie" oder „Massendekadenz". Die Volksmasse war hier

---

651 Zit. nach „Ot izdatel'stva" [Vom Herausgeber], in: Berdjaev, *Sobranie sočinenij*, Bd. 4, S. 5–6, S. 6.
652 Berdjajew, Nikolaj: „Die soziale Krise der Kultur" (1932), in: Berdjajew, *Fortschritt Wandel Wiederkehr*, S. 91–103, S. 96f.

ein „mystischer Organismus", „in dem alle Teile einem höheren Zentrum" untergeordnet und hierarchisch gegliedert seien. Jene sei niemals vulgär, sei über den „Geist des Spießbürgertums" erhaben und demütig in ihrem Verhältnis zu Gott. Dagegen beweise die Massenanarchie – die sich etwa im russischen Marxismus und Anarchismus zeige –, dass die gerechteste Empörung als Massenphänomen zum Bösen führe.[653] Auch Berdjaev wollte – wie Spengler – den „Pöbel" von den ‚ehrlichen' Arbeitern unterschieden wissen. Letztere nämlich bildeten für ihn das Personal einer künftigen ständisch-korporativen Ordnung christlicher Provenienz. Schließlich könne nur eine „geläuterte christliche Kultur" den „Kampf gegen jene Gefahren führen, die der Aufstand der Quantitäten, die Mechanisierung des Lebens, die zivilisierte Barbarei mit sich bringen."[654] Der Homo Sovieticus der sowjetpatriotischen Spätphase Berdjaevs erscheint dabei wie eine Vorstufe zu dieser fernen Kultur: Da es in Sowjetrussland keine Klassen mehr gebe, rede man dort auch nicht mehr vom Proletariat, sondern vom russischen Volk: „In einem gewissen Sinne kann man nur in Rußland vom Volk oder von der Nation als von einer Wirklichkeit sprechen."[655] – Diese Zeilen spiegeln nicht nur Berdjaevs Unkenntnis der stalinschen Propagandapolitik während des Zweiten Weltkrieges wider, sondern vor allem die Tragik seines Daseins als Emigrant, der mit Gewalt am Glauben an die Prädestination *seines* Volkes festhielt.

---

653 Berdjaev, Nikolaj: „Bunt i pokornost' v psichologii mass" (1907) [Empörung und Unterwürfigkeit in der Psychologie der Massen], in: Berdjaev, *Duchovnyj krizis*, S. 73–83, S. 73f, 80.
654 Berdjajew, „Die soziale Krise der Kultur", S. 100.
655 Berdiajew, Nicolai: „Warum der Westen Sowjetrußland nicht versteht", in: *Universitas* 4/8, 1949, S. 919–924, S. 922.

3.3 Die Mission der „jungen Völker" – Sozialistische Visionen von rechts

3.3.1 Die Jugend der Welt: Tour de force durch die deutsche und russische Geistesgeschichte

Die Vorstellung, einem jungen, historisch unverbrauchten Volk anzugehören, dessen zukünftige Mission das Antlitz Europas verändern werde, war in der rechtsintellektuellen deutschen wie russischen Diskussion spätestens seit dem Ersten Weltkrieg wieder präsent. Nur in Deutschland allerdings wurde mit Blick auf das bolschewistische Russland das „Recht der jungen Völker" (Moeller van den Bruck) proklamiert – die nationalbolschewistische Vision vom Zusammengehen der preußisch-deutschen mit der russisch-revolutionären Elite.[656] Eng mit dem Topos vom jungen Volk verknüpft sind das Stereotyp vom asiatisch-barbarischen Russland und das Thema eines umgedeuteten Sozialismus, der jenseits des marxistischen und internationalistischen Mainstreams dezidiert national sein wollte und einem korporativ-ständischen Staats- und Gesellschaftsmodell verpflichtet war. Letzteres speiste sich – und das gilt für die deutsche zivilisationskritische Tradition wie für die russische – aus jenem Fundus an ‚Werten', „wie sie die Gegenrevolution seit einem guten Jahrhundert gepriesen hatte: Staat, Autorität, echte Hierarchie, ‚gebundene und gegliederte Gemeinschaft'."[657] Das zugehörige Menschenbild entsprang dabei einer soldatisch-berufsständischen Ethik – der ‚neue' postindividuelle Mensch sollte der Anti-Bürger sein, der auf dem ihm zugewiesenen Platz innerhalb der sozialen Hierarchie tierhaft-instinktiv agiert – als Barbar des technischen Zeitalters.

Diesen Motiven – das junge Volk, Russland als asiatisch-barbarische Verheißung, der neue Stände-Staat, der Neue Mensch –,

---

656 Ihre Anhänger waren u. a. Ernst Niekisch, Arthur Moeller van den Bruck, Ernst Jünger und Mitglieder des Tat-Kreises, aber auch Literaten wie Hermann Hesse und Thomas Mann. Werth, Christoph H.: *Sozialismus und Nation. Die deutsche Ideologiediskussion zwischen 1918 und 1945.* Opladen 1996. Moeller van den Bruck, Arthur: *Das Recht der jungen Völker.* München 1919.
657 Dupeux, „Im Zeichen von Versailles", S. 196f.

wie sie die Debatten im zivilisationskritischen Milieu ab Mitte des 19. Jahrhunderts bis zu Beginn des 20. Jahrhunderts prägten, soll im Folgenden skizzenhaft nachgegangen werden. Sie sind Topoi der vor allem rechtsintellektuellen Vergewisserung, dass der Nivellierung und Degeneration Europas nur beizukommen sei, wenn Gleichheit, Demokratie und ‚abstrakte' Menschenrechte überwunden werden. Sie bestimmten auch die Gesellschaftsentwürfe und das Menschenbild Oswald Spenglers und Nikolaj Berdjaevs in entscheidendem Maße.

Johann Gottlieb Fichte kann mit seinen politischen Schriften *Der geschloßne Handelsstaat* (1800) und *Reden an die deutsche Nation* (1808) sowohl als Vater der Debatte um einen besonderen „deutschen Sozialismus" gelten, als auch als prominenter Verfechter der Idee vom jungen Volk der Deutschen, dem es obliege, die Menschheit zu erneuern. Fichtes Aufruf an die Zuhörer seiner im Wintersemester 1807/1808 gehaltenen Vorlesungen verstand sich als Weckruf an die – von ihm imaginierte – „ganze[...] Nation", sich nicht an den „elenden Zustand" der französischen Besatzung zu gewöhnen.[658] Tatsächlich ist der antifranzösische respektive antiwestliche Affekt konstituierend für die Vorstellung vom jungen Volk. Schon 1797 charakterisierte Friedrich Schlegel die „Deutschheit" als eine noch unfertige Nation.[659] In *Glauben und Liebe* (1798) setzte Schlegels Freund Friedrich von Hardenberg die idealtypische Beschreibung eines deutschen Staates als ein „Land das Herz und Geist" befriedigen *werde*, programmatisch vom englischen Staatsmodell ab, das er mit einem „geschmackvolle[n] Park" verglich.[660] Für Hardenberg waren Jugend und Lebenskraft auf der Seite Preußens; Revolu-

---

658 Fichte, Johann Gottlieb: *Reden an die deutsche Nation*. Leipzig o. J., S. 230–246. Siehe dazu auch Bauer, Bruno: *Rußland und das Germanenthum*. Charlottenburg 1853 [Nachdruck 1972], S. 2.

659 Schlegel, Friedrich: „Athenäums-Fragmente" [26. Fragment], in: *Kritische Friedrich-Schlegel-Ausgabe*, Bd. 2: Charakteristiken und Kritiken I (1796–1801), hrsg. v. Hans Eichner. München u. a. 1967, S. 169.

660 Diese Entgegensetzung erinnert an die Zuschreibungen im Kultur-Zivilisations-Gegensatz des frühen 19. Jahrhunderts.

tionen, wie sie in Frankreich an der Tagesordnung schienen, repräsentierten für ihn dagegen eine „Energie aus Kränklichkeit und
Schwäche".[661] So heißt es im 61. *Blüthenstaub*-Fragment: „Der Deutsche ist lange das Hänschen gewesen. Er dürfte aber wohl bald der
Hans aller Hänse werden. Es geht ihm, wie es vielen dummen Kindern gehen soll: er wird leben und klug seyn, wenn seine frühklugen
Geschwister längst vermodert sind, und er nun allein Herr im Hause
ist."[662] Um 1820 sollte Schlegel dann schon weniger lyrisch maskiert
die deutschen Liberalen als „eine mehrenteils undeutsche Partei"
betrachten, weil deren Ideen auf „ausländische[r] Oberflächlichkeit"
gründeten und „aus französischen Modeschriften, oder aus dem
englischen Konstitutionswesen entlehnt" seien.[663]

Der sich in diesen versprengten Bemerkungen lediglich andeu-
tende Topos vom jungen Volk stand hier für eine romantische
Selbstvergewisserung in Abgrenzung zur politischen und vor allem
kulturellen Hegemonie Frankreichs und blieb vorerst eine „vorwiegend ästhetisch orientierte[...] Kritik"[664]. Bruno Bauer allerdings
formulierte seine politischen Prognosen bereits mit klarem Bezug
auf den Krimkrieg (1853–1856), der für ihn, wenigstens zu Beginn,
das Initial einer künftigen russischen Hegemonie war. Als junge
Völker galten Bauer neben Nordamerika nur die Russen – an deren
Jugend und Eroberungsdrang er die Deutschen insofern partizipieren ließ, als er das „Germanenthum" zur „letzte[n] Ergänzung" des
„Slaventhums" und schließlich zu dessen „Herrn" ausrief.[665]

Im Dunstkreis der germanischen Gründungsmythen, die vor allem nach der Reichsgründung 1871 Konjunktur hatten, taucht die
Vorstellung vom jungen Volk wieder auf – als Bestandteil eines „an-

---

661 Novalis: „Glauben und Liebe oder Der König und die Königin", in: Novalis.
Schriften. Die Werke Friedrich von Hardenbergs, Bd. 2: Das philosophische Werk
I, hrsg. v. Richard Samuel. Stuttgart u. a. 1981, S. 485–498, S. 486, 490f, 492,
499.

662 Novalis: „Blüthenstaub", in: ebd., S. 413–470, S. 437.

663 Schlegel, Friedrich: „Signatur des Zeitalters" [1820–1823], in: *Kritische Friedrich-Schlegel-Ausgabe*, Bd. 7: Studien zur Geschichte und Politik, hrsg. v. Ernst
Behler. München u. a. 1966, S. 483–596.

664 Siehe Groh, *Rußland*, S. 266.

665 Ebd., S. 272, s. auch S. 274.

tirömischen Affekts" (Münkler), mit dem auf die vermeintliche „Bedrohung germanischer Identität" durch die „fortbestehende kulturelle Dominanz Roms" reagiert wurde.[666] Die Vorstellung, dass unter den germanischen Völkern allein die Deutschen sich gegen die kulturelle Romanisierung behauptet hätten, findet sich nicht nur bei Moeller van den Bruck.[667] Als sich die Varus-Schlacht „1909 zum 1900. Mal jährte, schrieb der Publizist Gottlob Egelhaaf: ,Wenn man an das Schicksal Galliens und Spaniens, an die durchgängige Widerstandsunfähigkeit junger Völker gegen höhere Kulturstufen denkt, so ist kein Zweifel: Indem Arminius das römische Heer vernichtete, hat er unsere Nationalität gerettet. Daß wir noch Deutsche sind, verdanken wir ihm.'"[668] Als sich Moeller einige Jahre später daran machte, das „Recht der jungen Völker" zu propagieren, war aus der Widerstandhaltung ein geopolitisch grundierter Vitalismus geworden, mit dessen Hilfe die Deutschen als „übervölkernde Nation" in der Lage schienen, ihr „Recht" auf „Boden" gegen die „alten und zurückgehenden Nationen des europäischen Westens" durchzusetzen.[669]

Russland kannte den Topos vom jungen Volk spätestens seit der ersten Hälfte des 19. Jahrhunderts: Er war Teil seiner Suche nach kultureller Eigenständigkeit und Einmaligkeit in der Geschichte und fand Anhänger in allen politischen Lagern. Sein Negativbild war das vom ,faulenden Westen', dessen Agonie von seinen russischen Gegnern mit ungeduldiger Vorfreude begleitet wurde. Am Anfang der Diskussion stand Petr Čaadaevs These vom geschichtslosen russi-

---

666 Münkler, Herfried: *Die Deutschen und ihre Mythen*. Reinbek b. Hamburg 2010, S. 144.

667 Moeller van den Bruck, Arthur: *Verirrte Deutsche*. Minden i. W. 1904, bei Münkler, *Die Deutschen*, S. 144f.

668 Zit. nach Münkler, *Die Deutschen*, S. 166.

669 Moeller van den Bruck, Arthur: „Der Untergang des Abendlandes. Für und wider Spengler" (1920), in: Grunewald, Michel: *Moeller van den Brucks Geschichtsphilosophie*, Bd. 2: Drei Texte zur Geschichtsphilosophie. Bern u. a. 2001, S. 297–364, S. 358ff. Siehe auch Grunewald, Michel: *Moeller van den Brucks Geschichtsphilosophie*, Bd. 1: „Ewige Urzeugung", „Ewige Anderswerdung", „Ewige Weitergabe". Bern u. a. 2001, S. 125–128.

schen Volk.[670] Sie gilt als Auslöser der Spaltung des geistigen Russlands in ‚Westler' und ‚Slavophile'. Letztere verwahrten sich vehe-
ment dagegen, die russische Gesellschaft als defizitäres Gebilde zu
betrachten – aber selbst Aleksej Chomjakov, Slavophiler der ersten
Stunde, ging letztlich von der geistigen Subordination Russlands
unter die Ansprüche seines europäischen Lehrmeisters aus. Russlands Jugend war für Chomjakov noch ein rein geistiges Phänomen.[671]

Trotz seines „Verdikt[es] über die russische Vergangenheit"[672]
konnte der späte Čaadaev aus der russischen Rückständigkeit eschatologisches Kapital schlagen: Russland obliege die Aufgabe, die
letzten Fragen der Zivilisation im Sinne eines „ex oriente lux"[673] zu
beantworten. Dieses „Privileg der Rückständigkeit"[674] schätzte auch
Alexander Herzen: Eigentlich der westlichen Richtung zuzurechnen,
begann er sich am Ende seines Lebens für den ursprünglich slavophilen, antiindividualistischen Gedanken von der Existenz einer
vermeintlich ur-russischen Gemeinschaft zu begeistern. Enttäuscht
vom Ausgang der europäischen Revolutionen setzte der Exilant
Herzen seine Hoffnungen in das Erscheinen der neuen ‚Barbaren'.
Diese würden – wie vormals die „wilden Germanen" in das Römische Reich – in die gegenwärtige „agonierende Welt" Europas einfal-
len: „dann ergießt sich Rußland über Europa". Das russische Volk
sei gesund „und nicht einmal alt – im Gegenteil, sehr jung". Es habe
ein „Recht auf die Zukunft" und sei „dreist genug, von der Zeit desto

---

670 Tschaadajew, „Philosophische Briefe. Erster Brief", S. 10f.
671 Chomjakov, Aleksej S.: „Predislovie k ‚Russkoj Besede'" (1856) [Vorwort für die
    Zeitschrift „Russisches Gespräch"], in: Chomjakov, Aleksej S.: *Sočinenija v dvuch
    tomach* [Werke in zwei Bänden], tom 1: Raboty po istoriosofii [Bd. 1: Arbeiten
    zur Historiosophie]. Moskau 1994, S. 515–518, S. 516.
672 Hildermeier, Manfred: „Das Privileg der Rückständigkeit. Anmerkungen zum
    Wandel einer Interpretationsfigur der neueren russischen Geschichte", in: *His-
    torische Zeitschrift* 24/3, 1987, S. 557–603, S. 573f.
673 Ebd.
674 Leibniz, Intimus Peters des Großen, sprach diesen Gedanken 1708 zum ersten
    Mal aus, und seither hat sich die russische wie die deutsche Zivilisationskritik
    an ihm abgearbeitet. Ebd., S. 565ff.

mehr zu erwarten, je weniger sie ihm bisher gegeben hat."[675] Dem Fatalismus seines zyklischen Geschichtsmodells von Untergang und Neubeginn suchte Herzen zu entrinnen – mit dem Glauben an einen Sozialismus, dessen Möglichkeit sich als Dritter Weg am Horizont abzuzeichnen schien: Es war der russische „Bauernkommunismus", der Herzen als Alternative zum gewalttätig-revolutionären Entwicklungsmodell Europas greifbar schien.[676] Trotz ihrer erbitterten Feindschaft kam Jurij Samarin, Herzens Adressat seiner *Briefe an einen Gegner*, in seinen politischen Schriften Herzens Vision eines bäuerlichen Kommunismus nahe: Als philosophischer Schüler Chomjakovs propagierte er in dessen Nachfolge ein slavisches „Gemeinschaftsprinzip" (*sobornost'*), das der russischen, auf „Selbstentsagung" gegründeten organischen „Staatsgemeinschaft" zugrunde liege.[677]

Auch der Panslavist Nikolaj Danilevskij wertete die Rückständigkeit Russlands in ein Zukunftsversprechen um: Im Gegensatz zum „ins Mannesalter getretenen Europa" sei das „Slawentum" noch jung. Es werde das gereifte und damit allmählich erlöschende Europa in seiner Vormachtstellung ablösen.[678] Konstantin Leont'ev, der Verächter des „mediokeren Europäers", misstraute den zyklisch-organischen Gewissheiten des von ihm verehrten Danilevskij: Um dem egalitären Sog Europas, seinem „tierhaften Kosmopolitismus" widerstehen zu können, schlug Leont'ev die Besinnung Russlands auf seinen ureigenen „Byzantinismus" vor – mit allen sozialen und politischen Implikationen. So riet er seinen „Großrussen" zum Dienst an den Ideen von Organisation, Hierarchie und Disziplin[679],

---

675 Herzen, „Vor dem Gewitter", S. 376f; Herzen, Alexander I.: „Das russische Volk und der Sozialismus" (1851), in: Herzen, *Ausgewählte Philosophische Schriften*, S. 491–523, S. 492.

676 Herzen, „Das russische Volk", S. 507–513.

677 Bajohr, Susanne: „Obščestvo in der sozialpolitischen Theorie von Jurij F. Samarin und Ivan S. Aksakov", in: *Berliner Jahrbuch für osteuropäische Geschichte* 2, 1995, S. 173–186, S. 178ff.

678 Zit. nach Müller, G., „Panslawismus", S. 347, 355; s. auch Hildermeier, „Privileg der Rückständigkeit", S. 576.

679 Leont'evs „Byzantinismus" orientierte sich an den Staatsvorstellungen der alten Rus', in denen von der „unaufhebbare[n] Bindung eines jeden an seinen Stand

jenen Ideen, „die jenseits unseres subjektiven Wohlbefindens liegen", den „objektiven Ideen des Staates, der Kirche". Russland sollte weniger über das allgemeine Wohl nachdenken als vielmehr über „Stärke": Es müsse das alte Europa vor dem neuen in Schutz nehmen – und alles Bewahrenswerte vor Fäulnis, Anarchie und Demokratismus in Sicherheit bringen. Leont'ev hoffte, dass von Russland eine neue „östliche" Staatlichkeit ausgehen werde.[680] Sein Etatismus hatte dabei die gleiche Funktion wie Spenglers preußische Ethik oder der autarke ideokratische Machtstaat der Eurasier vierzig Jahre später: Er war die Panazee gegen die Versuchungen der westlich-dekadenten Zivilisation.

Fedor Dostoevskij, dessen Einfluss auf Spengler und Berdjaev nicht zu unterschätzen ist[681], ging noch einen Schritt weiter als seine Vorgänger: Für ihn schöpfte das jugendfrische Volk der Russen[682] nicht nur Kraft aus seiner Rückständigkeit. Um Europas Verachtung für die Russen als „niedrigere Rasse" zu begegnen[683], sah Dostoevskij nur einen Ausweg: Asien. Indirekt rekurrierte er damit auf jene Mischung aus Furcht und Bewunderung gegenüber den halb asiatischen, halb barbarischen Fremden aus dem Osten, wie sie etwa die deutsche Presse seiner Zeit beherrschte.[684] Obwohl Europa

---

und Beruf" ausgegangen wurde. Sie betraf nicht nur die bäuerliche Leibeigenschaft, sondern neben dem niederen Adel, der zu lebenslänglichem Dienst am Staat verpflichtet war, auch den Städter, der seine Steuergemeinde nicht verlassen durfte. Stökl, *Russische Geschichte*, S. 304; Lotman, Jurij M.: *Rußlands Adel. Eine Kulturgeschichte von Peter I. bis Nikolaus I.* Köln u. a. 1997, S. 15–33.

680 Leont'ev, „Vizantizm", S. 34–37, 68, 112f. Volkogonova, Ol'ga D.: *Obraz Rossii v filosofii russkogo zarubež'ja* [Das Russland-Bild in der Philosophie der russischen Emigration]. Moskau 1998, S. 50. Im Übrigen lässt Leont'ev die Rede von der vermeintlichen Jugend Russlands nicht gelten; s. Leont'ev, „Vizantizm", S. 113, 117.

681 Pocai, „Sonderbewußtsein", vor allem S. 1604–1607.

682 Dostojewski, *Tagebuch*, S. 187, S. 386–400.

683 Ebd., S. 589.

684 Lammich, Maria: „Vom ‚Barbarenland' zum ‚Weltstaat'", in: Keller, M., *Russen und Rußland aus deutscher Sicht. 19./20. Jahrhundert*, S. 146–198. Die unmittelbare Umgebung des deutschen Kaisers war übrigens antirussisch eingestellt. Seine „gelehrten Ratgeber" (Kopelew) Hans Delbrück und Theodor Schiemann und der Hofprediger Adolf Stoecker überzeugten Wilhelm II., „daß Rußland ein verkommenes asiatisches Land sei", das einst von germanischen Fürsten aufgebaut worden sei und inzwischen nur noch durch das Deutsche Reich „vor dem

offensichtlich der Maßstab für ihn blieb, verhieß die Hinwendung zu Asien für Dostoevskij ein Zugewinn an Würde, Eigenständigkeit, Schöpferkraft und Vitalität: „'In Europa waren wir nur Gnadenbrotesser und Sklaven, nach Asien aber kommen wir als Herren. In Europa waren wir Tataren, in Asien aber sind auch wir Europäer. Unsere [...] zivilisatorische Mission in Asien [...] wird unseren Geist verlocken und uns dorthin ziehen, wenn nur erst einmal die Bewegung angefangen hat.'"[685]

Aber auch auf Seiten der Nachfahren jener Nihilisten, die Dostoevskij mit großer Empathie in seinen späten Romanen verewigte und für die er dennoch nur Verachtung übrig hatte, war der asiatische Komplex präsent. Die Vorstellung von einem Bolschewismus als explizit anti-humanistische Bewegung im Sinne eines neuen, mit der Notwendigkeit einer Naturgewalt heranbrausenden Barbarensturms – mit allen damit einhergehenden Attributen ‚orientalischer Grausamkeit' – wurde etwa von dem Dichter Aleksandr Blok sowie den Schriftstellern Boris Pilnjak und Evgenij Zamjatin vertreten. Sie alle waren, wenigstens zeitweilig, Parteigänger der bolschewistischen Revolution.[686] Auch in Andrej Belyjs Roman *Petersburg* (1917) fantasiert der Protagonist im Fieber von der Vernichtung der Kultur, an deren Stelle ein „gesunde[s] Barbarentum[...]" treten werde; in Tagträumen erblickt er „unheilverkündende[...] Mongolengesicht[er]", die sich an Wänden und in den Straßen von Petersburg materialisieren.[687]

---

endgültigen Verfall" bewahrt werden könne. Kopelew, „Vorabend", S. 18f; Dupeux, „Im Zeichen von Versailles", S. 191f, 194. Daneben existierte allerdings immer auch die preußische russophile Tradition, die vor allem von wirtschaftlichen Interessen gestützt wurde. So leistete die zwischen 1900 und 1905 erscheinende, zweisprachige „Import- und Export-Revue" *Russland und Deutschland/Rossija i Germanija* ihren ureigensten Beitrag zur Völkerverständigung: Neben den neuesten Nachrichten aus Wirtschaft und Technik bot man kleine Abhandlungen über den „geistige[n] Verkehr zwischen beiden Ländern". *Russland und Deutschland. Import- und Export-Revue* 4, 1902, S. 398ff; 11, 1902, S. 556f; 1, 1903, S. 2–5.

685 Dostojewski, *Tagebuch*, S. 591, s. auch S. 592f.

686 Die drei Autoren waren nicht nur in ihren politischen Ansichten radikal, sondern auch in ihren literarischen Mitteln.

687 Belyj, Andrey: *Petersburg*. München 1962, hier etwa S. 33, 73, 77f, 81, 231–234.

Wie Nikolaj Ableuchov, der Held aus *Petersburg*, erklärte Belyjs
Freund Aleksandr Blok in *Der Zusammenbruch des Humanismus*
(1919, inmitten des russischen Bürgerkrieges) die „humane", „indi-
vidualistische" Zivilisation für besiegt. Auf der ganzen Welt ertöne
die Glocke des „Antihumanismus", der Mensch werde zum „Tier",
entmenschlicht in seiner „außergewöhnlichen Grausamkeit". Im
„Wirbel" der Revolutionen werde eine „neue Auslese" geschaffen,
ein „neuer Mensch".[688] Ein Jahr zuvor, im Januar 1918, hatte Blok
die immer noch kriegführende „alte Welt" zur Besinnung aufgerufen: Noch sei es für die Europäer nicht zu spät, zu „Genossen" der
revolutionären Russen – mit ihren „Asiatenfratzen" – zu werden.
Lange genug hätten diese als „treue Knechte" den „Schild" gehalten
zwischen „Mongolen" und Europäern. „Wir sind ab heute euch kein
Schild mehr, nein, / Kämpft euren Todeskampf mit den Mongolen, /
Wir greifen in den Kampf jetzt nicht mehr ein, / Wir werden zusehn,
wenn die Schlachten toben."[689] Den Rückzug Russlands aus dem
Kriegsgeschehen Ende 1917 bettete Blok in den metahistorischen
Kontext von Revolution und Entropie ein – das erstarrte, vom Tode
gezeichnete Europa trifft auf die dynamischen Barbaren aus dem
Osten, deren unschuldig-jugendlicher Überschwang allein schon
genügt, den Verfall Europas zu beschleunigen: „Des Fleischs Ver-
gänglichkeit – sinnlich und keusch – / Wir lieben sie wie seinen bit-
tern / Verwesungshauch. Sind wir denn schuld, daß euch / In uns-
ren Armen eure Knochen splittern?"[690]

---

688 Blok, „Krušenie gumanizma", S. 113ff. Zum Einfluss, insbesondere den biopoliti-
    schen Implikationen der Idee vom Neuen Menschen im revolutionären bzw.
    sowjetischen Russland s. etwa Tetzner, *Der kollektive Gott*, S. 266–370.
689 Block, Alexander: „Die Skythen" (1918), in: Block, Alexander: *Lyrik und Prosa*,
    hrsg. v. Fritz Mierau. Berlin 1982, S. 211–213, S. 211, 213.
690 Ebd., S. 212. Der affirmativen Vereinnahmung des Stereotyps vom asiatisch-
    barbarischen Russland durch die Dichter der Revolution stand dem vor allem
    auf Marx und Engels zurückgehenden Asien-Horror der europäischen Sozialis-
    ten gegenüber: So charakterisierte etwa Karl Kautsky Lenins Herrschaft 1920
    als „tatarisch". Maier, Hans: „Einführung: Zur Deutung totalitärer Herrschaft
    1919–1989", in: Maier, Hans: *Totalitarismus und Politische Religionen. Konzepte
    des Diktaturvergleichs*, Bd. III: Deutungsgeschichte und Theorie. Paderborn u. a.
    2003, S. 9–28, S. 14f.

Auch in Boris Pilnjaks *Das nackte Jahr* (1922) lauerte das Asiatische bereits unter der Oberfläche des europäischen, vorrevolutionären Russlands der „Melonenträger". Wenn das Geschäftsleben ruhte – in den Nächten, den langen Wintern –, kam das „andere" Russland „hervorgekrochen", „das Reich des Himmels, welches irgendwo jenseits der Steppen im Osten liegt, hinter der Großen Mauer, und die Welt aus scheelen Augen betrachtet, die den Knöpfen russischer Soldatenmäntel gleichen."[691] Das alte Russland hatte untergehen müssen, weil es „den Willen zum Handeln" nicht besessen habe, „zum schöpferischen Handeln, denn Schöpfertum bedeutet immer Zerstörung."[692] Die Revolution wurde bei Pilnjak zum Naturereignis, zum „Maigewitter", zur „Flut", die den Schimmel zweier Jahrhunderte hinwegspülte.[693] Im Duktus des russischen *mužik* beschrieb er die Russische Revolution als einen Befreiungsakt von den Fesseln der Europäisierung. In den Augen Pilnjaks streifte die Revolution im Bürgerkrieg die Maske des Europäischen ab – was programmatisch als marxistische, kommunistische Revolution begonnen hatte, wurde zum Aufstand der ur-russischen Elementargewalt:

„Erst war Rußland unter den Tataren – da hatten wir die Tatarenherrschaft. Dann war Rußland unter den Deutschen – da hatten wir die Deutschen als Herren. Rußland hat selbst Verstand genug. Die Deutschen sind gescheit, aber ihr Verstand ist ein Narr – sie brauchen ihn nur zum Maschinenbauen. Ich sage also auf der Versammlung: ‚Es gibt keine Internazjonale, es gibt nur die russische Volksrevolution, den Volksaufstand. So wie bei Stepan Rasin[694], alles andere ist Quatsch.' – ‚Und Karl Marxow?' fragen sie mich. ‚Ist ein Deutscher und also ein Dummkopf', sage ich. – ‚Und Lenin?' – ‚Lenin', sage ich, ‚kommt aus dem Volk, ist ein Bolschewik, aber ihr seid anscheinend Kommunesten. Die Befreiung von Unterdrückung müßt ihr ausrufen! Das Land den Bauern! Alle Kaufleute zur Hölle! Alle Gutsbesitzer zur Hölle, diese Leuteschinder! Die Verfassunggebende Versammlung zur Hölle, was wir brauchen, ist ein Sowjet fürs ganze Land, jeder, der will, soll kommen, und dann beraten wir unter freiem Himmel. [...] Glaube und Wahrheit sollen herrschen. Unsere Hauptstadt soll Moskau sein. Glaub, an wen und an was

691 Pilnjak, Boris: *Das nackte Jahr*. Frankfurt/Main 1994, S. 27.
692 Ebd., S. 176.
693 Ebd., S. 65f.
694 Anführer eines Kosakenaufstandes (1667–1671), der sich durch „ungewöhnliche Wildheit und Grausamkeit" auszeichnete. Stökl, *Russische Geschichte*, S. 306.

du willst, und wenn's ein Holzklotz ist. Und die Kommunesten – auch zur Hölle! – die Bolschewiken', sage ich, ,kommen allein zurecht [...]'."[695]

Jene Bolschewiken, das waren bei Pilnjak „lederhäutige Männer in Lederjacken", „einer wie der andere von hohem Wuchs, lederzähe Prachtkerle, baumstark", „[b]este Auslese" eben, ausgestattet mit „Willensstärke", „Verwegenheit" – und dem notwendigen Quäntchen Kaltblütigkeit, das sie befähigte, unter die Haftbefehle aus dem Exekutivbüro „das furchtlose Wort: *erschießen*" zu setzen. „Karl Marx hat übrigens wohl keiner von ihnen gelesen."[696]

Pilnjaks Bolschewiken waren die Erben jener von einem „Nimbus" umschlossenen revolutionären „Jünglinge", denen Blok bereits 1909 den Terror durchgehen ließ – schließlich sei „die Wahrheit doch auf der Seite der ‚Jugend'".[697] Evgenij Zamjatins *Die Geißel Gottes* (1937) bemühte wie Bloks *Skythen* die ,große Parallele', wenn er die Epoche von Weltkrieg, Revolution und Bürgerkrieg am Beginn des 20. Jahrhunderts mit der Zeit der Völkerwanderung, mit dem Einfall der barbarischen Hunnen in das alternde Rom verglich. Von jenen Barbaren habe es geheißen, „daß sie auf ihren Straßen Wölfe erschlugen und daß sie selbst wie Wölfe waren. Von den Gestaden des Baltischen Meeres, von der Donau, vom Dnjepr, aus ihren Steppen aufbrechend, wälzten sie sich herab – nach Süden, nach Westen – immer rascher, wie ein gewaltiger Stein vom Berg." Attila sei der Name ihres Anführer gewesen, was „in ihrer Sprache ,Eisen' bedeute".[698]

---

695 Ebd., S. 98f, s. auch S. 110, 228.

696 Ebd., S. 37f, 50.

697 Blok in einem Brief an Vassilij Rozanov v. 20. Februar 1909, in: Block, *Lyrik und Prosa*, S. 445f.

698 *Die Geißel Gottes* ist die epische Fassung von Zamjatins 1928 vollendeter Tragödie *Attila*. Samjatin, Jewgenij: *Attila, die Geißel Gottes*. Zürich 1979, S. 10, 113. Als eines der merkwürdigsten literarischen Zeugnisse, in denen Revolution und Bürgerkrieg als Offensive gegen eine sterbende Kultur verarbeitet wurden, kann Aleksej Tolstojs „Marsroman" *Aèlita* (1922) gelten. Hier empfängt ein russischer Wissenschaftler vorerst „unverständliche Signale" aus dem All, die er als Hilferuf deutet. Gemeinsam mit einem „Rotarmisten" fliegt er zum Mars, wo er auf eine hochentwickelte, in Agonie begriffene Zivilisation trifft. Dieser versetzt der Rotarmist schließlich den Todesstoß, indem er einen Volksaufstand anzettelt – mit Waffen, die er heimlich aus Petrograd mitgebracht hatte. – Diese

Zur manifesten Weltanschauung wurde der russische Asien-Komplex in der Ideologie des sogenannten Eurasiertums (*Evrazijstvo*). Sein Mitbegründer, der exilierte Philologe und Philosoph Fürst Nikolaj Trubeckoj verwahrte sich in seiner programmatischen Schrift *Europa und die Menschheit* (1920) gegen den Universal- und Absolutheitsanspruch der „romanogermanischen" Zivilisation des Westens – und gegen den Makel der russischen Rückständigkeit, der ja nur durch die blinde Reproduktion der „egozentrischen Vorurteile" des Westens ein solcher sei.[699] Trubeckoj und die anderen Eurasier entlarvten zwar das Klischee von den russischen Hinterwäldlern als eine aus dem Westen kommende Fremdzuschreibung, antworteten aber ihrerseits mit einem Stereotyp und unterstellten dem „russischen Nationalcharakter" im Großteil seiner Merkmale eine turko-asiatische Abkunft.[700]

Die hybride Staatsauffassung der Eurasier gründete unter anderem auf den widersprüchlichen Signalen, die die Russische Revolution in der Konsolidierungsphase aussandte. So sahen die eurasischen Wortführer ihre Vision eines ideokratischen Staates im jungen Sowjetsystem bestätigt: Jenseits des Terrors waren die Bolschewiken offensichtlich zur nationalen Erneuerung des russischen Staates imstande. Den Eurasiern imponierten die „starke Regierung", die „Existenz einer klar umrissenen führenden Gruppe (der kommunistischen Partei)" und das „Vorhandensein der Sovets als gelungene Form der Beteiligung des Volkes an der Verwaltung des Landes."[701] Jene herrschende „Idee" musste in ihren Augen dabei so beschaffen sein, dass sie das persönliche Opfer des Einzelnen wert war, und dass dieses Opfer von allen Staatsbürgern als wertvolle Tat – im Sinne der Unterordnung unter ein gemeinsames „historisches Schicksal" – angese-

---

von Tolstoj mit den Mitteln der Trivialliteratur inszenierte Vernichtungsorgie gehört in die Tradition der Idee vom Neuen Menschen. Tolstoi, Alexej: *Aelita. Roman*. Moskau o. J.

699 Trubetzkoy, Fürst N. S.: *Europa und die Menschheit*. München 1922. Vgl. die Beiträge in: Shlapentokh, Dmitry: *Russia between East and West. Scholary Debates on Eurasianism*. Leiden/Boston 2007.

700 Volkogonova, *Obraz Rossii*, S. 48.

701 Ebd., S. 63, 67.

hen werden konnte.[702] Die totalitäre Färbung dieser Idee ist unübersehbar: So ist es kein Zufall, dass sich Nikolaj Alekseev, Jurist und einer der Mitbegründer der eurasischen Bewegung, offen zum italienischen Faschismus bekannte – als vermeintlich positives Beispiel für eine „gemeinschaftliche" (im Sinne der slavophilen *sobornost'*) Vereinigung der Gesellschaft nicht im Interesse einer Klasse, sondern des „nationalen Ganzen".[703]

Bei aller Gemeinschaftsrhetorik hielten auch die Eurasier einen „führenden Stand" innerhalb eines Staatswesens für unabdingbar: Dieser müsse „streng, hart, national-egoistisch, mit einem großen Machthunger" ausgestattet sein.[704] Die heutigen Völker seien der „schwerfälligen, faulenden" parlamentarischen Demokratie überdrüssig. Stattdessen ordneten sie sich der Führerschaft „willensstarker Gruppen von neuen Menschen" unter, die die Verantwortung für die „international-politische Zukunft" ihrer Nation auf sich zu nehmen bereit seien.[705] Die 1925 von russischen Exilanten ins Leben gerufene „Union der Jungrussen" (*Sojuz Mladorossov*)[706] be-

---

702 Ebd., S. 64. Diese Vorstellung kam dem sowjetischen Bild von der menschlichen Persönlichkeit sehr nahe. So heißt es etwa bei Maksim Gor'kij im unnachahmlichen Parteijargon: „Der neue Mensch, der den bürgerlichen zoologischen Individualismus ablehnt, begreift sehr gut die wunderbare Harmonie der Persönlichkeit, die mit dem Kollektiv fest verbunden ist. Er selbst ist gerade eine solche Individualität, die ihre Energie und ihre Inspiration frei aus der Masse, aus ihren Arbeitsprozessen schöpft." Gorki, M.: „Der alte und der neue Mensch" (1932), in: Gorki, M.: *Aufsätze und Pamphlete*. Moskau 1950, S. 316–330, S. 329.

703 Volkogonova, *Obraz Rossii*, S. 67. Alekseevs Schrift *Na putjach k buduščej Rossii (Sovetskij stroj i ego političeskie vozmožnosti)* [Auf dem Weg ins zukünftige Russland (Die Sovet-Ordnung und ihre politischen Möglichkeiten)] entstand vermutlich in den 1920er Jahren.

704 Sadovskij, Ja.: *Opponentam evrazijstva* [An die Gegner des Eurasiertums]. Berlin 1923, zit. nach Volkogonova, *Obraz Rossii*, S. 68.

705 Alekseev, Nikolaj: *Idet li mir k ideokratii?* [Ist die Welt auf dem Weg zur Ideokratie?]. Berlin 1935, zit. nach ebd., S. 68.

706 Die „Union der Jungrussen" ging aus der Union „Junges Russland" (*Molodaja Rossija*) hervor, einer Vereinigung junger russischer Monarchisten, die unter Aleksandr Kazem-Bek 1923 in München gegründet wurde. Die „Jungrussen", unter ihnen auch einige ehemalige Eurasier, galten innerhalb der Pariser Emigrantenszene als vom sowjetischen Geheimdienst unterwandert. Siehe dazu *Mladorossy. Materialy k istorii smenovechovskogo dviženija* [Die Jungrussen. Materialien zur Geschichte der Smenovech-Bewegung], zusammengestellt von Rostislav P. Rončevskij. London/Ontario 1973, S. 4.

kannte sich noch offener als die eurasische Bewegung zum jungen bolschewistischen Russland. Wie der Nationalbolschewismus der sogenannten *Smenovechovcy*[707] gründete ihre – vorgeblich rein taktisch motivierte – Solidarität mit dem Sowjetsystem auf der Annahme, dass sich mit der nationalen ‚Wiedergeburt' Russlands der Bolschewismus bald von selbst erledigt haben würde. „In dem Maße, wie die Überwindung des Kommunismus mit großen Schritten voranschreitet und die Nachfolger der kommunistischen Partei aufrücken, beginnt sich die nationale Revolution zu vollziehen, und der Tag des nationalen Umsturzes rückt näher."[708] Die Überwinderin des Kommunismus glaubte der Anführer der Jungrussen Aleksandr Kazem-Bek 1931 in der sowjetischen Jugend ausmachen zu können: „Militarismus, Etatismus, die Huldigung der mit harter Hand regierenden Macht – das sind die grundlegenden Eigenschaften des politischen Bewusstseins der sowjetischen Jugend. Sentimentalität, ‚Humanismus' [...] gelten ihr nichts. Solange sie im Kommunismus die harte Hand erkennt, wird die sowjetische Jugend ihm all das durchgehen lassen, was ihr an ihm zuwider ist."[709]

Auch Georgij Fedotov, emigrierter Philosoph und Historiker, war bekannt dafür, dass er den aggressiven Antikommunismus der Pariser Emigrantenszene nicht teilte. Doch während er der geistigen Atmosphäre des vorrevolutionären Russlands nachtrauerte, wirkt Fedotovs Beschreibung des Homo Sovieticus fast so, als würde er eine gewisse Achtung für die Leistungen der „Oktober-Generation" der dreißiger Jahre hegen: In seinen Augen schien der russische

---

707 Die *Smenovechovcy* – „fast ausnahmslos liberale Politiker und Mitglieder der KD-Partei" – verdankten ihren Namen der Aufsatzsammlung *Smena Vech* (Wechsel der Wegmarken), Prag 1921. Der Kopf der „neuen Richtung", der emigrierte Geschichtsprofessor Nikolaj Ustrjalov, rief zum Zusammengehen mit den Bolschewiken auf, da nur diese „es verstanden hätten, aus dem Nichts staatliche Disziplin und eine ‚effektive Fassade der Staatlichkeit' aufzubauen." Zit. nach Oberländer, Erwin: „Nationalbolschewistische Tendenzen in der russischen Intelligenz. Die ‚Smena Vech'-Diskussion 1921–1922", in: *Jahrbuch für osteuropäische Geschichte* 16/2, 1968, S. 194–211, hier S. 197.

708 Artikel in der *Mladorosskaja Iskra* [Jungrussischer Funke], 2, 1931, zit. nach *Mladorossy*, S. 10f.

709 Kazem-Bek im *Mladoross* [Der Jungrusse] 12, 1931, zit. nach ebd., S. 9.

Mensch seine Empfindsamkeit abgelegt zu haben. Energie und Wut seien nun das Lebenselixier des in der Revolution großgewordenen Menschentyps, „Mitgefühl" sei ihm ein Schimpfwort, ein „christliches Überbleibsel". „Böser Zorn" sei die Eigenschaft, die dieser neue Mensch stattdessen in seinem Innern zu kultivieren trachte.

> „Wir haben uns daran gewöhnt zu glauben, dass der russische Mensch Individualist und Einzelgänger ist, unfähig zu Organisation und gemeinsamer Sache. Die großen Russen waren immer Rebellen und Sonderlinge, die ihren eigenen Weg gingen und sich nicht der sozialen Disziplin unterwarfen. Wovon kündet die Technik der neuen russischen Schauspieler, Sportmannschaften und Chöre? Prachtvolle Massenszenen, die Abgestimmtheit der Bewegungen, die verblüffende Exaktheit der kollektiven Bewegungen – und dabei verhältnismäßig wenig eigenständige Talente. Keine Genies, aber viele Talente, und diese Talente entfalten sich im Kollektiv. Tatsächlich ist das geradezu der Triumph deutschen ‚Maßes' und deutscher ‚Akkuratesse', wenn auch in kriegerischem, militärischem Tempo. Das russische Volk erweist sich als ein Volk von Soldaten, und nicht von Partisanen, von Truppen und ‚Mannschaften', und nicht von Suchern, Einzelgängern und Rebellen.

> [...] Ein Fakt ist nicht anzuzweifeln: Alle Charakteristika der russischen Seele aus der Vergangenheit versagen angesichts des neuen Menschen. Er ist ein vollkommen anderer, er entbehrt jeder Ähnlichkeit mit den Vorfahren. Am ehesten lässt sich in ihm jener kulturelle Typ ausfindig machen, von dem sich das Russentum stets abgestoßen gefühlt hat: der Typ des Deutschen, des Europäers [...]. *Homo Europaeo-Americanus*."[710]

Jener *„Homo Europaeo-Americanus"* war für Fedotov das Rädchen im Getriebe der technischen Zivilisation und als „neuer Menschentyp" Produkt des „totalitären Staates", der nicht nur in Russland nach der „Vernichtung der alten kulturellen Klasse", sondern in etlichen europäischen Ländern der dreißiger Jahre Fuß gefasst habe.[711] Sowohl der „skeptisch bourgeoisen Intelligenz" wie auch der „unterwürfigen Intelligenz der totalitären Völker" drohe die Auflösung. Mit Blick auf ein zukünftiges Russland skizzierte Fedotov deshalb einen Dritten Weg: Die Integration der Intelligenz in ein „System" nationaler Korporationen. Wobei Integration im Sinne von Fedotovs

---

710 Fedotov, „Pis'ma o russkoj kul'ture", S. 166.
711 Ebd., S. 167.

„Wertehierarchie" hier bedeutet, dass die Geistesarbeiter an der Spitze einer solchen berufsständischen Ordnung stünden.[712]

Auch Semen Frank favorisierte eine ‚organische', korporativ-hierarchische Verfassung in Staat und Gesellschaft und knüpfte dabei an den slavophilen *sobornost'*-Topos an. Für Frank hatte der „eigentümliche[...] russische[...] geistige[...] Kollektivismus" jedoch nichts mit „wirtschaftlichem oder sozialpolitischem Kommunismus" gemeinsam. Er sei vielmehr eine „'Wir-Philosophie'" im Gegensatz zur atomistischen „'Ich-Philosophie'" des Westens, das Ideal einer „freie[n] Volksgemeinschaft" jenseits der „kalten, vertragsmäßig-individualistischen und utilitaristisch-gewinnsüchtigen Beziehungen der Menschen" im Westen. Dieses Ideal habe sowohl die deutsche Romantik zur Quelle als auch „gewisse althergebrachte Traditionen [...] der russischen Geistesart". Überhaupt kam Frank nicht umhin, eine „ganz besonders tiefe Verwandtschaftsbeziehung zwischen dem deutschen und dem russischen Geiste" zu konstatieren.[713]

Über den Umweg der euphorischen Rezeption Dostoevskijs seit der Jahrhundertwende, spätestens jedoch seit der 1905 begonnenen Veröffentlichung von dessen „Sämtlichen Werken" durch Dmitrij Merežkovskij und Arthur Moeller van den Bruck erhielt das Bild von den asiatischen Russen in Deutschland neue Nahrung[714]: „Steppe", „uferlose Ebene", russische „Seele" und „Frömmigkeit", „Demut", „Duldsamkeit", „Chaos", „Abgrund" – dies sind nur einige der Schlüs-

---

712 Ebd., S. 222.
713 Frank, Simon: *Russische Weltanschauung*. Darmstadt 1967, S. 29ff, 39, 47. Franks Schrift ging auf einen Vortrag zurück, den er 1925 in der „Berliner Ortsgruppe und wiederholt in mehreren anderen Ortsgruppen der Kant-Gesellschaft" (S. 8) gehalten hatte.
714 1907 erschien eine Auswahl der als „Politische Schriften" zusammengefassten Tagebuch-Notizen Dostoevskijs, aus der die oben zitierten Asien-Einlassungen stammen. Siehe hierzu Dodd, William J.: „Ein Gottträgervolk, ein geistiger Führer. Die Dostojewskij-Rezeption von der Jahrhundertwende bis zu den zwanziger Jahren als Paradigma des deutschen Rußlandbilds", in: Keller, M., *Russen und Rußland aus deutscher Sicht. 19./20. Jahrhundert*, S. 851–865. Zum deutschen Bild des asiatisch-barbarischen Russlands Mitte des 19. Jahrhunderts s. Groh, *Rußland*, S. 239, 256, 262.

selwörter, die die Bewunderer wie die Verächter Russlands[715] in den kommenden Jahrzehnten im Munde führten. Unter den Weimarer Rechten, allen voran Moeller und Spengler, waren einige, die in ihrem russophilen Rassismus die Russen zu den ewigen Barbaren stempelten, deren Jugendfrische dem deutschen Wesen jedoch auf die eine oder andere Weise dienstbar gemacht werden könne. „Aber genau so, wie wir uns, je mehr Westen wir aufnehmen, dem Untergangsschicksal alter Völker nähern, erhalten wir uns als junges Volkstum, je mehr wir Kräfte aus dem Osten ziehen, rassisch und wirtschaftlich, politisch und geistig."[716] Diese nach Osten gerichteten Verjüngungsbestrebungen konkurrierten gewissermaßen mit jenen begeisterten Reaktionen, die später auch der italienische Faschismus auslösen sollte: Der „Jugend" und dem „neue[n] Lebensgefühl", die von diesem auszugehen schienen, widmete etwa Karl Anton Rohan, der Herausgeber der *Europäischen Revue*, eine ständige Rubrik.[717]

Wie Moeller hoffte auch der Schriftsteller und Journalist Alfons Paquet auf das „jugendlich emporstrebende[...] Sein[...]" des Ostens, das die Deutschen aus dem Sumpf der „westlichen formalen Zivilisation" herausheben könne. Schließlich würden die Russen „von kei-

---

715 Zu diesen gehörten etwa die Unterzeichner des „Aufrufs an die Kulturwelt" (1914) – unter ihnen Max Planck, Wilhelm Röntgen, Karl Lamprecht, Eduard Meyer, Max Liebermann und Max Reinhardt –, die den Alliierten das Recht absprachen, sich auf die Verteidigung der Zivilisation zu berufen, wenn sie „sich mit Russen und Serben verbündeten und der Welt das schmachvolle Schauspiel bieten, Mongolen und Neger auf die weiße Rasse zu hetzen." Zit. nach Kopelew, „Vorabend", S. 65f.

716 Moeller van den Bruck, Arthur: *Unser Problem ist der Osten* (1916), zit. nach Dupeux, „Im Zeichen von Versailles", S. 194. Siehe auch Moeller van den Bruck, Arthur: „Zur Einführung. Bemerkungen über Dostojewski", in: Dostojewski, F. M.: *Die Dämonen, 1. Teil*, in: Dostojewski, F. M.: *Sämtliche Werke*, 1. Abt., 5. Bd., hrsg. v. Arthur Moeller van den Bruck. München/Leipzig 1906, S. VII–XVI.

717 In der Rubrik „Der Horizont" sollte „die Jugend Europas zu Worte kommen". Rohan, Karl Anton: „Vorwort zum zweiten Jahrgang", in: *Europäische Revue*, II. Jahrgang, 1, 1926, S. 3–5, S. 4; Rohan, Karl Anton: „Faschismus und Europa", in: ebd., S. 121–124, S. 123. Auch Berdjaev trug zu dieser Ausgabe an prominenter Stelle bei: Berdjajew, Nikolaus: „Die Krise der Kultur im Lichte der Geschichtsphilosophie", in: ebd., S. 6–18.

nem Volk tiefer verstanden als in Deutschland."[718] Auch wenn er
noch angesichts der „kriegerischen, herrschenden Klasse" des Proletariats etwas verschreckt war, begrüßte Paquet die vermeintlich
korporativen Bemühungen der Russischen Revolution, einen neuen
„Arbeitsbegriff" zu etablieren – „der bestimmt ist, dem Gesamtvolk
in der Arbeit die Freude der Freiwilligkeit, des Opfers, des Beitrages
zum gemeinen Wohl, des genossenschaftlichen Füreinanderdaseins
zurückzugeben."[719]

Die brutale Durchsetzungsfähigkeit der bolschewistischen Revolution mit der „Herrennatur"[720] Lenin an der Spitze nötigte nicht nur
Paquet, sondern auch Moeller, Ernst Jünger, Ernst Niekisch oder
etwa dem „Propheten des Nationalbolschewismus" Paul Eltzbacher
einige Anerkennung ab. Endlich habe Russland begriffen, dass man
die Staatsführung einer Elite und die Wirtschaft den Spezialisten
überlassen müsse.[721] Auch der Neokonservative Adolf Grabowski
goutierte in der von Heinrich von Gleichen initiierten Umfrage *Der
Bolschewismus und die deutschen Intellektuellen* (1920), dass der
Bolschewismus „durchaus führerhaft, aktivistisch, aristokratisch"
sei. Jener glaube nicht mehr an die von den „Mehrheitssozialisten"
vertretene „Gleichheit". Stattdessen erhielten im Bolschewismus –
im Sinne einer eigentlich „konservative[n] Idee" – nur die „Arbeiter"
Rechte, „nur diejenigen, die für den Staat wirklich positiv etwas leisten."[722] Ernst Jünger schließlich charakterisierte in seinem *Arbeiter*

---

718 Paquet, Alfons: *Rom oder Moskau. Sieben Aufsätze.* München 1923, S. 59, s. auch
S. 63ff. Paquet war auch der Herausgeber des frühslavophilen Memorandums
Ivan Kireevskijs (*O charaktere prosveščenija Evropy i o ego otnošenii k
prosveščeniju Rossii*, 1852), auf Deutsch erschienen unter dem Titel *Russlands
Kritik an Europa*, Stuttgart 1923.
719 Paquet, *Rom oder Moskau*, S. 61, s. auch S. 70f.
720 Bauer, Oberst Max: *Das Land der roten Zaren. Eindrücke und Erlebnisse.* Hamburg 1925, S. 78. In kaum zu überbietender Unbedarftheit lässt Bauer die Führer der Russischen Revolution Revue passieren – seine Bewunderung für deren
„schonungslose[...] Strenge" auf allen Gebieten kann der „Ehemalige Abtei-
lungschef der Obersten Heeresleitung" und rasende Misogyn nicht verhehlen.
721 Werth, *Sozialismus*, S. 106, s. auch S. 112, 114f, 139ff; Dupeux, „Im Zeichen von
Versailles", S. 200ff.
722 *Der Bolschewismus und die deutschen Intellektuellen. Äußerungen auf eine Umfrage des Bundes deutscher Gelehrter und Künstler. Auf Veranlassung von Heinrich von Gleichen zusammengestellt von Annalise Schmidt.* Leipzig 1920, S. 28f.

(1932) den „Marxismus russischer Prägung" als heutzutage „einzige metaphysikgeschichtlich bedeutsame Kraft", die ihre Vitalität unter der Maske des „Materialismus" verberge: „Hat die östliche Welt den Materialismus als Ideologie und einen heroischen Idealismus als Lebensweise, so herrschen im Westen vollendete Sündhaftigkeit und Materialismus als Lebensart."[723]

Ernst Niekisch bejubelte den russischen Umsturz nicht nur als *nationale* Revolution": Auch für ihn war Lenin der Vollstrecker der Staatsräson, und er sah in Moskau einen „neuen Orden[...]" herrschen, eine Mischung aus aristokratischem Ethos und preußisch-korporativem Staatsgeist. Auch wenn er nicht müde wurde, die antiwestlichen Gemeinsamkeiten zwischen den „barbarischen" Mächten Russland und Preußen zu betonen, blieb Ersteres für Niekisch doch immer nur die „Materialressource" – in einem von Deutschland dominierten Bündnis.[724] Dies war auch das Thema Thomas Manns: die russisch-deutsche Allianz als „weltpolitisch-geistige Notwendigkeit". „Welche Verwandtschaft in dem Verhältnis der beiden nationalen Seelen zu ‚Europa', zum ‚Westen', zur ‚Zivilisation', zur Politik, zur Demokratie! Haben nicht auch wir unsere Slavophilen und unsere Sapadniki?"[725]

Ein Vertreter der selbsternannten Russland-Kenner war der evangelische Schriftsteller und Danilevskij-Übersetzer Karl Nötzel. Im gönnerhaften Duktus des Ausländers, der fast zwanzig Jahre „unter dem russischen Volke" gelebt hatte, reproduzierte Nötzel nahezu alle Vorurteile und Stereotypen, die das erste Drittel des 20. Jahrhunderts über Russland zu bieten hatte. So sei die Stärke des „geistigen Russland[s]" das Intuitive. „Freilich ist der Russe nur solange auf dem Wege der Wahrheit, als er sein reines Erlebnis nicht selber in Erkenntnis umzusetzen versucht."[726] Dazu brauche Russland die Deutschen, und diese wiederum seien auf das „Slawentum" ange-

---

723 Jünger, Ernst: *Der Arbeiter. Herrschaft und Gestalt.* Stuttgart 1981, S. 318.

724 Werth, *Sozialismus*, S. 127, 133ff.

725 „Sapadniki" sind die russischen Westler, die Anhänger eines westlich-liberalen Gesellschaftsmodells. Mann, *Betrachtungen*, S. 448f.

726 Nötzel, Karl / Barwinskyj, Alexander: *Die slawische Volksseele.* Jena 1916, S. 32f.

wiesen, etwa wenn es darum ginge, „das alte Europa wieder aufzubauen", nachdem Deutschland den Weltkrieg siegreich und geistig
gereinigt überstanden habe.[727] Sieben Jahre später hieß es weniger
verklausuliert:

> „Im Grunde genommen gehen beide den gleichen Weg: der Deutsche steigt
> zur Höhe, und der Russe hält ihm dabei die Leuchte [...]. Der Deutsche
> braucht aber dies Licht, weil er stets die Arme etwas zu voll hat mit aller
> Kreatur Gottes, gerade wenn er zum Höchsten aufsteigt. Das hemmt seinen
> Blick nach dem Boden zu."[728]

Im Übrigen habe Russland, im Gegensatz zur deutschen Bildungs-
höhe, „der Kulturwelt keinen einzigen wirklich neuen Gedanken"
geschenkt.[729]

Auch wenn Nötzel die „Dienstleistung Russlands an Kultureuro-
pa – die Jahrhunderte während „Abwehr der Asiatenhorden" – honorierte, so beklagte er doch den „Despotismus asiatischer Färbung", den das „Zartum" von den Tataren übernommen habe, wie
auch die Zwangs- und „Gewaltorganisation" des russischen Volkes,
ohne die der Bolschewismus nicht denkbar sei. Diesen begünstigten
der „Hang" der russischen Intelligencija zu „moralischem Sadismus"
und ganz allgemein die charakterliche Disposition des russischen
Menschen zu religiösem respektive revolutionärem Fanatismus.[730]
Genau diese vermeintliche Eigenart des Russischen war es, die
Schriftsteller wie Hermann Hesse und Thomas Mann zu fast hysteri-
schen Bekenntnissen zum „asiatisch-okkulte[n] Ideal" (Hesse) der
Russen inspirierte. In dionysischen Vokabeln beschwor Hesse dieses Ideal, das den „Untergang Europas" einläute, indem es beginne,
„den Geist Europas aufzufressen." „Dieser Untergang ist eine Heim-
kehr zur Mutter, ist eine Rückkehr nach Asien, zu den Quellen, zu

---

727 Ebenda, S. 36f; s. auch Nötzel, Karl: *Der entlarvte Panslawismus und die große
Aussöhnung der Slawen und Germanen.* München/Leipzig 1914, S. 13; Nötzel,
Karl: *Der russische und der deutsche Geist. Gedankenleben, religiöses Erlebnis und
Lebensnachbildung.* Berlin 1920, S. 9–19.
728 Nötzel, Karl: *Die Grundlagen des geistigen Rußlands. Versuch einer Psychologie
des russischen Geisteslebens.* Leipzig 1923, S. 300f.
729 Nötzel, Karl: *Die russische Leistung.* Karlsruhe 1927, S. 15.
730 Ebd., S. 6–15.

den Faustischen ‚Müttern', und wird, selbstverständlich, wie jeder Tod auf Erden, zu einer neuen Geburt führen."[731] Mit ihm einher gehe die „Abkehr von jeder festgelegten Ethik und Moral zugunsten [...] einer neuen, gefährlichen, grausigen Heiligkeit".[732] Der russische Mensch diente Hesse dabei als Chiffre für die neuen Barbaren, die – als „ungeformte[s] Zukunftsmaterial" – bereits unter uns seien. Dabei stehe Deutschland den „Karamasoffs", Dostoevskij und „Asien unendlich viel williger und schwächer offen als jedes andre europäische Volk".[733]

Neben Hermann Hesse reproduzierte vor allem auch Thomas Mann das Asien-Stereotyp: So bedeute die bolschewistische Umwälzung das Ende der *europäischen* Epoche Rußlands". In Nikolaj II. sei Peter der Große ermordet worden, „und sein Sturz gab der russischen Volkheit nicht etwa den Weg nach Europa, sondern den Heimweg nach Asien frei." Nicht nur für Russland ende eine Epoche, sondern für ganz Europa – das bürgerlich-liberale Zeitalter sei am Ende, die „Wendung zur Diktatur und zum Terror" unvermeidlich.[734] Trotzdem pries Mann in einem Nachruf Lenin als „Mensch-Regent", als „kraftgeladene Verbindung von Machtwille und Askese" im Stile des heiligen Gregor, der gesagt haben soll: „'Verflucht sei der Mensch, der sein Schwert zurückhält vom Blute.'"[735]

Die jüngere russische rechtsintellektuelle Diskussion kannte zwar Ansätze zur Konstruktion eines sowjetisch inspirierten ‚nationalen Sozialismus', jedoch keine vergleichbare Vorstellung wie das – von vielen der oben zitierten Deutschen – visionierte Zusammenge-

731 Die Reinigungsmetapher bemühten auch anerkannte Wissenschaftler wie der Orientalist Herbert Müller, der in Heinrich von Gleichens „Umfrage des Bundes deutscher Gelehrter und Künstler" zu Protokoll gab, dass der Bolschewismus innerhalb eines apokalyptischen Szenarios einer neuen Kultur den Boden bereite. *Der Bolschewismus und die deutschen Intellektuellen*, S. 9.
732 Hesse, Hermann: „Die Brüder Karamasoff oder der Untergang Europas", in: Hesse, Hermann: *Blick ins Chaos. Drei Aufsätze.* Bern 1921, S. 1–20, S. 2.
733 Ebd., S. 8.
734 Mann, Thomas: „Goethe und Tolstoi. Fragmente zum Problem der Humanität" (1921), in: Mann, Thomas: *Gesammelte Werke*, Bd. IX. Frankfurt/Main 1960, S. 58–173, S. 165f.
735 Mann, Thomas: „[Über Lenin]" (1924), in: Mann, Thomas: *Aufsätze, Reden, Essays*, Bd. 3: 1919–1925. Berlin 1986, S. 436–437.

hen Deutschlands und Russlands im Sinne eines gemeinsamen Schicksals. Abgesehen von wenigen Ausnahmen, wie etwa Semen Frank, nahm man, egal welcher politischen oder philosophischen Richtung zugehörig, die Deutschen einmütig als inneren wie äußeren Feind wahr. Spätestens nach dem Sieg des Deutschen Reiches über Frankreich 1871 galten die Deutschen nicht mehr länger als Denker, sondern als ‚Tatmenschen'. „Die Deutschen sind jetzt Eroberer", schrieb Ivan Turgenev, der viele Jahre in Deutschland verbrachte, „und an Eroberer hänge ich nicht mein Herz".[736]

Vor allem Preußen wurde zum Feindbild: Hier ging die herrschende Meinung mit der Einschätzung von Marx d'accord, wonach Deutschland seine Einheit in einer „preußischen Kaserne" gefunden habe. Für Aleksandr III. wiederum waren die Deutschen nichts anderes als „Wurstmenschen".[737] An die panslavischen Gefühle seiner Zuhörer appellierend klagte General Michail Skobelev 1882 vor serbischen Studenten an der Sorbonne, dass die Russen nicht Herren im eigenen Haus seien, sondern Spielball, Opfer und Sklaven der Deutschen. Ein Kampf zwischen „Slaven und Teutonen" sei deshalb unvermeidlich und nicht mehr fern.[738]

Wenn man bedenkt, dass sich die antideutsche Grundstimmung während des Ersten Weltkrieges nur noch forcierte, war der Tenor der bereits erwähnten Schrift *Gegen die Zivilisation* von Evgenij Poletaev und Nikolaj Punin umso erstaunlicher. Die Autoren verknüpften hier verschiedene Traditionslinien der deutschen und der russischen Zivilisationskritik: So vertraten sie neben der These vom dekadenten Westen auch die Vorstellung vom jungen, barbarisch-kriegerischen Volk der Deutschen, das mit der Eroberung des altersschwachen Europas diesem neues Leben einhauche. Wie Lenin glaubten sie an die Synthese aus deutsch-preußischen Tugenden

---

736 Zit. nach Obolenskaja, S. V.: „‚Germanskij vopros' i russkoe obščestvo konca XIX v." [Die „deutsche Frage" und die russische Gesellschaft am Ende des 19. Jahrhunderts], in: Tupolev, Boris M.: *Rossija i Germanija*, Bd. 1. Moskau 1998, S. 190–205, S. 191.

737 Ebd., S. 192.

738 Ebd., S. 199.

und staatssozialistischen, kollektivistischen Ideen.[739] Tatsächlich war Lenins Bezugspunkt für den Aufbau des russischen Kommunismus die zentralisierte deutsche Kriegswirtschaft, der ,Kriegssozialismus', der entscheidend von Walther Rathenaus Konzept einer „Gemeinwirtschaft" geprägt war.[740]

> „Solange in Deutschland die Revolution noch mit ihrer ,Geburt' säumt, ist es unsere Aufgabe, vom Staatskapitalismus der Deutschen zu lernen, ihn *mit aller Kraft* zu übernehmen, keine *diktatorischen* Methoden zu scheuen, um diese Übernahme noch stärker zu beschleunigen, als Peter die Übernahme der westlichen Kultur durch das barbarische Rußland beschleunigte, ohne dabei vor barbarischen Methoden des Kampfes gegen die Barbarei zurückzuschrecken. Wenn es unter den Anarchisten und linken Sozialrevolutionären [...] Leute gibt, die imstande sind, in der Art eines Narziß zu räsonieren, daß es uns Revolutionären nicht gezieme, vom deutschen Imperialismus ,zu lernen', so muß man eins sagen: Die Revolution, die solche Leute ernst nehmen wollte, wäre hoffnungslos [...] verloren."[741]

Schon vor der Oktoberrevolution hatte Lenin die Eckpfeiler seines künftigen „*Arbeiterstaates*" abgesteckt:

> „Die Zwangssyndizierung, d. h. die Zwangsvereinigung zu Verbänden unter der Kontrolle des Staates, das ist es, was der Kapitalismus vorbereitet hat, das ist es, was in Deutschland durch den Junkerstaat [Preußen – S. P.] verwirklicht worden ist, das ist es, was in Rußland die Sowjets, die Diktatur des Proletariats vollauf werden verwirklichen können".[742]

Wirtschaftliche Kontrolle und „allgemeine Arbeitspflicht" waren für Lenin stärker als „die Gesetze des Konvents und seine Guillotine". Es gelte, auch den passiven Widerstand der Kapitalisten und der Oberschicht der bürgerlichen Intelligenz zu brechen und sie „*in den neuen Staatsdienst* einzureihen" – natürlich unter Zwang, denn: „'Wer nicht arbeitet, der soll auch nicht essen!'"[743]

---

739 Poletaev/Punin, *Protiv Civilizacii*, S. 124.

740 Werth, *Sozialismus*, S. 67–82.

741 Lenin, Wladimir I.: „Über ,linke' Kinderei und über Kleinbürgerlichkeit" (1918), in: Lenin, Wladimir I.: *Ausgewählte Werke*. Moskau 1986, S. 473–498, S. 486f.

742 Lenin, Wladimir I.: „Werden die Bolschewiki die Staatsmacht behaupten?" (1917), in: ebd., S. 395–438, S. 412.

743 Ebd., S. 413f.

Die staatlich gelenkte deutsche Kriegswirtschaft wurde nicht nur im revolutionären Russland begierig studiert, sondern vor allem natürlich in Deutschland selbst. Johann Plenge galt sie schon 1916 als Verwirklichung von Fichtes geschlossenem Handelsstaat. Für ihn hat die „Selbstbehauptung" der deutschen Nation im Krieg die „Idee der deutschen Organisation, die Volksgenossenschaft des nationalen Sozialismus" geboren – was für den Einzelnen Eingliederung und Leben „im Ganzen" bedeute.[744] Diese Idee eines „nationalen Staatssozialismus" führte Max Scheler in seiner Vorlesung *Christlicher Sozialismus als Antikapitalismus* (1919) noch aus und verknüpfte sie mit der „Notwendigkeit" eines Bündnisses mit Sowjetrussland – im Kampf gegen den Westen und seine Wirtschafts- und Sozialordnung.[745] Lenin partizipierte letztlich an dem korporativen Modell jener Zusammenführung von Sozialismus und Nationalem, das in Deutschland zu Lebzeiten Spenglers Hochkonjunktur hatte. Laut Christoph Werth war Spengler neben Friedrich Naumann der entscheidende Wegbereiter[746] für die ideologischen Konstruktionen Moeller van den Brucks, Ernst Niekischs, Ernst Jüngers und Werner Sombarts, aber auch Paul Natorps oder Hans Freyers.[747] Sie alle betrachteten es – im Sinne Thomas Manns – als „deutsche Aufgabe, zwischen Bolschewismus und westlicher Plutokratie ,in politics etwas Neues zu erfinden'."[748]

---

744 Plenge, Johann: *1789 und 1914. Die symbolischen Jahre in der Geschichte des politischen Geistes.* Berlin 1916, S. 17–20, 82–90.

745 Zit. nach Rutkevič, A. M.: „Prusskij socializm i konservativnaja revoljucija (posleslovie)" [Preußischer Sozialismus und Konservative Revolution (Nachwort)], in: Špengler, Osval'd: *Prussačestvo i socializm* [Preußentum und Sozialismus]. Moskau 2002, S. 187–228, S. 196f. Scheler, der einigen Einfluss auf Berdjaev ausgeübt hat, weilte auf Einladung Plenges 1919 an der Universität in Münster.

746 Werth, *Sozialismus*, S. 19.

747 Moeller van den Bruck, Arthur: *Jedes Volk hat seinen eigenen Sozialismus.* Oldenburg i. O., o. J.; Moeller van den Bruck, Arthur: *Das dritte Reich.* Hamburg 1923; Natorp, Paul: *Deutscher Weltberuf. Geschichtsphilosophische Richtlinien. Zweites Buch: Die Seele des Deutschen.* Jena 1918; Niekisch, Ernst: *Die dritte imperiale Figur.* Berlin 1935; Spann, Othmar: *Der wahre Staat. Vorlesungen über Abbruch und Neubau der Gesellschaft.* Jena 1931; Freyer, Hans: *Revolution von rechts.* Jena 1931; Sombart, Werner: *Deutscher Sozialismus.* Berlin 1934.

748 Mann, Thomas: Eintrag Ende 1918, in: Mann, Thomas: *Tagebücher. 1918–1921,* hrsg. v. Peter de Mendelssohn. Frankfurt/Main 1979, S. 100, s. auch S. 94, 98.

3.3.2 Die Verpreußung Deutschlands und der Welt – Sozialismus als „Ethos"

Ein junges Volk steht auf,
Zum Sturm bereit![749]

Jene Motive, von denen eben in kursorischer Absicht die Rede war – der Topos vom jungen Volk, die Umdeutung des marxistischen Sozialismus in einen dezidiert nationalen, die Vorstellung vom neuen Stände-Staat, das Stereotyp vom asiatischen Russland – prägten auch die Schriften Spenglers in maßgeblicher Weise. Auch für ihn sind es Gewissheiten, mit denen der Zusammenbruch der inneren wie äußeren Ordnung während und nach dem Weltkrieg erklärbar wurde und sich aushalten ließ. Noch bis zuletzt glaubte Spengler an den deutschen Sieg, ohne den zu leben ihm unmöglich schien.[750] Nach der Niederlage der Deutschen dauerte es trotzdem nicht lange, bis der Weltkrieg von Spengler in eine heilsame Katastrophe umgedeutet wurde, ohne die die Deutschen noch nie ausgekommen seien.[751]

Mit ‚Sozialismus' bezeichnete Spengler sowohl den marxistischen „Arbeitersozialismus" deutscher wie russischer Provenienz als auch seine eigene Schöpfung des „preußischen" Sozialismus. Es waren die ewigen Werte der Gegenrevolution – Staat, Autorität, Hierarchie, gegliederte Gemeinschaft[752] –, die Spengler hier zu einem provozierenden Kampfbegriff verdichtete, der bei Natorp, Moeller und Sombart „Deutscher Sozialismus" hieß, bei Niekisch „Staatssozialismus"

---

749 Zeile aus einem „Kampflied" der Hitler-Jugend. Altendorf, Werner: *Ein junges Volk steht auf* (= Münchener Laienspiele, hrsg. v. Rudolf Mirbt, Heft 138). München 1935, S. 21.
750 Brief an Hans Klöres v. 18. Dezember 1918, in: Spengler, *Briefe*, S. 111.
751 Brief an Hans Klöres v. 26. März 1919, in: ebd., S. 127; PuS, S. 5.
752 Siehe Dupeux, „Im Zeichen von Versailles", S. 196f. Im Gegensatz zur katholischen Kulturkritik in Frankreich, Spanien oder Österreich war Spenglers Sozialismus kein rein restauratives Modell im Sinne der Wiedererrichtung eines „Ancien Régime". Siehe hierzu Dorowin, Hermann: *Retter des Abendlands. Kulturkritik im Vorfeld des europäischen Faschismus.* Stuttgart 1991, S. 143f.

oder „Revolution von rechts" bei Freyer.[753] Auch wenn Spengler sich zugutehalten konnte, dass sein umgeprägter Sozialismus[754] als Vorbild für Jünger, den späteren Moeller und die Autoren des Tat-Kreises diente[755], so hatte er dafür – wie etliche mit und nach ihm – die Schriften Herders und Fichtes ebenso ausgebeutet wie die „illusionslos-heroische Kulturkritik" Nietzsches.[756] Sein Sozialismus-Modell offenbarte noch einmal jenen Systemmangel, den Peter Reichel den Protagonisten der „Konservativen Revolution" zu Recht bescheinigt hatte: „[D]ie Unfähigkeit zur Politik, das Unverständnis für die differenzierten Strukturen und Prozesse moderner politischer Entscheidungsbildung und demokratischer Legitimation", kurz und gut „[d]as unempirische und undialektische, weil dualistische Verständnis von Politik und Gesellschaft".[757]

Den Widerspruch, wie es dazu kommt, dass inmitten des alten, verlebten Europas das junge Volk der Deutschen wie eine Laune der Historie überleben konnte, löste Spengler mit der Römischen Parallele. So musste er zwar davon ausgehen, dass die kulturellen und künstlerischen Hoch-Zeiten auch Deutschlands vorbei sind, aber

---

753 Zu Niekisch s. Werth, *Sozialismus*, S. 124–142. Der nationale Sozialismus war kein rein deutsches Phänomen: Einer seiner schillerndsten Protagonisten in Frankreich war etwa Maurice Barrès, für den eine politische Reform keine soziale Gerechtigkeit bringen sollte, sondern einen geistig erneuerten Staat mit einem nationalen Helden an der Spitze. Siehe Soucy, Robert: *Fascism in France. The Case of Maurice Barrès*. Berkeley/London 1972, S. 230, 234.

754 Siehe auch Goeldel, Denis: „‚Revolution', ‚Sozialismus' und ‚Demokratie': Bedeutungswandel dreier Begriffe am Beispiel von Moeller van den Bruck", in: Gangl, Manfred / Raulet, Gérard: *Intellektuellendiskurse in der Weimarer Republik. Zur politischen Kultur einer Gemengelage*. Darmstadt 1994, S. 37–51.

755 Werth, *Sozialismus*, S. 114ff, 143. Siehe auch Hübinger, Gangolf: „Die *Tat* und der *Tat*-Kreis. Politische Entwürfe und intellektuelle Konstellationen", in: Grunewald, Michel / Puschner, Uwe: *Das konservative Intellektuellenmilieu in Deutschland, seine Presse und seine Netzwerke (1890–1960)*. Bern 2003, S. 407–426, hier vor allem S. 408f, 419–422. Jünger übersandte eines der ersten Exemplare seines „Arbeiters" an Spengler. Spengler an Jünger [nach dem 5. September 1932], in: Spengler, *Briefe*, S. 667f. Siehe dazu Lübbe, Hermann: „Oswald Spenglers ‚Preußentum und Sozialismus' und Ernst Jüngers ‚Arbeiter'", in: Demandt/Farrenkopf, *Der Fall Spengler*, S. 129–151, S. 137f.

756 Reichel, *Der schöne Schein*, S. 75; s. auch Pocai, „Sonderbewußtsein", S. 1597–1607.

757 Reichel, *Der schöne Schein*, S. 76f.

diese „Zeiten ohne echte Kunst und Philosophie" könnten „immer noch mächtige Zeiten sein; die Römer haben uns das gelehrt."[758] Das Vehikel, das den jungen Deutschen zu welthistorischer Bedeutung verhelfen sollte, war für Spengler der sogenannte preußische Sozialismus. Im Gegensatz zum oben zitierten Thomas Mann, der den Sozialismus als historische Tatsache nahm und als eine Idee akzeptierte, an der Deutschland partizipieren könne, wollte Spengler den Begriff offensiv umdeuten, ihn, in Paraphrase einer Kapitelüberschrift bei Goeldel, dem „Diskurs der Linken" entreißen. Im Gegensatz zu Mann stand für Spengler am Anfang des „nationalen Sozialismus" nicht die Synthese von Bolschewismus und deutschem Sozialismus. Stattdessen wollte sein preußischer Sozialismus selbst das Neue sein, die genuin deutsche Wirtschafts- und Sozialordnung. Eine ausführliche Exegese seines Sozialismus-Begriffs lieferte Spengler in seiner 1919 veröffentlichten Schrift *Preußentum und Sozialismus*; in *Jahre der Entscheidung* von 1933 kam er in verstreuten Bemerkungen noch einmal darauf zurück. Mit einem gewissen Entdeckerstolz vermerkte er 1932 im Vorwort der gesammelten Ausgabe seiner *Politischen Schriften*, dass von *Preußentum und Sozialismus* „die nationale Bewegung ihren Ausgang genommen" habe.[759]

Doch zurück zur Konstruktion vom jungen Volk, die auch Spengler – wenngleich mit unterschiedlicher Konnotation – auf Deutsche und Russen gleichermaßen anwendete. Wie im vorangegangenen Kapitel gezeigt werden konnte, sind mit dem traditionellen Topos vom jungen Volk von jeher bestimmte Prätentionen verknüpft worden: Je jugendfrischer ein Volk, desto größer sein Anspruch auf kulturelle und politische Hegemonie. So waren die Deutschen für Spengler nicht nur das tragischste, sondern das „jüngste und letzte" Volk „unsrer", das heißt der europäischen Kultur und mithin „ein Versprechen der Zukunft".[760] Den Grund für die deutsche Jugendlichkeit sah Spengler im immer wiederholten Versuch der Deutschen, „einen [historischen – S. P.] Anfang zu finden". Dieser „Mangel

758 Spengler, „Pessimismus?", S. 76.
759 Spengler, „Vorwort" Politische Schriften, S. VII.
760 PuS, S. 5, 30.

an Geschichte" habe die Deutschen ihre uralten Charakterzüge „aus dunkler Vorzeit" bewahren lassen. Auch der Deutschen Hang zu „unbedingte[r] Gefolgschaft" gegenüber einer „Sache" oder einem „Führer" sei ihrer historischen Unerfahrenheit geschuldet: „Wir haben geschichtlich zu wenig erlebt, um hier Skeptiker zu sein."[761] In der Sprache der Rassenhygiene war ihm das deutsche Volk „das unverbrauchteste der weißen Rasse", und in der „rassemäßigen Gesundheit" der Deutschen erblickte Spengler denn auch die Bedingung für deren „historische Sendung".[762] Politisch sei diese jedoch gefährdet, weil Deutschland von altersschwachen Völkern umgeben sei, die stets die Rede vom „Weltfrieden" im Munde führten und damit den „Verzicht auf die Zukunft" leisteten.[763] Wenn Pazifismus für Spengler einen Endzustand markierte, so bedeutete Krieg Leben. Und wenn Spengler 1914 als das Jahr der wahren „deutsche[n] sozialistische[n] Revolution"[764] bezeichnete, so hieß das, dass kein europäisches Land es mit den Deutschen in Sachen Vitalität aufnehmen konnte.

Aber worin bestand nun jene „historische Sendung" der Deutschen, worauf musste sich die Welt gefasst machen, wenn Deutschland das ausführen würde, was ihm sein „Schicksal" aufgab? Die Antwort auf diese Frage verknüpfte Spengler mit dem, was er unter „Sozialismus" verstand. Auch wenn er zeitlebens an seiner Sozialismus-Definition keine entscheidenden Korrekturen vornahm, so lässt sich doch mindestens behaupten, dass sich seine 1919 beziehungsweise 1933 niedergeschriebenen Gedanken zu dem Thema mit Blick auf seinen ‚seelischen' Zustand deutlich unterschieden. Seine Begründung des preußischen Sozialismus von 1919 trug Spengler – unter dem Eindruck der deutschen Niederlage im Weltkrieg – mit nachgerade chiliastischer Inbrunst vor, wobei die Apokalypse des Krieges die Deutschen wie in einer Feuertaufe zu sich

---

761 Spengler, „Vom deutschen Volkscharakter", S. 132f.
762 Spengler, „Einführung zu einem Aufsatz Richard Korherrs", S. 135ff.
763 Spengler, Oswald: „Ist Weltfriede möglich? Telegraphische Antwort auf eine amerikanische Rundfrage" (1936), in: Spengler, *Reden und Aufsätze*, S. 292–293, S. 292f.
764 Ebd., S. 292; PuS, S. 12, 9.

selbst hatte finden lassen. Während er also kurz nach Ende des Krieges im biblischen Duktus die Mission der Deutschen beschworen hatte, konnte Spengler gut zehn Jahre später nur noch zu den Waffen und zur Verteidigung der abendländischen Bastion rufen. Zu diesem Zeitpunkt schien Europa von der Revolution in seinem Innern (der „weißen Weltrevolution") geschwächter denn je und durch die Revolution von außen (die „farbige Weltrevolution") ernsthaft bedroht. Wäre es nach Spengler gegangen, so sollten anstelle der Parteien nun die Heere der cäsaristischen Endzeit die Politik bestimmen.[765] Spätestens hier wird die etwa von Stefan Vogt zu Recht bemühte Formel von der „Krisenideologie" sinnfällig, mit der man in der Forschung dem Phänomen des „nationalen Sozialismus" auf die Spur zu kommen sucht[766]: Spenglers Sozialismus-Idee spiegelte die Krisenzeit wider, in der sie entstanden war, und ließ die Krise zu ihrem konstitutiven Element werden. Im Mittelpunkt standen also nicht „Norm und Regel, sondern der Ausnahmezustand", in diesem Fall die „Verkürzung des Politischen auf die Kampfsituation zwischen Freund und Feind."[767]

So als stünde er angesichts des verlorenen Krieges noch immer unter Schock, transferierte Spengler in *Preußentum und Sozialismus* Sombarts Händler-und-Helden-Dualismus aus dem Krieg in das zivile Dasein und machte ihn zu einem gewissermaßen totalen Gegensatz, dem alle gesellschaftlichen und politischen Prozesse in Deutschland angeblich zugrunde liegen sollten: Schon die Friedensresolution des Deutschen Reichstages vom 19. Juli 1917 galt Spengler als „Staatsstreich des englischen Elements", ausgeführt von der „unsichtbare[n] englische[n] Armee, die Napoleon seit Jena auf deutschem Boden zurückgelassen hatte."[768] So hätten die Resolutionsbefürworter englische Begriffe im Munde geführt (Souveränität,

---

765 JdE, S. 145f.
766 Vogt, Stefan: *Nationaler Sozialismus und Soziale Demokratie. Die sozialdemokratische Rechte 1918–1945.* Bonn 2006.
767 Diese bei Betrachtung des dezisionistischen Staats- und Politikverständnisses von Carl Schmitt gewonnene Erkenntnis Reichels lässt sich auch auf Spenglers Grundhaltung übertragen. Reichel, *Der schöne Schein*, S. 77.
768 PuS, S. 7.

Opposition, wirtschaftlicher und politischer Liberalismus), ohne sie zu begreifen, geschweige denn auszufüllen – dazu müsse man „Engländer von Instinkt" sein.[769] Mithin stehe die englische „Lebensauffassung" der preußischen in „tiefe[m] ethischen Gegensatz"[770] gegenüber.

Damit sind auch schon die zwei Säulen von *Preußentum und Sozialismus* markiert: Zum einen die Ablehnung und Abwehr des dem Deutschen vermeintlich auf immer fremd bleibenden englischen Lebensgefühls und Lebensmodells, zum anderen die Behauptung eines preußisch-sozialistischen Ethos, das seinen Ausdruck in einer spezifisch deutschen Staats- und Wirtschaftsauffassung findet. Angesichts der Bedrohung des preußischen Ethos durch die englische Gesinnung rufen Spenglers Deutsche in einem Akt der Selbstbesinnung und gleichzeitigen Selbstermächtigung aus: „Wir wollen keine Sätze mehr, wir wollen uns selbst."[771] Dass der Kampf gegen den ‚inneren' wie ‚äußeren' Engländer nicht leicht werden würde, hatte Spengler schon im *Untergang* angedeutet, wo er den Engländern bescheinigte, von „starke[r] Rasse" zu sein.[772]

Negativfolie eines echten deutschen Sozialismus war für Spengler der „Wirtschaftssozialismus", der nichts mit seinem Sozialismus als „sittliche Lebensform"[773] gemein habe. Der „Programmsozialismus" bedeute die „Apotheose des Herdengefühls"[774] und sei das Gegenteil von „preußischem Empfinden, das an vorbildlichen Führern die Notwendigkeit einer disziplinierten Hingabe erlebt hat und damit die innere Freiheit der Pflichterfüllung besitzt, das Sich-selbst-befehlen, Sich-selbst-beherrschen im Hinblick auf ein großes Ziel."[775] Dagegen war der „Arbeitersozialismus" für Spengler nichts weiter als der „Kapitalismus der Unterklasse", die vom Neid auf die „Wenigen", die Begabten und Überlegenen, auf den von diesen erar-

---

769 Ebd., S. 8.
770 Spengler, „Vorwort" Politische Schriften, S. VII.
771 PuS, S. 4.
772 UdA, S. 1079.
773 JdE, S. 136.
774 Ebd., S. 143.
775 Ebd., S. 136f.

beiteten Besitz verzehrt würde; auch im russischen Sozialismus herrschten nur „Händlernaturen".[776] In diesem Sinne sei das Ideal des Klassenkampfes der Umsturz, die Zerstörung des Vorhandenen, in der sich der „Wille zum Nichts"[777] artikuliere.

Gegen die Wesensgleichheit von marxistischem Sozialismus und Kapitalismus setzte Spengler nun also das „Gemeingefühl" der Arbeit, die „Berufsgemeinschaft"[778] im preußischen Stil, der den „Vorrang der großen Politik vor der Wirtschaft, deren Disziplinierung durch einen starken Staat" fordere, was wiederum „die freie Initiative des privaten Unternehmergeistes voraussetzt".[779] Wie die meisten Propagandisten einer korporatistischen Wirtschafts- und Sozialverfassung, wie Plenge, Sombart, Spann, sollte Spengler nie in die Verlegenheit kommen, sein Modell in der Wirklichkeit erproben zu müssen. Stattdessen konnte er im Stil eines politischen Feuilletonisten den deutschen Staat zum Staat „im strengsten und anspruchvollsten Sinne" erklären, der aus der „Tradition der Ritterorden" erwachsen sei. Und in seiner bereits mehrfach bewiesenen Unterschätzung der nationalsozialistischen Realität klagte Spengler für die Gegenwart die Notwendigkeit von „Staatsmänner[n]" ein – „Parteiführer und Schwärmer für ein drittes Reich" benötige Deutschland dagegen nicht.[780]

Spenglers „Tendenz zur Universalisierung der Arbeit"[781] setzte Maßstäbe für seine Epigonen und Nachfolger: Arbeit sei „Pflicht", „B e r u f" und „L e b e n s i n h a l t"[782] und in diesem Sinne der Auffassung von Marx entgegengesetzt, für den Arbeit „Ware" bedeutet habe.[783] Dass Marx die englische Ethik in dieser Weise verinnerlichen konnte, schien in den Augen Spenglers dessen fremdem, das

---

776 Ebd., S. 101, 137.
777 Ebd., S. 99.
778 PuS, S. 37.
779 JdE, S. 138.
780 Spengler, „Vorwort" Politische Schriften, S. VII, XI.
781 Werth, *Sozialismus*, S. 107.
782 Spengler, „Vorwort" Politische Schriften, S. VII; PuS, S. 79. In der cäsaristischen Endphase der abendländischen Kultur wird die ‚Pflicht' zum Zwang. UdA, S. 464f.
783 PuS, ebd.

heißt „jüdische[m] Instinkt" geschuldet zu sein, den Spengler auch für Marx' vermeintliche Verachtung der Arbeit verantwortlich machte. Dieser Instinkt sei gleichzeitig die Ursache für dessen „Haß gegen die, welche nicht zu arbeiten brauchen."[784]

Der sozialistische Kern von Spenglers „autoritative[m] Sozialismus"[785] besteht dagegen in dem, was er „preußische Demokratisierung" nannte: Im Preußentum gebe es „keinen Unterschied in der sittlichen Würde der Arbeit: der Richter und Gelehrte ‚arbeiten' so gut wie der Bergmann und Eisendreher."[786] Spengler argumentierte hier ‚sozialistisch', ohne die bestehende Sozialordnung in Frage zu stellen. Alle „Arbeiter" eine ihr „Standesbewußtsein", das sie unmittelbar auf den Staat, „das Ganze", das „Wir" verpflichte.[787]

Die Sehnsucht nach dem deutschen Wir ließe sich – sozioökonomisch gewendet – als Sehnsucht nach Aufhebung der Differenz von Ökonomie und Politik, nach Aufhebung der Entfremdung des Individuums in der modernen Gesellschaft verstehen; es geht also vor allem um Re-Integration des kapitalistisch beschädigten Menschen in eine neue (Staats-)Gemeinschaft.[788] Jener Drang nach Überwindung der Entfremdung ging bei Spengler allerdings über eine rein soziale Re-Integration hinaus: Er versprach die endgültige, ‚ewige' Verschmelzung von Individuum und Staat – eine Vorstellung, die der kommunistischen klassenlosen Gesellschaft gleichkam. In diesem Sinne konnte er auch behaupten, dass „meine Philosophie ein *Abschluß* ist, das habe ich von vornherein gewußt, es wird nichts mehr von der Art kommen".[789]

Preußen mit seiner vermeintlich alle Lebensbereiche umfassenden Hierarchie aus Befehl und Gehorsam war für Spengler also der

---

784 Ebd., S. 78f, 81.
785 Ebd., S. 15.
786 Ebd., S. 81.
787 Ebd., S. 32, 37, 39.
788 Lübbe, „Oswald Spenglers ‚Preußentum und Sozialismus' und Ernst Jüngers ‚Arbeiter'", S. 147.
789 Brief an Hans Klöres v. 6. März 1919, in: Spengler, *Briefe*, S. 122.

Staat[790] schlechthin. Dessen Existenz stand demnach vollständig im Zeichen des Krieges, denn: „Staaten sind um des Krieges willen da; sie sind Ausdruck der Bereitschaft zum Kriege."[791] Die preußischen Sekundärtugenden – „Treue, Disziplin, selbstlose Entsagung"[792] – kommen also, in der Logik Spenglers, im Krieg, in der Schlacht erst zu sich selbst. Aus Spenglers Behauptung eines per se kriegerischen Staates generierte sich darüber hinaus ein soldatisch-heroisches Menschenbild, das den Dualismus aus Führer und Geführtem zum Muster nahm. Wie zum Beleg seiner ideologischen Unbefangenheit hatte sich Spengler – neben Mirabeau, Cromwell, Napoleon, Lenin und Mussolini – vor allem August Bebel zum Heros erkoren. Zwar liege dessen Partei nunmehr in Trümmern; einst war sie jedoch „das Meisterwerk eines echt sozialistischen Tatsachenmenschen, durch und durch militärisch und autoritativ und eben damit die unvergleichliche Waffe der Arbeiterschaft".[793] Es war der vermeintliche Machthunger, der Spengler an Bebel imponierte und der ihn über dessen ‚falsche' ideologische Einstellung hinwegsehen ließ. Mit Spenglers immergleicher Fixierung auf die Machtfrage verengte sich auch sein Blickwinkel auf den Sozialismus: „Sozialismus bedeutet Macht, Macht und immer wieder Macht. Pläne und Gedanken sind nichts ohne Macht."[794] Selbst der „ethische Sozialismus"[795], der den „Arbeitersozialismus" einschloss, war für Spengler bei aller vordergründigen Humanität *„kein* System des Mitleids", sondern „des Wil-

---

790 Und damit der Gegensatz zum vermeintlich staatsfremden und ordnungsfeindlichen England. PuS, S. 34; insgesamt: ebd., S. 26–71.

791 Ebd., S. 55.

792 Ebd., S. 32.

793 Ebd., S. 16, 10. Vgl. Spenglers Charakterisierung der „Sowjetrepublik" als „persönliche Form Lenins": Spengler, Oswald: „Neue Formen der Weltpolitik" (1924), in: Spengler, *Politische Schriften*, S. 159–183, S. 182. Entdecker des „Führerprinzips" in der russischen Revolution dürfte allerdings Moeller van den Bruck gewesen sein. Siehe Werth, *Sozialismus*, S. 106.

794 Werth, *Sozialismus*, S. 105.

795 Diese allgemeinere Formel von „Sozialismus" gehört zur Ur-Idee, die jeglicher Kultur eingeschrieben sei und die auf eine fremde Kultur nicht übertragbar sei bzw. dieser fremd bleibe. Der ethische Sozialismus ist für Spengler ein Dekadenzphänomen und bezeichnet das Lebensgefühl einer abgestorbenen Kultur. PuS, S. 24; vgl. UdA, S. 462f.

lens zur Macht": Mit Gewalt, gegen „die Widerstände des Besitzes, der Geburt und der Tradition" strebe der Sozialismus danach, den „Tatkräftigen", nicht den Kranken, die „Freiheit des Wirkens" zu geben. Es ist die gleiche kompromisslose Härte, mit der auch Blok und Pilnjak ihren amoralischen Neuen Menschen der Sowjetära ausstatten wollten; mit ihr, so Spengler, wolle der Sozialist die Welt umorganisieren, umprägen, mit seinem Geist erfüllen: „Der Sozialist befiehlt. Die ganze Welt soll die Form *seiner* Anschauung tragen".[796] Geschuldet sei diese Gewalttätigkeit dem Umstand, dass die „nordische Seele" ihre Möglichkeiten erschöpft habe, ihre Kultur am Ende sei – nur noch ihr Wille, das Spezifikum der faustisch-abendländischen Kultur, walte, nun quasi richtungslos, als „bloße[r] Trieb", als „nach Schöpfung sich sehnende Leidenschaft". Um sich einen Sinn und Zweck wenigstens vorzugaukeln, erfinde diese Seele „ein sozialethisches Ziel, ein drittes Reich".[797]

Spenglers Sozialismus wollte nicht trivial, oberflächlich und humanitär sein, nicht „'Mitleidsmoral'", sondern „*Herrenmoral*"[798], und doch reihte er ihn ein in seine – hochmoralische – Klage über den Zustand der gegenwärtigen Gesellschaft:

> „Der Geist der Ritterorden [Preußen-Deutschland – S. P.] überwindet das beutelustige Wikingertum [England – S. P.]. Mögen die Machthaber der Zukunft [...] die Welt als Privatbesitz beherrschen, so enthält diese formlose und grenzenlose Macht doch eine *Aufgabe*, die der unermüdlichen Sorge um

---

796 UdA, S. 463f. In Duktus und Feindbild kommt Spenglers Gewalt-Predigt der Argumentation Georges Sorels in *Über die Gewalt* (1908) sehr nahe. So gehören zum Ethos des Revolutionärs laut Sorel soldatische Tugenden wie Opferbereitschaft, Selbstbeherrschung und -verzicht. Sorel, Georges: *Über die Gewalt*. Frankfurt/Main 1969. Siehe dazu auch Sternhell, Zeev: *Die Entstehung der faschistischen Ideologie. Von Sorel zu Mussolini*, unter Mitarbeit von Mario Sznaijder und Maia Asheri. Hamburg 1999, S. 93–96. Für Mohler gilt Sorel entgegen seinem überwiegend bzw. zeitweilig linken Leumund als „Leitfigur" der Konservativen Revolution. Mohler, Armin: *Die konservative Revolution in Deutschland. 1918–1932. Ein Handbuch.* Graz 1999 (5. Aufl.), S. 31f.
797 UdA, S. 466.
798 Ebd., S. 446.

diese Welt, die das Gegenteil aller Interessen im Zeitalter der Geldherrschaft ist und die ein hohes Ehrgefühl und Pflichtbewußtsein fordert."[799]

Was die deutschen „Ritter" also von den englischen „Egoisten und Wikingernaturen" in ihrem Drang nach Weltherrschaft unterschied, war die ‚richtige' Einstellung. Damit versuchte sich Spengler an der Sinngebung der Gewalt und des Schreckens, die die kommenden Jahrhunderte nach seiner Voraussage prägen sollten: Mochte es für die künftigen Opfer nicht von Belang sein, wer ihnen Gewalt antat – der deutsche Cäsar und seine Gefolgschaft würden es, so die Logik Spenglers, aus „Sorge um diese Welt" tun.

Spenglers Vorwurf an die Anhänger sozialutopischer und sozialistischer Theorien, ihre Gedanken seien nur ein Abglanz theologischen Denkens[800], muss auch ihn selbst treffen: So stilisierte er den im Krieg offen zutage getretenen Gegensatz zwischen England und Deutschland in der Nachkriegszeit mit eschatologischem Impetus zur „große[n] Auseinandersetzung zwischen den beiden germanischen Ideen", zur „letzte[n] große[n] Seelenfrage des faustischen Menschen".[801] Noch zwingender wurde seine Rede, wenn Spengler vom Durchbruch des preußischen Geistes sprach, der für ihn so zwangsläufig zu sein schien wie die Erfüllung einer biblischen Prophezeiung: „Der Kreislauf der deutschen Revolution steht [...] in Hinsicht auf Tempo und Dauer fest. Mag niemand sie kennen, diese Faktoren sind trotzdem vorhanden in ihrer schicksalhaften Bestimmtheit. Wer sich in ihnen vergreift, geht zugrunde."[802]

Deutschland wurde nicht zufällig von Spengler als „letztes Volk" des Abendlandes apostrophiert – schließlich war es die Heimat des preußischen Tugendkanons. In der quasi chiliastischen Erwartung Spenglers erhielt dieser Kanon seinen höheren Sinn: „Sich als Material für große Führer erziehen, in stolzer Entsagung, zu unpersönlicher Aufopferung bereit"[803], das sei deutsche Tugend. Vor deren

---

799 Ebd., S. 1144; PuS, S. 43.
800 UdA, S. 1128; JdE, S. 92.
801 PuS, S. 6.
802 Ebd., S. 21f.
803 Spengler, „Politische Pflichten", S. 155f.

Erprobung stand jedoch die Beantwortung der Frage, ob nun das englische oder das preußische Prinzip in Deutschland obsiegen werde.

> „Wir wissen jetzt, was auf dem Spiele steht: nicht das deutsche Schicksal allein, sondern das Schicksal der gesamten Zivilisation. Es ist die entscheidende Frage nicht nur für Deutschland, sondern für die Welt, und sie muß in Deutschland für die Welt gelöst werden: soll in Zukunft der Handel den Staat oder der Staat den Handel regieren?"[804]

Deutschland beruft sich also – über seinen Prediger Spengler – zum Erlöser der (europäischen) Welt. Die Überwindung des kapitalistisch-englischen Wirtschaftssystems und des mit ihm verbundenen entfremdeten Daseins des Einzelnen prophezeite Spengler im biblischen Duktus:

> „Preußentum und Sozialismus stehen gemeinsam gegen das innere England, gegen die Weltanschauung, welche unser ganzes Leben als Volk durchdringt, lähmt und entseelt. Die Gefahr ist ungeheuer. Wehe denen, die in dieser Stunde aus Eigennutz und Unverstand fehlen! Sie werden andre und sich selbst verderben. Die Vereinigung [von Preußentum und Sozialismus – S. P.] bedeutet die Erfüllung des Hohenzollerngedankens und zugleich die Erlösung der Arbeiterschaft. Es gibt eine Rettung nur für beide oder keinen."[805]

Bleibt man in dem Bild, das Spengler hier zeichnete, so opfert sich – vor dem Anbruch der Posthistorie[806] – Preußen-Deutschland für die Sünden der Welt, der es, nachdem es sie von ihren kapitalistischen Verderbern gereinigt hat, das Tausendjährige Reich – die „Gründung eines streng sozialistischen Staates"[807] – zum Geschenk macht. In der Logik der johannitischen Prophezeiung verschafft sich Deutschland damit nichts weniger als die Unsterblichkeit: „zu sterben um zu siegen".[808]

---

804 PuS, S. 103.
805 Ebd., S. 104.
806 UdA, S. 1106.
807 PuS, S. 105.
808 Ebd. Frits Botermans Einschätzung, Spengler habe den „fanatischen Chiliasmus der NS-Ideologie" abgelehnt, greift also viel zu kurz. Boterman, *Spengler*, S. 380.

1933 stehe Deutschland, so Spengler, nicht mehr nur gegen den „inneren Feind". Nun, in den „Jahren der Entscheidung", gelte es die Bedrohung von außen abzuwehren, die „weiße Rasse" gegen die „farbige" (zu der Spengler auch die Russen zählte) zu verteidigen: Mit seinem Preußentum, „diesem Schatz von vorbildlichem Sein kann es [Deutschland – S. P.] der Erzieher der ‚weißen' Welt, vielleicht ihr Retter werden."[809]

Was durfte sich die „weiße" wie die „farbige" Welt von diesem „Schatz" erwarten? Geht man von Spenglers Voraussetzungen aus, dass der preußische Deutsche wie alle Angehörigen der abendländischen Kultur mit dem faustischen Willen zur Macht ausgestattet ist, „der aller Grenzen von Zeit und Raum spottet, der das Grenzenlose, das Unendliche zum eigentlichen Ziel hat"[810], so ersteht in diesem Typus ein Übermensch mit omnipotenten Fähigkeiten: Er tut, was er will, und vor allem will er, was er tut. Denn obwohl das Schicksal ihn entlasten würde, schließlich ist auch er nur dessen Werkzeug, macht der allmächtige Preuße jenes Schicksal *bewusst* zum Teil seines Wollens. Wozu diente dann aber das immer wiederkehrende, sich vor allem in Spenglers Duktus und Metaphorik niederschlagende Erlösungsmotiv? Vielleicht war es das unbewusste Aufflackern eines lautstark unterdrückten religiösen Gewissens. Möglicherweise schreckte Spengler hier vor den Folgen seiner Übermensch-Beschwörung zurück und musste den kommenden, von ihm selbst herbeigeredeten Schrecken der cäsaristischen Ära eine größere, quasi metaphysische Legitimität überstülpen. Seine Erlösungssehn-

---

809 JdE, S. 146. Bewusst oder unbewusst vulgarisierte Spengler hier den (unter französischer Fremdherrschaft ausgesprochenen) Gedanken Fichtes, wonach die deutsche Nation das Vorbild für ein künftiges Universalreich und die „Wiedergebärerin und Wiederherstellerin der Welt" sei. Fichte, *Reden an die deutsche Nation*, S. 233. Zum universalhistorischen und primär nicht nationalistischen Anspruch Fichtes s. Ries, Klaus: „Johann Gottlieb Fichte zwischen Universalismus und Nationalismus", in: Hardtwig, Wolfgang / Müller, Philipp: *Die Vergangenheit der Weltgeschichte. Universalhistorisches Denken in Berlin 1800–1933*. Göttingen 2010, S. 29–48, S. 46f. Hierzu auch Seitschek, Hans Otto: „Die Deutung des Totalitarismus als Religion", in: Maier, H., *Totalitarismus und Politische Religionen*, S. 129–177, S. 143.

810 MuT, S. 64.

sucht nach einem postgeschichtlichen Himmelreich schien dagegen nur in seiner zeitweiligen Affinität zu einer slavophilen Deutung der russischen Geschichte auf.

3.3.3 Spenglers slavophile Kritik an der russischen Geschichte

[M]an lernt [die Russen] auch fürchten. *Das ist ein Volk, das seine Kräfte noch nicht verbraucht hat, wie die meisten europäischen Vöker, weder die Kräfte seines Willens noch die seines Herzens.*[811]

Wie viele andere deutsche Autoren, im Übrigen jeglicher politischer Couleur, war auch Oswald Spengler dem literarischen Russland erlegen – und hier vor allem dem „Mystiker" und „Psychologen des Volkes"[812] Fedor Dostoevskij. Tatsächlich verdankte sich ein Großteil der Ansichten Spenglers über russische Kultur, Religion und Politik der Lektüre der Romane und politischen Schriften jenes einflussreichen Neoslavophilen, dessen Rezeption in Deutschland sich etwa seit der Jahrhundertwende in geradezu ekstatischer Weise vollzog.[813] Nicht von ungefähr bestehen die Abschnitte über die sogenannte russische Pseudomorphose[814] im zweiten Teil des *Untergangs des Abendlandes* ausschließlich aus einer Zusammenfassung der zivilisationskritischen Ansichten Dostoevskijs, den Spengler hier als Antipoden des „Westlers" Tolstoj aufzubauen suchte: Er übernahm dabei Dostoevskijs Idealisierung eines spezifischen rus-

---

811 Friedrich Nietzsche in einem Brief an Emily Fynn v. 4. März 1887, zit. nach Meyer, Theo: „Nietzsches Rußlandbild: Protest und Utopie", in: Keller, M., *Russen und Rußland aus deutscher Sicht. 19./20. Jahrhundert*, S. 866–903, S. 888.

812 Spengler, *Briefe*, S. 37, 55.

813 Zuletzt Dodd, „Gottträgervolk", S. 853–865; Dupeux, „Im Zeichen von Versailles", S. 192. Siehe auch Pocai, „Sonderbewußtsein", S. 1599.

814 „Historische Pseudomorphosen nenne ich Fälle, in welchen eine fremde alte Kultur so mächtig über dem Lande liegt, daß eine junge, die hier zu Hause ist, nicht zu Atem kommt und nicht nur zu keiner Bildung reiner, eigener Ausdrucksformen, sondern nicht einmal zur vollen Entfaltung ihres Selbstbewußtseins gelangt." UdA, S. 784. Russland befand sich, mit Spengler, seit den Petrinischen Reformen unter europäischer „Fremdherrschaft". „Es gab in Wirklichkeit nicht ein Rußland, sondern zwei, das scheinbare und das wahre, das offizielle und das unterirdische." Spengler, Oswald: „Das Doppelantlitz Rußlands und die deutschen Ostprobleme" (1922), in: Spengler, *Politische Schriften*, S. 113.

sischen Volkscharakters sowie einer besonderen russischen Volks-
religiosität, ebenso dessen Abneigung gegen Petersburg als das
Symbol für alles Unrussische, Westliche und Oktroyierte in der russischen Geschichte.[815] In allen Einzelheiten repetierte Spengler die
slavophilen Topoi vom staatsfernen Volk, von der durch westliche
Literatur verdorbenen Adelsgesellschaft, vom Russland-Europa-
Antagonismus, vom eigentlich asiatischen Charakter Russlands und
von Peter dem Großen als dem „Verhängnis des Russentums", der
mit seiner Staatsreform und der Öffnung Richtung Westen „die primitive russische Seele erst in die fremden Formen des hohen Ba-
rock, dann der Aufklärung, dann des 19. Jahrhunderts zwang."[816]
Währenddessen schlummerte, so Spengler, die eigentlich russische,
noch „ungeborene Kultur im Mutterschoß des Landes", aus dessen
Mitte sich allmählich ein „wahrhaft apokalyptischer Haß" gegen Europa aufrichtete.[817] Zum Zeugen rief Spengler hier Ivan Aksakov auf,
einen glühenden Panslavisten der sechziger bis achtziger Jahre des
19. Jahrhunderts, dessen früh verstorbener älterer Bruder Konstantin mit seinem Memorandum *Über Russlands inneren Zustand*
(1855) zu den Gründungsvätern der slavophilen Bewegung gehörte.[818] An die Verurteilung des Petrinismus als historische Fehlent-
wicklung schloss sich nahtlos Spenglers Kritik am russischen Marxismus beziehungsweise Bolschewismus an, der in seinen Augen als
ein ebenso großes historisches Missverständnis zu gelten hatte.

Für Spengler waren also auch die Russen – wie die Deutschen –
ein junges Volk, dessen eigentliche Geschichte noch nicht einmal
begonnen hatte. Spengler projizierte dabei all die vermeintlichen
Eigenschaften jenes Volkes auf Dostoevskij: Im Gegensatz zu Tolstoj,
der ein „Mensch der weltstädtischen Gesellschaft" war, sei
Dostoevskij ein „Bauer" gewesen, ein „Heiliger", ein „Urrusse", der in
einer „zweiten, metaphysischen" Welt gelebt habe; seine Seele sei

---

815 Spengler, *Briefe*, S. 37f, 44f, 55f; UdA, S. 790–794.
816 UdA, S. 789, 791.
817 Ebd., S. 790; s. auch PuS, S. 100.
818 In deutscher Übersetzung enthalten in: *Östliches Christentum. Dokumente*. In
    Verbindung mit Nicolai v. Bubnoff hrsg. v. Hans Ehrenberg, Bd. 1 (Politik). Mün-
    chen o. J. [ca. 1923], S. 88–120.

„apokalyptisch, sehnsüchtig, verzweifelt". Als Inkarnation eines künftigen Russlands blicke er über den Zustand der Gegenwart hinweg aus *„seiner* Zukunft" herüber.[819]

Spenglers Russland-Affekt speiste sich – wie bei vielen rechtsintellektuellen Autoren seiner Zeit[820] – aus einer Mischung aus Ehrfurcht und Verachtung, überwölbt vom väterlichen Blick des alteuropäischen Kulturmenschen auf ein vermeintlich rohes, rückständiges Volk von ‚guten Wilden'. Die Attribute eines solchen Volkes von Barbaren waren für Spengler „jung, stark und fruchtbar" – Eigenschaften, über die die „germanische[...] Rasse" in seinen Augen ebenso verfügte wie das russische Volk: „Ein Russe sagte mir: Was wir in der Revolution geopfert haben, bringt das russische Weib in zehn Jahren wieder ein. Das ist der richtige Instinkt. Solche Rassen sind unwiderstehlich."[821] Neidvoll musste Spengler anerkennen, dass das „russische Weib" um 1930 einen „jährlichen Geburtenüberschuß von 4 [Millionen]" erbracht hatte.[822]

Dort, wo viel von „Instinkt" die Rede ist, bleibt wenig Raum für Verstand und Rationalität – im Urteil Spenglers ohnehin zu vernachlässigende, gar schädliche Tugenden für das „Russentum". Dieses sei vielmehr „kindlich", „dumpf", „ahnungsschwer", es kenne bisher weder soziale noch politische „Erlebnisse", sondern allein religiöse.[823] In seiner eigentlichen Bestimmung gestört, „noch auf Generationen hin geschichtslos zu leben", sei es in eine „künstliche" Geschichte gezwängt worden, „deren Geist vom Urrussentum gar nicht begriffen werden konnte."[824] In diesem Sinne musste auch der west-

---

819 UdA, S. 792f.
820 Einen detailreichen Überblick seit dem Ende des 19. Jahrhunderts gibt Kopelew, „Vorabend", S. 11–107; s. auch Dupeux, „Im Zeichen von Versailles", S. 191–218.
821 JdE, S. 158.
822 Ebd., S. 159.
823 PuS, S. 99.
824 UdA, S. 789. Diese Sichtweise wird mitunter auch von neueren Autoren geteilt. In seinem geschichtsphilosophischen Versuch zum *Ende der Geschichte* charakterisiert Samir Osmančević den „Geist" des russischen 19. Jahrhunderts: Dieser weise „keinerlei optimistische Energien einer erwachenden, sich aus der düsteren und trägen (organischen?) Tiefe der historischen Nichtteilnahme erhebenden Kultur" auf. In der dazugehörigen Fußnote zitiert Osmančević – affirmativ –

liche Rationalismus des 18. Jahrhunderts „dem echt russischen Denken" unzugänglich und unverständlich bleiben, so dass es bestenfalls zur billigen Kopie reichte: „Man spielt Gelehrsamkeit wie die Deutschen und hat *esprit* und Manieren wie die Franzosen."[825] Auch die Russen der Gegenwart waren für Spengler noch nicht über das vorrationale Stadium hinaus: „Diese jungen Russen vor dem Kriege [dem Ersten Weltkrieg – S. P.], schmutzig, bleich, erregt, in Winkeln hockend und immer mit Metaphysik beschäftigt, alles mit den Augen des Glaubens betrachtend [...]".[826]

Sein antiindividualistisches Weltbild, dem er in *Preußentum und Sozialismus* eine politisch-soziale Form zu geben versuchte, meinte Spengler auch auf die russischen Verhältnisse ausdehnen zu können: Für ihn bildeten die Russen eine „primitive[...] Völkermasse"[827], sie verkörperten ein im Vergleich zu den Deutschen „weicheres Volkstum, demütig und schwermütig, auch seelisch in der flachen Weite aufgehend, ohne eigentlich persönlichen Willen, zur Unterwerfung geneigt."[828] Spenglers, wenn man so will, ethnogenetischer Rassismus rekurrierte auf die sich oft wiederholende Metapher von der unendlichen russischen „Ebene" – diese war für Spengler verantwortlich für die gewissermaßen eingeschränkte Sicht der Russen:

> „Der Mensch des Abendlandes blickt hinauf, der Russe blickt zum Horizont ins Weite. [...] Der Gedanke, daß ein Russe Astronom ist? Er sieht die Sterne gar nicht; er sieht nur den Horizont. [...] [Der Himmel] ist das, was mit der Ebene irgendwo in der Ferne den Horizont bildet. [...]
>
> Die mystische russische Liebe ist die der Ebene, die zu den Brüdern unter gleichem Drucke, immer längs der Erde – längs der Erde; die zu den armen

---

Emil Cioran, der in seinem Essay *Russland und das Virus der Freiheit* (1979) von der „dunkle[n], vegetative[n] Existenz" des aus der Geschichte ausgeschlossenen russischen Volkes schreibt, die es ihm gestatte, „aus seiner Knechtschaft das Maximum biologischen Vorteils zu ziehen." Osmančević, *Spengler*, S. 161f, 227 (FN).

825 Spengler, „Doppelantlitz", S. 112, 114.
826 UdA, S. 791.
827 Ebd., S. 22 (Anm. 1); s. auch Spengler, *Frühzeit*, S. 482.
828 Spengler, „Doppelantlitz", S. 110.

gequälten Tieren, die auf ihr wandern, zu den Pflanzen, niemals zu den Vögeln, Wolken und Sternen."[829]

Auch andere rechtsintellektuelle Autoren bedienten sich dieser in Mode gekommenen geo-anthropologischen Kategorie, um die vermeintlichen Beschränktheiten der ‚russischen Seele' zu ergründen. So etwa der Übersetzer Karl Nötzel, der sich seinem Gegenstand mit geradezu zoologischem Interesse näherte und die „Tiefebene" für die „geistige Haltung" ihrer Bewohner verantwortlich machte[830], oder auch Nikolaj Berdjaev, der die Kontur- und Formlosigkeit der „ungeheure[n]" Ebene in der „Geographie der russischen Seele" wiederzuerkennen glaubte.[831] Neben Rudolf Steiner hatte schon Chamberlain den Mangel an „Gestaltungskraft" und „vollbringende[r] Beharrlichkeit" der Russen beklagt, ebenso Rudolf Kassner, der das vermeintlich Gestaltlose, Ideenlose, Geschichtslose des Russen auch auf dessen Physiognomie, Psychologie und Sprache übertrug.[832] Eng mit der ‚Ebene' assoziiert ist der Topos von der angeblich asiatischen Natur der Russen und deren formlos-flüchtigem, nomadenhaftem Charakter. Selbst dem sowjetischen Regime werde es, so Spengler, nicht gelingen, „das Schweifen der Fabrikarbeiter von einer Fabrik zur anderen, ohne Not, nur aus der Sehnsucht des Wanderns heraus, zu verhindern."[833] Spengler verwies hier auf Erzählungen von Leskov und Gor'kij – einmal mehr ein Beleg dafür, dass er sein Wissen über die russischen Verhältnisse überwiegend aus dem literarischen Fundus bezog.[834]

Die vermeintlich vorbewusste Existenzweise der Russen, die in ihrer Instinkthaftigkeit mehr der eines Tieres, denn eines Menschen ähnelt, hatte ihre Entsprechung in der Behauptung Spenglers, die

---

829 UdA, S. 921 (Anm. 1); s. auch JdE, 143.
830 Nötzel, *Die russische Leistung*, S. 7.
831 Berdjajew, *Die Weltanschauung Dostojewskijs*, S. 141f.
832 Chamberlain, *Grundlagen*, zit. nach Kopelew, „Vorabend", S. 25, s. auch S. 84f; Kassner, Rudolf: „Gogol" (1905), in: Kassner, Rudolf: *Essays*. Leipzig 1923, S. 17–41, vor allem S. 24–31.
833 Spengler, „Doppelantlitz", S. 110.
834 Vgl. auch Kraus, Hans-Christof: „‚Untergang des Abendlandes'. Rußland im Geschichtsdenken Oswald Spenglers", in: Koenen/Kopelew, *Deutschland und die Russische Revolution*, S. 277–312, S. 295–300.

Russen empfänden eine „tiefe, instinktiv religiöse Abneigung" gegen Geld und „westliche Wirtschaftsformen" überhaupt.[835] In seiner im Februar 1922 – zwei Monate vor Rapallo – gehaltenen Rede *Das Doppelantlitz Rußlands und die deutschen Ostprobleme* bekannte sich Spengler zu seinem kolonialen Blick: Dem russischen Nachbarn – dem das Zinsnehmen seelische Probleme bereite und der „Angst vor dem Mehrwert" habe, weil er sich aus seinem „primitiven Fühlen und Denken heraus keine Art von Erwerb vorstellen" könne, „durch die nicht andere ,Mitmenschen' ,ausgebeutet'" würden –, diesem Nachbarn müsse zum eigenen Vorteil unter die Arme gegriffen werden.[836] Spengler war sich sicher, dass Russland diese Hilfe nicht ausschlagen würde, schließlich sei der „echte Russe" zu wirtschaftlicher Organisation, zur Leitung einer Fabrik, zum Dasein als Ingenieur oder Erfinder gar nicht fähig.[837]

Eingedenk dieses Urteils, das Russland in gütig-verächtlicher Manier und in offen instrumenteller Absicht zum bedürftigen Barbaren stempelte, verwundert es sehr, wenn Hans-Christof Kraus – Felken zitierend – in seinem Beitrag zum Sammelband *Deutschland und die Russische Revolution* resümiert, dass Spengler eine große „,Achtung vor dem russischen Volk'"[838] gehegt habe. Schließlich sei Spengler bewusst gewesen, dass die Deutschen „am Ende ihres historischen Weges angelangt" seien und keine Zukunft mehr besessen hätten. Dagegen sei das „Russentum" für Spengler „das Versprechen einer kommenden Kultur'"[839] gewesen. Tatsächlich verhält es sich

835 Spengler, „Doppelantlitz", S. 119.
836 Ebd., S. 125; s. auch UdA, S. 1182 (Anm. 4).
837 Spengler, „Doppelantlitz", S. 125.
838 Kraus, „'Untergang'", S. 309.
839 Ebd., S. 310. Der Autor zitiert hier die einleitenden Zeilen über Russland aus Spenglers *Preußentum und Sozialismus* (PuS, S. 98). Kraus repräsentiert ebenso wie Pierluca Azzaro (*Deutsche Geschichtsdenker*) die affirmative Spengler-Forschung in der Tradition Anton Mirko Koktaneks, die Spenglers Ansichten über Russland in äußerst mildem Licht zeichnet und schlichte Tatsachen – Spengler habe während seiner Studienzeit Kontakt zu russischen Studenten gepflegt und in dieser Zeit auch Russisch gelernt, um die Romane Dostoevskijs im Original lesen zu können – als qualitative Argumente anführt. Ebenso befremdlich ist, dass Kraus immer noch annimmt, die Frage nach Spenglers Aktualität und dem Wahrheitsgehalt seiner Voraussagen stellen zu müssen, an-

schlicht umgekehrt: Wie im vorangegangenen Kapitel gezeigt werden konnte, sah Spengler die Deutschen nicht nur an der Spitze des von ihm prophezeiten, künftigen cäsaristischen Zeitalters, er baute sie auch zum letzten europäischen Bollwerk gegen den Ansturm der „Farbigen" – unter russischer Führung – auf und parallelisierte dieses Szenario ausdrücklich mit den „Barbarenangriffe[n] auf die antike Welt".[840] Den Russen wies er die Rolle eines „matte[n] Nachzügler[s]" zu, „irgendwo in der Ebene zwischen Weichsel und Amur".[841] Dagegen verblieb Spenglers slavophile Rede von einer postbolschewistischen neuen Kultur in Russland, die sich in einem Akt religiösen Aufruhrs innerhalb des „gläubige[n] Bauerntums" Bahn breche, stets im Vagen.[842] Spengler erwies sich hier immer noch als Schüler Dostoevskijs: Auch dieser war – bei aller panslavistischen Verve in der Tagespolitik – in der Frage, wie man sich nun „die wirkliche, neue Herrschaft Christi" russischer Provenienz konkret vorzustellen habe, stets die Antwort schuldig geblieben.[843]

Spenglers nebulöse Prognosen, die seine Russland-Exkurse bis Mitte der zwanziger Jahre dominierten, stehen dabei unverbunden neben späteren, stärker politisch motivierten Äußerungen, in denen ein anderer, insbesondere antibolschewistischer Tenor vorherrschte und seine Slavophilie deutlich in den Hintergrund trat. Schon in *Das Doppelantlitz Russlands* von 1922 und in *Neue Formen der Welt-*

---

statt sich der Frage nach der Funktion des Russland-Bildes und der damit verbundenen Prognosen innerhalb von Spenglers Geschichtsmodell zuzuwenden. Als Belege für Spenglers tendenziell instrumentelles Verhältnis zu Russland können seine größeren und kleineren Fehlurteile dienen, die er etwa über die bäuerliche Institution des sogenannten „Mir" fällte oder über die Verehrung Peters des Großen im ‚Volk' („Doppelantlitz", S. 120); auch die Unterscheidung von ‚slavophil' und ‚panslavistisch' war ihm nicht geläufig. Vollkommen unerklärlich ist der protestantische Lapsus, mit dem er Moskau als drittes Rom „nach dem Rom der Päpste und Luthers Wittenberg" bezeichnete (ebd., S. 117; UdA, S. 1182, Anm. 4). Tatsächlich sahen sich die Ideologen des Dritten Rom in der Traditionslinie Rom – Byzanz. Dagegen galt der Protestantismus in den Augen der russischen Orthodoxie nicht einmal als satisfaktionsfähig.

840 Spengler, „Pessimismus?", S. 79; JdE, S. 148, 153; s. auch Spengler, *Briefe*, S. 37f.
841 MuT, S. 63.
842 Spengler, „Doppelantlitz", S. 121f; Spengler, „Neue Formen der Weltpolitik", S. 178; Spengler, „Neubau", S. 294 (alle Schriften entstanden bis 1924).
843 Dostojewski, *Tagebuch*, S. 232.

politik (1924) führte Spengler – im Zusammenhang mit seiner Kritik am Petrinismus – das asiatische Motiv ein, im Übrigen mit deutlichem Rekurs auf Dostoevskijs Agitation für die Eroberung von Konstantinopel im Vorfeld und während des russisch-türkischen Krieges (1877/78).[844] So spüre selbst jeder westlich denkende Russe den „allgemeinen mystischen Zug" nach Byzanz und Jerusalem, auch wenn Peter I. Russland vor langer Zeit aus den „asiatischen Zusammenhängen" gelöst habe. In beiden Schriften fasste Spengler den Bolschewismus noch als rein westliches Phänomen auf, das jedoch mit dem Tode Lenins vergehen werde. An dessen statt werde ein neuer „Führer", ein Abenteurer und Eroberer, das religiös erregte „Volkstum" an sich binden und in den Aufstand führen. Die Befreiung des vermeintlich ursprünglichen Russentums galt Spengler denn auch als die eigentliche, historische Aufgabe des Bolschewismus: Erst vernichte dieser das „volksfremde[...]" petrinische System und dann sich selbst.[845]

Auch wenn Spengler die sowjetische Führung 1922 als „herrschende Horde" bezeichnete, so glaubte er nicht, dass sich der Bolschewismus im Sinne einer Rückkehr nach Asien wandeln könne.[846] Diese Ansicht revidierte er zu Beginn der dreißiger Jahre und begriff Russland nun als Teil der von ihm apostrophierten „farbigen Weltrevolution".[847] Die verächtliche Rede vom ‚guten Wilden', dessen barbarische Andersartigkeit Spengler Anlass zu höchst spekulativen Auskünften über den russischen ‚Volkscharakter' geboten hatte, wandelte sich nun zum fast furchtsamen Appell an das „weiße" Europa, die drohende Gefahr aus dem Osten ernst zu nehmen.[848]

---

844 Spengler, „Doppelantlitz", S. 112, 116f; Spengler, „Neue Formen der Weltpolitik", S. 176; s. auch Spengler, *Frühzeit*, S. 482.

845 Spengler, „Neue Formen der Weltpolitik", S. 177ff; Spengler, „Doppelantlitz", S. 121.

846 Spengler, „Doppelantlitz", S. 123.

847 Angedeutet in MuT, S. 87, ausgeführt in JdE, S. 147–165.

848 JdE, ebd.; s. auch Spengler, *Briefe*, S. 776 (Brief Spenglers an Wahrhold Drascher v. 3. Mai 1936).

3.3.4 Der Aufstand der „Farbigen" – Bolschewismus als ‚asiatische' Gefahr

Der eingangs skizzierte Asien-Topos einte deutsche und russische Autoren höchst unterschiedlicher politischer Provenienz. Ihre Einschätzung dessen, was sie für die asiatische Zukunft Europas hielten, changierte – vor allem unter den Deutschen – zwischen Abscheu und Bewunderung. Auch bei Spengler unterlag der Asien-Topos einem Wandel, der eng mit seiner Definition von Bolschewismus verknüpft war.

Solange Sowjetrussland von Bürgerkrieg und Hungersnöten geschwächt war, hatte Spengler ‚asiatisch' noch als positiv konnotiertes Attribut des staatsfernen russischen Volkes aus Bauern verwendet, das den „unrussische[n] Bolschewismus"[849] wie einen Fremdkörper in naher Zukunft abschütteln werde. ‚Asien' markierte hier die größtmögliche Distanz zum westeuropäisch inspirierten russischen Kommunismus. Letzterer bestimmte auch Spenglers Definition von ‚Bolschewismus' zu Beginn der zwanziger Jahre. So galt ihm dieser zu jenem Zeitpunkt noch ausschließlich als Produkt eines nach Russland eingeschleppten westlichen Rationalismus – „eine Auflehnung gegen den Westen aus westlichem Denken heraus."[850] Der Bolschewismus sei demnach als letzter Sieg Petersburgs über Moskau zu verstehen, repräsentiert vom „Typus des intelligenten Russen", der „seelisch und geistig durch Westeuropa bis zum Zynismus verflacht, entleert, verdorben" sei.[851] Am Schluss von *Das Doppelantlitz Rußlands* charakterisierte Spengler die bolschewistischen Führer allerdings bereits mit dem schillernden Asien-Stereotyp als „herrschende Horde", eine Horde allerdings, die „stets nach Westen" blicke.[852]

Mit der staatlichen Konsolidierung des Sowjetsystems wurde ‚Asien' bei Spengler endgültig zum Attribut der kommunistischen Herrschaft. Zwar blieb der Bolschewismus vorerst noch der Anta-

---

849 UdA, S. 1182 (Anm. 4).
850 Spengler, „Doppelantlitz", S. 121.
851 Ebd., S. 114.
852 Ebd., S. 123.

gonist des asiatisch-urrussischen Volkstums, doch attestierte Spengler in einem im April 1924 gehaltenen Vortrag Russland nicht mehr nur die „seelische" Zugehörigkeit zu Asien (qua Bauerntum), sondern auch die „politische".[853] Auch im Vorwort-Interview des Übersetzers Wolfgang Groeger mit Spengler aus Anlass der Veröffentlichung von Maurice Williams *Die Soziale Geschichts-Auffassung* (1924) auf Deutsch stellte Spengler einen Substanzverlust der marxistischen Ideologie in Russland fest – zugunsten eines reinen Machtstrebens „ehrgeizige[r] Persönlichkeiten" innerhalb der kommunistischen Partei. Davon, dass der russische Marxismus inzwischen als „Verkleidung für primitive und religiöse Lebensideale" diene, würden die führenden Bolschewisten allerdings kaum etwas ahnen.[854] Im selben Jahr hieß es in einem Interview Spenglers mit dem in Stockholm erscheinenden *Svenska Dagbladed*, dass unter den regierenden Kommunisten gegenwärtig anscheinend eine nationale Richtung die Oberhand gewonnen habe, die „ die weltkommunistische Propaganda für Rußlands eigne Endziele ausnützen und mit ihrer Hilfe einen Druck auf die verschiedenen Staaten ausüben" wolle.[855] Jenseits der machtpolitischen Ambitionen Sowjetrusslands konstatierte Spengler jetzt die endgültige Verschmelzung von Mužik und Bolschewik zu einer „mystischen Einheit", wodurch der Bolschewismus nunmehr zu einer „religiösen Bewegung" geworden sei.[856] Im Gegensatz zu Berdjaev hat Spengler das Motiv von den religiösen Anteilen des Kommunismus nie weiterverfolgt. Denn letztlich war Spenglers Interesse an Russland instrumenteller Natur: Er dachte vor allem machtpolitisch, und während er die von Sowjetrussland vermeintlich ausgehende militärische Bedrohung 1924 noch mäßig beunruhigt bekannt gab, wurde der Ton, in dem er seine Einschätzung in dieser Frage ein halbes Jahrzehnt später kund tat, um einiges schriller. Das von Spengler weiterhin bemühte

---

853 Spengler, „Neue Formen der Weltpolitik", S. 176.
854 *Briefwechsel Spengler Groeger*, S. 53f.
855 Zit. nach Koktanek, *Spengler*, S. 268.
856 Ebd., S. 267.

asiatische Stereotyp wurde nun zum rein negativen Attribut des russischen Volkscharakters.

Die Schrift *Jahre der Entscheidung* (1933), die aus einem 1929 gehaltenen Vortrag mit dem Titel *Deutschland in Gefahr* hervorgegangen war[857] und nichts weniger als die „weltgeschichtliche Entwicklung" zum Thema haben wollte, enthält im Kapitel „Die farbige Weltrevolution"[858] einige Passagen über Russland und den russischen Bolschewismus. Hier nun nimmt Russland – regiert von einer „Partei" genannten „Horde altasiatischer Art"[859] – die „'weiße' Maske" ab und wird „wieder asiatisch, aus ganzer Seele und mit brennendem Haß gegen Europa."[860] Die Maskierung des Bolschewismus als vermeintlich westeuropäische Ideologie erschien nun als bewusster Akt der Camouflage von Seiten der Bolschewisten, der neuen Barbaren.

> „Dies Bolschewistenregiment ist kein Staat in unserem Sinne, wie es das petrinische Rußland gewesen war. Es besteht wie Kiptschak, das Reich der ‚goldenen Horde' in der Mongolenzeit, aus einer herrschenden Horde – kommunistische Partei genannt – mit Häuptlingen und einem allmächtigen Khan und einer etwa hundertmal so zahlreichen unterworfenen, wehrlosen Masse. Von echtem Marxismus ist da sehr wenig, außer in Namen und Programmen. In Wirklichkeit besteht ein tartarischer Absolutismus, der die Welt aufwiegelt und ausbeutet, ohne auf Grenzen zu achten, es seien denn die der Vorsicht, verschmitzt, grausam, mit dem Mord als alltäglichem Mittel der Verwaltung, jeden Augenblick vor der Möglichkeit einen Dschingiskhan auftreten zu sehen, der Asien und Europa aufrollt."[861]

Der sonst von Spengler unermüdlich als historische Notwendigkeit apostrophierte „Cäsarismus" der Zukunft, wie er Preußen-

---

857 Spenglers Betonung des Entstehungszeitraums der Schrift mag als indirekte Entschuldigung dafür gelten, dass der „Cäsarengestalt" Mussolinis einiger Raum gewidmet, Hitler dagegen mit keinem Wort erwähnt wird. Spengler, Oswald: „Einleitung" [vom Juli 1933], in: JdE, S. VII–XII, S. XI.

858 „Was alles gehört denn zur ‚farbigen' Welt? Nicht nur Afrika, die Indianer – neben Negern und Mischlingen – in ganz Amerika, die islamischen Völker, China, Indien bis nach Java hin, sondern vor allem Japan und Russland, das wieder eine asiatische, ‚mongolische' Großmacht geworden ist." Ebd., S. 150.

859 Ebd., S. 131.

860 Ebd., S. 150.

861 Ebd., S. 44. Das Motiv vom maskierten Bolschewismus findet sich auch in Jüngers *Arbeiter*; s. Jünger, *Arbeiter*, S. 381.

Deutschland so gut zu Gesicht stand, wurde in seiner russischen Variante – dem „tartarische[n] Absolutismus" – von ihm verurteilt: So kennzeichneten dessen Eigenschaften – aufwiegelnd, ausbeutend, verschmitzt, grausam – das Maß an Verschlagenheit auf Seiten der Moskauer, deren „Söldner und Verbündete" überall auf der Welt verkleidet seien „wie sie selbst"[862], und markierten damit indirekt die Kluft zur moralischen Überlegenheit Preußen-Deutschlands, dessen vornehmste Tugend soldatisch-heroische Ritterlichkeit sei. Spenglers Argumentation auf diesen Seiten ist fast schizoid zu nennen. Sie spiegelt seine Ratlosigkeit in der russischen Frage, sein Schwanken zwischen Anerkennung und der eingeübten Verächtlichkeit gegenüber dem angeblich kindlichen Russentum: So heißt es mit einer gewissen Anerkennung, dass eine militärische Offensive Richtung Sowjetrussland „von Westen her" sinnlos sei, da das bolschewistische System seinen Schwerpunkt „immer weiter nach Osten verlegt" habe und das gesamte Gebiet westlich von Moskau als „phantastisches Glacis" gegen Europa preisgegeben werden könne, „ohne daß das System zusammenbricht."[863] Einen „Auslandskrieg" könne das künstliche, in der literarischen Unterwelt Petersburgs erdachte bolschewistische System trotzdem nicht führen, „weder im Osten noch im Westen, außer durch Propaganda."[864] Und wieder der indirekte Vergleich mit dem preußischen Ethos zu dessen Gunsten: „Aber ist die rote Armee überhaupt zuverlässig? Ist sie brauchbar? Wie steht es mit den berufsmäßigen und sittlichen Qualitäten des ‚Offizierskorps'?"[865]

Die Wahl des vom griechischen Tartaros, einer Art Folterhölle innerhalb des Hades, abgeleiteten Attributs „tartarisch" – im Gegensatz zum russischen, längst auch im Westen eingebürgerten „tatarisch" – markierte das Verständnis, das Spengler von Deutschlands Aufgabe in der bevorstehenden Auseinandersetzung mit der Gefahr aus dem Osten hatte: Er sah die Deutschen in der Rolle der Römer

---

862 JdE, S. 153.
863 Ebd., S. 43f.
864 Ebd., S. 45.
865 Ebd.

im Angesicht des Barbarensturms. Während er in *Preußentum und Sozialismus* (1919) die Parallelen im Volkscharakter zwischen Deutschen und Römern herauszustreichen suchte, benannte er nun vermeintliche Gemeinsamkeiten in den geopolitischen und militärischen Herausforderungen. Die Gleichsetzung mit Rom wurde dabei durch eine weitere, von Spengler häufig bemühte Parallele ergänzt: In der Tradition des Deutschritterordens sei das Deutsche Reich nunmehr die „Grenzwacht der faustischen Kultur gegen Asien".[866] Abgesehen davon, dass er die Existenz des polnischen Staates schlicht ignorierte, dokumentiert diese Aussage auch den veränderten Blick Spenglers auf Russland – die kolonialistische Perspektive verschob sich zugunsten einer militärisch-strategischen.

> „Deutschland ist das e n t s c h e i d e n d e Land der Welt, nicht nur seiner Lage wegen, an der Grenze von Asien, weltpolitisch heute dem wichtigsten Erdteil, sondern auch weil die Deutschen noch jung genug sind, um die weltgeschichtlichen Probleme i n s i c h zu erleben, zu gestalten, zu e n t s c h e i d e n, während andere Völker zu alt und starr geworden sind, um mehr als eine Abwehr aufzubringen. Aber auch großen P r o b l e m e n gegenüber enthält der Angriff das größere Versprechen des Sieges."[867]

Spenglers Optimismus ein knappes halbes Jahr nach der Machtübernahme durch die Nationalsozialisten ist hier förmlich mit Händen zu greifen. In Spenglers Sicht musste sich die Notwendigkeit einer deutschen Vorherrschaft am besten dadurch illustrieren lassen, wenn der Zustand der europäischen Gesellschaften – eingedenk der Folgen der Weltwirtschaftskrise – in den düstersten Farben gemalt würde. Zu deren Agonie habe der „ungeheuerliche" Erfolg der „weißen Weltrevolution", deren Weg vom Liberalismus bis zum Bolschewismus führte, wesentlich beigetragen. In den Augen Spenglers war in Europa die paradoxe Situation entstanden, dass der „abendländische Bolschewismus" überall äußerst lebendig war – außer in Russland, wo der Zwiespalt zwischen oben und unten, zwischen Herrschenden und Beherrschten gewaltsam, mit „asiatischer" Grausamkeit unterdrückt werde. Die politischen Mächte des Westens

---

866 Ebd., S. 136; s. auch Spengler, „Vorwort" Politische Schriften, S. VIII.
867 Spengler, „Einleitung" JdE, S. XII.

dagegen seien „zerstört, zerfressen, zerfallen. Es hat sich wieder gezeigt, wie im Rom der Gracchenzeit, daß alles, was die wenigen großen starken Raubtiere, die Staatsmänner und Eroberer, in Jahrhunderten geschaffen haben, von den massenhaften kleinen, dem menschlichen Ungeziefer, in kurzer Zeit zernagt werden kann."[868] Ein Hauptgrund für die Schwäche Europas war für Spengler die Verteuerung der „weißen" Arbeit, die durch den „Lohnkapitalismus" der Gewerkschaften (gleicher Lohn bei kürzerer Arbeitszeit) ausgelöst worden sei. Gleichzeitig aber würden die „Farbigen" inzwischen „billig und lange" arbeiten, „bis an die Grenze ihrer Arbeitskraft, in Rußland unter der Knute, anderswo aber schon mit dem stillen Bewußtsein der Macht, die sie damit über die verhaßten Weißen, die Herren von heute – o d e r   v o n   g e s t e r n? – in der Hand haben."[869]

Die Furcht vor der Selbstauslöschung der weißen Herren ließ Spengler die Perspektive der Kolonisierten, der „rechtlos Ausgebeuteten" notgedrungen in den Blick nehmen. Deren „Revolution von außen" speise sich aus dem Hass der „hoffnungslos Unterlegenen" gegenüber der „unangreifbare[n] Überlegenheit einer Gruppe von Kulturnationen". Dieser Hass gebäre Verachtung auf Seiten der Kolonisierten, die die fremde, europäische Lebensform allmählich kennenlernen und inzwischen spöttisch durchschauen würden: „Man schaute den Kriegen und Revolutionen innerhalb der Welt dieser Herrenvölker zu, wurde durch zwangsweise Verwendung in die Geheimnisse der Bewaffnung, Wirtschaft und Diplomatie eingeweiht."[870] Dabei seien die Weißen selbst schuld, dass die Farbigen die Achtung vor ihnen verloren hätten:

„Aber daß die Farbigen der ganzen Welt in Masse auf europäischem Boden [im Weltkrieg – S. P.] von Weißen gegen Weiße geführt wurden, die Geheimnisse der modernsten Kriegsmittel und die   G r e n z e n   i h r e r   W i r k u n g   kennen lernten und in dem Glauben nach Hause geschickt wur-

---

868 JdE, S. 104.
869 Ebd., S. 127.
870 Ebd., S. 147f.

den, weiße Mächte besiegt zu haben, das hat ihre Anschauung über die Machtverhältnisse der Erde von Grund auf verändert."[871]

Das Motiv vom Verrat und Verschleudern der Grundlagen der „faustischen" Kultur fand sich bereits in Spenglers *Der Mensch und die Technik* von 1929. Auch hier ging der Raub des Geheimnisses „unserer Kraft" durch die stets nur als Menge auftretenden „Farbigen" mit deren moralischer Herabsetzung einher: Es sei die den „farbige[n] Rassen" eigene „Verschmitztheit", mit der sie das von den Weißen Erarbeitete und Erdachte ausnutzen würden, ohne es innerlich zu begreifen.[872]

Deutschland sah sich also mit den Augen Spenglers von zwei Seiten bedroht: einmal durch den „weißen Bolschewismus", der an der Zerstörung des inneren Baus der europäischen respektive US-amerikanischen Zivilisation arbeite, und zum anderen durch den Selbstverrat der weißen „Herrenvölker", der zum Erstarken des Selbstbewusstseins der „Farbigen" geführt habe. Deren durch keinerlei traditionelle Moral gezügelte Vitalität und Todesverachtung, insbesondere der Russen, konnte im Sinne Spenglers nur mit einer gleichermaßen barbarenhaften Raubtiermentalität begegnet werden. „Dies Barbarentum ist das, was ich starke Rasse nenne"[873] – und es schlummere, wenig überraschend, allein noch im deutschen Volk. Wenn es also darum ging, den „kriegerische[n], ‚preußische[n]' Geist" überall, nicht nur in Deutschland als „formgebende Macht" zu etablieren, dann gestand Spengler ‚seinen' Deutschen gern gemeinsame Eigenschaften mit den ansonsten gering geschätzten „Farbigen"[874] zu. Es ist deshalb eine grobe Fehleinschätzung, wenn Azzaro behauptet, Spengler rufe die abendländischen Völker dazu auf, sich

---

871 Ebd., S. 151, s. auch S. 163f.
872 MuT, S. 86f.
873 JdE, S. 161.
874 Diese Geringschätzung wurde nicht zuletzt in der Wahl des Vokabulars deutlich: Die germanische Frau *gebärt*, die „Neger" *vermehren* sich; die weiße Gesamtbevölkerung verzeichne eine (scheinbare) *Zunahme* der Geburten – im Unterschied zum *Anschwellen* der Farbigen"; diese *dringen ein* in die durch Geburtenschwund halb leeren Städte und Dörfer der Weißen [Hervorhebungen durch mich]. JdE, S. 158ff.

mit Deutschland im Kampf gegen die „farbige" Bedrohung zu vereinen. Ebenso ist es falsch, aus der Konsolidierung und dem Erstarken der Sowjetunion den Schluss zu ziehen, Spenglers ursprünglich „aggressiver" Cäsarismus mache nun einem „defensiven" Platz.[875] Ganz im Gegenteil: Wie wir gesehen haben, überließ Spengler den altersschwachen europäischen Nationen die „Abwehr" der Bedrohung – Deutschland dagegen hielt er stark genug für den „Angriff".

Natürlich war Spenglers Übermut von 1918, als er von einem deutschen Protektorat über den gesamten europäischen Kontinent träumte[876] und Russland am Boden lag, zu Beginn der dreißiger Jahre längst verflogen. Doch waren die weltweite Krise sowie Stalins „Sozialismus in einem Land" für Spengler Anlass genug, seinen Dezisionismus angesichts der Vereinigung von „Klassenkampf und Rassenkampf" forciert zu propagieren. Dabei vernachlässigte er keineswegs, wie Azzaro annimmt, die Arbeit am „Dritten Reich" zugunsten des „Kreuzzuges gegen den Bolschewismus"[877]: Vielmehr diente die Hypertrophierung der Gefahr aus dem Osten als Begründung für eine erneute Besinnung auf die Eigenschaften der „keltisch-germanische[n] ‚Rasse'", der willensstärksten, die die Welt bekanntlich je gesehen habe.[878] *Jahre der Entscheidung* schließt denn auch mit der rhetorischen Frage: „Wessen Schwert hier den Sieg erficht, der wird der Herr der Welt sein. Da liegen die Würfel des ungeheuren Spiels. W e r   w a g t   e s   s i e   z u   w e r f e n?"[879]

3.3.5 Heim ins Reich der Despotie: Die ‚Wahrheit' des russischen Sozialismus

Vergegenwärtigt man sich noch einmal die Motive der Zivilisationskritik, wie sie in den ersten drei Jahrzehnten des 20. Jahrhunderts im Schwange waren und vor allem auch Spenglers Themen be-

---

875 Azzaro, *Deutsche Geschichtsdenker*, S. 423f (Anm. 919).
876 Brief an Hans Klöres v. 11. Mai 1918, in: Spengler, *Briefe*, S. 97.
877 Azzaro, *Deutsche Geschichtsdenker*, S. 425 (Anm. 925).
878 JdE, S. 144.
879 Ebd., S. 165.

stimmten, so wird man feststellen, dass sich diese auch in der Publizistik beziehungsweise den zivilisationskritischen Schriften Nikolaj Berdjaevs wiederfinden. Auch ihm war die Verwendung des Asien-Topos geläufig, auch er stilisierte das – russische – Volk zum Opfer und gleichzeitigen Heilsbringer in der Weltgeschichte und auch er skizzierte in seiner antidemokratischen Utopie, wenngleich deutlich weniger systematisch als Spengler, einen neuen hierarchischen Gesellschaftsbau beziehungsweise einen neuen Ständestaat als Kern eines spezifisch russischen Sozialismus – mit dem dazugehörigen Neuen Menschen.

Zwar hatte Berdjaev keine so forcierte Umdeutung des Sozialismus-Begriffs vorgenommen wie Spengler, doch auch er betonte den nicht-marxistischen, originär russisch-asiatischen Charakter der bolschewistischen Revolution, deren eigentliche Charakteristik und Bedeutung ihren Initiatoren und Protagonisten gar nicht bewusst sei und die sich mit ihrer Verstetigung zu einem nationalen Sozialismus russischer Prägung entwickeln werde. Ebenso teilte Berdjaev mit Spengler die eschatologische Perspektive auf den Sozialismus, die für ihn allerdings ein zentraler Aspekt seiner Definition war. So speiste sich der eschatologische Charakter des russischen Sozialismus für Berdjaev aus zwei Quellen: zum einen aus einem wiedererstandenen jüdischen Chiliasmus, dem der Jude Marx den Mantel einer säkularen, sozialistischen Befreiungsideologie umgehängt habe. Zum anderen aus der religiösen, apokalyptischen Struktur der ‚russischen Seele‘, die sich sowohl in der „Sehnsucht nach der jenseitigen Welt" als auch im „Streben nach einem irdischen Reich" ausdrücke.[880]

Die Berdjaev und Spengler gemeinsame Faszination für ‚sozialistische‘ Führer wie Lenin und Mussolini mochte in Teilen dem mächtigen Einfluss der Heldenverehrung Thomas Carlyles[881] auf dem

---

880 Berdiajew, Nikolai: *Sinn und Schicksal des russischen Kommunismus.* Luzern 1937, S. 11.

881 Gerade in Deutschland erlangten die Schriften Thomas Carlyles einen Kultstatus, der sich vor allem aus der Annahme einer transnationalen Seelenverwandtschaft speiste und in diesem Sinne nur mit dem Kult um Fedor Dostoevskij vergleichbar war. Den Anfang machte die noch von Goethe initiier-

Kontinent geschuldet sein, war bei Berdjaev darüber hinaus jedoch mit einem quasi totalitarismustheoretischen Ansatz verbunden, den er in den dreißiger und vierziger Jahren formulierte. Wie Spengler unterschätzte Berdjaev zu Beginn das politische Beharrungsvermögen der Sowjetmacht: So prophezeite er deren raschen Untergang, nicht zuletzt weil er die Bolschewisten für banale und begrenzte Potentaten hielt, die „Menschen der Macht" nur spielten. Die Ablösung des Bolschewismus schien ihm deshalb nur eine Frage der Zeit zu sein.[882]

Angesichts der Konsolidierung des Sowjetsystems erfuhr Berdjaevs Blick auf die Zustände in Russland zu Beginn der zwanziger Jahre jedoch einen Wandel, so dass sich seine Charakterisierung des russischen Sozialismus in zwei Phasen unterteilen lässt: Die zahllosen, während des ersten Jahrzehnts des 20. Jahrhunderts bis in die Zeit der Februar- und Oktoberrevolution und des beginnenden Bürgerkriegs entstandenen Artikel verfasste er unter dem Eindruck seiner nach 1900 vollzogenen religiösen Wende, mit der er sich vom Marxismus verabschiedete. Sein Urteil über die Revolution und ihre Protagonisten war zu dieser Zeit vernichtend: Er geißelte die Revolution als gottloses Werk, als Werk des Antichrist, das sich als göttliches Strafgericht über Russland senke. Später, Anfang der zwanziger Jahre, begann Berdjaev mit der geschichtsphilosophischen Einordnung des inzwischen politisch gefestigten Sowjetsystems und

---

te Übersetzung von Carlyles *Life of Friedrich Schiller* 1830. Im Laufe der kommenden einhundert Jahre erschienen neben den jeweils zügig betriebenen Übersetzungen der wichtigsten Schriften ins Deutsche unzählige Monographien über Carlyle, die sich mit dessen Affinität zur deutschen Literatur, insbesondere der deutschen Romantik beschäftigten. Carlyles Vitalismus und seine Heldentypologie, in der er Luther und Friedrich den Großen zu Heroen der europäischen Geschichte stilisiert hatte, bestärkten die Deutschen vor allem in den Jahren nach dem Ersten Weltkrieg in ihrem Bedürfnis nach Selbstvergewisserung als „Heldennation" – zahllose Dissertationen über Carlyles Verhältnis zu Deutschland kamen in diesem Zeitraum heraus. Mühelos gelang es den Nationalsozialisten nach 1933, Carlyle in den Dienst der „Deutschen Revolution" zu stellen. So verfasste etwa Karl Otto Schmidt, ein späterer Guru der esoterischen „Neugeist-Bewegung", ein Pamphlet mit dem Titel *Der Held in uns. Die Wiedergeburt des Heroischen in der deutschen Notwende* (Pfullingen 1933).

882 Berdjajew, Nikolaus: *Das neue Mittelalter. Betrachtungen über das Schicksal Rußlands und Europas.* Darmstadt 1927, S. 99ff.

interpretierte den russisch-sowjetischen Sozialismus deutlich milder nunmehr als Symptom des Niedergangs Europas und des notwendigen Beginns einer neuen postdemokratischen Epoche, die er das „neue Mittelalter" nannte. Dieser europäische, nicht mehr nur vorwiegend russische Blickwinkel dürfte in dieser Phase nicht nur seinem Status als Emigrant geschuldet sein, sondern auch seiner intensiven Lektüre der Schriften Oswald Spenglers. *Das neue Mittelalter*, 1924 in Berlin veröffentlicht, war klar vom *Untergang des Abendlandes* und von *Preußentum und Sozialismus* inspiriert und weist bis in seinen apodiktischen Stil verblüffende Parallelen zu Spengler auf.

1918, in der chaotischen Konstituierungsphase der Sowjetmacht, betrachtete Berdjaev die bolschewistische Revolution jedoch noch als rein nihilistische Rebellion gegen die göttliche, hierarchische Weltordnung, als Tyrannei der Gleichheit, mit der die organische Zugehörigkeit des Einzelnen zerstört und dieser in ein unpersönliches Kollektiv eingefügt werde. Dabei komme der religiösen Inbrunst der Revolutionäre nicht nur die apokalyptische Disposition des russischen Volkes entgegen, sondern auch die schwache Entwicklung von dessen Ehr- und Pflichtgefühl sowie dessen kollektivistische Grundstruktur und mangelndes Eigentumsbewusstsein.[883] Der religiösen Ausschließlichkeit des Bolschewismus, der alles in allem sein möchte, stehe die Bourgeoisierung der europäischen Sozialdemokratie gegenüber. Mit deren Opportunismus und an Gesetzen orientiertem Handeln habe der russische revolutionäre Sozialismus nichts zu tun; er wolle seine Religion der ganzen Welt vielmehr mit Feuer und Schwert aufzwingen[884] – auch wenn diese Religion im Kern nur eine Verteilungsideologie sei und das Versprechen des „grauen Paradieses" bedeute, dessen Verwirklichung mit der

---

883 Berdjaev, Nikolaj Aleksandrovič: *Die Geister der russischen Revolution* [deutsche Übersetzung des *De-profundis*-Aufsatzes von 1918]. Salzburg 1972, S. 36–64.
884 Berdjaev, Nikolaj: „Religioznye osnovy bol'ševizma" (1917) [Die religiösen Grundlagen des Bolschewismus], in: Berdjaev, *Sobranie sočinenij*, Bd. 4, S. 29–37.

gesellschaftlichen und geistigen Nivellierung Russlands begonnen habe.

Unter dem unmittelbaren Eindruck der revolutionären Veränderungen charakterisierte Berdjaev den Sozialismus nicht nur als Zerfallssymptom des alten Russlands, sondern vor allem als ein Produkt bürgerlicher Denker (Marx, Lasalle, Engels), mit dessen Verwirklichung die bourgeoise Kultur an ihr Ende geführt werde. Zu diesem Zeitpunkt also war der Sozialismus für Berdjaev noch lediglich ein passiver Reflex auf die bourgeoise Welt und keineswegs eine eigenständige Utopie, geschweige denn Gesellschaftsform.[885] Vielmehr sei er vollständig beherrscht von bourgeoisem Geist, stelle die Quantität über die Qualität, die Masse über die Persönlichkeit, Zufriedenheit über Opfertum, den Nutzen über den Wert.[886] Der russische Sozialismus übernimmt hier also die Funktion, die sonst dem säkularisierten, bürgerlichen Europa in Berdjaevs Zivilisationskritik zukommt: Seine Herrschaft führe zu „egalitärem Schrecken", zu mechanistischer und materialistischer Gleichmacherei, wobei das hierarchische Prinzip, die hierarchische Grundlage der Kultur in einem Maße zerstört werde, wie es noch keine Revolution in der Welt zuvor getan habe. Zurück bleibe die Herrschaft der Unwerten, der Schlechten, der Gewöhnlichen.[887]

Die einige Jahre später ausformulierte Parallelisierung von Bolschewismus und Faschismus deutete Berdjaev bereits Ende 1917 an, indem er die Verwandtschaft zwischen Bolschewisten und Futuristen konstatierte, womit er die tatsächlichen, von Anatolij Lunačarskij erwiderten Annäherungen Filippo Marinettis zu Beginn der zwanziger Jahre vorwegnahm: Wie dem Futurismus gehe es auch dem Bolschewismus um die Auslöschung des alten und die Geburt eines post-bourgeoisen, sozialistischen Menschen.[888] Zum Zeitpunkt

885 Berdjaev, Nikolaj: „O buržuaznosti i socializme" (1917) [Über Bürgerlichkeit und Sozialismus], in: ebd., S. 19–28, S. 21.
886 Ebd., S. 24f.
887 Berdjaev, Nikolaj: „Demokratija i ierarchija" (1917) [Demokratie und Hierarchie], in: ebd., S. 171–180.
888 Berdjaev, Nikolaj: „Mir ‚buržuaznyj' i mir ‚socialističeskij'" (1917) [Die bourgeoise Welt und die sozialistische Welt], in: ebd., S. 47–55, S. 47–52. Tatsächlich

des revolutionären Umbruchs, als die Dichter-Revolutionäre Pilnjak und Blok freudig die Geburt des neuen, amoralischen Menschen ausriefen, erblickte Berdjaev in den Aktivisten der Revolution jedoch nur den „verwüsteten Menschen" im Stile von Petr Verchovenskij, dem fanatischen Nihilisten aus Dostoevskijs *Böse Geister*, als dessen reale Entsprechung der legendär-berüchtigte Terrorist Sergej Nečaev gilt.[889] Zwar war Berdjaev eindeutig von der Utopie eines neuen Menschentyps fasziniert, doch noch überwog seine aristokratisch motivierte Ablehnung des „Proletariers", der von den Bolschewiki zum Neuen Menschen stilisiert wurde. Die Lage der Arbeiter hielt Berdjaev gerade in der kapitalistischen Gesellschaft für bedürftig, mitleiderregend und entbehrungsreich. Ihre äußere Armut sah er dabei durch eine innere ergänzt, denn auch als geistiger Typus verfüge diese Klasse über keine höheren Eigenschaften; sie sei geistig versklavt und gewöhnlich.[890]

Vorerst jedoch war ein Großteil der von Berdjaev bemühten Parallelen auf die innerrussischen Verhältnisse gemünzt und klar negativ konnotiert: So wollte er die bolschewistische Revolution als rein militärischen Putsch entlarven, als konterrevolutionär und in ihren Methoden vom alten Regime nicht unterscheidbar; Selbstherrschaft und Despotismus hätten überlebt.[891] Bereits zu diesem frühen Zeitpunkt konstatierte er in verstreuten Bemerkungen die Ähnlichkeit der Bolschewiki mit den sogenannten Schwarzhundertern[892]: So sei es kein Zufall, dass man beide in der dunklen Masse

---

ist der Einfluss des italienischen Futurismus in Russland nicht gering zu schätzen. So zitierte etwa Kasimir Malevič in sowjetischen Veröffentlichungen noch bis weit in die zwanziger Jahre aus den Schriften des Faschisten Marinetti. Siehe Sternhell, *Die Entstehung der faschistischen Ideologie*, S. 296.

889 Berdjaev, *Geister*, S. 46, 81f. (Anm.).

890 FN, S. 463f.

891 Berdjaev, Nikolaj: „Byla li v Rossii revoljucija?" (1917) [Gab es in Russland eine Revolution?], in: Berdjaev, *Sobranie sočinenij*, Bd. 4, S. 102–112, S. 107f; vgl. Berdjaev, Nikolaj: „Toržestvo i krušenie narodničestva" (1917) [Triumph und Zusammenbruch des *narodničestvo*], in: ebd., S. 181–188, S. 181.

892 Dies tat im Übrigen auch Semen Frank im Sammelband *Iz glubiny/De profundis* (1918). Siehe hierzu Luks, „Semen L. Franks Totalitarismusanalyse", S. 106. Die Schwarzhunderter – eine ironische Bezeichnung ihrer Gegner – waren der paramilitärische Arm des von Vladimir Puriškevič, dem Mörder Rasputins, und

leicht verwechsle, weil sie mit der gleichen Gewalt, dem gleichen Terror, der gleichen Verhöhnung von Freiheit und Recht, mit dem „alten Hass des dunklen Ostens auf die Kultur" zu Werke gingen. Neben ihrem Hass auf die Kultur eine das äußerste linke und das äußerste rechte Lager die Idealisierung des unverbildeten Volkes, was auf der politischen Ebene zu einer feindlichen Einstellung gegenüber Recht und Gesetz führe.[893]

Die in der Regel nur thesenhaft vorgetragenen Themen seiner Artikel während der Revolutionsjahre 1917/1918 versuchte Berdjaev in der Anfang 1918 erschienenen *Philosophie der Ungleichheit* zu konkretisieren. Ohne es auf den Begriff zu bringen, führte Berdjaev hier etwa seine Vorstellung von politischer Religion[894] weiter aus: Der Sozialismus verbinde sein Schicksal mit dem einer einzigen Klasse, dem Proletariat, das von den neuen Herrschern zum Klassen-Messias aufgebaut werde, ausgestattet mit allem Heldenmut und allen Tugenden eines auserwählten Volkes, einer höheren Rasse.[895] Als sakraler, autoritär-theokratischer Staat erkenne der sozialistische Staat nur die Rechte jener an, die dem richtigen Glauben

---

Gesinnungsgenossen im Oktober 1905 gegründeten „Bundes des russischen Volkes". Gedacht als rechte Gegenbewegung zur revolutionären Massenbewegung war der Bund in seiner antiliberalen, antisozialistischen und fanatisch antisemitischen Stoßrichtung „eine frühe russische Version der faschistischen Bewegung" (Figes). Gegen Ende 1906 zählte der Bund etwa 300.000 Mitglieder. Figes, *Tragödie*, S. 212f.

893 Berdjaev, „Byla li v Rossii revoljucija?", S. 108; s. auch Berdjaev, Nikolaj: „Gibel' russkich illjuzij" (1918) [Das Scheitern der russischen Illusionen], in: Berdjaev, *Sobranie sočinenij*, Bd. 4, S. 113–122, S. 122; Berdjaev, Nikolaj: „Duchovnye osnovy russkogo naroda" (1918) [Die geistigen Grundlagen des russischen Volkes], in: ebd., S. 224–241, S. 227.

894 Motive ‚totalitärer' Herrschaft, die heute wieder von einigen Forschern unter dem unvollkommenen Begriff der Politischen Religion subsumiert werden, tauchen bei Berdjaev also bereits kurz nach der Etablierung der Sowjetherrschaft auf, werden von ihm jedoch nicht ausgeführt. Auch noch knapp zwanzig Jahre später – kurz bevor der Begriff durch Eric Voegelin 1938 einem breiteren Publikum bekannt wurde – spricht Berdjaev von der „kommunistische[n] Religion", die sich als „neue Form der alten russischen messianischen Idee" an die Stelle des Christentums gesetzt habe und „totalitäre Geltung" beanspruche. Berdiajew, *Sinn und Schicksal*, S. 160, 194. Hierzu allgemein Maier, H., „Einführung: Zur Deutung totalitärer Herrschaft 1919–1989", S. 25–28.

895 FN, S. 463.

anhingen. Als Bewahrerin der messianischen Idee des Proletariats trete eine besondere Hierarchie in Erscheinung: die kommunistische Partei, die auf das äußerste zentralisiert im Besitz der diktatorischen Macht sei und die das Volk dem „heiligen" Willen des Proletariats gewaltsam unterordne.[896]

Darüber hinaus benannte Berdjaev historische Alternativen zur Sowjetherrschaft und mögliche Zutaten zu einem konservativen Sozialismus: So hielt er im Zusammenhang mit dem demokratischen Wahlrecht der „mechanischen Gleichheit" das Zensusprinzip entgegen, das als qualitative Kategorie dem rein abstrakten Prinzip des allgemeinen Wahlrechts überlegen sei, während Letzteres geradezu unmenschlich, gegen den Menschen gerichtet sei.[897] Das politische Ideal, das für Berdjaev dabei als Alternative zur demokratischen Ordnung in Frage kam, war der Ständestaat, eine nach Rängen gestufte Gesellschaft, die ihre Entsprechung in der hierarchischen Verfassung des Kosmos habe. So hätten die historisch gewachsenen Stände eine viel größere Bedeutung, als die abstrakte Soziologie, das heißt die abstrakte demokratische Ideologie dem Publikum Glauben machen wolle. Die Wiedergeburt der mittelalterlichen Idee der Ständevertretung in Frankreich zeuge von der allgemeinen Unzufriedenheit mit der abstrakten, mechanistischen Mehrheitsdemokratie. Langsam setze sich der Gedanke durch, dass man den Menschen nicht als isoliertes Atom betrachten dürfe und dass die Gesellschaft oder der Staat nicht nur als Ansammlung von Atomen begriffen werden könne. Es existiere eine Hierarchie organischer Bildungen, zu denen auch der Mensch gehöre. Diese organischen Bildungen sollten auch ihre politische Vertretung erhalten. Das Elend bestehe nur darin, dass fast alle organischen Strukturen durch das demokratische Zeitalter zerstört worden seien. Quasi ständische Ersatzorganisationen erblickte Berdjaev lediglich in den gegenwärtigen Syndikaten.[898] Trotz der rein ökonomischen Natur dieser Bil-

---

896 Ebd., S. 496f.
897 Ebd., S. 447f.
898 Ausdifferenziert findet sich diese Idee etwa in den 1920 veröffentlichten Vorlesungen Othmar Spanns, die dieser im selben Jahr an der Wiener Universität ge-

dungen bedeutete der Syndikalismus ebenso wie die wiedergekehrte Idee der korporativen Vertretung in den Augen Berdjaevs eine ernsthafte, zu bejahende Krise der Demokratie. Auch das vergleichbare Prinzip der Sowjetvertretung verfüge über einen wahren Kern, der überdauern werde.[899]

Vorerst brachte Berdjaev nur jenen Sozialismus-Modellen Sympathien entgegen, die dem vermeintlich abstrakten Klassensozialismus widersprachen: So seien allein Platos „aristokratischer Sozialismus" oder John Ruskins hierarchischer Sozialismus[900] von Adel

---

halte hatte – über die Notwendigkeit einer neuen „ständischen Ordnung" für die durch Individualismus und gesellschaftliche Atomisierung gezeichnete kapitalistische Welt. Auch für Spann waren die innerhalb des Kapitalismus entstehenden Gewerkschaften „Ersatzorganisationen im Sinne ständischer Bindung", mit denen der Mensch seine „organische Gegnerschaft gegen den Kapitalismus" und dessen Atomisierungstendenzen bekunde. Spann, *Der wahre Staat*, S. 96–99. Werner Sombart griff Spanns Überlegungen später auf. Siehe Sombart, *Deutscher Sozialismus*.

899 FN, S. 449f. Vergleichbar sind diese Überlegungen Berdjaevs auch mit dem korporatistischen „Aktionsprogramm" eines weiteren Universitätsprofessors, nämlich Sergio Panunzios, des neben Giovanni Gentile einflussreichsten Ideologen des italienischen Faschismus. Sein Entwurf von 1919 sah die Aufteilung der gesamten Bevölkerung „in ,organische' Klassen" vor, die in Korporationen organisiert und denen die „Vertretung der sozialen Interessen" übertragen würden. In Frankreich wurde die ,national-sozialistische' Umdeutung des klassischen Arbeiter-Syndikalismus durch den sogenannten „Cercle Proudhon" betrieben, der durch das zeitweilige Zusammengehen von Mitgliedern der Action française mit Anhängern George Sorels 1911 entstanden war. In Italien hatten ebenso disparate Allianzen zum faschistischen Syndikalismus geführt. Siehe Sternhell, *Die Entstehung der faschistischen Ideologie*, S. 49f, 104–119, 235, 242f; Nolte, Ernst: *Der Faschismus in seiner Epoche. Action française, Italienischer Faschismus, Nationalsozialismus.* München/Zürich 1995 (9. Aufl.), S. 109, 225, 329f. Bereits 1914 hatte Mussolini das Programm der „Associazione Nazionalista Italiana" wie folgt charakterisiert: „Man könnte diesem Programm entgegenhalten, daß es zu den Zünften zurückführt. Sei es!" Zit. nach Dainelli, Amelia: „Die faschistische korporative Wirtschaftsordnung", in: *Weltwirtschaftliches Archiv* 38, 1933, S. 195–206, hier S. 195.

900 FN, S. 466. Über sein Gesellschaftsideal berichtete Ruskin, dass es nichts weniger als Kommunismus sei, sondern „quite the contrary" und in diesem Sinne am „old Feudal system" orientiert (zit. nach Hoare, Philip: *England's Lost Eden. Adventures in a Victorian Utopia*. London/New York 2005, S. 242). Ruskins Utopie, die er mit der Gründung der „Guild of St. George" verwirklichen wollte, war selbst vom platonischen Staatsideal beeinflusst. An der Spitze seiner idealen Gesellschaft sah er einen „Weisheitsfürsten", der wie ein pater familias über sein Volk herrscht. Gesellschaftliche Entwicklungsfreiheit lehnte Ruskin ab:

(*blagorodstvo*) – beides ständische Utopien, die vor allem Berdjaevs eigenem Anspruch auf geistige Führerschaft entgegenkamen. Aufgrund ihres „Adels" gehöre die englische sozialistische Bewegung einem höheren Typ an als die deutsche oder die französische. In jener sei aufgrund der Vereinigung von praktischem Realismus mit idealistischen Impulsen der Klassenkampf gedämpft, und es gebe eine echte Zusammenarbeit der Klassen: Neben den christlichen Sozialisten[901] galten Berdjaev deshalb Carlyle und Ruskin als die geistigen Väter des angelsächsischen Sozialismus. Ganz im Sinne seines ständischen Ideals von ererbtem Verantwortungssinn ging er davon aus, dass die besitzenden Klassen Großbritanniens sich ihrer Berufung und Pflicht bewusst seien und an der Reformierung der Gesellschaft teilhaben würden.[902] Diese Einschätzung ist gewiss nichts weniger als ein reales Abbild der damaligen britischen Verhältnisse. Vielmehr verband sich hier Berdjaevs elitäres Bewusstsein mit einer grundsätzlichen Affinität zum Sozialismus. Solchermaßen dispositioniert sympathisierte er sowohl mit dem Erziehungsgedanken Carlyles und Ruskins, als auch mit ihrer Hypostasierung der Arbeit als freudige Pflicht sowie ihrem paternalistischen Staatsverständnis.

„Von der Stunde der Geburt an ist für einen jeden die geistige Rangstufe festgesetzt. Er kann seine Fähigkeiten nicht vergrößern noch verringern. Statt dessen soll er Achtung haben vor dem ihm Überlegenen." (Ruskin, John: *Fors Clavigera*, 4 Bde., 1871–1884, zit. nach Claus, Paul: *Die Ethik John Ruskins* (Diss.). Marburg 1908, S. 64.) In Ruskins aufsehenerregendem Entwurf über die Einführung von staatlichen Erziehungsanstalten und Regierungsfabriken bekommt jeder Arbeitslose diejenige Arbeit zugeteilt, „für die er sich als geeignet erweist". „Arbeitsunwilligkeit" ziehe „strengste Zwangsmaßregeln" nach sich; die Verweigerer würden dann „vorzugsweise" für die Arbeit in den Minen „und an andern gefahrvollen Orten" eingeteilt. Ruskin, John: *Diesem Letzten* [Unto this Last, 1862]. *Vier Abhandlungen über die ersten Grundsätze der Volkswirtschaft.* Leipzig 1902, S. 17.

901 Einer ihrer wichtigsten Vertreter war der Sozialreformer Thomas Hughes. Wie Ruskin scheiterte auch Hughes mit seinem sozialutopischen Projekt, der Gründung der Rugby-Kolonie in Tennessee 1880, die als ländliche Heimstatt und alternativer Lebensentwurf für die zweitgeborenen Söhne der britischen upper class gedacht war. Vgl. Worth, George J.: *Thomas Hughes*. Boston 1984.

902 FN, S. 468.

Die genannten Merkmale des sowjetischen Sozialismus – der Proletarier-Messias, die Herrschaft einer Minderheit im Namen der proletarischen Idee, der Neue Mensch, die Revolution als Strafgericht – tauchten neben ausführlicheren korporatistischen Überlegungen im Kontext des West-Ost-Gegensatzes in der Endzeitdiagnose des *Neuen Mittelalters* (1924) und in *Sinn und Schicksal des russischen Kommunismus* (1937) wieder auf.[903] Allerdings trug Berdjaev diese schon mit einer veränderten Wertung vor und war um eine analytische Perspektive bemüht. Revolution und Sozialismus konnte er zwar weiterhin nicht gutheißen, aber er charakterisierte sie nunmehr als notwendige historische Erscheinungen. Die Entwicklungen in der Sowjetunion seit Mitte der zwanziger Jahre kamen Berdjaevs sozialpolitischen Überzeugungen dabei klar entgegen: Je autoritärer und ,staatstragender' der russische Sozialismus wurde, desto wohlwollender fiel das Urteil des Emigranten aus.

So weist Berdjaevs „neues Mittelalter" in den Hauptzügen frappierende Parallelen zu Spenglers Ankündigung einer unmittelbar bevorstehenden cäsaristischen Epoche auf, in der konkurrierende Führer um die Vorherrschaft in Europa und der Welt ringen. Wie Spengler stilisierte sich Berdjaev dabei als ein von seinen Zeitgenossen Missverstandener, der jenseits akademischer Konventionen seinen apodiktischen Stil pflegt und der trotzdem keineswegs als Pessimist verkannt werden will.[904] So galt ihm der Sozialismus nun als eine Erscheinung an der Schwelle zum „neuen Mittelalter", am Übergang vom Rationalismus zum Irrationalismus. Die Bolschewiki waren für ihn nicht mehr länger nur quasi-religiöse Fanatiker, sondern handelten – gewissermaßen als Realisten der Revolution – in Übereinstimmung mit den Instinkten des Volkes, das heißt sie befriedigten dessen starken Drang nach einer autokratischen Regierungsform und bestärkten es in seiner Ablehnung eines konstitutionellen Rechtsstaates. Fast klingt es wie ein Lob, wenn Berdjaev die ,Ehrlichkeit' der Bolschewiki anführt, sich nicht euphemistisch „So-

---

903 NMA, S. 113f, 122f.
904 NMA, S. 13f, 32; vgl. Spengler, „Pessimismus?".

zial-Demokraten" zu nennen, sondern Kommunisten[905]; schließlich sei selbst Marx schon Kommunist und von antidemokratischem Pathos beseelt gewesen.[906]

Berdjaev konnte seinen Respekt vor dem unbedingten Willen der Bolschewiki, einen höheren „Lebenstypus" zu etablieren, nicht länger verhehlen. Ebenso honorierte er deren Überzeugung, die Entscheidung über das, was wahr ist, nicht einer „mechanischen Stimmenmehrheit" zu überlassen. Der „egalitäre Schrecken" des Sozialismus war für Berdjaev damit einer aristokratischen Aura gewichen, die sich in seinen Augen über die idealistische Herrschaft der auserwählten Minderheit, der „Träger der proletarischen ‚Idee'" herstellte.[907] Auf diese Weise habe sich der sowjetische Sozialismus aus dem alten Korsett der Verteilungsideologie befreit, die kein höheres Ziel als den materiellen Wohlstand für alle gekannt habe, und sei nun einer echten, übergeordneten Idee verpflichtet.

Im Gegensatz zu den zivilisierten Völkern, die erschöpft und alt seien, war das russische Volk für Berdjaev voller Energie, die es aus seinem Anteil an den „vernichtenden Enthüllungen", an der Zerstörung des gegenwärtigen Zeitalters beziehe.[908] Angesichts des inzwischen verbreiteten Phänomens, dass niemand mehr in Europa an irgendwelche politischen Formen oder an soziale Energie glaube, versuche allein der Kommunismus, „sich in einer dämonischen Willensanspannung und seinem blutigen Fanatismus zu behaupten."[909] Seine Vitalität könne sich nur mit dem italienischen Faschismus messen: „Der Faschismus weiß nicht, in wessen Namen er handelt, aber er geht bereits von den juristischen Formen zum Leben selbst über." Was seine Schöpferkraft anging, schien der Faschismus dem russischen Kommunismus zu diesem Zeitpunkt allerdings noch

---

905 Bevor die „Sozial-Demokratische Arbeiterpartei Russlands (Bol'ševiki)" 1918 in „Kommunistische Partei Russlands" umbenannt wurde, hatte Lenin dies bereits in seinen Aprilthesen von 1917 gefordert, um die Kluft zwischen den Bol'ševiki und den gemäßigteren Sozialdemokraten zu markieren.
906 NMA, S. 17f, 65, 105.
907 NMA, S. 113ff.
908 NMA, S. 129; Berdiajew, *Sinn und Schicksal*, S. 144.
909 NMA, S. 131.

überlegen, qualifizierte Berdjaev ihn doch zur einzigen schöpferischen Kraft des gegenwärtigen Zeitalters.[910]

Den bolschewistischen Willen zur Macht sah Berdjaev 1937 mit Hilfe eines im Krieg hart gewordenen Menschentypus verwirklicht, der sowohl den Faschismus als auch den Sozialismus präge.[911] Diese begeisterte Generation von Praktikern und Technikern sei eine unleugbare Realität, die allerdings unverbunden neben der von Berdjaev weiterhin behaupteten eschatologischen Existenzweise des russischen Volkes stand.[912]

Gut zehn Jahre zuvor hatte Berdjaev noch die Entstehung eines menschenfeindlichen Kollektivgebildes, eines neuen Leviathans in Russland verurteilt, in dem die Arbeit zum Götzen werde.[913] Nun jedoch stattete auch er Lenin mit diesem preußischen Ethos aus, dessen Tugenden – Ordnung und Disziplin – er von der revolutionären Bohème à la Trockij und Martov abgesetzt sehen wollte. Lenin sei ein Arbeiter der Revolution gewesen und habe die unendlichen Kaffeehausgespräche der russischen radikalen Intelligenz verschmäht. Ihm sei es allein um die Eroberung und Organisierung der Macht bestellt gewesen. Während des Chaos von 1918 habe er große Anstrengungen unternommen, das Volk und die Kommunisten zu disziplinieren und diese immer wieder zu den allerelementarsten Pflichten aufgerufen: zu Arbeit und Disziplin.[914]

---

910 NMA, S. 31.
911 Berdiajew, *Sinn und Schicksal*, S. 130f, 145.
912 Ebd., S. 148, 153.
913 NMA, S. 125, 133.
914 Berdiajew, *Sinn und Schicksal*, S. 124ff.

3.3.6   Sozialistischer und faschistischer „Cäsarismus": Lenin und Mussolini als Brüder im Geiste

> Von ihm [Mussolini] soll Lenin einmal gesagt haben,
> er sei der einzige ernsthafte Sozialist in Italien.[915]

Die Wahrnehmung Lenins als revolutionären Führer, der die wirtschaftliche Neuordnung des „Arbeiterstaates" mit eiserner Faust durchsetzt, und der Vergleich Lenins mit dem ähnlich entschlossenen ‚Duce' des italienischen Faschismus waren zeittypische Beobachtungen, die Berdjaev nicht nur mit Spengler, sondern auch mit Sombart, Moeller van den Bruck oder Jünger teilte.[916] Sorel wiederum feierte Lenin nicht nur in seiner Funktion als „Vorhut der Schlacht gegen die ‚plutokratischen Demokraten'", sondern vor allem als Staatschef, dessen Genie an Peter den Großen erinnere.[917] Auch für Berdjaev galt in der Rückschau die Bewältigung des Chaos in der Russischen Revolution, in der „die Volksmassen sich von allen Bindungen lossagten und im Hochgang des Aufruhrs den Staat selbst zu zerstören drohten", als ein Verdienst des Kommunismus.[918] Die „disziplinierende, organisierende Kraft" der kommunistischen Idee sei dabei nicht unwesentlich von dem „neuen Menschentyp" ausgegangen, der in den Augen Berdjaevs mit der Revolution wie aus dem Nichts aufgetaucht sei. Er charakterisierte ihn als

---

915 Kuby, Erich: *Verrat auf deutsch. Wie das Dritte Reich Italien ruinierte.* Hamburg 1982, S. 365. Kuby beruft sich hier auf Nicola Bombacci, eines der Gründungsmitglieder der kommunistischen Partei Italiens.

916 Siehe Sieferle, Rolf Peter: *Die Konservative Revolution. Fünf biographische Skizzen.* Frankfurt/Main 1995, S. 98; Spengler, „Neue Formen der Weltpolitik", S. 182; Werth, *Sozialismus*, S. 106, 183, 215. Zu dieser Wahrnehmung trug Lenin selbst natürlich nicht unwesentlich bei, etwa wenn er die „Zwangssyndizierung" der russischen Wirtschaft nach deutschem Vorbild oder die Einführung des Arbeitszwanges nach Errungung der politischen Macht forderte. Lenin, „Werden die Bolschewiki die Staatsmacht behaupten?", S. 395–438; Lenin, W. I.: „Die nächsten Aufgaben der Sowjetmacht" (April 1918), in: Lenin, W. I.: *Ausgewählte Werke*, S. 439–472.

917 Sternhell, *Die Entstehung der faschistischen Ideologie*, S. 56. Lenin reagierte auf das Lob in seiner Auseinandersetzung mit den Empiriokritizisten, in der er von Sorel als dem „bekannte[n] Wirrkopf" sprach. Lenin, Wladimir I.: *Werke*, Bd. 14: Materialismus und Empiriokritizismus [1909]. Berlin 1962, S. 294.

918 Berdjajew, *Sinn und Schicksal*, S. 140.

universale, sowohl im Kommunismus als auch im Faschismus auf-
tretende Erscheinung, die der Weltkrieg geformt, das heißt „zur
Uebertragung der militärischen Methoden auf die Organisation und
den Aufbau des Lebens, zur systematischen Anwendung der Gewalt
und zur Anbetung der Macht erzogen" habe. Mitleid und das Streben
nach Gerechtigkeit seien aus dem Gemütsleben dieses „militarisier-
ten Menschen" verdrängt. Schon in seiner äußeren Erscheinung
„Zucht und Disziplin" ausdrückend und in diesem Sinne das vollständige Gegenteil des Boheme-Typs der alten Intelligenz sei er bis
zur Grausamkeit hart und deshalb für Lenin das ideale „Material"
gewesen, „aus dem er die kommunistische Partei formte und letzten
Endes die Herrscher über Russland erschuf." [919] Nur mit diesem
vom Willen zur Zerstörung erfüllten Typus habe die Revolution in
Russland überhaupt verwirklicht werden können.[920] Es war dies das
Personal der futuristisch-avantgardistischen Romane und Gedichte
Majakovskijs, Pilnjaks und Bloks, dessen charakterliche Eigenschaften Berdjaev jedoch grundsätzlich missbilligte: Ursprünglich ein
„tellurisches Volk", seien die Russen inzwischen besessen von der
„Idee der Rationalisierung des ganzen Lebens", von dessen Industrialisierung, die die Maschine zum Götzen erhebe. Lenin selbst sei als
Persönlichkeit und Charakter eine Vorwegnahme dieses zukünftigen Menschentypus gewesen, der „der Zeit der kommunistischen
und faschistischen Revolutionen" angehöre. Als vollendeter Vertreter dieses Neuen Menschen sei er auch seinen ideologischen Gegnern, Mussolini und Hitler, zum Vorbild geworden. „Aus seiner
nächsten Umgebung ist auch Stalin hervorgegangen, der den vollen-
deten Typus eines Diktators verkörpert."[921]

Bereits 1924 hatte Berdjaev diesen „neuen anthropologischen
Typus" beschrieben – als Ergebnis der Auslese „der biologisch
Stärksten". Und wieder entlehnte er dessen Merkmale dem futuristischen Menschenbild: militärisch, energisch, tüchtig, „vom Willen
zur Macht besessen; meist frech und rücksichtslos". „Er ist es, der

---

919 Ebd., S. 131f; s. auch NMA, S. 91f.
920 Berdiajew, *Sinn und Schicksal*, S. 145.
921 Ebd., S. 132f.

ungestüm im Auto dahinrast, alle und alles, was ihm in den Weg kommt, zermalmend; er hat die verantwortungsvollsten Posten inne, er verurteilt zum Tode, und er bereichert sich an der Revolution." Eingedenk des Wissens des Historikers um die kommenden, stalinistischen Schauprozesse der dreißiger Jahre und den mit ihnen einhergehenden gewaltsamen Austausch der politischen, technokratischen und militärischen Elite im sowjetischen Staat kann man Berdjaevs Beobachtung nicht anders als hellsichtig nennen:

> „Die alten Bolschewisten, die alten Revolutionäre aus der Intelligenz fürchten diesen neuen Typus und ahnen es voraus, dass der kommunistische Gedanke durch ihn zugrunde gehen wird, und trotzdem sind sie gezwungen, es mit ihm nicht zu verderben. Sogar die Tscheka stützt sich auf diese jungen Leute. Das ist der neue russische Bourgeois, der Herr des Lebens. [...] Diese Herrschaften werden sich auf dem Umwege über ihre Tätigkeit in der Tscheka, nachdem sie eine unzählige Menge von Menschen hingerichtet haben werden, auf die besten Posten vorschieben. Vor einem Blutvergießen werden sie in ihrer Lebens- und Machtgier durchaus nicht haltmachen. Die unheilvollste Gestalt in Rußland ist nicht die des alten Kommunisten, die am Aussterben ist, sondern die Gestalt dieses neuen jungen Mannes. Sie kann der Seele Rußlands, der Mission des russischen Volkes zum Verderben werden. Dieser neue anthropologische Typus kann den Kommunismus stürzen, er kann in einen russischen Faschismus umschlagen, was an sich noch lange nicht erfreulich wäre."[922]

Zum Zeitpunkt der Veröffentlichung des *Neuen Mittelalters* (1924) war der Faschismus für Berdjaev eine „interessante Erscheinung"[923]. Gemäß dem prophetischen Gestus dieser Schrift ordnete ihr Autor den Faschismus und den Bolschewismus in den Kontext der allmählich überhand nehmenden „Revolutionskriege" ein, die ihm als Signum der neuen Zeiten galten. Ohne den russischen Bürgerkrieg oder den systematischen Terror der faschistischen *squadre* beim Namen zu nennen, interpretierte er beide Erscheinungen und insbesondere die dazugehörigen Akteure unterschiedlich: So galt ihm der Faschismus als vitaler revolutionärer Aufstand von „jungen Leuten", die die Schule des Krieges durchgemacht hätten und voller Energie die Vorherrschaft im Leben an sich zu reißen suchten.

---

922 NMA, S. 91f.
923 NMA, S. 78.

„Diese jungen Leute sind psychologisch den jungen Ssowjetleuten verwandt, jedoch hat ihre Energie eine andere Richtung eingeschlagen und hat nicht zerstörend, sondern aufbauend gewirkt. Wir leben in einer Zeit des Cäsarismus, und zur Geltung kommen werden nur Menschen vom Schlage eines Mussolini, der wohl der einzige schöpferische Staatsmann Europas ist und der es verstanden hat, sich und der nationalen Idee die kriegerisch-gewalttätigen Instinkte der Jugend unterzuordnen und der aufgespeicherten Energie Wege und Auswege zu weisen."[924]

Berdjaev wehrte sich gegen die vor allem unter Demokraten und Sozialisten verbreitete Ansicht, die faschistische „Revolution" als reaktionäres Phänomen zu betrachten, habe sich doch der Faschismus als Einziger als fähig erwiesen, „den inhaltlosen Liberalismus, den Individualismus und den juristischen Formalismus" in Europa hinwegzufegen. Die Begeisterung Berdjaevs für den vermeintlichen élan vital des italienischen Faschismus, der eine unmittelbare Äußerung nicht des Rechts, sondern des Lebens selbst sei,[925] implizierte gleichzeitig den an die antifaschistischen beziehungsweise sozialistischen Parteien gerichteten Vorwurf mangelnder Vitalität; jene seien nunmehr – 1935 – ohne Macht, hätten ihren Enthusiasmus verloren, seien verbürgerlicht, bürokratisiert, nicht handlungsfähig: „Sehr charakteristisch ist in diesem Sinne das Schicksal der deutschen Sozialdemokratie."[926]

Noch im *Neuen Mittelalter* wagte sich Berdjaev an den Entwurf einer künftigen Wirtschafts- und Gesellschaftsordnung jenseits demokratisch-parlamentarischer Zwänge. Sein Vorbild war der italienische Faschismus. Als Beispiel für den Ersatz der alten politischen Formen durch vermeintlich spontane soziale Gruppen und Neubildungen nach dem Prinzip der „action directe'" führte Berdjaev die Bildung der „faschistischen Freiwilligenarmee" und der „Faschistenpolizei"[927] an, die inzwischen neben den alten staatlichen Einrichtungen existieren und diese sogar „an realer Bedeutung" über-

---

924 Ebd.
925 NMA, S. 31f.
926 Berdiajew, *Schicksal des Menschen*, S. 52.
927 Hiermit dürften die 1922 bzw. 1923 institutionalisierten Squadren sowie die „polizia segreta fascista", die Geheimpolizei, gemeint sein. Vgl. Nolte, *Faschismus*, S. 276, 335.

treffen würden. An die Stelle der politischen Parteien sah Berdjaev wiederum „große Führerpersönlichkeiten" treten, „Persönlichkeiten von größerem ontologischen Gewicht", denen ein angemessener Platz zugewiesen werden müsse.[928] Im Übrigen könne das Streben nach einem Führer oder Diktator durchaus ein „gesundes Element" enthalten. Schließlich sei es nur Ausdruck des von einem „starken Menschen" angewendeten Prinzips der „schöpferischen Initiative", mit der dieser die Verantwortung für historische Ereignisse auf sich zu nehmen bereit sei. Mit dieser Wendung degradierte Berdjaev eines der Hauptprinzipien seiner personalistischen Ethik (die Verankerung des Menschen in jener Freiheit, aus der auch die göttliche Schöpferkraft resultiert), um einer voluntaristischen Herrschaftsform die philosophische Weihe zu geben.[929]

Mit Blick auf eine postdemokratische Wirtschaftsordnung glaubte Berdjaev an das Zusammenschließen der Menschen zu neuen wirtschaftlichen Organisationsformen und Korporationen. Das Prinzip der Konkurrenz werde darin durch das „kooperative" Prinzip ersetzt. Das Prinzip des Privateigentums „in seinem ewigen Bestandteil" solle dabei zwar gewahrt, ansonsten jedoch „wesentlich eingeschränkt und vergeistigt werden".[930]

Auch der faschistische Syndikalismus hatte einigen Einfluss auf Berdjaevs Zukunftsmodell: Dieses sah vor, dass die Menschen sich nicht mehr nach vermeintlich fiktiven, politischen Merkmalen organisierten, „sondern nach wirtschaftlichen, unmittelbar lebendigen professionellen, je nach den Sphären ihres Schöpfertums und ihrer Arbeit." Alte Stände und Klassen sollten verschwinden „und den nach Berufen gegliederten Gruppen geistiger und körperlicher Arbeit weichen." Die politischen Parlamente – „entartete Diskussionsstätten"[931] – müssten durch „sachliche" der verschiedenen Berufs-

---

928 NMA, S. 31, 50.
929 Berdiajew, *Schicksal des Menschen*, S. 45. Vgl. Zwahlen, Regula M.: *Das revolutionäre Ebenbild Gottes. Anthropologien der Menschenwürde bei Nikolaj A. Berdjaev und Sergej N. Bulgakov.* Wien 2010, hier vor allem S. 205–220.
930 NMA, S. 36.
931 Mit ähnlicher Diktion pflegte Stalin die Streitkultur der Bolschewiki der ersten Generation zu diffamieren.

gruppen ersetzt werden. Deren Korporationen würden nicht mehr um die Macht kämpfen, sondern „wichtige Lebensfragen" entscheiden. „Die Zukunft gehört dem syndikalistischen Gesellschaftstyp, den man sich natürlich nicht etwa als revolutionären Syndikalismus vorzustellen hat. Nur eine Politik, in der sich entschlossener sozialer Radikalismus mit hierarchischen Machtprinzipien verbindet, kann erfolgreich sein."[932]

Bezogen auf die Entwicklung in Russland habe das Experiment der Revolution gezeigt, dass die Volksmassen nicht immer danach strebten, in einer Demokratie ihre wachsende soziale Bedeutung zum Ausdruck zu bringen. Stattdessen würden die russischen Bauern und Arbeiter „zu einer berufsgenossenschaftlich organisierten Korporation, Volksvertretung und Selbstverwaltung hinneigen" und den „'Ssowjet' – d. h. das Räteprinzip – im wahren und realen Sinn des Wortes erstreben" – „nicht in jenem fiktiven Sinn, hinter dem sich die Diktatur der Kommunistischen Partei in Ssowjet-Rußland verbirgt." Dessen Rettung lag für Berdjaev demnach in der Übernahme ideologischer Prämissen des faschistischen Syndikalismus.[933] Auf diese Weise würden die materiellen und geistigen Bedürfnisse der Masse befriedigt werden – nicht allerdings deren „Verlangen nach Macht". Denn diese sei stets hierarchischer Natur und könne nur in den Händen Einzelner liegen. Ganz im Sinne des Spengler'schen Cäsar-Masse-Dualismus prophezeite Berdjaev deshalb die Herausbildung monarchischer Gesellschafts- und Staatsformen „neuen Typs" „mit überwiegend cäsaristischen Zügen". So gingen die Russen dem eigentümlichen Typ der „Ssowjet-

---

932 NMA, S. 51. Die faschistische Ideologie vom syndikalistischen Staat ist von Mussolini selbst nur halbherzig umgesetzt worden. Siehe Wippermann, Wolfgang: *Europäischer Faschismus im Vergleich (1922–1982)*. Frankfurt/Main 1983, S. 32, 34; Bauerkämper, Arnd: *Der Faschismus in Europa 1918–1945*. Stuttgart 2006, S. 55, 61. Vgl. auch Georgij Fedotovs Kritik der Sympathien Berdjaevs für den „östlichen (sowjetischen) und den westlichen Faschismus" in: Fedotov, Georgij P.: „Berdjaev – myslitel'", in: Ermičev, *Berdjaev*, S. 437–446, S. 443f.

933 NMA, S. 52f.

Monarchie" entgegen, einer „syndikalistische[n] Monarchie" mit einer gänzlich neuen sozialen Struktur."[934]

Das bei Carlyle, Ruskin und Lenin so bewunderte Ethos der Arbeit übertrug Berdjaev nun auf das Leben in jener Monarchie, in der soziale Gemeinschaften ausschließlich „Arbeitsgemeinschaften" seien. Das Leben selbst werde „ernster und ärmer", während die „religiöse Heiligung der Arbeit" von der Herausbildung eines neuen „weltlichen Mönchstum[s]" begleitet werde. Kennzeichnend für das neue Zeitalter sei auch die künftig „hohe Intensität der Arbeit aller Klassen" bei gleichzeitiger „Einschränkung der Bedürfnisse". Um den Unterschied zur in Sowjetrussland herrschenden Arbeitspflicht zu markieren, betonte Berdjaev den „qualitätsbestimmten" Charakter der Arbeit in der neuen Gesellschaft im Gegensatz zur „qualitätslosen Arbeit der Sozialisten".[935]

Mitte der dreißiger Jahre begann Berdjaev seine Beobachtungen und Urteile über die konkurrierenden politischen Systeme zu systematisieren: Nun galt ihm das russische kommunistische Reich als die erste Verkörperung des „totalitären Staates", als eine Diktatur der Weltanschauung.[936] Bereits seine Schriften aus den frühen zwanziger Jahren enthielten verstreute Bemerkungen über den Charakter der kommunistischen Diktatur, dessen Merkmale man wenig später unter dem Begriff „totalitär" subsumieren sollte.[937] Zu diesem Zeitpunkt beschrieb Berdjaev den Sozialismus noch häufig als politische Religion, deren Anspruch, „über die menschliche Seele" zu herrschen, nur als „Satanokratie" bezeichnet werden könne, in

---

934 NMA, S. 53. Berdjaev wollte dieses monarchische Prinzip als „Prinzip der persönlichen Führung" verstanden wissen. Berdiajew, *Schicksal des Menschen*, S. 46.

935 NMA, S. 54f. Zur Militarisierung des sowjetischen Wirtschaftslebens und zum zwangsweisen, in der Regel vollständig ineffizienten Arbeitsdienst s. Figes, *Tragödie*, S. 762–767.

936 Berdiajew, *Sinn und Schicksal*, S. 149, 154.

937 Der Begriff wurde wohl Ende 1923 zum ersten Mal von italienischen Antifaschisten gebraucht – im Zusammenhang mit der Verabschiedung des sogenannten Acerbo-Gesetzes und der fast vollständigen Übernahme der Verwaltung in der Provinz durch Gefolgsleute Mussolinis. Wippermann, Wolfgang: *Totalitarismustheorien. Die Entwicklung der Diskussion von den Anfängen bis heute.* Darmstadt 1997, S. 9f.

der das „Kollektivum" wie ein absolutistischer Tyrann regiere oder gar an die Stelle des verlorenen Gottes trete. Dabei werde jegliche schöpferische Äußerung, ja das Denken selbst reguliert und dem materiellen Zentrum untergeordnet.[938] Gut zehn Jahre später verurteilte Berdjaev den Sowjetstaat zwar weiterhin in religiöser wie sittlicher Hinsicht, hielt die Sowjetmacht nun jedoch für die einzige Macht, die – angesichts der unausgesprochenen Bedrohung durch das ‚Dritte Reich' – imstande sei, Russland zu verteidigen.[939] Dazu befähigten sie nicht zuletzt die bolschewistische Synthese aus Marx und Ivan dem Schrecklichen und die Schaffung eines sozialistischen Vaterlandes[940], womit Berdjaev auf die von Stalin initiierte Anknüpfung an die despotischen Traditionen der russischen Vergangenheit anspielte. Die Nationalisierung beziehungsweise Russifizierung des Kommunismus kam für ihn der Schaffung eines spezifisch „russischen Faschismus" gleich. Dessen Führer Stalin gehöre dem orientalisch-asiatischen Typus an.[941]

Offensichtlich galt Berdjaev die Kombination des asiatischen Stereotyps mit den Eigenschaften einer faschistischen Ordnung – „der totalitäre Staat, der Staatskapitalismus, das Führerprinzip, ein stark ausgeprägter Nationalismus und eine militarisierte Jugend als Basis der Macht"[942] – inzwischen, 1937, als die einzig mögliche Antwort auf die Bedrohung durch das nationalsozialistische Deutschland. Daneben hatte er im Laufe der Jahre weitere Merkmale „totalitärer"

---

938 NMA, S. 119, 121; ER 1, S. 105, 121; ER 2, S. 235f. 1946 wertete er dieses Phänomen als Ausdruck einer spezifisch „russischen Mentalität", des russischen „Maximalismus", mit dem es nur „totalitäre Revolutionen" habe geben können. Alle russischen Ideologien seien stets totalitär, theokratisch oder sozialistisch gewesen. RI, S. 226.

939 Berdiajew, *Sinn und Schicksal*, S. 149, 154.

940 Ebd., S. 128, 151, 153.

941 Bereits Lenin wurde von Berdjaev eine „asiatische" Physiognomie attestiert. Ebd., S. 123, 154.

942 Ebd., S. 154, 128. Bereits zu Beginn der zwanziger Jahre gab es auf Seiten der russischen Kommunisten Überlegungen zu den Gemeinsamkeiten zwischen Bolschewismus und Faschismus; so ahmten die Faschisten die Kommunisten vor allem in deren „Kampfmethoden" nach. Siehe hierzu Luks, Leonid: „Bolschewismus, Faschismus, Nationalsozialismus – Verwandte Gegner?", in: Luks, *Zwei Gesichter*, S. 151–174, S. 157.

Herrschaft identifiziert: den Terror und den – von ihm geteilten – Hass auf die Demokratie; die Instrumentalisierung und allmähliche Abschaffung demokratischer Verfahrensweisen; Demagogie und „soziale Hypnose"; die „Ideokratie", der entweder der Mythos vom Staat (Italien) oder der von der Rasse (Deutschland) zugrunde liege[943]; die Verschmelzung von Staat und Partei; das Führerprinzip, die Ideologie vom Neuen Menschen und den Kult der Gewalt. Zum ersten Mal, um die Mitte der dreißiger Jahre, verglich Berdjaev jetzt auch die ‚Totalitarismen' seiner Zeit als reale politische Erscheinungen und nicht mehr nur in ihrem ideologischen Gehalt. So folgte er der in seiner Zeit verbreiteten Auffassung, dass Kommunismus und Faschismus vom Krieg erzeugt worden seien und der Faschismus an seinem Ursprung als Reaktion auf den Kommunismus verstanden werden müsse[944]; beide Bewegungen hätten sich allerdings „mit Recht gegen die formalistische Entartung der Freiheit" empört.[945]

Einerseits hierarchisierte er nun die gegenwärtig existierenden politischen Systeme, andererseits relativierte er die Auswirkungen des jeweiligen Systems auf die menschliche Persönlichkeit. So ersetze deren „Bedrückung" mit den Mitteln der staatlichen und politischen Macht im totalitären System die Bedrückung des Einzelnen durch die „bürgerliche kapitalistische Lebensordnung". Ob die „Dressur" des Menschen nun „klassenmäßig-sozial" oder „staatlich" erfolge, machte für Berdjaev demnach keinen Unterschied. Ohne dies offen zu bekennen, verteidige die Bourgeoisie in der kapitalistischen Gesellschaft unausgesetzt ihre Klasseninteressen, verwandle geistige Werte wie Religion, Philosophie, Moral und Kunst in „gehorsame Werkzeuge ihrer Interessen". Beherrscht werde diese Gesellschaft vom Geld – „einer unpersönlichen, anonymen, unmensch-

---

943 Für Berdjaev ist der Nationalsozialismus im Vergleich zum Faschismus ‚totalitärer', weil er „noch tiefer in den Menschen und sein innerstes Wesen" eingreife als die faschistische Ideologie vom Staat. Berdiajew, *Schicksal des Menschen*, S. 49. Siehe auch Berdjaev, Nikolaj: „Duch i sila" (ca. 1945, vor Kriegsende verfasst) [Geist und Macht], in: Berdjaev, *Na poroge*, S. 161–179, S. 163ff.
944 Sowohl für Mussolini als auch für Hitler war die vermeintliche Rettung Italiens bzw. Deutschlands vor dem Bolschewismus ein selbstlegitimatorischer Mythos. Siehe hierzu Luks, „Bolschewismus, Faschismus, Nationalsozialismus", S. 159ff.
945 Berdiajew, *Schicksal des Menschen*, S. 47; RI, S. 258.

lichen, von den Urrealitäten des Lebens am weitesten entfernten", gewissermaßen totalen Macht.[946]

Auf diese Weise konnte Berdjaev die „autoritäre Demokratie" Franklin Roosevelts mit dem Faschismus gleichsetzen und die Unterscheidungsmerkmale, mit denen er ein politisches System eben noch als „totalitär" qualifiziert hatte, wieder verwischen. Demokratie und Faschismus seien demnach keine Antagonismen, sondern der Faschismus lediglich das „letzte Ergebnis" der Demokratie.[947] Und auch wenn Berdjaev die „Idee von der Erzeugung der reinen Rasse" in Deutschland als krankhaften Ausdruck „kollektiven Wahnsinns" wertete[948], so gab er die Hauptschuld an diesem Zustand der internationalen Politik und dem von ihr dem Deutschen Reich aufgezwungenen Versailler Vertrag. Außerdem würden Nationalsozialismus und Faschismus auch positive Elemente enthalten: ihre Kritik an der sterbenden formalen Demokratie; das Streben nach Bildung einer „realen, korporativen, syndikalen Vertretung", die die ökonomischen Interessen des Volkes zum Ausdruck bringe; die Überwindung des Parteienkampfes; den Gedanken der starken (Staats-)Macht, die für eine soziale Umgestaltung der Gesellschaft unbedingt notwendig sei; die Wendung zur „direkten realen Aktion". Berdjaev ließ keinen Zweifel daran, welchen unter den konkurrierenden Faschismen er favorisierte: Mit Blick auf die revolutionär-syndikalistischen, sozialistischen Wurzeln des italienischen Faschismus lobte er den „alte[n] Sozialist[en] Mussolini, der das Wort ‚Sozialismus'" heute zwar verpöne, in Wirklichkeit aber ein sehr radikales sozialistisches Programm ausgearbeitet habe und dieses wohl auch verwirklichen werde. Stattdessen habe „Hitler für die

---

946 Berdjaev, „Dve morali", S. 204f.
947 Berdiajew, *Schicksal des Menschen*, S. 48, 51. Vermutlich spielte Berdjaev auf Roosevelts „New Deal" an, mit dem dieser die sozialen Auswirkungen der wirtschaftlichen Depression dämpfen wollte.
948 An anderer Stelle relativierte er dieses Diktum, indem er den Rassismus als eine „entstellte, säkularisierte, entgötterte und biologisierte Imitationsform der jüdischen nationalen Ideologie" bezeichnete. Ebd., S. 77f.

soziale Reform der Gesellschaft" bisher nur wenig getan; ja er scheine sich sogar auf die kapitalistischen Kreise stützen zu müssen.[949]

Berdjaev begründete dieses soziale Defizit damit, dass sowohl der deutsche Nationalsozialismus wie auch der russische Kommunismus als „weltanschauliche Diktaturen" nur eine „rein formale Organisierung des Chaos" zustande brächten, ihr sozialer Anspruch also hohl bleibe. „Trotzdem sind im Programm des Nationalsozialismus auch positive sozial-ökonomische Elemente vorhanden."[950] Das einzige Element, das in Berdjaevs politischen Relativismus nicht integrierbar schien, war der deutsche Rassismus: Dieser, bekannte Berdjaev ein Jahr nach dem Ende des Zweiten Weltkrieges, mache einen Vergleich zwischen Nationalsozialismus und „Marxismus-Kommunismus" letztendlich unmöglich:

> „Während Letzterer für die Zukunft eine allgemeinmenschliche Moral anerkennt, lehnt der Erste diese auch für die Zukunft ab. Eine Befriedung und Einheit der Menschheit, ein brüderlicheres Verhältnis zwischen den Menschen und Völkern wird niemals erreicht und soll auch niemals erreicht werden. Die Unterscheidung zwischen der Welt der Herrenrasse und der Welt der niederen, untergeordneten Rassen wird auf ewig bestehen. Der Krieg wird ewig sein. Während der Triumph der auserwählten Klasse des Proletariats zur Einheit der Menschheit führt, soll der Triumph der auserwählten germanischen Rasse zur endgültigen Teilung in die Moral der Herren und die Moral der Sklaven führen."[951]

Bis in die Mitte der vierziger Jahre hielt Berdjaev jedoch an der prinzipiellen Gleichsetzung von Faschismus und Stalinismus fest, obgleich die ‚positiven' Anteile des Nationalsozialismus angesichts des deutschen Überfalls auf die Sowjetunion nun selbstverständlich vollständig in den Hintergrund traten. Unter dem Eindruck des Krieges stellte sich Berdjaev die Frage, wie es zur Übertragung eines biologistischen Verständnisses von Stärke auf das soziale Leben kommen konnte, was schließlich zur „Apotheose der Macht und der

---

949 Niemand hat das mehr als Mussolini getan. Siehe Sternhell, *Die Entstehung der faschistischen Ideologie,* S. 273–282; Nolte, *Faschismus,* S. 329f; Wippermann, *Faschismus,* S. 32–36.
950 Berdjajew, *Schicksal des Menschen,* S. 49, 47.
951 Berdjaev, „Dve morali", S. 203.

Starken", „zur Rechtfertigung der Gewalt gegen die Schwachen" geführt habe.[952] Ausdruck dieser Ideologie der Stärke war für Berdjaev das falsche Primat der Politik, deren vampiristische Maßlosigkeit bis in den letzten Winkel des „menschlichen Lebens" reiche und deren „dominierende Rolle" mit dem „Totalitarismus der modernen Staaten" verbunden sei.[953] Daneben qualifizierte er den Nationalsozialismus und den russischen Kommunismus ganz im Sinne des Diskurses seit den dreißiger Jahren erneut als politische Religionen, bei denen die Anbetung der Macht in einen religiösen Kult umgeschlagen sei.[954] Als „satanische" Erscheinungsformen, um die sich Parvenüs und Verbrecher gewissermaßen in Anbetung des Antichrist scharten, standen Hitler und Stalin für Berdjaev „jenseits jeder Menschlichkeit"; erst mit ihrem Untergang werde das „staatlich sanktionierte Blutvergießen" aufhören.[955]

Am Ende, nach dem sowjetischen Sieg über Deutschland, sollte der patriotische Effet der Kriegsjahre Berdjaevs durchaus hellsichtige Kritik am Stalinismus fast vollständig aufgezehrt haben. Mit dem Untergang des Faschismus galt ihm nun der sowjetische Kommunismus als letztes verbliebenes Bollwerk des Antikapitalismus, umgeben von „feindlichen kapitalistischen Staaten", deren „antikommunistische Front" sich „unweigerlich in eine faschistische Front verwandeln" werde.[956]

3.3.6 Sowjetisches Vaterland: Berdjaevs späte Volte

Zwei Interpretamente, die Berdjaev schon Mitte der dreißiger Jahre zur Charakterisierung der sowjetischen Gesellschaft beziehungsweise des faschistischen Phänomens verwendet hatte, griff er mit

---

952 Berdjaev, „Duch i sila", S. 162.
953 Ebd., S. 163. Auch wenn Berdjaev uneindeutig von den „modernen Staaten" schrieb, legt der Tenor des Artikels nahe, dass er hier die „Diktaturen" des „Nationalsozialismus" und des „Kommunismus" im Auge hatte.
954 Ebd., S. 166.
955 Ebd., S. 174–178.
956 Berdiajew, „Warum der Westen Sowjetrußland nicht versteht", S. 923f; Berdjaev, Nikolaj: „Social'nyj perevorot i duchovnoe probuždenie" (1946) [Der soziale Umsturz und das geistige Erwachen], in: Berdjaev, Na poroge, S. 220–234, S. 225; Berdjaev, „Ličnost' i obščinnost'", S. 259.

Kriegsende wieder auf und formulierte diese weiter aus: zum einen, dass die Sowjetunion allein dank ihres „totalitären" Gesellschaftssystems in der Lage gewesen sei, dem nationalsozialistischen Deutschland die Stirn zu bieten, und zum anderen – gewissermaßen als ideologische Rechtfertigung dieser Behauptung –, dass die Bedrückung des Einzelnen in der kapitalistischen Ordnung ähnlich „total" sei wie in der faschistischen oder kommunistischen. Berdjaevs Relativismus wurde dabei flankiert von einem eigentümlichen Sowjetpatriotismus, den er bereits 1940 in seiner Autobiographie reflektierte: Trotz seiner geistigen Gegnerschaft gegenüber dem „totalitären Kommunismus" werde er in Emigrantenkreisen als „„Communisant‘" angefeindet,[957] heißt es hier. Tatsächlich sei sein „kritisches Verhältnis zu vielem, was sich in Sowjetrußland tut", deshalb „besonders schwierig, weil ich es als notwendig empfinde, mein Heimatland gegen die ganze, ihm feindlich gesinnte Welt zu verteidigen." Im Gegensatz zur sowjetfeindlichen Mehrheit der russischen Emigration und trotz seines aristokratischen „Empfindens" verteidigte Berdjaev seine Anerkennung der Existenz des sowjetischen Russlands – als „historische[s] Schicksal, das keine Rückkehr zuläßt". Dabei würden seine sozialistischen Sympathien „der religiösen Quelle" entspringen.[958] In dieser Haltung bestärkt wurde Berdjaev schließlich durch den sowjetischen Sieg über Deutschland[959] und mehr noch durch die damit verbundene Vergrößerung der sowjetischen Einflusszone. Jene verdanke sich einem „gewisse[n] soziale[n] Imperialismus", der – als gerechtes Pendant zum kapitalistischen Kolonialismus – ebenso zur Sowjetunion gehöre wie der „Wunsch, einen wirtschaftlichen und sozialen Einfluß auf andere Länder auszuüben und vor allem natürlich auf die Länder des Bal

---

957 Berdjajew, *Selbsterkenntnis*, S. 274; s. auch Fedotov, „Berdjaev", S. 445; Gaman, *Istoriosofija*, S. 196f.

958 Berdjajew, *Selbsterkenntnis*, S. 380f.

959 In der Rückschau beschrieb Berdjaev seine Gefühle angesichts des Einfalls der Deutschen in seine alte Heimat: „Ich fühlte mich gleichsam verschmolzen mit den Erfolgen der roten Armeen. [...] Ich habe niemals vor der Macht am Boden gelegen, aber die Stärke, die von der roten Armee zur Verteidigung Rußlands deutlich gezeigt wurde, hielt ich für providenziell." Ebd., S. 366.

kans."[960] Angesichts dessen, dass Russland dank seiner forcierten Industrialisierungspolitik – die gewiss ihre „unschönen Seiten" habe – nicht nur sich selbst, sondern ganz Europa gerettet habe, vermisste Berdjaev vor allem auf Seiten des Westens Dankbarkeit und Wohlwollen.[961]

In der Publizistik seiner späten Jahre wurden Revolution und Krieg erneut zu kathartischen, metahistorischen Ereignissen, die es Russland ermöglichten, zu seinen „ewigen Ideen" zurückzukehren und diese nach Westeuropa zu tragen[962], mehr noch: Es stehe nun „die russische Periode der Weltgeschichte" bevor. Dies müssten auch die russischen Emigranten begreifen und ihre „Einstellung zum sowjetischen Russland" und seiner Staatsmacht ändern.[963] Und als sorge er sich, dass das kulturelle Niveau des Sowjetvolkes den Ansprüchen des Westens nicht genügen könne, konstatierte Berdjaev, dass die „Volksmassen" nunmehr gebildeter seien und die russische Literatur des 19. Jahrhunderts lesen würden, auch wenn es eine mit der Epoche des Silbernen Zeitalters vergleichbare Kultur in Sowjetrussland noch nicht gebe.[964]

In seinen letzten Aufsätzen und Artikeln rekapitulierte Berdjaev seine philosophischen Überzeugungen, verwarf und korrigierte. Es lassen sich dabei drei Themen identifizieren, die Berdjaev einer Revision unterzog: Neben Marx und dem Marxismus verteidigte er den russischen Kommunismus nun nachdrücklich in Abgrenzung zum westlichen Entwicklungsmodell als antidemokratische Staatsform,

---

960 Berdiajew, „Warum der Westen Sowjetrußland nicht versteht", S. 924.
961 Berdjaev, „Ličnost' i obščinnost'", S. 260. Siehe auch Fedotov, „Berdjaev", S. 444. Auf dieses Wohlwollen musste Berdjaev zum Teil auch in seinen persönlichen Beziehungen verzichten. Lowrie zitiert die Notiz eines skandinavischen Herausgebers, der bereits einige Artikel von Berdjaev publiziert hatte: „I thought I was dealing with a philosopher, and am astounded to discover that he is a Soviet patriot. If I had suspected that you could sympathize with the diabolic doctrine of bolshevism, I would never have published a word of yours." Zit. nach Lowrie, Rebellious Prophet, S. 277.
962 Berdjaev, „Ličnost' i obščinnost'", S. 257.
963 Berdjaev in seinem vielbeachteten Vortrag im Saal des „Bundes der sowjetischen Patrioten" 1945 in Paris. Zit. nach Dmitrieva, Filosof, S. 110; Berdjaev, „Ličnost' i obščinnost'", S. 257.
964 Berdjaev, ebd., S. 257f.

in der das „Prinzip der Persönlichkeit" westlichen Vorbehalten zum Trotz gewahrt bleibe. Gleichzeitig hielt Berdjaev weiterhin an seinem nivellierten Totalitarismusbegriff fest, indem er alle bestehenden Gesellschaftsformen als ‚totalitär' qualifizierte. Mit Blick auf den Nationalsozialismus und den Stalinismus betonte er nun jedoch stärker die Unterschiede.

Für die Rehabilitierung des Marxismus führte Berdjaev Marx' Verdienst an, die „Herrschaft der Ökonomie über das menschliche Leben" aufgedeckt zu haben.[965] Das dem Marxismus immanente soziale Gewissen sah Berdjaev schon beim jungen Marx – dessen Selbstbezeichnung als Materialist dürfe dabei allerdings nur als Reaktion auf den „abstrakten Idealismus" interpretiert werden, „der häufig zur Verteidigung der sozialen Ungerechtigkeit benutzt wurde".[966] Auch in moralischer Perspektive gewann Marx in den Augen Berdjaevs wieder an Vertrauenswürdigkeit: Denn auch wenn dieser eine „allgemeinmenschliche Moral ablehnte", so habe er doch moralisch über das „kapitalistische Regime" geurteilt, weil dieses die Arbeitenden ausbeute und sie der Ganzheit ihrer menschlichen Natur beraube. Marx' Theorie vom Mehrwert müsse deshalb nicht als ökonomische, sondern als moralische Theorie verstanden werden. Schließlich sei die „Ausbeutung" für Marx die „Ursünde" in der Geschichte der Menschheit gewesen.[967] In diesem Sinne hielt Berdjaev die Auslegung des Marxismus als reinen „soziologischen Determinismus" für falsch; eine Erkenntnis, die selbst in der Generallinie der sowjetischen Philosophie anerkannt werde. Indem er indirekt den Unterschied zwischen Marx' ursprünglicher Intention und dem Marxismus als Ideologie einklagte, konnte Berdjaev fortfahren, auf die „antihumanistischen Elemente" in Letzterem zu verweisen: So hypostasiere dieser neben seiner Technik- und Industrialisierungsgläubigkeit die Rolle des „Kollektivs", die nichts mit dem „eigentlichen Prinzip des Sozialismus" gemein habe.[968]

---

965 Berdjaev, „Duch i sila", S. 161.
966 Berdjaev, „Puti gumanizma", S. 188.
967 Berdjaev, „Dve morali", S. 200; Berdjaev, „Ličnost' i obščinnost'", S. 254.
968 Berdjaev, „Puti gumanizma", S. 188f.

Mit Berdjaevs Wiederannäherung an seine marxistischen Anfänge ging seine ähnlich ambivalent verlaufende Rehabilitierung des sowjetischen Kommunismus einher, die er auf zweifache Weise vollzog: zum einen, indem er diesen mit seiner sozialistischen Ursprungsidee konfrontierte, zum anderen, indem er dessen Gegnerin, die bürgerlich-kapitalistische Welt, in toto verwarf. Dies gelang ihm in einem post mortem veröffentlichten Artikel so radikal, dass sich die Redaktion der Zeitschrift zu der Erklärung genötigt sah, „nicht in allen Teilen" der Auffassung des „berühmte[n] russische[n] Denker[s] und Philosoph[en]" zu folgen.[969]

Es war vermutlich die – bei aller programmatischen Distanz zum Sowjetsystem[970] – hier von Berdjaev eingenommene gewissermaßen innersowjetische Perspektive, die seine Leser irritierte. Es ist der ungebrochene antiparlamentarische, antibürgerliche Affekt, der das sowjetische Modell in den Augen Berdjaevs zur vielleicht schlechtesten, jedoch einzig möglichen gesellschaftlichen Alternative werden ließ – und dessen ideologische Verheißungen zu Tatsachen: So verstehe sich der sowjetische im Gegensatz zum bürgerlichen Staat „als ein Arbeiterstaat, dessen Macht als Funktion der Arbeitermassen erlebt wird. [...] Es gibt hier keine Konflikte mehr zwischen Individuum und Gesellschaft, zwischen Gesellschaft und Staat [...] und deshalb hält man Defensivgarantien und die Festlegung abstrakter Rechte für überflüssig."[971] Die vermeintlich klassenlose Sowjetgesellschaft erstand hier wie im Vorgriff auf jenes posthistorische Himmelreich, das Berdjaev stets als kontrafaktische Realität bemühte, wenn er die Defizite der historischen Wirklichkeit bloßlegen wollte:

---

969 Redaktionsnotiz zu: Berdiajew, „Warum der Westen Sowjetrußland nicht versteht", S. 919.

970 Allen offiziellen Versuchen, ihn nach dem Zweiten Weltkrieg zur Rückkehr in seine alte Heimat zu bewegen, widerstand Berdjaev bis zuletzt. In einem privaten Schreiben gestand er: „I have great sympathy for those returning to Russia who can work there, ... but I am a philosopher. ... I can exist only under conditions of absolute freedom of thought." Zit. nach Lowrie, *Rebellious Prophet*, S. 273; vgl. Berdjaew, *Selbsterkenntnis*, S. 373.

971 Berdiajew, „Warum der Westen Sowjetrußland nicht versteht", S. 920; Berdjaew, „Ličnost' i obščinnost'", S. 258.

> „Man kann der Meinung sein, die gänzliche Aufhebung der Konflikte zwischen Individuum und Gemeinschaft [...] sei ein Zustand erst des Reiches Gottes und auf dieser sündigen Erde nicht zu verwirklichen. Immerhin können viele Konflikte überwunden werden, und eine ganze Reihe von ihnen besteht in Sowjetrussland nicht mehr. Es gibt Diskussionen, die sich hier als überflüssig erweisen."[972]

Die „formale Demokratie" werde ebenso wie die „rein formal verstandenen Menschenrechte" von den Sowjetrussen abgelehnt, mehr noch, jene und das römische Verständnis von Eigentum seien den Russen insgesamt stets fremd geblieben. An die Leerstelle demokratischer Rechte und Freiheiten setzte Berdjaev erneut eine metapolitische Qualität: die „große Fähigkeit" der Russen „zu Opfer und Heroismus" – eine Eigenschaft, die im Sinne Berdjaevs von einer überlegenen kulturellen Vitalität zeuge, die die politischen und sozialen Errungenschaften des ohnehin sterbenden Westens mehr als in den Schatten stelle.[973] Berdjaev stilisierte damit den sowjetischen Staat zum Träger einer von der russischen intellektuellen Tradition antizipierten postkapitalistischen Ordnung und zum Sieger der Geschichte. Nicht nur in politischer, auch in sozialer und wirtschaftlicher Hinsicht hielt er das sowjetische System für das überlegene, schließlich antizipiere es einen radikalen sozialen Umbau, der der Welt und vor allem Europa in naher Zukunft bevorstehe.[974] Fast erleichtert konstatierte er, dass die „Resultate der sozialen Revolution in Russland" unverändert bleiben würden: „Sowjetrussland ist ein sozialistisches Land". Von Berdjaevs Empörung über die „Fortschrittsidee", die das Glück künftiger Generationen mit dem Leid

---

972 Berdiajew, „Warum der Westen Sowjetrußland nicht versteht", S. 920f; s. auch RI, S. 227f. Auch Stalins rein instrumentelle Rehabilitierung der russisch-orthodoxen Kirche – 1943 kam es zur Wiederwahl des Patriarchen – hielt Berdjaev für den Ausdruck einer „unterirdischen, tiefen geistigen Strömung" und der gewachsenen Bedeutung der rechtgläubigen Kirche in der Sowjetunion. Berdjaev, „Social'nyj perevorot", S. 224; s. auch Berdjaev, Nikolaj: „Vlast' prošlogo i grjaduščee" [Die Macht der Vergangenheit und die Zukunft], in: Berdjaev, Na poroge, S. 262–268, S. 264; Berdjaev, Nikolaj: „O tvorčeskoj svobode i o fabrikacii duš" [Über schöpferische Freiheit und über Seelenfabrikation], in: ebd., S. 286–295, S. 293; vgl. Berdjajew, Selbsterkenntnis, S. 377f.
973 Berdjaev, „Social'nyj perevorot", S. 228.
974 Ebd., S. 233; Berdjaev, „Vlast' prošlogo", S. 268.

der vergangenen erkaufe, war nun, gut zwanzig Jahre nach der Nie-
derschrift von *Der Sinn der Geschichte*, nichts mehr übrig: Die „hefti-
ge Industrialisierung", die Russland durchlaufe, galt ihm jetzt als
ebenso notwendig (im Sinne einer Gesellschaft ohne soziale Widersprüche) wie die als vorübergehende Erscheinung klassifizierte Diktatur, deren „Kraft der Beharrlichkeit" allerdings schwer zu überwinden sei.[975]

Während der staatliche Terror und der gewaltsame ökonomische Umbau ihm als notwendige Übel erschienen, war der Mangel
an geistiger Freiheit, die „Diktatur über Denken und Glauben", in
den Augen Berdjaevs die eigentliche Kalamität. Ganz im Sinne seines „geistigen Aristokratismus"[976] missachtete Berdjaev damit bewusst den Wert politischer und wirtschaftlicher Freiheit – zugunsten eines hypertrophen, verabsolutierten Begriffs von geistiger
Freiheit, welche nicht nur vermeintlich jenseits der politischen und
sozioökonomischen Verhältnisse existieren solle, sondern deren
materielle Basis durchaus ein System sein könne, das seine Herrschaft durch politische und wirtschaftliche Zwangsmittel aufrecht
erhielt: Zu hoffen bleibe, dass

> „nach dem siegreichen Ende des Krieges, nach der Festigung der sowjeti-
> schen sozialen Ordnung, der keine ernsthafte Gefahr mehr droht, in Russ-
> land die Freiheit des Geistes, des Gewissens, des Denkens und des Wortes
> verkündet wird; ich meine dabei nicht die formale Anerkennung der Frei-
> heit, sondern ihr tatsächliches Erringen; es geht nicht um sogenannte politi-
> sche Freiheiten, die zweitrangig sind und sich in kapitalistischen Gesell-
> schaften häufig als verlogen herausstellen, sondern um die Freiheit des Geis-
> tes, die eine ewige Wahrheit ist."[977]

Dass der Mangel just dieser politischen Freiheiten der Hauptgrund
für das von ihm immer wieder beklagte Fehlen der Presse- und Ge-

---

975 Berdjaev, „Vlast' prošlogo", S. 264f; Berdjaev, „Social'nyj perevorot", S. 224;
  Berdjaev, „Ličnost' i obščinnost'", S. 254f; Berdiajew, Warum der Westen Sowjetrußland nicht versteht, S. 922; SdG, S. 278ff.
976 Fedotov, „Berdjaev", S. 443.
977 Berdjaev, „Vlast' prošlogo", S. 265ff. Siehe auch Berdjaev, Nikolaj: „O zatrudnenijach svobody" [Über die Schwierigkeiten der Freiheit], in: Berdjaev, *Na
  poroge*, S. 269–275, S. 273; Berdiajew, „Warum der Westen Sowjetrußland nicht
  versteht", S. 921.

dankenfreiheit in Sowjetrussland war, wollte Berdjaev nicht erkennen. Im Gegenteil, die Despotie wurde bei ihm zur Bedingung von Freiheit: So sei die „Seinsfreiheit" der Russen etwa im „alten Regime" größer als bei anderen Völkern gewesen; und auch wenn das russische Denken des 19. Jahrhunderts durch die Zensur äußerlich eingeengt war, so sei sie doch innerlich „ungewöhnlich frei" gewesen.[978]

Berdjaev verteidigte den sowjetischen Kommunismus nicht nur in politisch-ökonomischer Hinsicht, sondern auch vor dem „im Westen" herrschenden stereotypen Vorwurf, dass jener nicht das „Prinzip der Persönlichkeit" anerkenne. Dabei verwies er auf die „entpersönlichende und entmenschlichende" technische Zivilisation Westeuropas und Amerikas, die „unpersönlicher" sei als der von den Europäern so gefürchtete gesichtslose Osten.[979] Es war also das alte, vor allem nach seiner Emigration virulente Thema, das Berdjaev mit Kriegsende wiederfand. Den Vernichtungskrieg entkleidete er dabei seiner Aktualität und Spezifik und ließ ihn zum Symptom des Zerfalls der „gesamten Zivilisation", zum „normalen Zustand des Lebens in dieser Welt" werden – so sehr, dass sich selbst die Schuldfrage nivelliert fand: „Es gibt verschiedene Grade der Schuld, aber in einem weiteren Sinne sind alle für alles verantwortlich, jeder Mensch muss einen Teil der Verantwortung auf sich nehmen."[980] Tatsächlich jedoch entband Berdjaev den Menschen seiner Verantwortung, indem er den gerade beendeten Krieg zum real gewordenen Sinnbild einer nicht mehr dem menschlichen Willen unterliegenden Maschine machte – zum Symbol eines durchrationalisierten, durchmechanisierten Daseins, das umso mehr Raum gewinne, je mehr die „innere Ganzheit des Menschen schwindet".[981]

Neben dem Mangel an Dankbarkeit gegenüber dem neuen alten ‚Retter Europas' sah sich Berdjaev also erneut dem stereotypen

978 Berdjaev, „Ličnost' i obščinnost'", S. 252; Berdjajew, *Selbsterkenntnis*, S. 371f, 380.
979 Berdjaev, „Ličnost' i obščinnost'", S. 259.
980 Berdjaev, „Social'nyj perevorot", S. 221.
981 Ebd., S. 222f.

Vorurteil von Russland als einem barbarischen Land ausgesetzt, in dem „Persönlichkeit nicht vorhanden oder nur schwach ausgeprägt ist". Im „Westen" werde ein „starkes individuelles Bewusstsein" als Zeichen einer höheren Zivilisation angesehen. Als quasi romantischen Gegenentwurf zum westlichen Individualismus, der häufig zum Verlust von Individualität und zur vollständigen Determinierung des Menschen durch gesellschaftliche Normen und Urteile führe, bot Berdjaev stattdessen den Begriff der „Kommunitarität" auf: Als „Charakteristikum des russischen Volkes" drücke sich diese unter anderem in der – im letzten Krieg gerade bewiesenen – „ungewöhnlichen Fähigkeit zum Opfer" aus.[982] Soziopolitischer Ausdruck jener russischen Kommunitarität war in den Augen Berdjaevs der „voluntaristische Sozialismus", der Typ von Sozialismus also, der eine Mischung aus „revolutionärer Freiheit" (*volja*) und „messianischen Elementen" sei und der in der Russischen Revolution gesiegt habe:

> „In ihm spielt das Individuum eine aktivere Rolle als im westlichen klassischen Marxismus, jedoch das Individuum in der Tiefe der Partei, in der Kommunitarität. Für diesen Typ von Sozialismus kann der Mensch im organisierten Kollektiv das Gesicht der Welt verändern, die Welt wird plastisch. Man muss nicht auf die Resultate der ökonomischen Evolution warten."[983]

Berdjaev knüpfte hier an seinen Vitalismus der dreißiger Jahre an: dort der Mensch des Westens, der wie ein Rädchen im Getriebe der kapitalistischen Gesellschaft funktioniert und dessen Individualismus nichts als hohles Pathos ist; hier der Mensch der russischen Revolution, der ein apolitisches, über-individuelles Freiheits- und Persönlichkeitsprinzip repräsentiert und der sich dem vitalen Akt der Revolution unterordnet. Diese habe nicht unter dem Zeichen des Humanismus gestanden, denn der tauge „nicht zum Symbol sozialer Umbrüche fast geologischen Charakters [...]. Es braucht da elementarere Losungen." Damit das russische Volk seine höheren Ziele erfüllen könne, sei es notwendig gewesen, dass es durch die

---

982 Berdjaev, „Ličnost' i obščinnost'", S. 235ff, 256.
983 Ebd., S. 251.

Phase der Schädigung von Persönlichkeit und Freiheit hindurch-
geht.[984]

Warum diese Phase noch immer andauert und der „kommunistische Totalitarismus" selbst die katholische oder calvinistische „Theokratie" des Mittelalters in der Unterdrückung der Gedankenfreiheit
noch in den Schatten stellt, beantwortete Berdjaev mit dem Hinweis
auf den in der Sowjetordnung wirkenden „Totalitarismus der marxistischen Weltanschauung", deren falsches Primat des Ökonomischen zur Vernachlässigung der Kunst, des Denkens, überhaupt der
gesamten Kultur führe.[985]

Noch schwerer als der Einfluss des von außen der „russischen
Seele" oktroyierten Marxismus wog in den Augen Berdjaevs allerdings die „internationale und ökonomische Lage Sowjetrusslands".
So behindere die Feindschaft des Westens, insbesondere der angelsächsischen Länder, die „Entwicklung der Freiheit in Russland", das
seinerseits mit „Totalitarismus und Isolation" antworte: „Diese
Feindseligkeit ist ja einer der Hauptgründe für das Entstehen der
Diktatur in Rußland, und diese gegenseitige Bedingung spielt schon
seit den ersten Jahren des Bürgerkrieges eine entscheidende Rolle."[986] Die Repressalien gegen Anna Achmatova, Michail Zoščenko
und viele andere ‚kosmopolitische' Künstler während der sogenannten *ždanovščina* galten Berdjaev also nicht als systemimmanentes
Phänomen, sondern als von der antisowjetischen Propaganda hervorgerufene Auswüchse einer Diktatur, die nur „durch den vitalen
Prozeß im Innern des russischen Volkes" besiegt werden könnten.[987] Spätestens hier zeigen sich die Grenzen von Berdjaevs autori-
tär-dualistischem Weltbild, das es ihm erst ermöglichte, *keinen* Zusammenhang zwischen den politisch-ökonomischen Verhältnissen
und dem sittlichen Zustand seiner alten Heimat zu sehen und statt-

---

984 Ebd., S. 253.
985 Berdjaev, „O tvorčeckoj svobode", S. 288, 291f.
986 Berdiajew, „Warum der Westen Sowjetrußland nicht versteht", S. 923; s. auch
   Berdjaev, „O tvorčeckoj svobode", S. 293.
987 Berdiajew, „Warum der Westen Sowjetrußland nicht versteht", ebd.; Berdjaev,
   „O tvorčeckoj svobode", S. 293f.

dessen im Geist der vorsolonischen Tyrannis ein ‚friedliches' Nebeneinander von politischer und privater Sphäre zu imaginieren:

> „Im Namen des Glaubens an das russische Volk und seine Bestimmung, eine gerechtere soziale Ordnung zu verwirklichen als die bourgeoise Demokratie des Westens, muss man die Freiheit des Geistes fordern, des Gewissens, des Denkens, des Wortes, des Schöpfertums, der Nichteinmischung der Regierung in die freien Angelegenheiten des Geistes. Soll doch die Regierung die ökonomische Entwicklung Russlands fördern und die militärische Verteidigung Russlands für den Fall, dass es notwendig werden könnte, vorbereiten, sich jedoch aus der geistigen Kultur heraushalten."[988]

Das Urteil Fedotovs über den Dünkel, von dem solche Zeilen zeugen, und Berdjaevs Sophismus von der „formalen" westlichen Demokratie fiel scharf aus: „Aus seinem [Berdjaevs – S. P.] Munde bedeutet formal fiktiv. Das heißt, dass die Freiheit des Wortes [...], die so wesentlich für den Philosophen ist, in dem Moment imaginär wird, sobald sie die Massen betrifft." Mit seiner Geringschätzung der ökonomischen Freiheit hofiere Berdjaev den sowjetischen Staat als uneingeschränkten Herrscher über das Schicksal der Bauern, Handwerker und all jener, die in freien Berufen tätig seien. „Indem er auf der geistigen Freiheit beharrt – für die wenigen, die vom Schaffen geistiger Werte leben –, errichtet er [...] eine Insel der Freiheit für Denker und Poeten in einem Meer allgemeiner Sklaverei."[989]

Der Nivellierung des Totalitarismus-Begriffs bei Berdjaev Mitte der dreißiger Jahre folgte nun, nach dem Sieg der Sowjetunion über das nationalsozialistische Deutschland, dessen endgültige Entpolitisierung und Umdeutung in eine antikapitalistische, „ganzheitliche" russische Weltanschauung. So sei es falsch zu denken, dass das, was mit dem Modewort Totalitarismus bezeichnet werde, eine Erfindung der Bolschewiki sei, die dann von ihren Feinden, den Faschisten, für andere Ziele nachgeahmt worden sei. Stattdessen sei der Totalitarismus „eine alte russische Tradition", die dem Bedürfnis der linken beziehungsweise revolutionären russischen Intelligencija nach einer „ganzheitlichen Weltanschauung" entgegengekommen

---

988 Berdjaev, „O tvorčeckoj svobode", S. 294.
989 Fedotov, „Berdjaev", S. 443.

sei, dem Bedürfnis also, die „grundlegenden Fragen des Lebens" zu beantworten. Diese Weltanschauung habe auch das Politikverständnis der revolutionären Linken geprägt:

> „Dieses totalitäre Verhältnis zum Leben ergriff auch das gesamte moralische Leben, bestimmte alle Werturteile des Lebens bis ins Kleinste. Die alten russischen Revolutionäre-Sozialisten sahen die Politik nicht als einzelne autonome Sphäre des Lebens; Revolution war für sie Religion. Totalitarismus ist immer ein Ersatz für Religion."[990]

Allerdings verstand Berdjaev Totalitarismus auch im Sinne einer gesamtrussischen Erscheinung, die in eine Zeit zurückreiche, in der der herrschende Glaube noch außer Konkurrenz lief. So charakterisierte Berdjaev die slavophilen und die religionsphilosophischen Strömungen der russischen Geistesgeschichte ebenso als „totalitäre" Erscheinungen wie das Moskauer Zartum Ivan Groznyjs oder das mit ihm „morphologisch" verwandte sowjetische Zartum. Deren antiwestlicher Isolationismus sei Ausdruck ihrer „unbedingten Weltanschauung" gewesen, die wiederum religiöser beziehungsweise quasi-religiöser Natur sei.[991] Ihr „unduldsamer Totalitarismus" habe auch die revolutionäre Intelligenz in den Zeiten der Verfolgung geschützt. Und auch wenn Berdjaev den „Totalitarismus des Staates" als „dumm" bezeichnete und in der Form verzerrt, so rechtfertigte er indirekt dessen Auswirkungen auf die Gesellschaft mit dem Hinweis, dass das russische Volk das weltliche Wohl weniger schätze als die Völker des Westens, die gebunden seien durch ihr Verständnis von Eigentum, ihre Furcht vor dem Risiko, ihren bürgerlichen Wohlstand. Die besondere russische „Art des Totalitarismus", das „Streben nach Ganzheit" also, wurde von Berdjaev mit dem den Russen angeblich eigenen „Eschatologismus" verknüpft und schließlich zum Synonym für die „russische Idee": Diese sei keine Idee der – mit Schuld und Leid behafteten – „Schaffung einer Kultur oder Zivilisation im westlichen Sinne", sondern die Idee der „totalen Transfor-

---

990 Berdjaev, Nikolaj: „Rossija i novaja mirovaja épocha" [Russland und die neue Weltepoche], in: Berdjaev, *Na poroge*, S. 310–326, S. 312.
991 Ebd., S. 312f.

mation des Lebens".[992] Diese Idee war in den Augen Berdjaevs die moralisch überlegene Weltanschauung, weil sie – als das „Gegenteil der Zerrissenheit [...] der westlichen Zivilisation"[993] – ohne Umwege über die schuldhaften Verstrickungen der diesseitigen Welt direkt auf das Himmelreich der Posthistoire zielt. In diesem Sinne musste Berdjaev der sowjetischen „Konzeption von einer einheitlichen, totalitären Welt"[994] Respekt zollen, denn sie war in seinen Augen – bei allen Mängeln – dem kultivierten und zivilisierten Westen entgegengesetzt, der „es sich auf halbem Wege bequem gemacht" habe.[995] Die Furcht des Westens vor dem Kommunismus und der „Macht des russischen Imperiums" sei deshalb nur als Ausdruck der „Konvulsionen einer alten, zu Ende gehenden Welt" zu interpretieren. Berdjaev inthronisierte damit das sowjetische Russland als Nachfolger des „ewigen Russlands",[996] dessen eschatologische Mission klar auf das postkapitalistische und, in dessen Verlängerung, posthistorische Reich gerichtet war: Im Vorwort zu Berdjaevs letzter Artikelsammlung *Na poroge novoj épochi* (*An der Schwelle zu einer neuen Epoche*, 1947) erschien der Kommunismus deshalb in der „qualvollen Agonie der sterbenden Welt und inmitten des nicht minder grausamen Schmerzes der entstehenden Welt"[997] wie in einer Synthese aus Christ und Antichrist.

---

992 Ebd., S. 313–316.
993 Ebd., S. 315.
994 Berdiajew, „Warum der Westen Sowjetrußland nicht versteht", S. 922.
995 Berdjaev, „Rossija i novaja mirovaja épocha", S. 317f; s. auch Berdjaev, Nikolaj: „Razdor mira i christianstvo" [Die Zwietracht der Welt und das Christentum], in: Berdjaev, *Na poroge*, S. 209–219, S. 216.
996 Berdjaev, „Rossija i novaja mirovaja épocha", S. 310f.
997 Berdjaev, Nikolaj: „Predislovie" [Vorwort], in: Berdjaev, *Istina i otkrovenie/Na poroge novoj épochi*, S. 156–160, S. 158.

Zusammenfassung

Mit dieser Arbeit wurde der Versuch unternommen, in parallelge-
schichtlicher Perspektive die gemeinsamen ideologischen Voraussetzungen und Grundannahmen Oswald Spenglers und Nikolaj
Berdjaevs, zweier exponierter Vertreter eines deutschen respektive
russischen Sonderbewusstseins im ersten Drittel des 20. Jahrhunderts herauszuarbeiten. Der Begriff Sonderbewusstsein diente dabei
als Klammer, mit der die Gemeinsamkeiten, insbesondere die gegenseitigen Abhängigkeiten und Zuschreibungen in der Zivilisationskritik Spenglers und Berdjaevs gefasst werden konnten. Kern
ihrer Ideologie war eine Fundamentalkritik am westlichen Entwicklungsmodell, die die Gewissheiten einer linear-teleologischen Geschichtsauffassung in Frage stellen wollte und den Ausweg aus der
krisenhaften Gegenwart eng mit der künftigen, vermeintlich besonderen Rolle Deutschlands beziehungsweise Russlands innerhalb der
europäischen Geschichte verknüpfte. An der Ausformung ihres je
spezifischen Sonderbewusstseins waren verschiedene Faktoren be-
teiligt: auf psychosozialer Ebene ihre von ihnen zum Teil schmerzlich empfundene politische Ohnmacht und soziale Bedeutungslosigkeit, die mit ihrem offensiv vertretenen Selbst- und Weltverständnis
als Propheten und Ausnahmemenschen kontrastierte; auf geistesge-
schichtlicher Ebene ihre Zugehörigkeit zu einem gegenaufklärerischen Geschichtsverständnis, das explizit anti-rational und pessi-
mistisch war und zwischen zyklischen und eschatologischen Deutungen des Geschichtsprozesses changierte.

Die Ähnlichkeiten und Gemeinsamkeiten in der Verwendung bestimmter zivilisationskritischer Ideologeme durch Oswald Spengler
und Nikolaj Berdjaev gründeten – neben der wechselseitigen Berufung auf Traditionslinien der deutschen und russischen Gegenaufklärung – keineswegs darauf, dass Deutsche und Russen ein „inne-

res Band"[998] zusammenhielt. Das Bild, das sich der Deutsche Spengler von Russland und der Russe Berdjaev von Deutschland machte, war je ein rein instrumentelles und nicht auf das absichtslose Verstehen des ‚Anderen', ‚Fremden' gerichtet. Stattdessen muss man von einer gegenseitigen Instrumentalisierung des jeweiligen zivilisationskritischen Erbes ausgehen, bei der es vorrangig um die Restituierung des von der Geschichte vermeintlich übergangenen, von der westlichen Welt verkannten und verachteten deutsch-preußischen respektive russischen Volkes ging. Die allgemeine Krise, in der sich Europa in der ersten Hälfte des 20. Jahrhunderts befand, ermöglichte es Denkern wie Oswald Spengler und Nikolaj Berdjaev, ihre Rolle (beziehungsweise die ihres Volkes) als Opfer der Geschichte umzudeuten in eine moralische, gesellschaftliche und später auch politische Überlegenheit. Ihr Sonderbewusstsein muss deshalb im Sinne instrumenteller Vernunft als Mittel der Distinktion und – im nächsten Schritt – der Diffamierung des westlichen Entwicklungsmodells in toto verstanden werden. Wie zur Vergewisserung ihrer Rolle als endlich mächtige Geschichtsgestalter entwarfen sie die künftige Geschichte nicht nur auf theoretischer Ebene, sondern formulierten ihre Gesellschaftsentwürfe ganz im Sinne praktischer Handlungsanweisungen – Spengler im *Neubau des Deutschen Reiches* und Berdjaev, wenngleich weniger geschlossen und ausführlich, im *Neuen Mittelalter*. Die Verwirklichung dieser totalitären Gemeinwesen bedeutete dabei nichts anderes als die Auslöschung der Kontingenz in der Geschichte, denn sie war die Erfüllung jenes heilsgeschichtlichen Endzwecks, der Spenglers und Berdjaevs geschichtsphilosophischer Prognostik inhärent war. Mit dieser Arbeit sollte ein in der historischen Forschung bisher wenig beachteter Aspekt von Spenglers Denken zu Tage gefördert werden – den in der Konsequenz antizyklischen und das heißt hier eschatologischen Charakter seines Geschichtsmodells, der eng mit der, letztlich inferioren, Rolle verknüpft war, die er Russland im künftigen Geschichts-

---

998 Ernst Nolte während einer Podiumsdiskussion mit Hermann Kant im Berliner Ensemble im Februar 1998.

verlauf zuwies: Deutschland *musste* in den Augen Spenglers die Rolle des Erlösers spielen, weil Russland dazu nicht (mehr) imstande schien.

Hier wird jene deutsch-russische intellektuelle Co-Abhängigkeit deutlich, die im Falle Spengler dazu führte, dass er Russland erst zum legitimen Prätendenten auf den europäischen Thron aufbaute, später jedoch zum kraftlosen Nachfolger eines künftigen germanischen Zeitalters beziehungsweise zum neuen Barbaren degradierte, um der deutschen Mission – Erlösung Europas – eine Richtung zu geben. Dabei konnte er sich auf eine lange denunziatorische, antirussische Tradition in der deutschen Geistesgeschichte verlassen, die nicht zuletzt von politischen Konjunkturen abhängig war. Berdjaev wiederum war auf den durch Deutschland vermeintlich repräsentierten „Germanismus" angewiesen. Dieser lieferte als männlich-kriegerisches Ur-Prinzip des deutschen Nationalcharakters den Kontrast zum angeblich weichen, demütigen „Russentum" und galt ihm gleichzeitig in seiner nationalsozialistischen Variante als Rechtfertigung für den sowjetischen Sozialismus der Stalin-Ära, den er zur spezifisch russischen Variante einer postkapitalistischen Gesellschaftsordnung stilisierte. Um die Glaubwürdigkeit seiner Kritik am westlichen Entwicklungsmodell, in die er die Deutschen explizit einschloss, nicht zu gefährden, musste Berdjaev den großen Einfluss von Spenglers Geschichtsmorphologie auf seine eigene Zivilisationskritik verschleiern. Die Geschichte schien dabei vorerst auf seiner Seite: Spenglers preußisch-deutscher Sozialismus war tot und das siegreiche Sowjetimperium schien auf dem besten Weg zum posthistorischen Himmelreich.

Reduziert man Oswald Spengler und Nikolaj Berdjaev auf ihre soziale Herkunft, konnten die Unterschiede zwischen beiden nicht größer sein: Spengler entstammte einer kleinbürgerlichen Familie, unter deren geistfeindlicher Atmosphäre er bis ins Erwachsenenalter litt. Berdjaev dagegen war ein, wenigstens zeitweilig, begüterter Adelsspross, der die Mentalität eines typischen *barin* zeitlebens nicht ablegte. Allerdings waren sich beide umso ähnlicher in dem Anspruch, ihre Herkunft und die mit ihr zusammenhängenden Depravationen zu transzendieren: Spengler floh vor den Demütigungen, mit denen sein Vater auf seine literarischen Ambitionen reagierte, in eine Parallelwelt, in der er sich zum Angehörigen einer geistigen Elite stilisierte, dessen Urteil in gesellschaftlichen und politischen Fragen Gewicht hatte. Berdjaev wiederum wollte die Grenzen seines Standes hinter sich lassen, indem er sich – im Gegensatz zum ‚müßiggehenden' Adel, den ‚überflüssigen Menschen' – seiner Pflicht und Verantwortung gegenüber dem russischen Volk in zahllosen Schriften versicherte. Trotzdem kultivierten beide, bezogen auf ihren sozialen Status als Angehörige der Intelligenz, einen Selbsthass, der sich als Intellektuellenhass manifestierte. Als ein Mann aus der „Denkerstube", den das Papier oft genug „anekelt[e]", sympathisierte Spengler mit dem Ingenieur, dem „Organisator und Verwalter" der Maschinenwelt, den er für ebenso einsam, unverstanden und unterschätzt hielt wie sich selbst. Berdjaev, in jungen Jahren Parteigänger des Marxismus und dafür mit Verbannung bestraft, arbeitete sich ein Leben lang an den Verwerfungen innerhalb der russischen kommunistischen Bewegung ab. Flankiert wurde ihre Verachtung des intellektuellen Milieus von der Selbststilisierung zum Geistesaristokraten. Mit ihren Leitbildern Friedrich Nietzsche und Fedor Dostoevskij teilten Spengler und Berdjaev die Überzeugung, einer Begabtenelite anzugehören, die von einer unüberbrückbaren Ungleichheit zwischen den „höheren" und den „gewöhnlichen" Menschen ausging. Die verachtete bürgerlich-egalitäre Ordnung, ihr Verfall und ihre notwendige Überwindung waren deshalb vorrangiger Gegenstand ihrer Geschichtsphilosophie.

Gegen die herrschende historistische Geschichtsauffassung ihrer Zeit formulierten Spengler und Berdjaev eine Philosophie, mit der sie eine Synthese geschichtlicher Ereignisse versuchten – indem sie eine in Vergessenheit geratene geschichtsphilosophische Tradition fortschrieben, die Geschichte als einen der Zyklik des Lebens unterworfenen Organismus begriff. Ihre Geschichtsphilosophie war dabei sowohl Zivilisationskritik als auch – aus sozial- beziehungsweise biographiegeschichtlicher Perspektive – Krisenideologie. Beide erwiesen sich insofern als klassische europäische Geschichtsphilosophen, als sie die geschichtstheologischen Grundlagen ihrer Philosophie nicht verleugnen konnten. Denn das Krisenbewusstsein, von dem ihre Schriften dabei getragen waren, begleitete die europäische Geschichtsphilosophie seit ihrem Beginn, seit Turgot und Voltaire ihre Diagnose der Gegenwart mit einer Prognose für die Zukunft verbanden. So hielt denn Berdjaev die „katastrophischen Momente der Geschichte" zum „Konstruieren einer Geschichtsphilosophie" für besonders günstig, und auch Spengler galten „Kriege und politische Katastrophen" als „Grundstoff unserer Geschichtsschreibung". Der Bruch der historischen Kontinuität, der Zusammenbruch des bürgerlichen Lebens in Krieg und Revolution wurde von beiden als Untergang einer verlorenen, bereits fremd gewordenen Vergangenheit und im Sinne einer Herausforderung oder gerechten Strafe als Chance begriffen. Beider Hoffnungen richteten sich auf das je eigene Volk, das in der Krise gewissermaßen zu sich selbst finden konnte: Spengler sah die Deutschen als Vollstrecker eines innergeschichtlichen Weltgerichts, Berdjaev die Russen als geborene Apokalyptiker, die aufgrund ihrer seelischen Disposition auf das Ende der Geschichte am besten vorbereitet seien. Sinn beider Geschichtsphilosophie war, forciert interpretiert, die Auslöschung der Kontingenz in der Geschichte, die Überwindung der historischen Zeit.

Methodisch bezog ihre Geschichtsauffassung ihre Kraft aus der Desavouierung einer rational-analytischen Arbeitsweise in der Geschichtsschreibung und glaubte deshalb, ohne Beweismittel auszukommen. Mehr noch, die Beweiskraft ihrer Geschichtsphilosophie wurde von beiden radikal subjektiviert. ‚Leben', ‚Empfinden', ‚Takt' wurden zu normativen Kategorien der Beurteilung von Geschichte. Für Spengler war die Philosophie umso „wahrer", je „größer" der Mensch war, der sie formulierte. Berdjaevs geschichtsphilosophische Methode wollte ohne die Trennung zwischen erkennendem Subjekt und zu erkennendem Objekt auskommen und ließ im Übrigen den starken Einfluss von Spenglers Verfallstheorie erkennen.

Wesentlicher Ausdruck des dichotomischen, dezisionistischen Geschichtsverständnisses Spenglers und Berdjaevs und zentrales

Instrument ihrer Geschichtsphilosophie war der Gebrauch des Gegensatzpaares Kultur – Zivilisation. ‚Kultur' und ‚Zivilisation' waren für beide Chiffren des Unbehagens, des Ungenügens der bestehenden Ordnung, die die Zuordnung und Hierarchisierung bestimmter, als positiv oder negativ beschriebener historischer Erscheinungen erleichterten. Kultur stand für das Vergangene, Verlorene, Aristokratische, Zivilisation für Kultur im Stadium der Dekadenz, deren Attribute der „Rasseverfall", die neuen Barbaren, Intellektualismus, Demokratisierung und Nivellierung waren.

Die Erscheinungsformen der europäischen Geschichte interpretierten Spengler und Berdjaev im Sinne eines deszendierenden Geschichtsverlaufs. So bezeichneten die innerhalb der konventionellen Geschichtsschreibung zu Schlagworten gewordenen Zeitalter – Renaissance, Reformation, Aufklärung, Revolution – in ihren Augen rein kritische Erscheinungen ohne Substanz, die ihre Kraft nur aus der Verneinung schöpften. Dabei interpretierten sie sie mal als Symptome eines organischen, mal eines eschatologischen Prozesses. Spenglers und Berdjaevs Kritik an ihnen blieb immer Kritik an ihrer eigenen, als defizitär empfundenen Gegenwart, so dass jene epochemachenden Phänomene und Ereignisse nicht wie Kristallisations- oder Wendepunkte des historischen Entwicklungsprozesses erschienen, sondern als notwendig zu passierende Wegmarken in den Untergang. So trug das Bild des emanzipierten Menschen der Renaissance für Spengler und Berdjaev bereits dekadente Züge – sein Zerrbild war der mediokere, von Neid und Ressentiment getriebene zeitgenössische Revolutionär, der alles Erhabene, Heroische, Heilige negierte. Die Renaissance galt ihnen denn auch als Ausgangspunkt für ihre negative Teleologie der europäischen Geschichte und war in ihren Augen ein Oberflächenphänomen, aus dem jegliche religiöse Tiefe gewichen sei. Sie enthistorisierten den Renaissancebegriff, indem sie ihn entweder auf ein rein städtisches Phänomen verengten und mit einer auf die eigene Gegenwart bezogenen Intellektuellenfeindlichkeit aufluden (Spengler) oder die Ausweitung dieser vermeintlich gottlosen Epoche bis in das 20. Jahrhundert verfügten (Berdjaev).

Der von ihrer statischen, dualistischen Geschichtsauffassung ausgehende Systemzwang machte es Spengler und Berdjaev unmöglich, auch nur den Versuch zu unternehmen, Geschichte jenseits politischer und moralischer Ressentiments darzustellen und zu deuten. Stattdessen betrieben beide die Politisierung unpolitischer, vorrationaler beziehungsweise religiöser Begriffe (,Blut', ,Rasse', ,Volk', ,Weltgericht', ,Offenbarung'). Dabei spielte ihr Anti-Rationalismus eine besondere Rolle: Er war *der* Topos der deutschen wie der russischen Zivilisationskritik schlechthin und ein gegenaufklärerisches, antidemokratisches Bekenntnis, das sich gegen das Abstrakte, Zergliedernde des modernen Wissenschafts- und Politikverständnisses auflehnte. Letzterem lag in den Augen Spenglers und Berdjaevs eine durch Rationalismus und Wissenschaftlichkeit hervorgerufene vermeintliche Lebensfeindlichkeit zugrunde, die die geistige Basis der europäischen Gesellschaft und Politik seit dem 18. Jahrhundert bilde.

Die Zeichen von Dekadenz und Marasmus, die Oswald Spengler und Nikolaj Berdjaev in der europäischen Geschichte seit der frühen Neuzeit auszumachen glaubten, waren jedoch nicht die alleinigen Signa ihres Geschichtsbewusstseins. Vielmehr lag ihrem Geschichtsbegriff – neben der Stilisierung der eigenen Person zum Propheten einer künftigen historischen Entwicklung – ein je eigentümlicher Messianismus zugrunde. Dieser gründete sich auf der Annahme der Prädestination des eigenen Volkes als Heilsbringer einer Geschichte, deren eigentlich deszendierender Verlauf durch das Eingreifen des deutschen beziehungsweise russischen Volkes verändert werden könne. Der organologischen Vorstellung von Geschichte als einem (nach Jugend und Blüte) abnehmenden Lebensprozess wurde dabei gewissermaßen ein chiliastischer beziehungsweise eschatologischer Zweck übergestülpt. Um jene vermeintlich messianische Berufung ihres Volkes zu begründen, erhoben Spengler und Berdjaev historische Ereignisse und Phänomene – den Ersten Weltkrieg, die Massenkultur, die Staatswerdung von Kommunismus und Faschismus – in den Rang eines Menetekels. So war der Weltkrieg für Spengler „Schicksal", für Berdjaev ein Akt der Vorsehung – beide sahen in ihm nicht Niedergang und Zerstörung, sondern den notwendig gewaltsamen, produktiven Untergang der alten Ordnung, ein vitales, elementares Ereignis jenseits abstrakter humanitärer Vorstellungen. Der Sinn des Krieges bestand in ihren Augen darin, die künftige weltgeschichtliche Bedeutung Deutschlands beziehungsweise Russlands mit Nachdruck zu bestätigen.

Unter den Bedingungen des Krieges konstituierte sich in den Anschauungen Spenglers und Berdjaevs ein explizit illiberales, autoritatives, soldatisches Gesellschafts- und Menschenbild, das bis an ihr Lebensende keiner wesentlichen Entwicklung mehr unterlag: Hierzu gehörten ihre Ablehnung von Demokratie und Parlamentarismus, ihre Intellektuellen-Schelte, die Darwinisierung gesellschaftlicher und politischer Konflikte, die Umwertung des marxistischen Sozialismus in einen „preußischen" beziehungsweise „totalitären", das damit verbundene Modell eines korporativen Staats- und Gesellschaftsideals sowie die religiös konnotierte Stilisierung Deutschlands beziehungsweise Russlands zum antizivilisatorischen Bollwerk und Erlöser Europas.

Neben der Initiationswirkung, die Weltkrieg und Revolution auf das künftige historische Wirken Deutschlands und Russlands haben sollten, war die Bestimmung dessen, was ein ‚Volk' ist, in den Augen Spenglers und Berdjaevs von elementarer Bedeutung. Beide vertraten einen organologischen, apolitischen Volksbegriff, der sich gegen den individualistischen Vertragsgedanken der Bürgernation richtete und der im marxistischen Intellektuellenmilieu und in der sogenannten Massengesellschaft seine ‚natürlichen' Antagonisten hatte. Die russische antiwestliche Tradition (in der Berdjaev stand) muss allerdings hinsichtlich der Mythologisierung und Idolisierung des Volkes als beispiellos bezeichnet werden, gerade auch mit Blick auf die Selbstzerfleischung der Intelligencija und ihre geistige Unterordnung unter ein vermeintliches Volkswohl.

Oswald Spengler und Nikolaj Berdjaev gingen davon aus, dass das vermeintlich Apolitische des deutschen und russischen Volkscharakters beide Völker zur Gefolgschaft eines Führers prädestiniere – die Deutschen, weil sie im Sinne Spenglers politisch naiv und gutgläubig seien, die Russen, weil ihnen im Sinne Berdjaevs jegliches Interesse an Staatsdingen abgehe. Sowohl bei Spengler als auch bei Berdjaev trug das Volk Züge eines idealen Bauerntums. Das mag man vordergründig als Ausdruck ihrer antimodernen Vorlieben interpretieren. Jedoch ist das Bäuerlich-Beharrende vor allem Element einer organisch-hierarchischen Ordnung und lässt sich für ein ständisch-korporatives Staats- und Gesellschaftsmodell instrumentalisieren.

Ihre Kritik an der ,Masse' verknüpften beide mit ihrer, auch ästhetizistisch motivierten Ablehnung des als undeutsch beziehungsweise unrussisch empfundenen demokratischen Gleichheitsprinzips, dessen alltägliche Begleiterscheinungen ihrem geistesaristokratischen Selbstverständnis zuwiderliefen: „Wahrheit" gab es für Berdjaev nur in der Minderheit, und auch Spengler sah die Mehrheit, die ,Herdenmenschen' in der Verfügungsgewalt der wenigen „Führernaturen".

Der vermeintlichen Nivellierung und Degeneration der europäischen Gesellschaften war in den Augen Spenglers und Berdjaevs nur beizukommen, wenn Gleichheit, Demokratie und ,abstrakte' Menschenrechte überwunden würden – durch ein angeblich junges, historisch unverbrauchtes Volk, das mit seinem Eintritt in die Geschichte die cäsaristische Epoche einläutete. Eng mit dem rechtsintellektuellen Topos vom jungen Volk verknüpft war das Thema eines umgedeuteten, an die Erfordernisse des kommenden cäsaristischen Zeitalters angepassten Sozialismus, der jenseits des marxistischen und internationalistischen Mainstreams dezidiert national sein wollte und an ein korporatives Staats- und Gesellschaftsmodell gebunden war. Spenglers preußisches Ethos war der Gegenentwurf zur von ihm behaupteten Wesensgleichheit zwischen marxistischem Sozialismus und Kapitalismus und setzte auf die Disziplinierung der Wirtschaft durch einen starken Staat sowie auf ein gemeinschaftliches Standesbewusstsein, das jeden Arbeitenden unmittelbar auf das Staatsganze und seinen Führer verpflichten sollte.

Auch Berdjaev skizzierte die antidemokratische Utopie eines neuen Ständestaates als Kern eines spezifisch russischen Sozialismus. Zwar nahm er keine so forcierte Umdeutung des Sozialismus-Begriffs wie Spengler vor, doch auch er betonte den nicht-marxistischen, originär russisch-asiatischen Charakter der bolsche-wistischen Revolution, deren eigentliche Charakteristik und Bedeu-tung ihren Protagonisten gar nicht bewusst gewesen sei und die sich zu einem nationalen Sozialismus russischer Prägung verstetigt habe. Diesen sah Berdjaev von einem harten Menschentypus ge-prägt, der auch den Faschismus dominiere. Das Arbeitsethos und die Disziplin dieses Neuen Menschen verdankten sich in den Augen Berdjaevs dem eisernen Willen Lenins.

Die Konstituierung eines sozialistischen deutschen Staates von preußischem Ethos beziehungsweise die Konsolidierung des sowje-tischen Sozialismus im Stil eines russischen Faschismus war für Spengler beziehungsweise Berdjaev die Grundvoraussetzung für die historische Sendung der Deutschen und Russen. Die mit der deut-schen Mission verknüpfte chiliastische Erwartungshaltung musste den preußischen Tugendkanon (Strenge, Entsagung, Pflicht, Aufop-ferung), den Spengler aufstellte, umso sinnfälliger erscheinen las-sen. Dabei sollten die Deutschen nicht nur das „innere England", den kapitalistischen Geist in sich bekämpfen, sondern neben der äuße-ren Gefahr in Gestalt der revolutionären Arbeiterschaft in den euro-päischen Ländern vor allem die neuen Barbaren, zu denen Spengler die kolonisierten Völker Afrikas und Asiens sowie die Russen zählte. Er berief sich explizit auf die ‚große Parallele', wenn er die Russen zu Asiaten erklärte, die die Maske des westlichen Marxismus abge-streift hätten und zum Sturm auf Europa bliesen. Als Verteidiger Europas handelten die Deutschen gemäß dem biblischen Duktus Spenglers nicht mehr nur als Erzieher, sondern als Erlöser im Auf-trag des Schicksals.

Berdjaev teilte die eschatologische Perspektive Spenglers auf den Sozialismus, die für ihn jedoch ein zentraler Bestandteil seiner Definition war. So speiste sich der eschatologische Charakter des russischen Sozialismus für Berdjaev vorrangig aus der religiösen, apokalyptischen Struktur der ‚russischen Seele', die zwischen dem Streben nach einem irdischen Reich und der Sehnsucht nach der jenseitigen Welt changiere und deshalb über die große Fähigkeit zu Opfer und Entsagung verfüge. Berdjaevs Vorstellung, dass der sowjetische Sozialismus an der Schwelle zu einer neuen, postdemokratischen Epoche stehe, war klar von Spenglers *Untergang des Abendlandes* und *Preußentum und Sozialismus* inspiriert. Berdjaev stilisierte den sowjetischen totalitären Staat zu einer gelungenen Synthese aus Sozialismus und Faschismus, die er unter der Führung des ,Asiaten' Stalin allein für fähig hielt, der Bedrohung durch das nationalsozialistische Deutschland zu begegnen. Tatsächlich läutete der sowjetische Sieg über das Deutsche Reich Berdjaevs prosowjetische Spätphase ein, in der er die vermeintlich klassenlose Sowjetgesellschaft mit den Attributen eines neuen Jerusalem ausstattete und den Russen den neuen alten Gegner zuwies: den sterbenden Westen. Indem er an der Charakterisierung des kapitalistischen Systems als quasi-totalitäre Gesellschaftsform bis zum Ende seines Lebens festhielt, konterkarierte Berdjaev seine zeitweiligen Bemühungen um einen eigenen Totalitarismus-Begriff.

Abkürzungsverzeichnis

ER 1 = Nikolaj Berdjajew, Das Ende der Renaissance, 1. Teil

ER 2 = Nikolaj Berdjajew, Das Ende der Renaissance, 2. Teil

FN = Nikolaj Berdjaev, Filosofija neravenstva

FTKI = Nikolaj Berdjaev, Filosofija tvorčestva, kul'tury i iskusstva, 2 Bde.

JdE = Oswald Spengler, Jahre der Entscheidung

MuT = Oswald Spengler, Der Mensch und die Technik

NMA = Nikolaus Berdjajew, Das neue Mittelalter

PuS = Oswald Spengler, Preußentum und Sozialismus

RI = Nikolaj Berdjaev, Die russische Idee

SdG = Nicolai Berdiajew, Der Sinn der Geschichte

UdA = Oswald Spengler, Der Untergang des Abendlandes

Literaturverzeichnis

Primärliteratur

Nikolaj Berdjaev

Aleksej Stepanovič Chomjakov. Moskau 2005

„Bol'naja Rossija", in: Berdjaev, Nikolaj: *Duchovnyj krizis intelligencii. Stat'i po obščestvennoj i religioznoj psichologii (1907–9 g.).* St. Petersburg 1910, S. 84–94

„Bunt i pokornost v psichologii mass", in: Berdjaev, Nikolaj: *Duchovnyj krizis intelligencii. Stat'i po obščestvennoj i religioznoj psichologii (1907–9 g.).* St. Petersburg 1910, S. 73–83

„O buržuaznosti i socializme", in: Berdjaev, Nikolaj: *Sobranie sočinenij,* Bd. 4: Duchovnye osnovy russkoj revoljucii (1917–1918)/Filosofija neravenstva. Paris 1990, S. 19–28

„Byla li v Rossii revoljucija?", in: Berdjaev, Nikolaj: *Sobranie sočinenij,* Bd. 4: Duchovnye osnovy russkoj revoljucii (1917–1918)/Filosofija neravenstva. Paris 1990, S. 102–112

„Čuvstvo Italii", in: *Filosofija tvorčestva, kul'tury i iskusstva,* Bd. 1, hrsg. v. Renata Gal'ceva. Moskau 1994, S. 367–371

„Demokratija i ierarchija", in: Berdjaev, Nikolaj: *Sobranie sočinenij,* Bd. 4: Duchovnye osnovy russkoj revoljucii (1917–1918)/Filosofija neravenstva. Paris 1990, S. 171–180

„Demokratija i meščanstvo", in: Berdjaev, Nikolaj: *Sub specie aeternitatis. Opyty filosofskie, social'nye i literaturnye (1900–1906).* St. Petersburg 1907, S. 412–418

„Dve morali", in: Berdjaev, Nikolaj: *Istina i otkrovenie. Prolegomeny k kritike otkrovenija/Na poroge novoj épochi*. St. Petersburg 1996, S. 195–208

„Duch i mašina", in: Berdjaev, Nikolaj: *Sud'ba Rossii. Opyty po psichologii vojny i nacional'nosti*. Moskau 1990 (zuerst 1918), S. 233–240

„Duch i sila", in: Berdjaev, Nikolaj: *Istina i otkrovenie. Prolegomeny k kritike otkrovenija/Na poroge novoj épochi*. St. Petersburg 1996, S. 161–179

„Duchi russkoj revoljucii", in: *Iz glubiny. Sbornik statej o russkoj revoljucii*. Paris 1967 (2. Aufl.), S. 71–106

„Duchovnye osnovy russkogo naroda", in: Berdjaev, Nikolaj: *Sobranie sočinenij*, Bd. 4: Duchovnye osnovy russkoj revoljucii (1917–1918)/Filosofija neravenstva. Paris 1990, S. 224–241

„Duša Rossii", in: Berdjaev, Nikolaj: *Sud'ba Rossii. Opyty po psichologii vojny i nacional'nosti*. Moskau 1990 (zuerst 1918), S. 1–29

„Dve morali", in: Berdjaev, Nikolaj: *Istina i otkrovenie. Prolegomeny k kritike otkrovenija/Na poroge novoj épochi*. St. Petersburg 1996, S. 195–208

[Berdjajew, Nikolaj] „Das Ende der Renaissance", in: *Die Kreatur* 10, 1, 1927, S. 102–122

[Berdjajew, Nikolaj] „Das Ende der Renaissance", in: *Die Kreatur* 10, 2, 1927, S. 227–244

„Filosofija neravenstva. Pis'ma k nedrugam po social'noj filosofii", in: Berdjaev, Nikolaj: *Sobranie sočinenij*, Bd. 4: Duchovnye osnovy russkoj revoljucii (1917–1918)/Filosofija neravenstva. Paris 1990, S. 251–596

[Berdjajew, Nikolaj:] „Der Futurismus und die Krise der modernen Kunst", in: Berdjajew, Nikolaj: *Fortschritt Wandel Wiederkehr*. Zürich 1978, S. 79–89

Die Geister der russischen Revolution. Salzburg 1972

„Germanskoe vlijanie i slavjanstvo", in: Berdjaev, Nikolaj: *Sobranie sočinenij*, Bd. 4: Duchovnye osnovy russkoj revoljucii (1917–1918)/Filosofija neravenstva. Paris 1990, S. 145–153

„Gibel' russkich illjuzij", in: Berdjaev, Nikolaj: *Sobranie sočinenij*, Bd. 4: Duchovnye osnovy russkoj revoljucii (1917–1918)/Filosofija neravenstva. Paris 1990, S. 113–122

Istoki i smysl russkogo kommunizma. Moskau 1990

„Konec Evropy", in: Berdjaev, Nikolaj: *Sud'ba Rossii. Opyty po psichologii vojny i nacional'nosti*. Moskau 1990 (zuerst 1918), S. 117–126

„K. Leont'ev – Filosof reakcionnoj romantiki", in: Berdjaev, Nikolaj: *Sub specie aeternitatis. Opyty filosofskie, social'nye i literaturnye (1900–1906)*. St. Petersburg 1907, S. 305–333

„K. Leont'ev – Filosof reakcionnoj romantiki", in: Berdjaev, Nikolaj: *Filosofija tvorčestva, kul'tury i iskusstva*, Bd. 2, hrsg. v. Renata Gal'ceva. Moskau 1994, S. 246–274

Konstantin Leont'ev. Očerk iz istorii russkoj religioznoj mysli. Paris 1926

„Ličnost' i obščinnost' (kommjunotarnost') v russkom soznanii", in: Berdjaev, Nikolaj: *Istina i otkrovenie. Prolegomeny k kritike otkrovenija/Na poroge novoj épochi*. St. Petersburg 1996, S. 235–261

[Berdjajew, Nikolaj] „Die Krise des Intellektuellen und die Mission der Intelligenz" , in: Berdjajew, Nikolaj: *Fortschritt Wandel Wiederkehr*. Zürich 1978, S. 51–61

[Berdjajew, Nikolaus] „Die Krise der Kultur im Lichte der Geschichtsphilosophie", in: *Europäische Revue*, hrsg. v. Karl Anton Rohan, II. Jahrgang, 1, 1926, S. 6–18

[Berdjajew, Nikolaj] „Die soziale Krise der Kultur", in: Berdjajew, Nikolaj: *Fortschritt Wandel Wiederkehr*. Zürich 1978, S. 91–103

„Mir ‚buržuaznyj' i mir ‚socialističeskij'", in: Berdjaev, Nikolaj: *Sobranie sočinenij*, Bd. 4: Duchovnye osnovy russkoj revoljucii (1917–1918)/Filosofija neravenstva. Paris 1990, S. 47–55

„Mirovaja opasnost'", in: Berdjaev, Nikolaj: *Sud'ba Rossii. Opyty po psichologii vojny i nacional'nosti.* Moskau 1990 (zuerst 1918), S. I–V

„Mirosozercanie Dostoevskogo", in: Berdjaev, Nikolaj: *Filosofija tvorčestva, kul'tury i iskusstva*, Bd. 2, hrsg. v. Renata Gal'ceva. Moskau 1994, S. 7–150

„Nacional'nost' i čelovečestvo", in: Berdjaev, Nikolaj: *Sud'ba Rossii. Opyty po psichologii vojny i nacional'nosti.* Moskau 1990 (zuerst 1918), S. 93–101

„Nacionalizm i imperializm", in: Berdjaev, Nikolaj: *Sud'ba Rossii. O-pyty po psichologii vojny i nacional'nosti.* Moskau 1990 (zuerst 1918), S. 110–116

[Berdjajew, Nikolaus] *Das neue Mittelalter. Betrachtungen über das Schicksal Rußlands und Europas.* Darmstadt 1927

„Novoe srednevekov'e", in: Berdjaev, Nikolaj: *Filosofija tvorčestva, kul'tury i iskusstva*, Bd. 1, hrsg. v. Renata Gal'ceva. Moskau 1994, S. 407–485

„O novom religioznom soznanii", in: Berdjaev, Nikolaj: *O russkich klassikach*, hrsg. v. A. S. Grišin. Moskau 1993, S. 224–253

„Obvinenie Zapada (O knige Masisa: ‚Défence de l'occident')", in: *Put'* 8, 1927, S. 145–148

[Berdyaev, Nicolas] The Origin of Russian Communism. Ann Arbor 1964 (3. Aufl.)

„Pis'ma k M. O. Geršenzonu", in: *Voprosy Filosofii* 5, 1992, S. 119–136

„Predislovie", in: Berdjaev, Nikolaj: *Istina i otkrovenie. Prolegomeny k kritike otkrovenija/Na poroge novoj ėpochi.* St. Petersburg 1996, S. 156–160

„Predsmertnye mysli Fausta", in: Berdjaev, N. A. / Bukšpan, Ja. M. / Stepun, F. A. / Frank, S. L.: *Osval'd Špengler i zakat Evropy.* Moskau 1922, S. 55–72

„Predsmertnye mysli Fausta", in: Berdjaev, Nikolaj: *Filosofija tvorčestva, kul'tury i iskusstva,* Bd. 1, hrsg. v. Renata Gal'ceva. Moskau 1994, S. 376–392

„Puti gumanizma", in: Berdjaev, Nikolaj: *Istina i otkrovenie. Prolegomeny k kritike otkrovenija/Na poroge novoj ėpochi.* St. Petersburg 1996, S. 180–194

„Razdor mira i christianstvo", in: Berdjaev, Nikolaj: *Istina i otkrovenie. Prolegomeny k kritike otkrovenija/Na poroge novoj ėpochi.* St. Petersburg 1996, S. 209–219

„Religija germanizma", in: Berdjaev, Nikolaj: *Sud'ba Rossii. Opyty po psichologii vojny i nacional'nosti.* Moskau 1990 (zuerst 1918), S. 167–174

„Religioznye osnovy bol'ševizma", in: Berdjaev, Nikolaj: *Sobranie sočinenij,* Bd. 4: Duchovnye osnovy russkoj revoljucii (1917–1918)/Filosofija neravenstva. Paris 1990, S. 29–37

„Revoljucija i kul'tura", in: Berdjaev, Nikolaj: *O russkich klassikach,* hrsg. v. A. S. Grišin. Moskau 1993, S. 253–259

„Rossija i novaja mirovaja ėpocha", in: Berdjaev, Nikolaj: *Istina i otkrovenie. Prolegomeny k kritike otkrovenija/Na poroge novoj ėpochi.* St. Petersburg 1996, S. 310–326

„Rossija i zapad", in: Berdjaev, Nikolaj: *Duchovnyj krizis intelligencii. Stat'i po obščestvennoj i religioznoj psichologii (1907–9 g.).* St. Petersburg 1910, S. 120–128

Die russische Idee. Grundprobleme des russischen Denkens im 19. Jahrhundert und zu Beginn des 20. Jahrhunderts. Sankt Augustin 1983

Sampoznanie. Moskau/Char'kov 1999

[Berdiajew, Nikolai] *Das Schicksal des Menschen in unserer Zeit.* Luzern 1935

[Berdjajew, Nikolaj] *Selbsterkenntnis. Versuch einer philosophischen Autobiographie.* Darmstadt 1953

[Berdiajew, Nicolai] *Der Sinn der Geschichte. Versuch einer Philosophie des Menschengeschickes.* Tübingen 1950

[Berdiajew, Nikolaj] *Der Sinn des Schaffens. Versuch einer Rechtfertigung des Menschen.* Tübingen 1927

[Berdiajew, Nikolai] *Sinn und Schicksal des russischen Kommunismus. Ein Beitrag zur Psychologie und Soziologie des russischen Kommunismus.* Luzern 1937

„Social'nyj perevorot i duchovnoe probuždenie", in: Berdjaev, Nikolaj: *Istina i otkrovenie. Prolegomeny k kritike otkrovenija/Na poroge novoj épochi.* St. Petersburg 1996, S. 220–234

„K sporam o germanskoj filosofii", in: *Russkaja mysl'*, Bd. 5, 2. Abt., 1915, S. 115–121

„Staraja i novaja Rossija", in: Kudrjašov, P.: *Idejnye gorizonty mirovoj vojny.* Moskau 1915, S. 163–167

„Smysl tvorčestva. Opyt opravdanija čeloveka", in: Berdjaev, Nikolaj: *Filosofija tvorčestva, kul'tury i iskusstva*, Bd. 1, hrsg. v. Renata Gal'ceva. Moskau 1994, S. 37–341

„Toržestvo i krušenie narodničestva", in: Berdjaev, Nikolaj: *Sobranie sočinenij*, Bd. 4: Duchovnye osnovy russkoj revoljucii (1917–1918)/Filosofija neravenstva. Paris 1990, S. 181–188

„O tvorčeskoj svobode i fabrikacii duš", in: Berdjaev, Nikolaj: *Istina i otkrovenie. Prolegomeny k kritike otkrovenija/Na poroge novoj ėpochi.* St. Petersburg 1996, S. 286–295

„Varvarstvo i upadničestvo", in: Berdjaev, Nikolaj: *Filosofija tvorčestva, kul'tury i iskusstva*, Bd. 1, hrsg. v. Renata Gal'ceva. Moskau 1994, S. 371–376

„O ‚večno bab'em' v russkoj duše", in: Berdjaev, Nikolaj: *Sud'ba Rossii. Opyty po psichologii vojny i nacional'nosti.* Moskau 1990 (zuerst 1918), S. 30–42

[Berdjajew, Nikolai] *Versuch einer eschatologischen Metaphysik. Schöpfertum und Objektivation.* Waltrop 2001

„Vlast' prošlogo i grjaduščee", in: Berdjaev, Nikolaj: *Istina i otkrovenie. Prolegomeny k kritike otkrovenija/Na poroge novoj ėpochi.* St. Petersburg 1996, S. 262–268

„O vlasti prostranstva nad russkoj dušoj", in: Berdjaev, Nikolaj: *Sud'ba Rossii. Opyty po psichologii vojny i nacional'nosti.* Moskau 1990 (zuerst 1918), S. 62–68

„Vojna i krizis intelligentskogo soznanija", in: Berdjaev, Nikolaj: *Sud'ba Rossii. Opyty po psichologii vojny i nacional'nosti* (1918). Moskau 1990, S. 43–49

„K voprosu ob intelligencii i nacii", in: Berdjaev, Nikolaj: *Duchovnyj krizis intelligencii. Stat'i po obščestvennoj i religioznoj psichologii (1907–9 g.).* St. Petersburg 1910, S. 129–137

„Die Wahrheit der Philosophie und die Wahrheit der Intelligencija", in: *Vechi. Wegzeichen. Zur Krise der russischen Intelligenz*, eingel. u. übers. v. Karl Schlögel. Frankfurt/Main 1990, S. 51–79

[Berdiajew, Nicolai] „Warum der Westen Sowjetrußland nicht versteht", in: *Universitas* 4, Heft 8, 1949, S. 919–924

[Berdjajew, N.] *Die Weltanschauung Dostojewskijs.* München 1925

„Zadači tvorčeskoj istoričeskoj mysli", in: Berdjaev, Nikolaj: *Sud'ba Rossii. Opyty po psichologii vojny i nacional'nosti.* Moskau 1990 (zuerst 1918), S. 127–134

„O zatrudnenijach svobody", in: Berdjaev, Nikolaj: *Istina i otkrovenie. Prolegomeny k kritike otkrovenija/Na poroge novoj ėpochi.* St. Petersburg 1996, S. 269–275

„O žestokosti i boli", in: Berdjaev, Nikolaj: *Sud'ba Rossii. Opyty po psichologii vojny i nacional'nosti.* Moskau 1990 (zuerst 1918), S. 184–189

Oswald Spengler

Briefe. 1913–1936, hrsg. v. Anton Mirko Koktanek. München 1963

„Vom deutschen Volkscharakter", in: Spengler, Oswald: *Reden und Aufsätze.* München 1937, S. 131–134

„Das Doppelantlitz Rußlands und die deutschen Ostprobleme", in: Spengler, Oswald: *Politische Schriften.* München 1933, S. 109–126

„Einführung zu einem Aufsatz Richard Korherrs über den Geburtenrückgang", in: Spengler, Oswald: *Reden und Aufsätze.* München 1937, S. 135–137

„Einleitung", in: Spengler, Oswald: *Jahre der Entscheidung. Erster Teil: Deutschland und die weltgeschichtliche Entwicklung.* München 1933, S. VII–XII

„Neue Formen der Weltpolitik", in: Spengler, Oswald: *Politische Schriften.* München 1933, S. 159–183

Frühzeit der Weltgeschichte. Fragmente aus dem Nachlaß, hrsg. v. Anton Mirko Koktanek. München 1966

„Ist Weltfriede möglich? Telegraphische Antwort auf eine amerikanische Rundfrage", in: Spengler, Oswald: *Reden und Aufsätze.* München 1937, S. 292–293

Jahre der Entscheidung. Erster Teil: Deutschland und die weltge-schichtliche Entwicklung. München 1933

Der Mensch und die Technik. Beitrag zu einer Philosophie des Lebens. München 1931

„Neubau des Deutschen Reiches", in: Spengler, Oswald: *Politische Schriften.* München1933, S. 185–296

„Nietzsche und sein Jahrhundert", in: Spengler, Oswald: *Reden und Aufsätze.* München 1937, S. 110–124

„Pessimismus?", in: Spengler, Oswald: *Reden und Aufsätze.* München 1937, S. 63–79

„Politische Pflichten der deutschen Jugend", in: Spengler, Oswald: *Politische Schriften.* München 1933, S. 127–156

„Preußentum und Sozialismus", in: Spengler, Oswald: *Politische Schriften.* München 1933, S. 1–105

Der Untergang des Abendlandes. Umrisse einer Morphologie der Weltgeschichte. München 1993 (11. Aufl.)

[Špengler, Osval'd] *Prussačestvo i socializm.* Moskau 2002

„Vorwort", in: Spengler, Oswald: *Politische Schriften.* München 1933, S. V–XIII

Zivilisationskritische Literatur (19.–20. Jahrhundert), sonstige Quellen

Altendorf, Werner: *Ein junges Volk steht auf* (= Münchener Laienspiele, hrsg. v. Rudolf Mirbt, Heft 138). München 1935

[Anonymus:] *Rossija i Germanija*. Berlin 1871

Baader, Franz von: *Gesellschaftslehre*. München 1957

Bauer, Bruno: *Rußland und das Germanenthum*. Charlottenburg 1972 (zuerst 1853)

Bauer, Oberst Max: *Das Land der roten Zaren. Eindrücke und Erlebnisse*. Hamburg 1925

Belyj, Andrey: *Petersburg*. München 1962

Benjamin, Walter: „Über den Begriff der Geschichte", in: Benjamin, Walter: *Erzählen. Schriften zur Theorie der Narration und zur literarischen Prosa*. Frankfurt/Main 2007, S. 129–140

Block, Alexander: „Die Skythen", in: Block, Alexander: *Lyrik und Prosa*, hrsg. v. Fritz Mierau. Berlin 1982, S. 211–213

Blok, Aleksandr: „Krušenie gumanizma", in: Blok, Aleksandr: *Sobranie sočinenij*. Bd. 6: Prosa 1918–1921. Moskau/Leningrad 1962, S. 93–115

Bočkarev, V. N.: *Rossija i Germanija*. Moskau 1914

Der Bolschewismus und die deutschen Intellektuellen. Äußerungen auf eine Umfrage des Bundes deutscher Gelehrter und Künstler. Auf Veranlassung von Heinrich von Gleichen zusammengestellt von Annalise Schmidt. Leipzig 1920

Bukšpan, Ja. M.: „Nepreodolennyj racionalizm", in: Berdjaev, N. A. / Bukšpan, Ja. M. / Stepun, F. A. / Frank, S. L.: *Osval'd Špengler i zakat Evropy*. Moskau 1922, S. 73–95

Bulgakov, Sergij N.: „Na piru bogov", in: Bulgakov, Sergij N.: *Sočinenija v dvuch tomach*, Bd. 2. Moskau 1993, S. 564–626

Bulgakov, Sergij N.: „Dogmatičeskoe obosnovanie kul'tury", in: Bulgakov, Sergij N.: *Sočinenija v dvuch tomach*, Bd. 2. Moskau 1993, S. 637–643

Chomjakov, Aleksej S.: „Predislovie k ‚Russkoj Besede'", in: Chomjakov, Aleksej S.: *Sočinenija v dvuch tomach*, tom 1: Raboty po istoriosofii. Moskau 1994, S. 515–518

Claus, Paul: *Die Ethik John Ruskins* (Diss.). Marburg 1908

Dainelli, Amelia: „Die faschistische korporative Wirtschaftsordnung", in: *Weltwirtschaftliches Archiv* 38, 1933, S. 195–206

Danilewsky, Nikolaj J.: *Rußland und Europa. Eine Untersuchung über die kulturellen und politischen Beziehungen der slawischen zur germanisch-romanischen Welt*. Stuttgart 1920

Dostojewski, Fjodor M.: *Die Brüder Karamasoff*. München/Zürich 1990

Dostojewski, F. M.: *Tagebuch eines Schriftstellers*. München/Zürich 1992

Dostojewski, Fjodor: *Schuld und Sühne. Roman in sechs Teilen mit einem Epilog*. Berlin 1994

Eckermann, Johann Peter: *Gespräche mit Goethe in den letzten Jahren seines Lebens*. Berlin/Weimar 1987

Ėrn, Vladimir F.: „Bor'ba za Logos", in: Ėrn, Vladimir F.: *Sočinenija*. Moskau 1991, S. 9–294

Fanon, Frantz: *Die Verdammten dieser Erde*. Frankfurt/Main 1968

Fedotov, Georgij P.: „Pis'ma o russkoj kul'ture", in: Fedotov, Georgij P.: *Sud'ba i grechi Rossii. Izbrannye stat'i po filosofii russkoj istorii i kul'tury*, Bd. 2. St. Petersburg 1992, S. 163–187

Fedotov, Georgij P.: „Berdjaev – myslitel'", in: Ermičev, Aleksandr A.: *N. A. Berdjaev: pro et contra. Antologija*, kn. 1. St. Petersburg 1994, S. 437–446

Fichte, Johann Gottlieb: *Reden an die deutsche Nation*. Leipzig o. J.

Frank, Simon: *Russische Weltanschauung*. Darmstadt 1967

Freud, Sigmund: *Massenpsychologie und Ichanalyse*. Wien 1921

Freyer, Hans: *Revolution von rechts*. Jena 1931

Geršenzon, Michail: „Schöpferische Selbsterkenntnis", in: *Vechi. Wegzeichen. Zur Krise der russischen Intelligenz*, eingel. u. übers. v. Karl Schlögel. Frankfurt/Main 1990, S. 140–175

Gorki, M.: „Der alte und der neue Mensch", in: Gorki, M.: *Aufsätze und Pamphlete*. Moskau 1950, S. 316–330

Hecker, Konrad: *Mensch und Masse*. Bern 1933

Herzen, Alexander I.: „Vor dem Gewitter (Ein Gespräch an Deck)" aus: „Vom andern Ufer", in: Herzen, Alexander I.: *Ausgewählte philosophische Schriften*. Moskau 1949, S. 363–385

Herzen, Alexander I.: „Das russische Volk und der Sozialismus", in: Herzen, Alexander I.: *Ausgewählte philosophische Schriften*. Moskau 1949, S. 491–523

Hesse, Hermann: „Die Brüder Karamasoff oder der Untergang Europas", in: Hesse, Hermann: *Blick ins Chaos. Drei Aufsätze*. Bern 1921, S. 1–20

Il'in, Ivan A.: *Put' k očevidnosti*. Moskau 1993

Jünger, Ernst: *Der Arbeiter. Herrschaft und Gestalt*. Stuttgart 1981

Kassner, Rudolf: „Gogol", in: Kassner, Rudolf: *Essays*. Leipzig 1923, S. 17–41

Kireevskij, Ivan: „Über den Charakter der Aufklärung Europas und über deren Beziehungen zur Aufklärung Rußlands" [Auszug], in: Winkler, Martin: *Slavische Geisteswelt. Rußland.* Darmstadt/Genf 1955, S. 201–207

Kirejewski [Ivan]: *Rußlands Kritik an Europa.* Stuttgart 1923

Kluge, Alexander / Müller, Heiner: *Ich bin ein Landvermesser. Gespräche. Neue Folge.* Hamburg 1996

Kracauer, Siegfried: „Das Ornament der Masse", in: Kracauer, Siegfried: *Das Ornament der Masse.* Essays, Frankfurt/Main 1963, S. 50–74

Kritische Friedrich-Schlegel-Ausgabe, Bd. 2: Charakteristiken und Kritiken I (1796–1801), hrsg. v. Hans Eichner. München u. a. 1967

Kudrjašov, P.: *Idejnye gorizonty mirovoj vojny.* Moskau 1915

Landau, Grigorij: *Sumerki Evropy.* Berlin 1923

Lawrow, Peter: *Historische Briefe.* Berlin/Bern 1901

Le Bon, Gustave: *Psychologie der Massen.* Stuttgart 1950

Lenin, W. I.: „Über ‚linke' Kinderei und über Kleinbürgerlichkeit", in: Lenin, W. I.: *Ausgewählte Werke.* Moskau 1986, S. 473–498

Lenin, W. I.: „Werden die Bolschewiki die Staatsmacht behaupten?", in: Lenin, W. I.: *Ausgewählte Werke.* Moskau 1986, S. 395–438

Lenin, W. I.: „Die nächsten Aufgaben der Sowjetmacht", in: Lenin, W. I.: *Ausgewählte Werke.* Moskau 1986, S. 439–472

Lenin, W. I.: *Werke*, Bd. 14: Materialismus und Empiriokritizismus. Berlin 1962

Leont'ev, Konstantin: „Vizantizm i slavjanstvo", in: *Izbrannoe.* Moskau 1993, S. 19–118

Mann, Thomas: „Gedanken im Kriege", in: Mann, Thomas: *Aufsätze, Reden, Essays*, Bd. 2: 1914–1918. Berlin 1983, S. 11–29

Mann, Thomas: „Goethe und Tolstoi. Fragmente zum Problem der Humanität", in: Mann, Thomas: *Gesammelte Werke*, Bd. IX. Frankfurt/Main 1960, S. 58–173

Mann, Thomas: „[Über Lenin]", in: Mann, Thomas: *Aufsätze, Reden, Essays*, Bd. 3: 1919–1925. Berlin 1986, S. 436–437

Mann, Thomas: *Betrachtungen eines Unpolitischen*. Frankfurt/Main 2001 (zuerst 1918)

Mann, Thomas: *Tagebücher. 1918–1921*, hrsg. v. Peter de Mendelssohn. Frankfurt/Main 1979

Marbe, Karl: *Die Gleichförmigkeit in der Welt. Untersuchungen zur Philosophie und politischen Wissenschaft*, 2 Bde. München 1916/1919

Meinecke, Friedrich: „Über Spenglers Geschichtsbetrachtung", in: *Wissen und Leben* 16, 1922/23, S. 549–561

Vom Messias. Kulturphilosophische Essays (mit Beiträgen von R. Kroner, N. v. Bubnoff, G. Mehlis, S. Hessen, F. Steppuhn). Leipzig 1909

Moeller van den Bruck, Arthur: „Zur Einführung. Bemerkungen über Dostojewski", in: Dostojewski, F. M.: *Die Dämonen*, 1. Teil, in: Dostojewski, F. M.: *Sämtliche Werke*, 1. Abt., 5. Bd., hrsg. v. Arthur Moeller van den Bruck. München/Leipzig 1906, S. VII–XVI

Moeller van den Bruck, Arthur: *Das Recht der jungen Völker*. München 1919

Moeller van den Bruck, Arthur: *Jedes Volk hat seinen eigenen Sozialismus*. Oldenburg i. O., o. J.

Moeller van den Bruck, Arthur: „Der Untergang des Abendlandes. Für und wider Spengler", in: Grunewald, Michel: *Moeller van den*

Brucks Geschichtsphilosophie, Bd. 2: Drei Texte zur Geschichtsphilosophie. Bern u. a. 2001, S. 297–364

Moeller van den Bruck, Arthur: *Das dritte Reich*. Hamburg 1923

Müller, Adam: *Kritische, ästhetische und philosophische Schriften*, Bd. 2. Neuwied/Berlin 1967

Müller, Heiner: *Gedichte. 1949–89*. Berlin/Köln 1992

Müller, Heiner: *Gesammelte Irrtümer. Interviews und Gespräche*. Frankfurt/Main 1986

Müller, Heiner: „Nachricht aus Moskau. Vorwort zu Curzio Malaparte, Die Wolga entspringt in Europa", in: Müller, Heiner: *„Jenseits der Nation". Heiner Müller im Interview mit Frank M. Raddatz*. Berlin 1991, S. 83–87

Müller, Heiner: „Die Reflexion ist am Ende, die Zukunft gehört der Kunst", in: Müller, Heiner: *„Jenseits der Nation". Heiner Müller im Interview mit Frank M. Raddatz*. Berlin 1991, S. 89–101

Müller, Heiner: „'Stirb schneller, Europa'. Heiner Müller im Gespräch mit Frank Raddatz. Zweite Folge", in: *Transatlantik* 01, 1989, S. 9–14

Müller, Heiner: „'Da trinke ich lieber Benzin zum Frühstück'. Heiner Müller im Gespräch mit Frank Raddatz. Dritte Folge", in: *Transatlantik* 02, 1989, S. 10–14

Müller, Heiner: „'Dem Terrorismus die Utopie entreißen'. Heiner Müller im Gespräch mit Frank Raddatz. Vierte Folge: Alternative DDR", in: *Transatlantik* 01, 1990, S. 25–29

Müller, Heiner: „Was wird aus dem größeren Deutschland? Fragen von Alexander Weigel", in: *Sinn und Form* 4, 1991, S. 666–669

Natorp, Paul: *Deutscher Weltberuf. Geschichtsphilosophische Richtlinien. Zweites Buch: Die Seele des Deutschen.* Jena 1918

Niekisch, Ernst: *Die dritte imperiale Figur*. Berlin 1935

Nietzsche, Friedrich: „Unzeitgemässe Betrachtungen II: Vom Nutzen und Nachtheil der Historie für das Leben", in: Nietzsche. *Werke. Kritische Gesamtausgabe*, hrsg. v. Giorgio Colli/Mazzino Montinari, 3. Abt., Bd. 1. Berlin/New York 1972, S. 239–330

Nietzsche, Friedrich: „Also sprach Zarathustra. Ein Buch für Alle und Keinen", in: Nietzsche. *Werke. Kritische Gesamtausgabe*, hrsg. v. Giorgio Colli/Mazzino Montinari, 6. Abt., Bd. 1. Berlin 1968, S. 1–404

Nietzsche, Friedrich: „Zur Genealogie der Moral. Eine Streitschrift", in: Nietzsche. Werke. Kritische Gesamtausgabe, hrsg. v. Giorgio Colli/Mazzino Montinari, 6. Abt., Bd. 2. Berlin 1968, S. 257–430

Nietzsche, Friedrich: „Ecce Homo", in: Nietzsche. *Werke. Kritische Gesamtausgabe*, hrsg. v. Giorgio Colli/Mazzino Montinari, 6. Abt., Bd. 3. Berlin 1969, S. 253–372

Nietzsche, Friedrich: *Die Geburt der Tragödie aus dem Geiste der Musik.* Frankfurt/Main 1986

Nötzel, Karl: *Der entlarvte Panslawismus und die große Aussöhnung der Slawen und Germanen.* München/Leipzig 1914

Nötzel, Karl / Barwinskyj, Alexander: *Die slawische Volksseele.* Jena 1916

Nötzel, Karl: *Der russische und der deutsche Geist. Gedankenleben, religiöses Erlebnis und Lebensnachbildung.* Berlin 1920

Nötzel, Karl: *Die Grundlagen des geistigen Rußlands. Versuch einer Psychologie des russischen Geisteslebens.* Leipzig 1923

Nötzel, Karl: *Die russische Leistung.* Karlsruhe 1927

Novalis: „Glauben und Liebe oder Der König und die Königin", in: Novalis: *Schriften. Die Werke Friedrich von Hardenbergs*, Bd. 2: Das philosophische Werk I, hrsg. v. Richard Samuel. Stuttgart u. a. 1981, S. 485–498

Novalis: „Blüthenstaub", in: Novalis: *Schriften. Die Werke Friedrich von Hardenbergs*, Bd. 2: Das philosophische Werk I, hrsg. v. Richard Samuel. Stuttgart u. a. 1981, S. 413–470

Novalis: [Notiz um 1799], in: Novalis. Schriften. *Die Werke Friedrich von Hardenbergs*, Bd. 3: Das philosophische Werk II, hrsg. v. Richard Samuel. Stuttgart u. a. 1983, S. 601

Ortega y Gasset, José: *Der Aufstand der Massen*. Berlin u. a. 1960

Paquet, Alfons: *Rom oder Moskau. Sieben Aufsätze*. München 1923

Pilnjak, Boris: *Das nackte Jahr*. Frankfurt/Main 1994

Plenge, Johann: *Der Krieg und die Volkswirtschaft*. Münster 1915

Plenge, Johann: *1789 und 1914. Die symbolischen Jahre in der Geschichte des politischen Geistes*. Berlin 1916

Poletaev, Evgenij / Punin, Nikolaj: *Protiv Civilizacii*. St. Petersburg 1918

Rohan, Karl Anton: „Vorwort zum zweiten Jahrgang", in: *Europäische Revue*, II. Jahrgang, 1, 1926, S. 3–5

Rohan, Karl Anton: „Faschismus und Europa", in: *Europäische Revue*, II. Jahrgang, 1, 1926, S. 121–124

Rormozer, Gjunter [Rohrmoser, Günter]: „K voprosu o buduščem Rossii", in: Lektorskij, V. A. / Šarov, A. Ja.: *Rossija i Germanija. Opyt filosofskogo dialoga*. Moskau 1993, S. 5–29

Rohrmoser, Günter: *Der Ernstfall. Die Krise unserer liberalen Republik*. Frankfurt/Main/Berlin 1994

Rohrmoser, Günter / Frenkin, Anatolij: *Neues konservatives Denken als Überlebensimperativ. Ein deutsch-russischer Dialog*. Frankfurt/Main u. a. 1996

Rohrmoser, Günter: „Die geistige Lage aus deutscher Sicht", in: Stjopin, W.: *Der Ernstfall auch in Rußland. Russische Philosophen diskutieren Günter Rohrmoser.* Bietigheim/Baden 1997, S. 27–39

Ruskin, John: *Diesem Letzten. Vier Abhandlungen über die ersten Grundsätze der Volkswirtschaft.* Leipzig 1902

Russland und Deutschland. Import- und Export-Revue, Nr. 1, 4, 11 (1902/1903)

Samjatin, Jewgenij: *Attila, die Geißel Gottes.* Zürich 1979

Scheler, Max: „Das Ressentiment im Aufbau der Moralen", in: Scheler, Max: *Gesammelte Werke,* Bd. 3: Vom Umsturz der Werte. Abhandlungen und Aufsätze, hrsg. v. Maria Scheler. Bern 1955 (4. Aufl.), S. 33–147

Scheler, Max: *Krieg und Aufbau.* Leipzig 1916

Schlegel, Friedrich: „Athenäums-Fragmente" [26. Fragment], in: *Kritische Friedrich-Schlegel-Ausgabe,* Bd. 2: Charakteristiken und Kritiken I (1796–1801), hrsg. v. Hans Eichner. München u. a. 1967, S. 169

Schlegel, Friedrich: „Signatur des Zeitalters", in: *Kritische Friedrich-Schlegel-Ausgabe,* Bd. 7: Studien zur Geschichte und Politik, hrsg. v. Ernst Behler. München u. a. 1966, S. 483–596

Simmel, Georg: „Die Großstädte und das Geistesleben", in: Simmel, Georg: *Das Individuum und die Freiheit. Essais.* Berlin 1957, S. 192–204

Solowjow, Wladimir: *Drei Gespräche.* Bonn 1947

Sombart, Werner: *Händler und Helden.* München/Leipzig 1915

Sombart, Werner: *Deutscher Sozialismus.* Berlin 1934

Sorel, Georges: *Über die Gewalt.* Frankfurt/Main 1969

Spann, Othmar: *Der wahre Staat. Vorlesungen über Abbruch und Neubau der Gesellschaft.* Jena 1931

Stapel, Wilhelm: *Volk. Untersuchungen über Volkheit und Volkstum.* Hamburg 1942

Steppuhn, F. [Stepun, Fedor]: „Ssolowjów", in: *Vom Messias. Kulturphilosophische Essays* (mit Beiträgen von R. Kroner, N. v. Bubnoff, G. Mehlis, S. Hessen, F. Steppuhn). Leipzig 1909, S. 60–77

Stepun, Fedor: *Das Antlitz Rußlands und das Gesicht der Revolution.* Bern/Leipzig 1934

Toller, Ernst: *Masse Mensch.* Stuttgart 1979

Tolstoi, Alexej: *Aélita. Roman.* Moskau o. J.

Troeltsch, Ernst: *Gesammelte Schriften*, Bd. 3: Der Historismus und seine Probleme. Erstes Buch: Das logische Problem der Geschichtsphilosophie. Tübingen 1922

Trubetzkoy, Fürst N. S.: *Europa und die Menschheit.* München 1922

Tschaadajew, Peter: „Philosophische Briefe. Erster Brief", in: Tschaadajew, Peter: *Apologie eines Wahnsinnigen. Geschichtsphilosophische Schriften.* Leipzig 1992, S. 5–29

Vechi. Wegzeichen. Zur Krise der russischen Intelligenz, eingel. u. übers. v. Karl Schlögel. Frankfurt/Main 1990

Weber, Max: „Russlands Übergang zum Scheinkonstitutionalismus", in: Weber, Max: *Gesammelte politische Schriften*, hrsg. v. Johannes Winckelmann. Tübingen 1988, S. 69–111

Sekundärliteratur

Monographien

Anízar, Humberto Encarnación: *Die russische Idee in der Sozialphilosophie N. Berdjajews.* Münster 1978

Azzaro, Pierluca: *Deutsche Geschichtsdenker um die Jahrhundertwende und ihr Einfluss in Italien. Kurt Breysig, Walther Rathenau, Oswald Spengler.* Bern u. a. 2005

Bauerkämper, Arnd: *Der Faschismus in Europa 1918–1945.* Stuttgart 2006

Bergmann, Klaus: *Agrarromantik und Großstadtfeindschaft.* Meisenheim am Glan 1970

Bering, Dietz: *Die Intellektuellen. Geschichte eines Schimpfwortes.* Stuttgart 1978

Beßlich, Barbara: *Wege in den ‚Kulturkrieg‘. Zivilisationskritik in Deutschland 1890–1914.* Darmstadt 2000

Beßlich, Barbara: *Faszination des Verfalls. Thomas Mann und Oswald Spengler.* Berlin 2002

Blum, Jerome: *Lord and Peasant in Russia from the Ninth to Nineteenth Century.* Princeton 1961

Bollenbeck, Georg: *Eine Geschichte der Kulturkritik. Von J. J. Rousseau bis G. Anders.* München 2007

Bollenbeck, Georg / Köster, Werner: *Kulturelle Enteignung – Die Moderne als Bedrohung. Kulturelle Moderne und bildungsbürgerliche Semantik.* Wiesbaden 2003

Boterman, Frits: *Oswald Spengler und sein „Untergang des Abendlandes"*. Köln 2000

Breuer, Stefan: *Anatomie der konservativen Revolution*. Darmstadt 1993

Breuer, Stefan: *Ästhetischer Fundamentalismus. Stefan George und der deutsche Antimodernismus*. Darmstadt 1996

Der Briefwechsel zwischen Oswald Spengler und Wolfgang E. Groeger über russische Literatur, Zeitgeschichte und soziale Fragen, hrsg. v. Xenia Werner. Hamburg 1987

Burns, Robert M. / Rayment-Pickard, Hugh: *Philosophies of History. From Enlightenment to Postmodernity*. Oxford u. a. 2000

Bussche, Raimund von dem: *Konservatismus in der Weimarer Republik. Die Politisierung des Unpolitischen*. Heidelberg 1998

Cimbaev, Nikolaj I.: *Slavjanofil'stvo. Iz istorii russkoj obščestvenno-političeskoj mysli XIX veka*. Moskau 1986

Dabag, Mihran: *Löwiths Kritik der Geschichtsphilosophie und sein Entwurf einer Anthropologie*. Bochum 1989

Demandt, Alexander: *Zeit und Unzeit. Geschichtsphilosophische Essays*. Köln u. a. 2002

Diethe, Carol: *Nietzsches Schwester und Der Wille zur Macht. Biografie der Elisabeth Förster-Nietzsche*. Hamburg/Wien 2001

Diligenskij, German / Tschugrow, Sergej: *Der „Westen" im russischen Bewusstsein*. Köln 2000

Dmitrieva, Nadežda K.: *Filosof svobodnogo ducha. Nikolaj Berdjaev. Žizn' i tvorčestvo*. Moskau 1993

Dorowin, Hermann: *Retter des Abendlands. Kulturkritik im Vorfeld des europäischen Faschismus*. Stuttgart 1991

Eksteins, Modris: *Tanz über Gräben. Die Geburt der Moderne und der Erste Weltkrieg.* Reinbek b. Hamburg 1990

Elias, Norbert: *Über den Prozeß der Zivilisation, Bd. 1: Wandlungen des Verhaltens in den weltlichen Oberschichten des Abendlandes.* Basel 1939

Emmons, Terence: *The Russian Landed Gentry and the Peasant Emancipation of 1861.* Cambridge 1986

Felken, Detlef: *Oswald Spengler. Konservativer Denker zwischen Kaiserreich und Diktatur.* München 1988

Figes, Orlando: *Die Tragödie eines Volkes. Die Epoche der russischen Revolution 1891 bis 1924.* Berlin 1998

Flasch, Kurt: *Die geistige Mobilmachung. Die deutschen Intellektuellen und der Erste Weltkrieg. Ein Versuch.* Berlin 2000

Fleischhauer, Ingeborg: *Philosophische Aufklärung in Rußland. Rationaler Impuls und mystischer Umbruch: N. N. Strachov.* Rom 1977

Frenzel, Ivo: *Friedrich Nietzsche.* Reinbek b. Hamburg 2000

Gaman, Lidija A.: *Istoriosofija N. A. Berdjaeva.* Tomsk 2003

Gimmel, Jürgen: *Die politische Organisation kulturellen Ressentiments. Der „Kampfbund für deutsche Kultur" und das bildungsbürgerliche Unbehagen an der Moderne.* Münster 2001

Gitermann, Valentin: *Geschichte Rußlands*, Bd. 3. Hamburg 1949

Goerdt, Wilhelm: *Russische Philosophie. Texte.* Freiburg/München 1989

Golczewski, Frank / Pickhan, Gertrud: *Russischer Nationalismus. Die russische Idee im 19. und 20. Jahrhundert. Darstellung und Texte.* Göttingen 1998

Golec, Janusz: *Zivilisationsbegeisterung und Zivilisationskritik im deutschen Expressionismus.* Lublin 1993

Grenzer, Andreas: *Adel und Landbesitz im ausgehenden Zarenreich. Der russische Landadel zwischen Selbstbehauptung und Anpassung nach Aufhebung der Leibeigenschaft.* Stuttgart 1995

Groh, Dieter: *Rußland und das Selbstverständnis Europas. Ein Beitrag zur europäischen Geistesgeschichte.* Neuwied/Berlin 1961

Groh, Dieter: *Rußland im Blick Europas. 300 Jahre historische Perspektiven.* Frankfurt/Main 1988 [erweiterte Fassung von *Rußland und das Selbstverständnis Europas*]

Grunewald, Michel: *Moeller van den Brucks Geschichtsphilosophie*, Bd. 1: „Ewige Urzeugung", „Ewige Anderswerdung", „Ewige Weitergabe". Bern u. a. 2001

Henkel, Markus: *Nationalkonservative Politik und mediale Repräsentation. Oswald Spenglers politische Philosophie im Netzwerk der Oligarchen (1910–1925).* Baden-Baden 2012

Hoare, Philip: *England's Lost Eden. Adventures in a Victorian Utopia.* London/New York 2005

Hoeres, Peter: *Krieg der Philosophen. Die deutsche und britische Philosophie im Ersten Weltkrieg.* Paderborn 2004

Hufen, Christian: *Fedor Stepun. Ein politischer Intellektueller aus Rußland in Europa. Die Jahre 1884–1945.* Berlin 2001

Keller, Thomas: *Deutsch-französische Dritte-Wege-Diskurse. Personalistische Intellektuellendebatten der Zwischenkriegszeit.* München 2001

Kesting, Hanno: *Geschichtsphilosophie und Weltbürgerkrieg. Deutungen der Geschichte von der Französischen Revolution bis zum Ost-West-Konflikt.* Heidelberg 1959

Kittsteiner, Heinz-Dieter: *Listen der Vernunft. Motive geschichtsphilosophischen Denkens.* Frankfurt/Main 1998

Kocka, Jürgen: *Geschichte und Aufklärung. Aufsätze.* Göttingen 1989
Koenen, Gerd: *Der Russland-Komplex. Die Deutschen und der Osten. 1900–1945.* München 2005

Koktanek, Anton Mirko: *Oswald Spengler in seiner Zeit.* München 1968

Krebs, Wolfgang: *Die imperiale Endzeit. Oswald Spengler und die Zukunft der abendländischen Zivilisation.* Berlin 2008

Krementsov, Nikolai: *Revolutionary Experiments. The Quest of Immortality in Bolshevik Science.* Oxford 2014

Kuby, Erich: *Verrat auf deutsch. Wie das Dritte Reich Italien ruinierte.* Hamburg 1982

Lemberg, Hans: *Die nationale Gedankenwelt der Dekabristen.* Köln/Graz 1963

Linde, Fabian: *The Spirit of Revolt. Nikolai Berdiaev's Existential Gnosticism.* Stockholm 2010

Lipperheide, Christian: *Nietzsches Geschichtsstrategien. Die rhetorische Neuorganisation der Geschichte.* Würzburg 1999

Losskij, Nikolaj: *Istorija russkoj filosofii.* Moskau 1994

Lotman, Jurij M.: *Rußlands Adel. Eine Kulturgeschichte von Peter I. bis Nikolaus I.* Köln u. a. 1997

Löwith, Karl: *Weltgeschichte als Heilsgeschehen. Die theologischen Voraussetzungen der Geschichtsphilosophie.* Stuttgart 1953

Löwith, Karl: *Gesammelte Abhandlungen. Zur Kritik der geschichtlichen Existenz.* Stuttgart 1960

Lowrie, Donald A.: *Rebellious Prophet. A Life of Nicolai Berdyaev.* New York 1960

Lübbe, Hermann: *Geschichtsphilosophie. Verbliebene Funktionen.* Erlangen/Jena 1993

Masaryk, Thomas G.: *Rußland und Europa. Studien über die geistigen Strömungen in Rußland,* Folge 1: Zur russischen Geschichts- und Religionsphilosophie. Soziologische Skizzen, Bd. 1. Jena 1913

Mazour, Anatole G.: *The First Russian Revolution 1825. The Decembrist Movement. Its Origins, Development und Significance.* Stanford 1937

Meyer, Thomas: *Identitäts-Wahn. Die Politisierung des kulturellen Unterschieds.* Berlin 1997

Mladorossy. Materialy k istorii smenovechovskogo dviženija, zusammengestellt von Rostislav P. Rončevskij. London/Ontario 1973

Mohler, Armin: *Die konservative Revolution in Deutschland. 1918–1932. Ein Handbuch.* Graz 1999

Mommsen, Wolfgang J.: *Der europäische Imperialismus. Aufsätze und Abhandlungen.* Göttingen 1979

Motrošilova, Nelli V.: *Mysliteli Rossii i filosofija zapada.* Moskau 2006

Müller, Ludolf: *Die Kritik des Protestantismus in der russischen Theologie vom 16. bis zum 18. Jahrhundert.* Mainz 1951

Müller, Ludolf: *Russischer Geist und evangelisches Christentum. Die Kritik des Protestantismus in der russischen religiösen Philosophie und Dichtung im 19. und 20. Jahrhundert.* Witten 1951

Müller, Sven Oliver: *Die Nation als Waffe und Vorstellung. Nationalismus in Deutschland und Großbritannien im Ersten Weltkrieg.* Göttingen 2002

Münkler, Herfried: *Die Deutschen und ihre Mythen*. Reinbek b. Hamburg 2010

Myers, Perry: *The Double-Edged Sword. The Cult of Bildung, Its Downfall and Reconstitution in Fin-de-Siècle Germany (Rudolf Steiner and Max Weber)*. Oxford u. a. 2004

Naeher, Jürgen: *Oswald Spengler mit Selbstzeugnissen und Bilddokumenten*. Reinbek b. Hamburg 1984

Nipperdey, Thomas: *Nachdenken über die deutsche Geschichte*. Stuttgart 1987

Nol'de, Boris: *Jurij Samarin i ego vremja*. Paris 1926

Nolte, Ernst: *Der Faschismus in seiner Epoche. Action française, Italienischer Faschismus, Nationalsozialismus*. München/Zürich 1995

Novikova, Lidija I. / Sizemskaja, Irina N.: *Russkaja Filosofija Istorii*. Moskau 1997

Östliches Christentum. Dokumente. In Verbindung mit Nicolai v. Bubnoff hrsg. v. Hans Ehrenberg, Bd. 1 (Politik). München o. J.

Osmančević, Samir: *Oswald Spengler und das Ende der Geschichte*. Wien 2007

Paramonov, Boris: *Sled. Filosofija, istorija, sovremennost'*. Moskau 2001

Pauen, Michael: *Pessimismus. Geschichtsphilosophie, Metaphysik und Moderne von Nietzsche bis Spengler*. Berlin 1997

Person, Jutta: *Der pathographische Blick. Physiognomik, Atavismustheorien und Kulturkritik 1870–1930*. Würzburg 2005

Peskov, Aleksej M.: *„Russkaja Ideja" i „Russkaja duša". Očerki russkoj istoriosofii*. Moskau 2007

Pflaum, Michael: *Geschichte des Wortes „Zivilisation"*. München 1961

Podvojskij, Denis G.: *Antinomija „Rossija – Zapad" i problema soci-okul'turnoj samobytnosti.* Moskau 2005

Pypin, A. N.: *Die geistigen Bewegungen in Rußland in der ersten Hälf-te des XIX. Jahrhunderts*, Bd. 1: Die russische Gesellschaft unter Ale-xander I. Berlin 1894

Raeff, Marc: *The Decembrist Movement.* New Jersey 1966

Reichel, Peter: *Der schöne Schein des Dritten Reiches. Faszination und Gewalt des Faschismus.* Hamburg 1992

Reichelt, Stefan G.: *Nikolaj Berdjaev in Deutschland 1920–1950. Eine rezeptionshistorische Studie.* Leipzig 1999

Riasanovsky, Nicholas V.: *Russland und der Westen. Die Lehre der Slawophilen. Studie über eine romantische Ideologie.* München 1954

Schelting, Alexander von: *Rußland und Europa im russischen Ge-schichtsdenken. Auf der Suche nach der historischen Identität*, neu hrsg. v. Christiane Uhlig. Ostfildern 1997

Schelting, Alexander von: *Rußland und der Westen im russischen Ge-schichtsdenken der zweiten Hälfte des 19. Jahrhunderts*, aus dem Nachlaß hrsg. u. bearb. v. Hans-Joachim Torke. Berlin/Wiesbaden 1989

Schnädelbach, Herbert: *Geschichtsphilosophie nach Hegel. Die Prob-leme des Historismus.* Freiburg/München 1974

Schoeps, Hans Joachim: *Vorläufer Spenglers. Studien zum Ge-schichtspessimismus im 19. Jahrhundert.* Leiden 1955

Schwaiger, Axel: *Christliche Geschichtsdeutung in der Moderne. Eine Untersuchung zum Geschichtsdenken von Juan Donoso Cortés, Ernst von Lasaulx und Vladimir Solov'ev in der Zusammenschau christlicher Historiographieentwicklung.* Berlin 2001

See, Klaus von: *Die Ideen von 1789 und die Ideen von 1914. Völkisches Denken in Deutschland zwischen Französischer Revolution und Erstem Weltkrieg.* Frankfurt/Main 1975

Sieferle, Rolf Peter: *Die Konservative Revolution. Fünf biographische Skizzen.* Frankfurt/Main 1995

Slaatté, Howard Alexander: *Personality, Spirit, and Ethics: the Ethics of Nicholas Berdyaev.* New York u. a. 1997

Sontheimer, Kurt: *Antidemokratisches Denken in der Weimarer Republik. Die politischen Ideen des deutschen Nationalismus.* München 1992 (3. Aufl.)

Soucy, Robert: *Fascism in France. The Case of Maurice Barrès.* Berkeley/London 1972

Spinka, Matthew: *Nicolai Berdyaev. Captive of Freedom.* Philadelphia/Westminster Press 1950

Stäglich, Dieter: *Vladimir F. Ern (1882–1917). Sein philosophisches und publizistisches Werk. Ein Beitrag zur russischen Geistesgeschichte des beginnenden 20. Jahrhunderts.* Bonn 1967

Sternhell, Zeev (unter Mitarbeit von Mario Sznajder/Maia Asheri): *Die Entstehung der faschistischen Ideologie. Von Sorel zu Mussolini.* Hamburg 1999

Stibbe, Matthew: *German Anglophobia and the Great War. 1914–1918.* Cambridge 2001

Stökl, Günther: *Russische Geschichte. Von den Anfängen bis zur Gegenwart.* Stuttgart 1990

Struve, Walter: *Elites against Democracy. Leadership Ideals in Bourgeois Political Thought in Germany, 1890–1933.* Princeton, New Jersey 1973

Stupperich, Robert: *Jurij Samarin und die Anfänge der Bauernbefreiung in Rußland.* Wiesbaden 1969

Tetzner, Thomas: *Der kollektive Gott. Zur Ideengeschichte des ‚Neuen Menschen' in Russland.* Göttingen 2013

Vadimov, Aleksandr: *Žizn' Berdjaeva. Rossija.* Berkeley 1993

Varga, Lucie: *Das Schlagwort vom „Finsteren Mittelalter".* Baden u. a. 1932

Vogt, Stefan: *Nationaler Sozialismus und Soziale Demokratie. Die sozialdemokratische Rechte 1918–1945.* Bonn 2006

Volkogonova, Ol'ga D.: *Obraz Rossii v filosofii russkogo zarubež'ja.* Moskau 1998

Volkogonova, Ol'ga D.: *N. A. Berdjaev. Intellektual'naja biografija.* Moskau 2001

Weingart, Peter / Kroll, Jürgen / Bayertz, Kurt: *Rasse, Blut und Gene. Geschichte der Eugenik und Rassenhygiene in Deutschland.* Frankfurt/Main 1988

Werth, Christoph H.: *Sozialismus und Nation. Die deutsche Ideologiediskussion zwischen 1918 und 1945.* Opladen 1996

Wippermann, Wolfgang: *Europäischer Faschismus im Vergleich (1922–1982).* Frankfurt/Main 1983

Wippermann, Wolfgang: *Totalitarismustheorien. Die Entwicklung der Diskussion von den Anfängen bis heute.* Darmstadt 1997

Woods, Roger: *Nation ohne Selbstbewußtsein. Von der Konservativen Revolution zur Neuen Rechten.* Baden-Baden 2001

Worth, George J.: *Thomas Hughes.* Boston 1984

Zedelmaier, Helmut: *Der Anfang der Geschichte. Studien zur Ursprungsdebatte im 18. Jahrhundert.* Hamburg 2003

Zen'kovskij, Vassilij V.: *Russkie mysliteli i evropa. Kritika evropejskoj kul'tury u russkich myslitelej.* Paris 1955

Zumbini, Massimo Ferrari: *Untergang und Morgenröte. Nietzsche – Spengler – Antisemitismus.* Würzburg 1999

Zwahlen, Regula M.: *Das revolutionäre Ebenbild Gottes. Anthropologien der Menschenwürde bei Nikolaj A. Berdjaev und Sergej N. Bulgakov.* Wien 2010

Internetveröffentlichungen

Demand, Christian: „Meese schreibt, Suhrkamp druckt", url: http://www.zeit.de/2012/42/Jonathan-Meese-Ausgewaehlte-Schriften/komplettansicht (16.05.2013)

Dugin, Aleksandr: „Satans Streitmacht greift an. Zu den aktuellen Übergriffen auf die russisch-orthodoxe Kirche in Rußland", url: http://www.youtube.com/watch?v=6drtehg7PZ4 (25.05.2013)

Dugin, Alexander: „The Long Path. An Interview with Alexander Dugin", url: http://openrevolt.info/2014/05/17/alexander-dugin-interview/ (01.06.2014)

Fieseler, Beate über: Eimermacher, Karl / Volpert, Astrid (Hrsg.), unter Mitarbeit von Gennadij Bordjugow: Tauwetter, Eiszeit und gelenkte Dialoge. Russen und Deutsche nach 1945, München 2006. = West-Östliche Spiegelungen. Neue Folge, 3. ISBN: 3-7705-4088-3, in: Jahrbücher für Geschichte Osteuropas. Neue Folge, 57 (2009) H. 4, S. 627–629, url: http://www.dokumente.ios-regensburg.de/JGO/Rez/Fieseler_Eimermacher_Tauwetter.html (20.05.2013)

Snyder, Timothy: „Rechte schließen sich zusammen, Putin führt sie an", url: http://www.faz.net/aktuell/feuilleton/debatten/interview-timothy-snyder-ueber-die-ukraine-12943382.html (01.06.2014)

Snyder, Timothy: „Putins Projekt", url: http://www.faz.net/aktuell/politik/die-gegenwart/ukraine-putins-projekt-12893812.html? printPagedArticle=true#pageIndex_2 (01.06.2014)

Umland, Andreas: „Neue rechtsextreme Intellektuellenzirkel in Putins Russland: das Anti-Orange Komitee, der Isborsk-Klub und der Florian-Geyer-Klub", url: http://www.laender-analysen.de/russland/pdf/Russlandanalysen256.pdf (04.05.2013)

Yanov, Alexander: „Putin and the ‚Russian Idea'", url: http:// imrussia.org/en/society/504-putin-and-the-russian-idea (01.06.2014)
Yanov, Alexander: „Conspiracy Against Russia? ", url: http:// imrussia.org/society/555-conspiracy-against-russia (01.06.2014)

Sammelbände, Enzyklopädien

Backes, Uwe / Jesse, Eckhard: *Gefährdungen der Freiheit. Extremistische Ideologien im Vergleich* (= Schriften des Hannah-Arendt-Instituts für Totalitarismusforschung, Bd. 29). Göttingen 2006

Bol'šaja sovetskaja ènciklopedija, Bd. 35. Moskau 1937

Bubner, Rüdiger / Mesch, Walter: *Die Weltgeschichte – das Weltgericht? Stuttgarter Hegel-Kongreß 1999*. Stuttgart 2001

Chickering, Roger: *Krieg, Frieden und Geschichte. Gesammelte Aufsätze über patriotischen Aktionismus, Geschichtskultur und totalen Krieg*. Stuttgart 2007

Demandt, Alexander / Farrenkopf, John: *Der Fall Spengler. Eine kritische Bilanz*. Köln u. a. 1994

Dülffer, Jost / Krumeich, Gerd: *Der verlorene Frieden. Politik und Kriegskultur nach 1918*. Essen 2002

Ebert, Christa: *Kulturauffassungen in der literarischen Welt Rußlands. Kontinuitäten und Wandlungen im 20. Jahrhundert*. Berlin 1995

Eimermacher, Karl / Volpert, Astrid: *Verführungen der Gewalt. Russen und Deutsche im Ersten und Zweiten Weltkrieg.* München 2005

Ènciklopedičeskij slovar', hrsg. v. F. A. Brokgauz/I. A. Efron, Bd. 17. St. Petersburg 1896

Ènciklopedičeskij slovar' russkogo bibliografičeskogo instituta Granat, Moskau o. J. (7. Aufl.)

Ermičev, Aleksandr A.: *N. A. Berdjaev: pro et contra. Antologija*, kn. 1. St. Petersburg 1994

Europäische Schlüsselwörter. Wortvergleichende und wortgeschichtliche Studien, hrsg. v. Sprachwissenschaftlichen Colloquium (Bonn), Bd. 3: Kultur und Zivilisation. München 1967

Faulenbach, Bernd / Stadelmaier, Martin: *Diktatur und Emanzipation. Zur russischen und deutschen Entwicklung 1917–1991.* Essen 1993

Gangl, Manfred / Merlio, Gilbert / Ophälders, Markus: *Spengler – Ein Denker der Zeitenwende.* Frankfurt/Main 2009

Gangl, Manfred / Raulet, Gérard: *Intellektuellendiskurse in der Weimarer Republik. Zur politischen Kultur einer Gemengelage.* Darmstadt 1994

Geschichtliche Grundbegriffe. Historisches Lexikon zur politisch-sozialen Sprache in Deutschland, hrsg. v. Otto Brunner/Werner Conze/Reinhart Koselleck, Bd. 1/7. Stuttgart 1972/1992

Groys, Boris / Hagemeister, Michael: *Die Neue Menschheit. Biopolitische Utopien in Russland zu Beginn des 20. Jahrhunderts.* Frankfurt/Main 2005

Grunewald, Michel: *Moeller van den Brucks Geschichtsphilosophie*, Bd. 2: Drei Texte zur Geschichtsphilosophie. Bern u. a. 2001

Grunewald, Michel / Puschner, Uwe: *Das konservative Intellektuellenmilieu in Deutschland, seine Presse und seine Netzwerke (1890–1960)*. Bern 2003

Hardtwig, Wolfgang / Müller, Philipp: *Die Vergangenheit der Weltgeschichte. Universalhistorisches Denken in Berlin 1800–1933*. Göttingen 2010

Herrmann, Dagmar / Volpert, Astrid: *Traum und Trauma. Russen und Deutsche im 20. Jahrhundert*, Bd. 2. München 2003

Herrmann, Dagmar: *Deutsche und Deutschland aus russischer Sicht. 19. und 20. Jahrhundert: Von den Reformen Alexanders II. bis zum Ersten Weltkrieg*. München 2006

Herzog, Reinhart / Koselleck, Reinhart: *Epochenschwelle und Epochenbewußtsein*. München 1987

Hübinger, Gangolf / Mommsen, Wolfgang J.: *Intellektuelle im Deutschen Kaiserreich*. Frankfurt/Main 1993

Hüppauf, Bernd: *Ansichten vom Krieg. Vergleichende Studien zum Ersten Weltkrieg in Literatur und Gesellschaft*. Königstein 1984

Keller, Mechthild: *Russen und Rußland aus deutscher Sicht. 19./20. Jahrhundert: Von der Bismarckzeit bis zum Ersten Weltkrieg* (=West-östliche Spiegelungen, Reihe A, Bd. 4). München 2000

Kissel, Wolfgang Stephan / Thun, Franziska / Uffelmann, Dirk: *Kultur als Übersetzung. Klaus Städtke zum 65. Geburtstag*. Würzburg 1999

Koebner, Thomas: *Weimars Ende. Prognosen und Diagnosen in der deutschen Literatur und politischen Publizistik. 1930–33*. Frankfurt/Main 1982

Koenen, Gerd / Kopelew, Lew: *Deutschland und die Russische Revolution. 1917–1924* (=West-östliche Spiegelungen, Reihe A: Russen und Rußland aus deutscher Sicht, Bd. 5). München 1998

Koktanek, Anton Mirko: *Spengler-Studien. Festgabe für Manfred Schröter zum 85. Geburtstag.* München 1965

Koselleck, Reinhart / Widmer, Paul: *Niedergang. Studien zu einem geschichtlichen Thema.* Stuttgart 1980

Kühnhardt, Ludger / Tschubarjan, Alexander: *Rußland und Deutschland auf dem Weg zum antitotalitären Konsens.* Baden-Baden 1999 Lektorskij, V. A. / Šarov, A. Ja.: *Rossija i Germanija. Opyt filosofskogo dialoga.* Moskau 1993

Luks, Leonid: *Das Christentum und die totalitären Herausforderungen des 20. Jahrhunderts. Rußland, Deutschland, Italien und Polen im Vergleich.* Köln u. a. 2002

Luks, Leonid / O'Sullivan, Donal: *Rußland und Deutschland im 19. und 20. Jahrhundert. Zwei „Sonderwege" im Vergleich.* Köln u. a. 2001

Luks, Leonid: *Zwei Gesichter des Totalitarismus. Bolschewismus und Nationalsozialismus im Vergleich.* Köln u. a. 2007

Ludz, Peter Christian: *Spengler heute. Sechs Essays.* München 1980

Maier, Hans: *Totalitarismus und Politische Religionen. Konzepte des Diktaturvergleichs*, Bd. III: Deutungsgeschichte und Theorie. Paderborn u. a. 2003

Merlio, Gilbert / Meyer, Daniel: *Spengler ohne Ende. Ein Rezeptionsphänomen im internationalen Kontext.* Frankfurt/Main 2014

Meyers Konversationslexikon, Bd. 13. Leipzig/Wien 1888/89

Mommsen, Wolfgang J.: *Kultur und Krieg. Die Rolle der Intellektuellen, Künstler und Schriftsteller im Ersten Weltkrieg.* München 1996

Reschke, Renate: *Antike und Romantik bei Nietzsche* (= Jahrbuch der Nietzsche-Gesellschaft, Bd. 11). Berlin 2004

Sbornik statej XII meždunarodnoj konferencii „Rossija i Zapad: dialog kul'tur", 28.–30. November 2007. Moskau 2008

Schmidt, Jochen: *Aufklärung und Gegenaufklärung in der europäischen Literatur, Philosophie und Politik von der Antike bis zur Gegenwart.* Darmstadt 1989

Schwarze, Michael: *Der neue Mensch. Perspektiven der Renaissance.* Regensburg 2000

Shlapentokh, Dmitry: *Russia between East and West. Scholary Debates on Eurasianism.* Leiden/Boston 2007

Slovar' sovremennogo russkogo literaturnogo jazyka, Bd. 6, hrsg. v. d. Akademie der Wissenschaften der UdSSR. Moskau/Leningrad 1957

Städtke, Klaus: *Russische Literaturgeschichte.* Stuttgart/Weimar 2002

Tschiževskij, Dmitrij / Groh, Dieter: *Europa und Russland. Texte zum Problem des westeuropäischen und russischen Selbstverständnisses.* Darmstadt 1959

Tupolev, Boris M.: *Rossija i Germanija. Rußland und Deutschland*, Bde. 1–4. Moskau 1998–2007

Vondung, Klaus: *Das wilhelminische Bildungsbürgertum. Zur Sozialgeschichte seiner Ideen.* Göttingen 1976

Vondung, Klaus: *Kriegserlebnis. Der Erste Weltkrieg in der literarischen Gestaltung und symbolischen Deutung der Nationen.* Göttingen 1980

Wallnig, Thomas / Stockinger, Thomas / Peper, Ines / Fiska, Patrick: *Europäische Geschichtskulturen um 1700 zwischen Gelehrsamkeit, Politik und Konfession.* Berlin/Boston 2012

Winkler, Martin: *Slavische Geisteswelt. Rußland.* Darmstadt/Genf 1955

Zeitungs- und Zeitschriftenartikel, Aufsätze in Sammelbänden

Anz, Thomas: „Vitalismus und Kriegsdichtung", in: Mommsen, Wolfgang J.: *Kultur und Krieg. Die Rolle der Intellektuellen, Künstler und Schriftsteller im Ersten Weltkrieg.* München 1996, S. 235–247

Bajohr, Susanne: „Obščestvo in der sozialpolitischen Theorie von Jurij F. Samarin und Ivan S. Aksakov", in: *Berliner Jahrbuch für osteuropäische Geschichte* 2, 1995, S. 173–186

Bluhm, Harald: „Dostojewski[-] und Tolstoi-Rezeption auf dem ,semantischen Sonderweg'. Kultur und Zivilisation in deutschen Rezeptionsmustern Anfang des 20. Jahrhunderts", in: *Politische Vierteljahresschrift* 40, 1999, S. 305–327

Bljumenkranc, M. A.: „Romantik ducha", in: Berdjaev, Nikolaj: *Samopoznanie.* Moskau/Char'kov 1999, S. 3–10

Burke, Peter: „Renaissance, Reformation, Revolution", in: Koselleck, Reinhart / Widmer, Paul: *Niedergang. Studien zu einem geschichtlichen Thema.* Stuttgart 1980, S. 137–147

Chickering, Roger: „Die Alldeutschen erwarten den Krieg", in: Chickering, Roger: *Krieg, Frieden und Geschichte. Gesammelte Aufsätze über patriotischen Aktionismus, Geschichtskultur und totalen Krieg.* Stuttgart 2007, S. 84–92

Dahlmann, Dittmar: „Krieg, Bürgerkrieg, Gewalt. Die Wahrnehmung des Ersten Weltkriegs und des Bürgerkriegs in der russischen Emigration und in der Sowjetunion in der Zwischenkriegszeit", in: Dülffer, Jost / Krumeich, Gerd: *Der verlorene Frieden. Politik und Kriegskultur nach 1918.* Essen 2002, S. 91–100

Demandt, Alexander: „Zum Dekadenzproblem", in: Demandt, Alexander: *Zeit und Unzeit. Geschichtsphilosophische Essays.* Köln u. a. 2002, S. 99–110

Demandt, Alexander: „Europessimismus. Ein Überblick über das Dekadenzproblem", in: Demandt, Alexander: *Zeit und Unzeit. Geschichtsphilosophische Essays.* Köln u. a. 2002, S. 111–123

Dietzsch, Steffen: „Karl Joëls *Nietzsche und die Romantik* neu gelesen", in: Reschke, Renate: *Antike und Romantik bei Nietzsche* (= Jahrbuch der Nietzsche-Gesellschaft, Bd. 11). Berlin 2004, S. 13–27

Dodd, William J.: „Ein Gottträgervolk, ein geistiger Führer. Die Dostojewskij-Rezeption von der Jahrhundertwende bis zu den zwanziger Jahren als Paradigma des deutschen Rußlandbilds", in: Keller, Mechthild: *Russen und Rußland aus deutscher Sicht. 19./20. Jahrhundert: Von der Bismarckzeit bis zum Ersten Weltkrieg* (=Westöstliche Spiegelungen, Reihe A, Bd. 4). München 2000, S. 851–865

Doerry, Martin: „Wir brauchen Stahlgewitter", in: *Der Spiegel* 3, 1995, S. 156–157

Dymerskaja-Tsigelmann, Ljudmila: „Thomas Mann und Nikolaj Berdjaev über die geistigen und historischen Ursprünge des Nationalsozialismus und des russischen Kommunismus", in: Luks, Leonid: *Das Christentum und die totalitären Herausforderungen des 20. Jahrhunderts. Rußland, Deutschland, Italien und Polen im Vergleich*. Köln u. a. 2002, S. 31–60

Dupeux, Louis: „Im Zeichen von Versailles. Ostideologie und Nationalbolschewismus in der Weimarer Republik", in: Koenen, Gerd / Kopelew, Lew: *Deutschland und die Russische Revolution. 1917–1924* (=West-östliche Spiegelungen, Reihe A: Russen und Rußland aus deutscher Sicht, Bd. 5). München 1998, S. 191–218

Ehlen, Peter: „Deutschland, Rußland und der Okzident. Kontroversen um den ‚eigenen Weg'", in: Luks, Leonid / O'Sullivan, Donal: *Rußland und Deutschland im 19. und 20. Jahrhundert. Zwei „Sonderwege" im Vergleich*. Köln u. a. 2001, S. 9–30

Farrenkopf, John: „Nietzsche, Spengler, and the Politics of Cultural Despair", in: *Interpretation* 20, 2, 1992/93, S. 165–185

Fedjuk, Wladimir: „Der Kampf gegen die ‚deutsche Überfremdung' in der russischen Provinz", in: Eimermacher, Karl / Volpert, Astrid: *Verführungen der Gewalt. Russen und Deutsche im Ersten und Zweiten Weltkrieg*. München 2005, S. 95–120

Fisch, Jörg: „Zivilisation, Kultur", in: *Geschichtliche Grundbegriffe. Historisches Lexikon zur politisch-sozialen Sprache in Deutschland,* hrsg. v. Otto Brunner/Werner Conze/Reinhart Koselleck, Bd. 7. Stuttgart 1992, S. 679–774

Gajdenko, Piama: „The Problem of Freedom in Nicolai Berdjaev's Existential Philosophy", in: *Studies in East European Thought* 46, 1994, S. 153–185

Goeldel, Denis: „'Revolution', 'Sozialismus' und 'Demokratie': Bedeutungswandel dreier Begriffe am Beispiel von Moeller van den Bruck", in: Gangl, Manfred / Raulet, Gérard: *Intellektuellendiskurse in der Weimarer Republik. Zur politischen Kultur einer Gemengelage.* Darmstadt 1994, S. 37–51

Hampe, Peter: „Sozioökonomische und psychische Hintergründe der bildungsbürgerlichen Imperialbegeisterung", in: Vondung, Klaus: *Das wilhelminische Bildungsbürgertum. Zur Sozialgeschichte seiner Ideen.* Göttingen 1976, S. 67–79

Hausmann, Frank-Rutger: „Humanismus und Renaissance in Italien und Frankreich", in: Schwarze, Michael: *Der neue Mensch. Perspektiven der Renaissance.* Regensburg 2000, S. 7–35

Hellebust, Rolf: „Aleksei Gastev and the Metallization of the Revolutionary Body", in: *Slavic Review* 56/3, 1997, S. 500–518

Herrmann, Dagmar: „Die neue europäische Ordnung – eine Vision Fëdor Dostoevskijs", in: Herrmann, Dagmar: *Deutsche und Deutschland aus russischer Sicht. 19. und 20. Jahrhundert: Von den Reformen Alexanders II. bis zum Ersten Weltkrieg.* München 2006, S. 488–549

Herzinger, Richard: „Geisterbeschwörungen im deutschen Augenblick. Heiner Müllers Antiwestlertum und die Neue Rechte", in: *Sprache und Literatur in Wissenschaft und Unterricht* 72, 1993, S. 73–85

Hildermeier, Manfred: „Das Privileg der Rückständigkeit. Anmerkungen zum Wandel einer Interpretationsfigur der neueren russischen Geschichte", in: *Historische Zeitschrift* 24, 3, 1987, S. 557–603

Hübinger, Gangolf: „'Journalist' und 'Literat'. Vom Bildungsbürger zum Intellektuellen", in: Hübinger, Gangolf / Mommsen, Wolfgang J.: *Intellektuelle im Deutschen Kaiserreich*. Frankfurt/Main 1993, S. 95–110

Hübinger, Gangolf: „Die *Tat* und der *Tat-Kreis*. Politische Entwürfe und intellektuelle Konstellationen", in: Grunewald, Michel / Puschner, Uwe: *Das konservative Intellektuellenmilieu in Deutschland, seine Presse und seine Netzwerke (1890–1960)*. Bern 2003, S. 407–426

Ignatov, Assen: „Das russische geschichtsphilosophische Denken. Grundmotive und aktuelle Resonanz", in: *Bericht des BIOst* 5, 1996, S. 3–38

Ingold, Felix Philipp: „Licht aus dem Osten? Thomas Mann und Oswald Spengler über Rußlands Verhältnis zu Europa", in: *FAZ* v. 07.08.2002, S. N3

Ingold, Felix Philipp: „Apokalyptischer Hass. Spengler wird in Russland mit aktuellem Interesse rezipiert", in: *FAZ* v. 07.02.2007, S. N3

Jakuškin, V. E.: „Matvej Ivanovič Murav'ev-Apostol", in: *Russkaja Starina* 7, 51, 1886, S. 151–170

Kaminskij, Konstantin: „Der Normannenstreit als Gründungsschlacht der russischen Geschichtsschreibung", in: Wallnig, Thomas / Stockinger, Thomas / Peper, Ines / Fiska, Patrick: *Europäische Geschichtskulturen um 1700 zwischen Gelehrsamkeit, Politik und Konfession*. Berlin/Boston 2012, S. 553–581

Kaube, Jürgen: „Die Unvernunft in der Geschichte. Vom falschen Gott: Heinz Dieter Kittsteiner verlötet Weltmarkt und Seinsgeschichte", in: *FAZ* v. 24.03.2004, S. L20

Kerimov, V. I.: „Filosofija istorii A. S. Chomjakova", in: *Voprosy Filosofii* 3, 1988, S. 88–102

Kissel, Wolfgang Stephan: „Die Anfänge einer Zivilisationskritik in Osteuropa: Čaadaev – Mickiewicz – Puškin", in: Krasnodebski, Zdzislaw / Garsztecki, Stefan: *Sendung und Dichtung. Adam Mickiewicz in Europa.* Hamburg 2002, S. 59–82

Kissel, Wolfgang: „Die Moderne", in: Städtke, Klaus: *Russische Literaturgeschichte.* Stuttgart/Weimar 2002, S. 226–289

Kittsteiner, Heinz Dieter: „Die Form der Geschichte und das Leben der Menschen", in: Gangl, Manfred / Merlio, Gilbert / Ophälders, Markus: *Spengler – Ein Denker der Zeitenwende.* Frankfurt/Main 2009, S. 115–128

Kocka, Jürgen: „Bildungsbürgertum – Gesellschaftliche Formation oder Historikerkonstrukt?", in: Kocka, Jürgen: *Bildungsbürgertum im 19. Jahrhundert,* Teil IV: Politischer Einfluß und gesellschaftliche Formation. Stuttgart 1989, S. 9–20

Kocka, Jürgen: „Deutsche Geschichte vor Hitler. Zur Diskussion über den ‚deutschen Sonderweg'", in: Kocka, Jürgen: *Geschichte und Aufklärung. Aufsätze.* Göttingen 1989, S. 101–113

Koebner, Thomas: „Die Erwartung der Katastrophe. Zur Geschichtsprophetie des ‚neuen Konservatismus' (Oswald Spengler, Ernst Jünger)", in: Koebner, Thomas: *Weimars Ende. Prognosen und Diagnosen in der deutschen Literatur und politischen Publizistik. 1930–33,* Frankfurt/Main 1982, S. 348–359

Kopelew, Lew: „Am Vorabend des großen Krieges", in: Keller, Mechthild: *Russen und Rußland aus deutscher Sicht. 19./20. Jahrhundert: Von der Bismarckzeit bis zum Ersten Weltkrieg* (=West-östliche Spiegelungen, Reihe A, Bd. 4). München 2000, S. 11–107

Koselleck, Reinhart: „‚Volk', ‚Nation', ‚Nationalismus' und ‚Masse' 1914–1945", in: *Geschichtliche Grundbegriffe. Historisches Lexikon zur politisch-sozialen Sprache in Deutschland,* hrsg. v. Otto Brunner/Werner Conze/Reinhart Koselleck, Bd. 7. Stuttgart 1992, S. 389–420

Kraus, Hans-Christof: „'Untergang des Abendlandes'. Rußland im Geschichtsdenken Oswald Spenglers", in: Koenen, Gerd / Kopelew, Lew: *Deutschland und die Russische Revolution. 1917–1924* (=West-östliche Spiegelungen, Reihe A: Russen und Rußland aus deutscher Sicht, Bd. 5). München 1998, S. 277–312

Lammich, Maria: „Vom ,Barbarenland' zum ,Weltstaat'", in: Keller, Mechthild: *Russen und Rußland aus deutscher Sicht. 19./20. Jahrhundert: Von der Bismarckzeit bis zum Ersten Weltkrieg* (=West-östliche Spiegelungen, Reihe A, Bd. 4). München 2000, S. 146–198

Langewiesche, Dieter: „Bildungsbürgertum und Liberalismus", in: Kocka, Jürgen: *Bildungsbürgertum im 19. Jahrhundert*, Teil IV: Politischer Einfluß und gesellschaftliche Formation. Stuttgart 1989, S. 95–121

Löwith, Karl: „Friedrich Nietzsche, nach sechzig Jahren", in: Löwith, Karl: *Gesammelte Abhandlungen. Zur Kritik der geschichtlichen Existenz*. Stuttgart 1960, S. 127–151

Lübbe, Hermann: „Oswald Spenglers ,Preußentum und Sozialismus' und Ernst Jüngers ,Arbeiter'", in: Demandt, Alexander / Farrenkopf, John: *Der Fall Spengler. Eine kritische Bilanz*. Köln u. a. 1994, S. 129–151

Luks, Leonid: „'Eurasier' und ,Konservative Revolution'. Zur antiwestlichen Versuchung in Rußland und in Deutschland", in: Koenen, Gerd / Kopelew, Lew: *Deutschland und die Russische Revolution. 1917–1924* (=West-östliche Spiegelungen, Reihe A: Russen und Rußland aus deutscher Sicht, Bd. 5). München 1998, S. 219–239

Luks, Leonid: „Bolschewismus, Faschismus, Nationalsozialismus – Verwandte Gegner?", in: Luks, Leonid: *Zwei Gesichter des Totalitarismus. Bolschewismus und Nationalsozialismus im Vergleich*. Köln u. a. 2007, S. 151–174

Luks, Leonid: „Semen Franks Totalitarismusanalyse", in: Luks, Leonid: *Zwei Gesichter des Totalitarismus. Bolschewismus und Nationalsozialismus im Vergleich*. Köln u. a. 2007, S. 103–109

Luks, Leonid: „Eurasien aus neototalitärer Sicht – Zur Renaissance einer Ideologie im heutigen Rußland", in: Luks, Leonid: *Zwei Gesichter des Totalitarismus. Bolschewismus und Nationalsozialismus im Vergleich.* Köln u. a. 2007, S. 279–295

Maier, Hans: „Einführung: Zur Deutung totalitärer Herrschaft 1919–1989", in: Maier, Hans: *Totalitarismus und Politische Religionen. Konzepte des Diktaturvergleichs*, Bd. III: Deutungsgeschichte und Theorie. Paderborn u. a. 2003, S. 9–28

Mazour, Anatole G.: „Economic Decline of Landlordism in Russia", in: *Historian* 8, 1945/46, S. 156–162

Merlio, Gilbert: „Spenglers Geschichtsmorphologie im Kontext des Historismus und seiner Krise", in: Gangl, Manfred / Merlio, Gilbert/ Ophälders, Markus: *Spengler – Ein Denker der Zeitenwende.* Frankfurt/Main 2009, S. 129–143

Meyer, Hans: „Oswald Spengler und seine Vorläufer", in: *Stimmen der Zeit* 169, 1961/62, S. 33–45

Meyer, Theo: „Nietzsches Rußlandbild: Protest und Utopie", in: Keller, Mechthild: *Russen und Rußland aus deutscher Sicht. 19./20. Jahrhundert: Von der Bismarckzeit bis zum Ersten Weltkrieg* (=Westöstliche Spiegelungen, Reihe A, Bd. 4). München 2000, S. 866–903

Möller, Horst: „Oswald Spengler – Geschichte im Dienste der Zeitkritik", in: Ludz, Peter Christian: *Spengler heute. Sechs Essays.* München 1980, S. 49–73

Mommsen, Hans: „Die Auflösung des Bürgertums seit dem späten 19. Jahrhundert", in: Mommsen, Hans: *Der Nationalsozialismus und die deutsche Gesellschaft. Ausgewählte Aufsätze.* Zum 60. Geburtstag hrsg. v. Lutz Niethammer/Bernd Weisbrod. Reinbek b. Hamburg 1991, S. 11–38

Mommsen, Wolfgang J.: „Wandlungen der liberalen Idee im Zeitalter des Imperialismus", in: Mommsen, Wolfgang J.: *Der europäische Imperialismus. Aufsätze und Abhandlungen.* Göttingen 1979, S. 167–205

Müller, Gert: „Panslawismus und Kulturmorphologie. Zum Werke N. J. Danilevskijs", in: *Saeculum* 3/4, 14, 1963, S. 340–382

Müller, Gert: „Sorokin und Spengler. Die Kritik Pitirim Sorokins am Werke Oswald Spenglers", in: *Zeitschrift für philosophische Forschung* 19, 1965, S. 110–134

Naumann, Michael: „Bildung und Gehorsam. Zur ästhetischen Ideologie des Bildungsbürgertums", in: Vondung, Klaus: *Das wilhelminische Bildungsbürgertum. Zur Sozialgeschichte seiner Ideen.* Göttingen 1976, S. 34–52

Nowak, Kurt: „Die ‚antihistoristische Revolution'. Symptome und Folgen der Krise historischer Weltorientierung nach dem Ersten Weltkrieg in Deutschland", in: Renz, Horst / Graf, Friedrich Wilhelm: *Troeltsch-Studien*, Bd. 4: Umstrittene Moderne. Die Zukunft der Neuzeit im Urteil der Epoche Ernst Troeltschs. Gütersloh 1987, S. 133–171

Oberländer, Erwin: „Nationalbolschewistische Tendenzen in der russischen Intelligenz. Die ‚Smena Vech'-Diskussion 1921–1922", in: *Jahrbuch für osteuropäische Geschichte* 2, 16, 1968, S. 194–211

Obolenskaja, S. V.: „‚Germanskij vopros' i russkoe obščestvo konca XIX v.", in: Tupolev, Boris M.: *Rossija i Germanija*, Bd. 1. Moskau 1998, S. 190–205

Ottmann, Henning: „‚Die Weltgeschichte ist das Weltgericht'. Anerkennung und Erinnerung bei Hegel", in: *Hegel-Jahrbuch 1995.* Berlin 1996, S. 204–208

Pflaum, Michael: „Die Kultur-Zivilisations-Antithese im Deutschen", in: *Europäische Schlüsselwörter. Wortvergleichende und wortgeschichtliche Studien*, hrsg. v. Sprachwissenschaftlichen Colloquium (Bonn), Bd. 3: Kultur und Zivilisation. München 1967, S. 288–427

Plotnikov, Nikolaj / Kolerov, Modest: „Den inneren Deutschen besiegen. Nationalliberale Kriegsphilosophie in Rußland 1914–1917", in: Herrmann, Dagmar / Volpert, Astrid: *Traum und Trauma. Russen und Deutsche im 20. Jahrhundert*, Bd. 2. München 2003, S. 15–59

Pocai, Susanne: „Das deutsche und das russische Sonderbewußtsein. F. Nietzsches und F. Dostoevskijs Einfluß auf die Geschichtsphilosophie von O. Spengler und N. Berdjaev", in: *Osteuropa* 12, 2002, S. 1597–1607

Pust, Helga, in Verbindung mit Marianne Karuth und Michael Pflaum: „Zusammenfassung und Schlusswort", in: *Europäische Schlüsselwörter. Wortvergleichende und wortgeschichtliche Studien*, hrsg. v. Sprachwissenschaftlichen Colloquium (Bonn), Bd. 3: Kultur und Zivilisation. München 1967, S. 428–439

Ries, Klaus: „Johann Gottlieb Fichte zwischen Universalismus und Nationalismus", in: Hardtwig, Wolfgang / Müller, Philipp: *Die Vergangenheit der Weltgeschichte. Universalhistorisches Denken in Berlin 1800–1933.* Göttingen 2010, S. 29–48

Rürup, Reinhard: „Der ‚Geist von 1914' in Deutschland. Kriegsbegeisterung und Ideologisierung des Krieges im Ersten Weltkrieg", in: Hüppauf, Bernd: *Ansichten vom Krieg. Vergleichende Studien zum Ersten Weltkrieg in Literatur und Gesellschaft.* Königstein 1984, S. 1–30

Rutkevič, A. M.: „Prusskij socializm i konservativnaja revoljucija (posleslovie)", in: Špengler, Osval'd: *Prussačestvo i socializm.* Moskau 2002, S. 187–228

Scherrer, Jutta: „*Kul'turologija* als ideologischer Diskurs", in: Kissel, Wolfgang Stephan / Thun, Franziska / Uffelmann, Dirk: *Kultur als Übersetzung. Klaus Städtke zum 65. Geburtstag.* Würzburg 1999, S. 279–292

Schischkoff, Georgi: „Spengler und Toynbee", in: Koktanek, Anton Mirko: *Spengler-Studien. Festgabe für Manfred Schröter zum 85. Geburtstag.* München 1965, S. 59–76

Schlögel, Karl: „Russische Wegzeichen" [Einleitung], in: *Vechi. Wegzeichen. Zur Krise der russischen Intelligenz*, eingel. u. übers. v. Karl Schlögel. Frankfurt/Main 1990, S. 5–44

Schmidt, Jochen: „Einleitung: Aufklärung, Gegenaufklärung, Dialektik der Aufklärung", in: Schmidt, Jochen: *Aufklärung und Gegenaufklärung in der europäischen Literatur, Philosophie und Politik von der Antike bis zur Gegenwart.* Darmstadt 1989, S. 1–31

Schwarze, Michael: „Einleitung", in: Schwarze, Michael: *Der neue Mensch. Perspektiven der Renaissance.* Regensburg 2000, S. 3–6

Seitschek, Hans Otto: „Die Deutung des Totalitarismus als Religion", in: Maier, Hans: *Totalitarismus und Politische Religionen. Konzepte des Diktaturvergleichs,* Bd. III: Deutungsgeschichte und Theorie. Paderborn u. a. 2003, S. 129 –177

Sloterdijk, Peter: „Philologie der Existenz, Dramaturgie der Kräfte", in: Nietzsche, Friedrich: *Die Geburt der Tragödie aus dem Geiste der Musik.* Frankfurt/Main 1986, S. 185–220

Städtke, Klaus: „Kultur und Zivilisation. Zur Geschichte des Kulturbegriffs in Rußland", in: Ebert, Christa: *Kulturauffassungen in der literarischen Welt Rußlands. Kontinuitäten und Wandlungen im 20. Jahrhundert.* Berlin 1995, S. 18–46

Stierle, Karlheinz: „Renaissance – Die Entstehung eines Epochenbegriffs", in: Herzog, Reinhart / Koselleck, Reinhart: *Epochenschwelle und Epochenbewußtsein.* München 1987, S. 453–492

Stuke, Horst: „Aufklärung", in: *Geschichtliche Grundbegriffe. Historisches Lexikon zur politisch-sozialen Sprache in Deutschland,* hrsg. v. Otto Brunner/Werner Conze/Reinhart Koselleck, Bd. 1. Stuttgart 1972, S. 243–342

Szczepanska, Kathryn: „Zwischen Patriotismus und Prophetie. Die russische Lyrik im Ersten Weltkrieg", in: Vondung, Klaus: *Kriegserlebnis. Der Erste Weltkrieg in der literarischen Gestaltung und symbolischen Deutung der Nationen.* Göttingen 1980, S. 352–367

Tauber, Christine: „Wollen Sie den geistigen Überschuß verstehen? Dieter Jähnig zieht die Summe seines jahrzehntelangen Nachdenkens über Jacob Burckhardt", in: *FAZ* v. 23.10.2006, S. 39

Time, Galina A.: „Mif o ,zakate Evropy' v mirovozrenčeskoj sa-moidentifikacii Rossii načala 1920-ch godov", in: *Voprosy Filosofii* 6, 2002, S. 149–162

Umland, Andreas: „Sind Neofaschisten immer marginal? Der post-sowjetische russische ,Neoeurasismus', die vergleichende Rechts-extremismusforschung und der Faschismus nach ,seiner Epoche'", in: Vogt, Stefan / Herbeck, Ulrich / Kinet, Ruth / Pocai, Susanne / Wiaderny, Bernard: *Ideengeschichte als politische Aufklärung. Fest-schrift für Wolfgang Wippermann zum 65. Geburtstag*. Berlin 2010, S. 182–199

Vollnhals, Clemens: „Oswald Spengler und der Nationalsozialismus. Das Dilemma eines konservativen Revolutionärs", in: *Jahrbuch des Instituts für Deutsche Geschichte* (Univ. Tel-Aviv) 13, 1984, S. 263–303

Vondung, Klaus: „Zur Lage der Gebildeten in der wilhelminischen Zeit", in: Vondung, Klaus: *Das wilhelminische Bildungsbürgertum. Zur Sozialgeschichte seiner Ideen*. Göttingen 1976, S. 20–33

Vondung, Klaus: „Deutsche Apokalypse 1914", in: Vondung, Klaus: *Das wilhelminische Bildungsbürgertum. Zur Sozialgeschichte seiner Ideen*. Göttingen 1976, S. 153–171

Vondung, Klaus: „Geschichte als Weltgericht. Genesis und Degrada-tion einer Symbolik", in: Vondung, Klaus: *Kriegserlebnis. Der Erste Weltkrieg in der literarischen Gestaltung und symbolischen Deutung der Nationen*. Göttingen 1980, S. 62–84

Vondung, Klaus: „Zum internationalen und gesellschaftlichen Kon-text apokalyptischer Deutungen des Ersten Weltkriegs [Postskript]", in: Vondung, Klaus: *Kriegserlebnis. Der Erste Weltkrieg in der litera-rischen Gestaltung und symbolischen Deutung der Nationen*. Göttin-gen 1980, S. 85–89

Walter, Uwe: „Wir leben von Gedanke zu Gedanke", in: *FAZ* v. 01.12.2008, S. 37

Wehler, Hans Ulrich: „Deutsches Bildungsbürgertum in vergleichender Perspektive – Elemente eines ‚Sonderwegs'?", in: Kocka, Jürgen: *Bildungsbürgertum im 19. Jahrhundert*, Teil IV: Politischer Einfluß und gesellschaftliche Formation. Stuttgart 1989, S. 215–237

Zumbini, Massimo Ferrari: „Macht und Dekadenz. Der ‚Streit um Spengler' und die Frage nach den Quellen des ‚Untergangs des Abendlandes'", in: Demandt, Alexander / Farrenkopf, John: *Der Fall Spengler. Eine kritische Bilanz.* Köln u. a. 1994, S. 75–95

***ibidem*-**Verlag

Melchiorstr. 15

D-70439 Stuttgart

info@ibidem-verlag.de

www.ibidem-verlag.de
www.ibidem.eu
www.edition-noema.de
www.autorenbetreuung.de